CB048271

O Livro dos Médiuns

Guia dos Médiuns e dos Evocadores

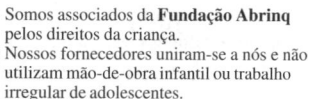

Título do original francês
Le Livre des Médiuns (Paris, 1861)
Copyright by © Petit Editora e Distribuidora Ltda. 2004
14-11-17-10.000-40.850
Direção editorial:
Flávio Machado
Tradução:
Renata Barboza da Silva e Simone T. N. Bele da Silva
Capa:
Flávio Machado
Produtor gráfico:
Vitor Alcalde L. Machado
Diagramação:
Ricardo Brito
Revisão:
Sabrina Cairo e Maria Aiko Nishijima
Impressão:
Rettec Artes Gráficas

Rua Atuaí, 389 – Vila Esperança/Penha – CEP 03646-000 – São Paulo – SP
Fone: (0xx11) 2684-6000 – www.petit.com.br – e-mail: petit@petit.com.br

Ficha catalográfica elaborada por
Lucilene Bernardes Longo – CRB-8/2082

Kardec, Allan, 1804-1869.
O Livro dos Médiuns : guia dos médiuns e dos evocadores / Allan Kardec; traduzido por Renata Barboza da Silva, Simone T. Nakamura Bele da Silva. – São Paulo : Petit, 2004.

1. Espiritismo 2. Médiuns. I. Título. II. Série

CDD–133.9

Índices para catálogo sistemático:
1. Comunicação mediúnica : Espiritismo **133.9**
2. Espiritismo **133.9**
3. Mediunidade : Espiritismo **133.9**

Espiritismo experimental

O Livro dos Médiuns

Guia dos Médiuns e dos Evocadores

Contendo

O ensino especial dos Espíritos sobre a teoria
de todos os gêneros de manifestações.
Os meios de comunicação com o mundo invisível.
O desenvolvimento da mediunidade.
As dificuldades e os obstáculos que se podem encontrar
na prática do Espiritismo, em continuação de
O LIVRO DOS ESPÍRITOS.

por
ALLAN KARDEC

ALLAN KARDEC

Allan Kardec ou Hippolyte Léon Denizard Rivail nasceu em Lyon, na França, em 3 de outubro de 1804 e desencarnou em 1869.

Antes de se dedicar à codificação do Espiritismo, exerceu, durante 30 anos, a missão de educador. Foi discípulo de Pestalozzi, tendo publicado diversas obras didáticas.

A partir de 1855 começou a estudar os fenômenos das manifestações dos Espíritos que se revelavam pelas mesas girantes, grande atração pública da época na França.

Em 1858, fundou a Sociedade Parisiense de Estudos Espíritas e a *Revista Espírita,* lançando na prática o Espiritismo não apenas em Paris, mas em toda a França, alcançando a Europa inteira e todo o mundo, incluindo a América Latina.

Alguns anos depois de sua morte, foi editado o livro *Obras Póstumas,* publicado por seus fiéis continuadores, contendo, entre outros escritos inéditos, a sua própria iniciação e base para a história do Espiritismo no mundo.

OBRAS COMPLETAS DE ALLAN KARDEC

■ **O LIVRO DOS ESPÍRITOS** — 1857
Princípios da Doutrina Espírita no seu aspecto filosófico.

■ **REVISTA ESPÍRITA** — 1858
Publicada mensalmente de 1858 a 1869, sob a direção de Kardec, constituindo hoje uma coleção, em 12 volumes, com todas as edições originais desse período.

■ **O QUE É O ESPIRITISMO?** — 1859
Resumo dos princípios da Doutrina Espírita e respostas às principais objeções.

■ **O LIVRO DOS MÉDIUNS** — 1861
Teoria dos fenômenos espíritas. Aspectos científico, experimental e prático da Doutrina.

■ **O ESPIRITISMO EM SUA EXPRESSÃO MAIS SIMPLES** — 1862
Exposição sumária dos ensinamentos dos Espíritos.

■ **O EVANGELHO SEGUNDO O ESPIRITISMO** — 1864
Ensinamentos morais do Cristo, sua concordância com o Espiritismo e a revelação da natureza religiosa da Doutrina.

■ **O CÉU E O INFERNO** — 1865
A Justiça Divina segundo o Espiritismo.

■ **A GÊNESE** — 1868
Os milagres e as predições segundo o Espiritismo.

■ **VIAGEM ESPÍRITA DE 1862**
Série de discursos de Allan Kardec proferidos durante visita a cidades do interior da França, em sua primeira viagem a serviço do Espiritismo.

■ **OBRAS PÓSTUMAS** — 1890
Escritos e estudos do codificador, com anotações preciosas sobre os bastidores da fundação do Espiritismo.

A Mediunidade no Terceiro Milênio

Lançado em Paris, na França, em 1861, *O Livro dos Médiuns,* ao adentrar do terceiro milênio, mantém-se atual, obra básica de valor inestimável, verdadeiro guia para aqueles que pretendem entender e lidar com os fenômenos mediúnicos, à luz da razão e da experimentação isenta de preconceitos.

Empreendemos a presente edição, certos de que a atualidade exigia a revisão de sua linguagem e também uma composição editorial e gráfica compatíveis com os padrões vigentes.

Buscando a excelência, alicerçamo-nos em uma equipe de profissionais tecnicamente habilitados e, ao mesmo tempo, unidos pelo mesmo ideal, o qual nos motivou a valorizar essa obra espírita da primeira hora, cujo estudo metódico nos aprimora moral e intelectualmente.

Lançada a público no mesmo ano em que se comemora, com respeito e veneração, o bicentenário de Allan Kardec, esta edição cumpre o objetivo de facilitar a leitura, o manuseio e o acesso a essa fonte cristalina de informações, compêndio imprescindível para o nosso aprimoramento doutrinário.

Sentindo-nos amparados pela espiritualidade, desejamos expressar nosso melhor agradecimento a todos aqueles que contribuíram para esta realização, dividindo, com estes devotados companheiros a satisfação de dar a público um trabalho que enaltece a mediunidade a serviço da elevação moral da humanidade – *O Livro dos Médiuns*, de Allan Kardec.

Os Editores

INSTRUÇÕES ÚTEIS

Fiel ao conteúdo do original, a presente edição de *O Livro dos Médiuns*, de Allan Kardec, foi rigorosamente traduzida, trazendo para a atualidade o seu valioso contexto, que, além da atualização, ganhou, nesta edição, um tratamento editorial compatível com a modernidade dos nossos dias.

Obedecendo a disposição originalmente estabelecida, a introdução nos apresenta, inicialmente, em linhas gerais, os objetivos da obra, detalhando as necessidades observadas na época da sua preparação.

A obra foi dividida, por Allan Kardec, em duas partes.

A primeira, *Noções preliminares*, apresenta-se em quatro capítulos, e a segunda, *Manifestações Espíritas*, em trinta e dois. Seu último capítulo é um vocabulário espírita, de grande utilidade para aqueles que se iniciam no estudo da mediunidade à luz da Doutrina Espírita.

Com o intuito de dinamizar a leitura do texto, padronizamos a sinalização gráfica, a partir de quatro indicativos:

- Identifica nota do próprio Allan Kardec.

* Remete o leitor ao glossário.

✦ Assinala um comentário de Allan Kardec.

[1,2] etc. Indica nota do editor.

S·U·M·Á·R·I·O

Introdução 11

PARTE PRIMEIRA
NOÇÕES PRELIMINARES

Capítulo 1 **HÁ ESPÍRITOS?** 15

Capítulo 2 **O MARAVILHOSO E O SOBRENATURAL** 20

Capítulo 3 **MÉTODO** 29

Capítulo 4 **SISTEMAS** 39

PARTE SEGUNDA
MANIFESTAÇÕES ESPÍRITAS

Capítulo 1 **AÇÃO DOS ESPÍRITOS SOBRE A MATÉRIA** 53

Capítulo 2 **MANIFESTAÇÕES FÍSICAS** 58
Mesas girantes

Capítulo 3 **MANIFESTAÇÕES INTELIGENTES** 61

Capítulo 4 **TEORIA DAS MANIFESTAÇÕES FÍSICAS** 64
Movimentos e suspensões – Ruídos –
Aumento e diminuição do peso do corpo

Capítulo 5 **MANIFESTAÇÕES FÍSICAS ESPONTÂNEAS** 75
Ruídos, barulhos e perturbações – Arremesso de objetos –
Fenômeno de transporte – Dissertação de um Espírito
sobre o fenômeno de transporte

Capítulo 6 **MANIFESTAÇÕES VISUAIS** 94
Noções sobre as aparições – Ensaio teórico sobre as
aparições – Espíritos glóbulos – Teoria da alucinação

Capítulo 7 **BICORPOREIDADE E TRANSFIGURAÇÃO** 111
Aparição de Espírito de pessoas vivas – Homens duplos –
Santo Alfonso de Liguori e Santo Antônio de Pádua –
Vespasiano – Transfiguração – Invisibilidade

Capítulo 8 **LABORATÓRIO DO MUNDO INVISÍVEL** 119
Vestuário dos Espíritos – Formação espontânea de objetos
tangíveis – Modificação das propriedades da matéria –
Ação magnética curativa

Capítulo 9 **LUGARES ASSOMBRADOS** 126

Capítulo 10 **NATUREZA DAS COMUNICAÇÕES** 131
Comunicações grosseiras, frívolas, sérias e instrutivas

Capítulo 11 **SEMATOLOGIA E TIPTOLOGIA** 134
Linguagem dos sinais e das pancadas – Tiptologia alfabética

Capítulo 12 **PNEUMATOGRAFIA OU ESCRITA DIRETA –
PNEUMATOFONIA** 139
Escrita direta

Capítulo 13 **PSICOGRAFIA** 144
Psicografia indireta: cestas e pranchetas –
Psicografia direta ou manual

Capítulo 14 **MÉDIUNS** 147
Médiuns de efeitos físicos – Pessoas elétricas –
Médiuns sensitivos ou impressionáveis – Médiuns
auditivos – Médiuns falantes – Médiuns videntes –
Médiuns sonambúlicos – Médiuns curadores –
Médiuns pneumatógrafos

Capítulo 15 **MÉDIUNS ESCREVENTES OU PSICÓGRAFOS** 160
Médiuns mecânicos, intuitivos, semimecânicos,
inspirados e involuntários, de pressentimentos

Capítulo 16 **MÉDIUNS ESPECIAIS** 164
Aptidões especiais dos médiuns – Quadro sinótico
das diferentes variedades de médiuns

Capítulo 17 **FORMAÇÃO DOS MÉDIUNS** 178
Desenvolvimento da mediunidade – Mudança de
caligrafia – Perda e suspensão da mediunidade

Capítulo 18 **INCONVENIENTES E PERIGOS DA MEDIUNIDADE** 191
Influência do exercício da mediunidade sobre a saúde,
sobre o cérebro e sobre as crianças

Capítulo 19 **PAPEL DO MÉDIUM NAS COMUNICAÇÕES ESPÍRITAS** 194
Influência do Espírito pessoal do médium –
Sistema dos médiuns inertes – Aptidão de alguns
médiuns para as coisas que não conhecem:
línguas, música, desenho – Dissertação
de um Espírito sobre o papel dos médiuns

Capítulo 20 **INFLUÊNCIA MORAL DO MÉDIUM** 205
Questões diversas – Dissertação de um
Espírito sobre a influência moral

Capítulo 21 **INFLUÊNCIA DO MEIO** 213

Capítulo 22 **MEDIUNIDADE ENTRE OS ANIMAIS** 216
Dissertação de um Espírito sobre essa questão

Capítulo 23 **OBSESSÃO** 222
Obsessão simples – Fascinação – Subjugação –
Causas da obsessão – Meios de combatê-la

Capítulo 24 **IDENTIDADE DOS ESPÍRITOS** 235
Provas possíveis de identidade –
Distinção entre os bons e os maus Espíritos –
Perguntas sobre a natureza e a identidade dos Espíritos

Capítulo 25 **EVOCAÇÕES** 252
Considerações gerais – Espíritos que podem ser
evocados – A linguagem que se deve usar com os
Espíritos – Utilidade das evocações particulares –
Questões sobre as evocações – Evocações dos animais –
Evocações das pessoas vivas – Telegrafia humana

Capítulo 26 **PERGUNTAS QUE PODEM SER FEITAS AOS ESPÍRITOS** 275
Observações preliminares – Perguntas simpáticas ou
antipáticas – Sobre o futuro – Sobre as existências
passadas e futuras – Sobre os interesses morais e
materiais – Sobre a sorte dos Espíritos – Sobre a
saúde – Sobre as invenções e descobertas – Sobre
os tesouros ocultos – Sobre os outros mundos

Capítulo 27 **CONTRADIÇÕES E MISTIFICAÇÕES** 290

Capítulo 28 **CHARLATANISMO E TRAPAÇA** 299
Médiuns interesseiros – Fraudes espíritas

Capítulo 29 **REUNIÕES E SOCIEDADES ESPÍRITAS** 308
Reuniões em geral – Sociedades propriamente ditas –
Assuntos de estudo – Rivalidade entre as sociedades

Capítulo 30 **REGULAMENTO DA SOCIEDADE PARISIENSE DE
ESTUDOS ESPÍRITAS** 324

Capítulo 31 **DISSERTAÇÕES ESPÍRITAS** 332
Sobre o Espiritismo – Sobre os médiuns –
Sobre as reuniões espíritas – Comunicações apócrifas (falsas)

Capítulo 32 **VOCABULÁRIO ESPÍRITA** 358

Nota Explicativa 361

I·N·T·R·O·D·U·Ç·Ã·O

A experiência nos confirma todos os dias que as dificuldades e as decepções que encontramos na prática do Espiritismo* têm sua origem na ignorância dos princípios dessa ciência, e estamos felizes por constatar que o trabalho que temos feito para precaver os seus seguidores sobre as dificuldades desse aprendizado produziu seus frutos, e muitos devem à leitura desta obra tê-las evitado.

Um desejo bastante natural dos espíritas** é entrar em comunicação com os Espíritos***; é para lhes aplainar o caminho que se destina esta obra, ao fazer com que aproveitem o fruto de nossos longos e trabalhosos estudos, porque faríamos uma idéia muito errônea se pensássemos que, para ser um especialista nessa matéria, bastaria saber colocar os dedos sobre uma mesa para fazê-la girar ou ter um lápis para escrever.

Estaríamos igualmente enganados se acreditássemos encontrar nesta obra uma receita universal e infalível para formar médiuns. Ainda que em cada um haja o germe das qualidades necessárias para tornar-se médium****, essas qualidades existem em estágios muito diferentes, e seu desenvolvimento possui causas que não dependem de ninguém fazê-las desabrochar. As regras da poesia, da pintura e da música não fazem poetas, nem pintores, nem músicos que não tenham o gênio dessas artes: elas guiam os que possuem essas faculdades naturais. Ocorre o mesmo com este trabalho; seu objetivo é indicar os meios de

---

* **Espiritismo**: doutrina fundada sobre a crença na existência dos Espíritos e em suas manifestações (Nota do Editor).

** **Espírita**: todo aquele que aceita a Doutrina Espírita baseada nos ensinamentos morais do Cristo, que trata da inter-relação do mundo corpóreo com os Espíritos, a reencarnação, as vidas sucessivas e os mundos evolutivos, conforme a codificação de Allan Kardec das instruções que lhe deram os Espíritos (N.E.).

*** **Espírito**: no sentido especial da Doutrina Espírita, *os Espíritos são os seres inteligentes da criação, que povoam o universo fora do mundo material e que constituem o mundo invisível.* Não são seres de uma criação particular, mas as almas daqueles que viveram sobre a Terra ou em outras esferas e que deixaram seu envoltório corporal (N.E.).

**** **Médium**: (do latim *medium*, meio, intermediário). Pessoa que pode servir de intermediário entre os Espíritos e os homens (N.E.).

desenvolver as mediunidades* tanto quanto o permitam as disposições de cada um e, principalmente, de orientá-las com segurança quando a faculdade existe. Mas esse não é o objetivo único a que nos propusemos. Além dos médiuns propriamente ditos, há uma multidão de pessoas, que aumenta todos os dias, que se ocupam das manifestações espíritas; guiá-las em suas observações, assinalar-lhes os obstáculos que podem e devem necessariamente encontrar numa nova ciência, iniciá-las na maneira de conversar com os Espíritos, indicar-lhes os meios de ter boas comunicações, é esse o campo que devemos abranger sob pena de fazermos algo incompleto. Não será, portanto, surpreendente encontrar em nosso trabalho esclarecimentos que, à primeira vista, parecerão estranhos: a experiência mostrará sua utilidade. Depois de tê-lo estudado com cuidado, poderemos compreender as manifestações e a linguagem de alguns Espíritos, que nos parecerão menos estranhas. Como instrução prática, não se destina exclusivamente aos médiuns, mas a todos que observam os fenômenos espíritas e lidam com eles.

Algumas pessoas desejariam que publicássemos um manual prático mais resumido, contendo em poucas palavras a indicação dos processos a seguir para se comunicar com os Espíritos; imaginam que um livro dessa natureza, podendo ser distribuído em profusão por um preço baixo, seria um fator poderoso de propaganda, multiplicando os médiuns. Quanto a nós, vemos uma obra desse teor mais nociva do que útil, pelo menos para o momento. A prática do Espiritismo requer alguns cuidados e não está isenta de inconvenientes que só um estudo sério e completo pode prevenir. Seria, então, de temer que uma instrução muito resumida provocasse experiências levianas e das quais se poderia ter motivo de arrependimento. Essas são situações com as quais não é nem *conveniente* nem prudente brincar, e prestaríamos um mau serviço ao colocá-las à disposição do primeiro curioso que julgasse divertir-se ao conversar com os mortos. Nós nos dirigimos às pessoas que vêem no Espiritismo um objetivo sério, que compreendem toda a sua importância e não fazem das comunicações com o mundo invisível um passatempo.

Publicamos uma *Instrução Prática* com o objetivo de guiar os médiuns; essa obra está esgotada e, embora feita com um objetivo eminentemente elucidativo e sério, não a reimprimiremos, porque não a achamos

---

* **Mediunidade**: dom dos médiuns. Sinônimo de *medianimidade*. Essas duas palavras são freqüentemente empregadas indiferentemente; se se quiser fazer uma distinção, pode dizer que *mediunidade* tem um sentido mais geral, e *medianimidade*, um sentido mais restrito. Ele tem o dom da *mediunidade*. A *medianimidade mecânica* (N.E.).

suficiente para esclarecer todas as dificuldades que podem ocorrer. Nós a substituímos por esta, na qual reunimos todos os dados de uma longa experiência e de um estudo consciente, que contribuirá, pelo menos é o que esperamos, para dar ao Espiritismo um caráter sério, que é sua essência, e para evitar que ele seja visto como um objeto de ocupação frívola e um divertimento.

A essas considerações acrescentamos uma muito importante: a péssima impressão que produz nas pessoas iniciantes ou mal preparadas as deduções que tiram de experiências feitas levianamente e sem conhecimento; elas têm o inconveniente de dar uma idéia muito falsa do mundo dos Espíritos e de se prestar à zombaria e a uma crítica, nesses casos, procedente; é por isso que os incrédulos saem dessas reuniões mais descrentes e pouco dispostos a ver no Espiritismo algo sério. A ignorância e a leviandade de alguns médiuns causaram à opinião de muitas pessoas mais danos do que se crê.

O Espiritismo fez grandes progressos desde alguns anos, mas fez um progresso imenso desde que entrou no caminho filosófico e passou a ser apreciado por pessoas esclarecidas. Hoje, deixou de ser visto como espetáculo; é uma doutrina da qual não riem mais os que zombavam das mesas girantes. Ao fazer esforços para conduzi-lo e mantê-lo nesse terreno, temos a convicção de conquistar-lhe mais seguidores úteis do que provocássemos, sem razão nenhuma, manifestações passíveis de abusos. Temos a prova disso todos os dias pelo número dos que se tornaram espíritas apenas com a leitura de O Livro dos Espíritos[1].

Após termos exposto a parte filosófica da ciência espírita em O Livro dos Espíritos, apresentamos nesta obra a parte prática para o uso dos que querem se ocupar das manifestações, seja para si mesmos ou para se darem conta dos fenômenos que podem observar. Nela trataremos dos obstáculos que podem ser encontrados e do modo de evitá-los. Essas duas obras, embora façam seqüência uma à outra, são até certo ponto independentes. Recomendamos ler primeiro O Livros dos Espíritos, porque contém os princípios fundamentais, sem os quais algumas partes desta obra seriam dificilmente compreendidas.

Alterações importantes foram feitas na segunda edição, muito mais completa do que a primeira. Ela foi corrigida com cuidado particular pelos Espíritos, que acrescentaram um grande número de observações e de instruções do mais alto interesse. Como eles revisaram tudo, aprovaram

---

1 - KARDEC, Allan. O Livro dos Espíritos. São Paulo: Petit Editora (N.E.).

ou modificaram à sua vontade, pode-se dizer que, em grande parte, a obra é deles, visto que sua intervenção não se limitou apenas a alguns artigos assinados; indicamos os seus nomes somente quando nos pareceu necessário para caracterizar algumas citações um pouco extensas, emanadas deles textualmente, porque senão seria necessário citá-los quase a cada página, notadamente em todas as respostas dadas às questões propostas, o que não nos pareceu útil. Os nomes, como foi dito, pouco importam em semelhante matéria; o essencial é que o conjunto do trabalho responda ao objetivo a que nos propusemos.

Como acrescentamos muitas informações e muitos capítulos inteiros, suprimimos alguns outros que estavam em duplicidade, entre eles a *Escala Espírita*, que já se encontra em *O Livro dos Espíritos*. Suprimimos igualmente do Vocabulário, o que não se ajustava ao plano desta obra e que se encontra utilmente substituído por informações mais práticas. Desde a segunda edição não houve mais alterações no texto.

PARTE PRIMEIRA

Noções Preliminares

Capítulo

Há espíritos?

1 A dúvida em relação à existência dos Espíritos tem como causa primária a ignorância quanto à sua verdadeira natureza. Geralmente, são imaginados como seres à parte na criação, desnecessários e inúteis. Muitos os conhecem somente pelos contos fantásticos com que foram embalados quando crianças, mais ou menos como se conhece a história pelos romances, sem indagar se nesses contos, isentos dos acessórios ridículos, há ou não um fundo de verdade. Só o lado absurdo os impressiona, e eles não se dão ao trabalho de tirar a casca amarga para descobrir a amêndoa; rejeitam o todo, como fazem, na religião, aqueles que, chocados com alguns abusos, nivelam tudo na mesma reprovação.

Qualquer que seja a idéia que se faça dos Espíritos, essa crença está necessariamente fundada na existência de um princípio inteligente fora da matéria, e é incompatível com a negação absoluta desse princípio. Tomamos, portanto, como nosso ponto de partida a existência, a sobrevivência e a individualidade da alma, da qual o *espiritualismo*** é a demonstração teórica e dogmática e o *Espiritismo* é a demonstração patente. Façamos por um instante abstração das manifestações propriamente ditas e, raciocinando por indução, vejamos a quais conseqüências chegaremos.

2 A partir do momento em que se admite a existência da alma e sua individualidade após a morte, é preciso admitir também:

1º) que é de natureza diferente do corpo e, uma vez dele separada, não tem as propriedades características do corpo; 2º) que possui consciência de si mesma, uma vez que se atribui a ela a alegria ou o sofrimento; de outro modo seria um ser inerte, e assim de nada valeria para nós tê-la.

Admitido isso, essa alma terá que ir para alguma parte; em que se transforma e para onde vai? Conforme a crença comum, vai para o céu ou para o inferno; mas onde é o céu e o inferno? Dizia-se antigamente que o céu ficava em cima, e o inferno, embaixo. Mas onde é o alto e o baixo no

---

* **Espiritualismo**: diz-se no sentido oposto ao do materialismo (academia); crença na existência da alma espiritual e imaterial. O *espiritualismo é a base de todas as religiões* (N.E.).

universo, desde que se sabe que a Terra é redonda, que o movimento dos astros faz com que o que é alto em um determinado momento torne-se baixo em doze horas e que conhecemos o infinito do espaço, onde o olhar mergulha em distâncias inimagináveis? É verdade que por lugares inferiores ou baixos se entende também as profundezas da Terra; mas o que são agora essas profundezas desde que foram pesquisadas pela geologia? Igualmente, em que se transformaram essas esferas concêntricas chamadas de céu de fogo, céu de estrelas, desde que se constatou que a Terra não é o centro dos mundos, que nosso próprio Sol é apenas um dos milhões de sóis que brilham no espaço e que cada um deles é o centro de um turbilhão planetário? Qual é a importância da Terra perdida nessa imensidão? Por que privilégio injustificável esse grão de areia imperceptível, que não se distingue nem por seu volume, nem por sua posição, nem por um papel particular, seria o único povoado com seres racionais? A razão se recusa a admitir essa inutilidade do infinito, e tudo nos diz que esses mundos são habitados. Se são povoados, fornecem, portanto, seu contingente ao mundo das almas, uma vez que a astronomia e a geologia destruíram as moradas que lhes eram designadas e especificamente depois que a teoria tão racional da pluralidade dos mundos as multiplicou ao infinito?

A doutrina de um lugar determinado para as almas não está de acordo com os dados da ciência, mas outra doutrina mais lógica lhes dá por morada não um lugar determinado e limitado, mas o espaço universal: é todo um mundo invisível no meio do qual vivemos, que nos rodeia continuamente. Haverá nisso uma impossibilidade, algo que repugne a razão? De modo algum; tudo nos diz, ao contrário, que não pode ser de outra maneira. Mas, então, em que se transformam os castigos e as recompensas futuras, se lhes tiramos os lugares especiais de exame? Notemos que a incredulidade em relação a esses castigos e recompensas é geralmente decorrente por se apresentarem esses locais em condições inadmissíveis. Mas, dizei, em vez disso, que as almas levam sua felicidade ou infelicidade em si mesmas; que sua sorte está subordinada ao seu estado moral e que a reunião das almas simpáticas e boas é uma fonte de felicidade; que, de acordo com seu grau de depuração, penetram e entrevêem coisas inacessíveis às almas grosseiras, e todo mundo o compreenderá facilmente. Dizei ainda que as almas somente chegam ao grau supremo pelos esforços que fazem para melhorar e depois de uma série de provas que servem para sua depuração; que os anjos são as almas que chegaram ao último grau, grau este que todos podem atingir por sua vontade; que os anjos são os mensageiros de Deus, encarregados de velar pela execução de seus desígnios em todo o universo, que são felizes com suas missões gloriosas, e dareis à sua felicidade um objetivo mais útil e mais atraente do que o de uma contemplação perpétua, que não seria outra coisa senão uma inutilidade perpétua; dizei, enfim, que os demônios são nada mais, nada menos do que as almas dos maus ainda não depuradas, mas que podem chegar, como as outras, à mais elevada perfeição, e isso parecerá mais de acordo a justiça e a bondade de Deus do que a doutrina de seres criados para o mal, perpetuamente voltados para o mal. Enfim, eis aí o que a razão mais severa, a lógica mais rigorosa, o bom senso, em uma palavra, podem admitir.

Acontece que essas almas que povoam o espaço são precisamente o que se chamam de *Espíritos*; os *Espíritos* são a alma dos homens sem o seu corpo físico. Se os Espíritos fossem seres criados à parte, sua existência seria hipotética; mas, se admitirmos que há almas, também é preciso admitir que os Espíritos não são outros senão almas; se admitirmos que a alma está em todos os lugares, é preciso admitir igualmente que os Espíritos estão em todos os lugares. Não se pode, por conseguinte, negar a existência dos Espíritos sem negar a das almas.

3 Na verdade, isso é somente uma teoria mais racional do que a outra; mas já é admirável que uma teoria não contradiga nem a razão nem a ciência; se, além disso, é confirmada pelos fatos, tem a seu favor o privilégio do raciocínio e da experiência. Encontramos esses fatos no fenômeno das manifestações espíritas, que são a prova patente da existência e da sobrevivência da alma. No entanto, muitas pessoas, e aí também está inclusa a sua crença, admitem sem dúvida a existência das almas e por conseguinte a dos Espíritos, mas negam a possibilidade de se comunicar com eles, pela razão, dizem, de que seres imateriais não podem agir sobre a matéria. Essa dúvida está fundada na ignorância da verdadeira natureza dos Espíritos, dos quais se faz, geralmente, uma idéia muito falsa, porque são erradamente concebidos como seres abstratos, vagos e indefinidos, o que não corresponde à realidade.

Imaginemos, primeiramente, o Espírito em sua união com o corpo; o Espírito é o ser principal, é o ser *pensante* e *sobrevivente*; o corpo é apenas um *acessório* do Espírito, um envoltório, uma vestimenta que ele deixa quando está estragada. Além desse envoltório material, o Espírito tem um segundo, semimaterial, que o une ao primeiro; na morte, o Espírito se despoja do corpo físico, mas não do segundo envoltório, ao qual damos o nome de *perispírito**. Esse envoltório semimaterial, que tem a forma

---

* **Perispírito**: (do grego *péri*, ao redor). Envoltório semimaterial do Espírito. Nos encarnados, serve de laço ou intermediário entre o Espírito e a matéria; nos Espíritos errantes, constitui seu corpo fluídico (N.E.).

humana, constitui para ele um corpo fluídico, vaporoso, que, embora invisível para nós em seu estado normal, não deixa de possuir algumas propriedades da matéria. O Espírito não é, portanto, um ponto, uma abstração, mas um ser limitado, ao qual falta apenas ser visível e palpável para ser igual aos seres humanos. Por que, então, não haverá de agir sobre a matéria? É por que seu corpo é fluídico? Mas não é entre os fluídos, os mais rarefeitos, os considerados imponderáveis, a eletricidade, por exemplo, que o homem encontra as suas mais poderosas forças? E não é certo que a luz imponderável exerce uma ação química sobre a matéria ponderável? Nós não conhecemos a natureza íntima do perispírito; mas, supondo-o formado da matéria elétrica, ou outra tão sutil quanto ela, por que não teria a mesma propriedade ao ser dirigido por uma vontade?

4 A existência da alma e a de Deus, que são conseqüência uma da outra, são a base de todo o edifício e, antes de iniciar qualquer discussão espírita, é importante se assegurar de que o interlocutor admite essa base.

Acredita em Deus?

Acredita ter uma alma?

Acredita na sobrevivência da alma após a morte?

Se ele responder negativamente ou se disser simplesmente: *Não sei; gostaria que fosse assim, mas não tenho certeza*, o que, muitas vezes, equivale a uma negação benevolente ou educada disfarçada sob uma forma menos chocante para evitar ferir muito francamente o que ele chama de preconceitos respeitáveis, será tão inútil ir além quanto tentar demonstrar as propriedades da luz a um cego que não admite a luz. Porque, definitivamente, as manifestações espíritas não são outra coisa a não ser os efeitos das propriedades da alma. Com um interlocutor assim, é necessário seguir uma ordem diferente de idéias, se não se quer perder tempo.

Admitida a base, não a título de *probabilidade*, mas como coisa averiguada, incontestável, a existência dos Espíritos será uma decorrência natural.

5 Agora resta saber se o Espírito pode se comunicar com o homem, ou seja, se pode haver entre ambos troca de pensamentos. E por que não? O que é o homem, senão um Espírito aprisionado num corpo? Por que o Espírito livre não poderia se comunicar com o Espírito cativo, como um homem livre se comunica com um que está aprisionado? Desde que se admita a sobrevivência da alma, é racional negar a sobrevivência das afeições? Uma vez que as almas estão em todos os lugares, não é natural pensar que a de um ser que nos amou durante a vida venha para perto de nós, que deseje se comunicar conosco e que para isso se sirva de meios que estão à sua disposição? Durante sua vida não agia sobre a matéria

de seu corpo? Não era ela, a alma, quem lhe dirigia os movimentos? Por que razão após a morte do corpo e em concordância com um outro Espírito ligado a um corpo não emprestaria esse corpo vivo para manifestar seu pensamento, como um mudo pode se servir de uma pessoa que fala para ser compreendido?

6 Separemos, por um instante, os fatos que, para nós, são incontestáveis e admitamos a comunicação como simples hipótese; peçamos que os incrédulos nos provem, não por uma simples negação, visto que sua opinião pessoal não pode valer por lei, mas por razões evidentes e inegáveis, que isso não é possível. Nós nos colocamos no seu terreno, e, uma vez que querem apreciar os fatos espíritas com a ajuda das leis da matéria, que tomem nesse arsenal alguma demonstração matemática, física, química, mecânica, fisiológica e que provem por *a* mais *b*, sempre partindo do princípio da existência e da sobrevivência da alma:

1º) que o ser que pensa em nós durante a vida não pode mais pensar depois da morte;

2º) que, se pensa, não deve mais pensar nos que amou;

3º) que, se pensa nos que amou, não deve mais querer se comunicar com eles;

4º) que, se pode estar em todos os lugares, não pode estar ao nosso lado;

5º) que, se pode estar ao nosso lado, não pode comunicar-se conosco;

6º) que, por meio de seu corpo fluídico, não pode agir sobre a matéria inerte;

7º) que, se pode agir sobre a matéria inerte, não pode agir sobre um ser animado;

8º) que, se pode agir sobre um ser animado, não pode dirigir sua mão para fazê-lo escrever, e

9º) que, podendo fazê-lo escrever, não pode responder às suas questões nem lhes transmitir seus pensamentos.

Quando os adversários do Espiritismo nos demonstrarem que isso não pode acontecer, por meio de razões tão patentes quanto as com que Galileu demonstrou que não é o Sol que gira ao redor da Terra, então poderemos dizer que suas dúvidas têm fundamento; infelizmente, até agora toda a sua argumentação se resume nestas palavras: *Não acredito, portanto isso é impossível.* Eles nos dirão, sem dúvida, que cabe a nós provar a realidade das manifestações; nós as provamos pelos fatos e pelo raciocínio; se não admitem nem um nem outro, se negam até mesmo o que vêem, devem eles provar que nosso raciocínio é falso e que os fatos espíritas são impossíveis.

O MARAVILHOSO E O SOBRENATURAL

7 Se a crença nos Espíritos e nas suas manifestações fosse uma concepção isolada, produto de um sistema, poderia, com certa razão, ser considerada ilusão; mas nos digam, então, por que é encontrada tão clara entre todos os povos antigos e modernos, nos livros santos de todas as religiões conhecidas? Alguns críticos dizem: é porque o homem sempre amou o maravilhoso em todos os tempos. "Então, o que é maravilhoso para vós?" "Maravilhoso é o sobrenatural." "O que entendeis por sobrenatural?" "O que é contrário às leis da natureza é sobrenatural." "Então deveis conhecer tão bem essas leis que julgais possível fixar um limite ao poder de Deus? Pois bem! Então provai que a existência dos Espíritos e suas manifestações são contrárias às leis da natureza; que não é nem pode ser uma dessas leis." Examinai a Doutrina Espírita e vede se o seu encadeamento não tem todos os caracteres de uma lei admirável, que resolve tudo o que as filosofias não puderam resolver até o momento. O pensamento é um dos atributos do Espírito; a possibilidade que ele tem de agir sobre a matéria, de impressionar nossos sentidos e, por conseguinte, de transmitir seu pensamento, resulta, se podemos nos exprimir assim, de sua constituição fisiológica; portanto, não há no fato nada de sobrenatural, nada de maravilhoso. Que um homem morto, e bem morto, reviva corporalmente, que seus membros dispersos se reúnam para formar novamente o corpo, isso sim seria o maravilhoso, o sobrenatural, o fantástico; isso seria contrário a Lei, que Deus somente pode realizar por um milagre; mas não há nada semelhante na Doutrina Espírita.

8 Entretanto, havereis de dizer, "admitis que um Espírito pode erguer uma mesa e mantê-la no espaço sem ponto de apoio"; não é isso contrário a lei da gravidade? Sim, da lei conhecida; mas será que a natureza disse a sua última palavra? Antes que se tivesse experimentado a força ascensional de certos gases, quem diria que uma máquina pesada, levando muitos homens, pudesse se erguer do chão e superar a força de atração? Aos olhos de pessoas simples, isso não deve parecer maravilhoso, diabólico? Aquele que tivesse proposto, há séculos, transmitir um telegrama, uma mensagem, a 3.300 quilômetros e receber a resposta em segundos teria passado por louco; se o tivesse feito, teriam dito que era coisa do diabo, porque apenas o diabo seria capaz de agir tão rapidamente. Por que um fluido desconhecido não teria a propriedade, nessas circunstâncias, no caso da mesa que se ergue, de contrabalançar o efeito da gravidade, como o hidrogênio contrabalança o peso do balão? Notemos isso de passagem, é uma comparação, e não uma assimilação, unicamente para mostrar, por pontos de semelhança, que o fato não é impossível. Acontece que foi precisamente quando os sábios, na observação dos fenômenos espíritas, quiseram proceder pelo caminho da assimilação que eles se enganaram. Contudo, o fato está aí; todas as negações não poderão fazer com que ele deixe de existir, porque para nós negar não é provar. Não tem nada de sobrenatural, é tudo o que podemos dizer no momento.

9 Se o fato está constatado, dirão, nós o aceitamos; aceitamos até mesmo a causa que o origina, um fluido desconhecido; mas e a intervenção dos Espíritos? Isso é maravilhoso, sobrenatural.

Aqui seria preciso toda uma demonstração sem sentido e, aliás, repetitiva, pois sobressai em todo ensinamento. Entretanto, para resumi-la em algumas palavras, diremos que a teoria está fundada sobre o seguinte princípio: todo efeito inteligente deve ter uma causa inteligente. Do ponto de vista da prática, diremos que os fenômenos espíritas, tendo dado provas de inteligência, hão de ter sua causa fora da matéria; que essa inteligência não sendo a dos assistentes, como se comprovou, deve estar fora deles; uma vez que não se via o ser agindo, era, portanto, um ser invisível. Foi assim que, de observação em observação, se chegou a conhecer que esse ser invisível, ao qual se deu o nome de Espírito, não era outro senão a alma dos que viveram corporalmente, aos quais a morte despojou de seu grosseiro corpo físico, deixando-lhes apenas um envoltório etéreo, invisível em seu estado normal. Eis, assim, o maravilhoso e o sobrenatural reduzidos à sua expressão mais simples. Uma vez constatada a existência de seres invisíveis, sua ação sobre a matéria resulta da natureza de seu envoltório fluídico; é uma ação inteligente, visto que, ao morrer, deixaram o corpo, mas conservaram a inteligência, que é sua essência. Nisso está a chave de todos esses fenômenos considerados erroneamente sobrenaturais. A existência dos Espíritos não é, em vista disso, um sistema preconcebido, uma hipótese imaginada para explicar os fatos; é o resultado de observações e a conseqüência natural da existência da alma; negar essa causa é negar a alma e seus atributos. Se aqueles que pensam poder dar a esses efeitos inteligentes uma solução mais racional, podendo principalmente explicar a razão de *todos os fatos*, queiram fazê-lo, e então se poderá discutir o mérito de cada um.

10 Aos olhos dos que consideram a matéria a única força da natureza, *tudo o que não pode ser explicado pelas leis da matéria é maravilhoso ou sobrenatural*, e *maravilhoso* é, para eles, sinônimo de *superstição*. Partindo dessa idéia, a religião, fundada sobre um princípio imaterial, seria uma teia de superstições; não ousam dizê-lo bem alto, mas o dizem à "boca-pequena", e acreditam salvar as aparências ao concordar que é preciso uma religião para o povo e para tornar as crianças boazinhas e educadas; acontece que de duas coisas uma: ou o princípio religioso é verdadeiro ou é falso; se é verdadeiro, é para todos; se é falso, não é melhor para os ignorantes do que para as pessoas esclarecidas.

11 Os que atacam o Espiritismo em nome do maravilhoso se apóiam geralmente no princípio materialista, uma vez que, negando todo efeito extramaterial, negam, por isso mesmo, a existência da alma; sondai o fundo de seu pensamento, estudai bem o sentido de suas palavras e vereis quase sempre esse princípio, categoricamente formulado ou camuflado sob as aparências de uma pretensa filosofia racional com que o encobrem. Ao rejeitar por conta do maravilhoso tudo o que decorre da existência da alma, estão rigorosamente conseqüentes consigo mesmos; não admitindo a causa, não podem admitir os efeitos; daí haver entre eles uma opinião preconcebida que os torna incapazes de um julgamento imparcial do Espiritismo, visto que partem do princípio de negar tudo o que não é material. Quanto a nós, pelo fato de admitirmos os efeitos que são a conseqüência da existência da alma, será que aceitamos todos os fatos qualificados de maravilhosos, que somos defensores de todos os sonhadores, que somos adeptos de todas as utopias*, de todos os sistemas excêntricos e estranhos? Seria preciso conhecer bem pouco o Espiritismo para supor dessa maneira; mas nossos adversários não pensam assim. A obrigação de conhecer aquilo de que falam é o menor de seus cuidados. Para eles, o maravilhoso é absurdo; o Espiritismo se apóia nos fatos maravilhosos, logo é absurdo: é para eles um julgamento sem apelação, sem contestação. Acreditam apresentar um argumento sem réplica[1] quando, após terem feito pesquisas eruditas sobre os convulsionários de Saint-Médard[2],

---

* **Utopia:** projeto irrealizável; quimera; fantasia (N.E.).

1 - Allan Kardec refere-se aqui a questões que muitas vezes foram trazidas à baila pelos contestadores dos fatos espíritas, mas que a própria Doutrina Espírita não aceita, que contesta e esclarece (N.E.).

2 - Em 1729 Paris foi sacudida por uma febre de milagres que estariam ocorrendo no cemitério de Saint-Médard junto ao túmulo do padre François de Paris, desencarnado dois anos antes e que em vida, muito humilde e caridoso, havia se dedicado aos pobres. Pertencia o padre François à facção dos jansenistas, que pregavam uma vida austera e de grande rigor moral e que mantinham muitos pontos discordantes com o Vaticano. Os milagres ocorriam no túmulo do referido padre e na área que o circundava; as pessoas chegavam a fazer com a terra à volta de sua sepultura um beberragem para se curar das doenças. Esses fatos acabaram por causar um terrível celeuma, porque as coisas degeneraram para o fanatismo e o acirramento dos ânimos. Por fim, depois de investigar o caso, a autoridade clerical de Paris proibiu as visitas ao túmulo do padre e a entrada de pessoas no cemitério, e no portão se lia afixado o seguinte aviso: *Proíbe-se a Deus, em nome do rei, que neste lugar faça milagres* (N.E.).

os calvinistas de Cévennes[3] ou as religiosas de Loudun[4], chegaram à conclusão de fraude indiscutível que ninguém contesta; mas essas histórias têm fundamento no Espiritismo? Os espíritas alguma vez negaram que o charlatanismo havia explorado alguns fatos em seu proveito, que a imaginação havia criado muitos deles e que o fanatismo tivesse exagerado muito? O Espiritismo não é solidário com as extravagâncias que se pode cometer em seu nome, assim como a verdadeira ciência não o é com os abusos da ignorância nem a verdadeira religião não o é com os excessos do fanatismo. Muitos críticos apenas comparam o Espiritismo aos contos de fadas e lendas populares, que são ficções: seria como julgar a história pelos romances históricos ou as tragédias.

12 Em lógica elementar, para discutir um assunto, é preciso conhecê-lo, porque a opinião de um crítico somente tem valor quando ele fala com perfeito conhecimento de causa; somente assim sua opinião, ainda que contrária, pode ser levada em consideração; mas qual é seu peso quando analisa uma matéria que não conhece? O verdadeiro crítico deve provar não somente erudição, mas também um saber profundo no que diz respeito à causa em estudo, um julgamento sadio e uma imparcialidade a toda prova, senão o primeiro violinista que aparecesse poderia achar-se no direito de julgar Rossini, e um pintor de paredes, de censurar Rafael.

13 O Espiritismo não aceita todos os fatos considerados maravilhosos ou sobrenaturais; longe disso; ele demonstra a impossibilidade de um grande número deles e o ridículo de certas crenças que são, propriamente falando, superstições. É verdade que, naquilo que ele admite, há coisas que para os incrédulos são puramente do maravilhoso, ou seja, da superstição. Que seja. Mas então que se discutam apenas esses pontos, pois sobre os outros não há nada a dizer, e pregais em vão. Ao atacar o que ele mesmo refuta, provais vossa ignorância do assunto, e vossos argumentos caem no vazio. Haverão de perguntar: Mas até onde vai a crença no Espiritismo? Lede, observai e o sabereis. Toda ciência se adquire somente

---

3 - Os calvinistas (desde 1685) haviam sido declarados hereges pela Igreja Romana. Na França, chamados huguenotes, depois de muitas perseguições, se refugiaram na região montanhosa de Cévennes, no centro da França, onde, organizados, ofereceram heróica resistência, chegando a lutar com paus e pedras contra os exércitos de nobres católicos comandados por Luis XIV. Entre eles ocorreram fatos mediúnicos extraordinários, mas que com o tempo, premidos pelas circunstâncias, acabaram por redundar em exagero, fanatismo e mistificações de vários gêneros. Os calvinistas acabaram trucidados (1713) da mais cruel e violenta maneira que se pode imaginar (N.E.).
4 - Entre as religiosas de Loudun surgiram fatos mediúnicos admiráveis que causaram grande agitação, mas que logo caminharam para a exaltação fanática e a mistificação, como ficou comprovado (N.E.).

com o tempo e o estudo; acontece que o Espiritismo, que toca as questões mais graves da filosofia, em todos os ramos da ordem social, que compreende ao mesmo tempo o homem físico e o homem moral, é por si só toda uma ciência, uma filosofia, que não pode ser apreendida em algumas horas, como qualquer outra ciência. Haveria tanta infantilidade em ver todo o Espiritismo confinado a uma mesa giratória como em ver toda física resumida a alguns jogos infantis. Para todos os que não querem ficar na superfície, não são horas, mas meses e anos que serão precisos para sondar o conjunto, todo o edifício. Que se julgue, diante disso, o grau de saber e o valor da opinião dos que atribuem a si o direito de julgar por terem visto uma ou duas experiências como distração ou passatempo. Dirão, sem dúvida, que não têm tempo disponível para dar atenção a esse estudo; nada os obriga a isso; mas, quando não se tem tempo de aprender uma coisa, não se deve falar sobre ela, e ainda menos julgá-la, se não quiser ser tachado de leviandade; acontece que, quanto mais se ocupa uma posição elevada na ciência, menos se é desculpável por tratar levianamente de um assunto que não se conhece.

14 Podemos resumir da seguinte maneira o que acabamos de expor:

1º) todos os fenômenos espíritas têm como princípio a existência da alma, sua sobrevivência ao corpo e suas manifestações;

2º) esses fenômenos, estando fundados numa lei da natureza, não têm nada de *maravilhoso* nem de *sobrenatural*, no sentido vulgar destas palavras;

3º) muitos fatos são considerados sobrenaturais por não se lhes conhecer a causa; o Espiritismo, ao lhes definir a causa, os traz para o domínio dos fenômenos naturais;

4º) entre os fatos qualificados de sobrenaturais, há muitos que o Espiritismo demonstra classificando-os entre as crenças supersticiosas;

5º) ainda que o Espiritismo reconheça em muitas das crenças populares um fundo de verdade, não aceita de modo algum como fatos espíritas histórias fantásticas criadas pela imaginação;

6º) julgar o Espiritismo pelos fatos que ele não admite é dar prova de ignorância e emitir uma opinião sem valor;

7º) a explicação dos fatos admitidos pelo Espiritismo, suas causas e conseqüências morais constituem toda uma ciência e toda uma filosofia, que requer um estudo sério, perseverante e aprofundado, e

8º) o Espiritismo somente pode considerar crítico sério aquele que haja visto tudo, estudando e aprofundado-se, com a paciência e a perseverança de um observador consciencioso; que soubesse tanto sobre o assunto quanto o mais esclarecido dos seus estudiosos; que tivesse alcançado seus conhecimentos em outros lugares que não nos romances da ciência; a quem não se poderia apresentar nenhum *fato* que ele não conhecesse, nenhum argumento sobre o qual não tivesse meditado; que contestasse não por meras negações, mas com argumentos mais convincentes; que pudesse, enfim, comprovar uma causa mais lógica aos fatos averiguados. Esse crítico ainda está por vir.

15 Mencionada a palavra *milagre*, uma breve consideração sobre o assunto não estará deslocada neste capítulo sobre o maravilhoso.

No seu significado primitivo e pela sua etimologia, a palavra milagre significa *coisa extraordinária, coisa admirável* de ver; mas esta palavra, como muitas outras, se degenerou do sentido original, e hoje se diz (segundo a Academia) *um ato do poder divino contrário às leis comuns da natureza*. Este é, de fato, seu significado usual, e é somente por comparação e de maneira figurada que se aplica às coisas comuns que nos surpreendem e cuja causa é desconhecida. Não é de modo algum nossa intenção examinar se Deus pôde julgar útil, em algumas circunstâncias, abolir as leis estabelecidas por Ele mesmo; nosso objetivo é demonstrar unicamente que os fenômenos espíritas, por mais extraordinários que possam parecer, não anulam de modo algum essas leis, não têm nenhum caráter miraculoso nem são maravilhosos ou sobrenaturais. O milagre não se explica; os fenômenos espíritas, ao contrário, se explicam de modo racional; não são, portanto, milagres, mas simples efeitos que têm sua razão de ser nas leis gerais. O milagre ainda tem uma outra característica: o de ser raro e isolado. Acontece que, a partir do momento em que um fato se reproduz, por assim dizer, à vontade e por diversas pessoas, não pode ser considerado um milagre.

A ciência todos os dias faz milagres aos olhos dos ignorantes; eis porque antigamente os que sabiam mais que as pessoas comuns eram considerados bruxos e, como se acreditava que toda ciência sobre-humana vinha do diabo, eram queimados. Hoje estamos muito mais civilizados; contentam-se em enviá-los aos manicômios.

Que um homem realmente morto, como dissemos, seja trazido de volta à vida por intervenção divina, eis aí um verdadeiro milagre, porque isso é contrário às leis da natureza. Mas, se esse homem tiver apenas a aparência da morte, se ainda há nele um resto de *vitalidade latente* e se a ciência, ou uma ação magnética, conseguir reanimá-lo, será para as pessoas esclarecidas um fenômeno natural, mas, aos olhos de um ignorante, o fato passará por miraculoso, e o autor da façanha será perseguido a pedradas ou venerado, conforme o caráter dos indivíduos. Que no meio de certo campo magnético um físico lance um papagaio magnetizado e faça atrair para ele um raio, esse novo Prometeu[5] será certamente visto como possuidor de um poder diabólico; diga-se de passagem, Prometeu nos parece ter singularmente precedido Franklin[6]; mas Josué[7], parando o movimento do Sol, ou antes da Terra, operou verdadeiro milagre, porque não conhecemos nenhum magnetizador dotado de tão grande poder para operar esse prodígio. De todos os fenômenos espíritas, um dos mais extraordinários é, sem dúvida, o da escrita direta, que demonstra do modo mais evidente a ação das inteligências ocultas; mas o fato do fenômeno ser produzido por seres invisíveis não é mais miraculoso do que todos os outros fenômenos que se devem aos Espíritos, porque esses seres que povoam os espaços são um dos poderes da natureza, cuja ação é incessante sobre o mundo material e sobre o mundo moral.

O Espiritismo, ao nos esclarecer sobre esse poder, nos dá a chave para uma multidão de coisas inexplicadas e inexplicáveis por qualquer outro meio que, em tempos antigos, passaram por prodígios, milagres; ele revela, como no magnetismo, uma lei, senão desconhecida, pelo menos mal compreendida; ou, melhor dizendo, uma lei da qual se conheciam os efeitos, visto que produzidos em todos os tempos, mas não se conhecia a lei, e foi a ignorância dessa lei que gerou a superstição. Conhecida a lei, o maravilhoso desaparece, e os fenômenos entram na ordem das coisas naturais. Eis por que os espíritas não fazem mais milagres ao fazer uma mesa girar ou os mortos escreverem do que o médico ao reviver um moribundo ou o físico ao atrair um raio. Aquele que pretendesse, com a ajuda dessa ciência, *fazer milagres* seria um ignorante em relação ao assunto ou um farsante.

16 Os fenômenos espíritas, do mesmo modo que os fenômenos magnéticos, antes que se tivesse conhecido a sua causa, devem ter sido considerados prodigiosos; acontece que, da mesma forma que os descrentes, os muito inteligentes, os donos da verdade, que julgam ter o privilégio exclusivo da razão e do bom senso, não acreditam que uma coisa seja possível quando não a compreendem; eis porque todos os

---

5 - **Prometeu:** deus do fogo na mitologia grega. Formou o homem do limo da terra e em seguida roubou o fogo celeste (do céu) para lhe dar vida, sendo por isso castigado. Foi acorrentado no alto de uma montanha, onde diariamente um abutre lhe devorava o fígado, que renascia continuamente (N.E.).

6 - **Benjamim Franklin (1706-1790):** jornalista, político e diplomata norte-americano que exerceu grande influência na formação da consciência republicana da nação que se formava, os Estados Unidos. Deve-se a ele a invenção do pára-raios (N.E.).

7 - **Josué:** personagem bíblico. Rei dos hebreus que sucede Moisés na condução do seu povo para a Terra Prometida e que, segundo relato bíblico, teria parado o Sol (ver no Velho Testamento – Livro de Josué) (N.E.).

fatos considerados milagres são motivo para suas zombarias; como a religião contém um grande número de fatos desse gênero, não acreditam na religião, e daí para a incredulidade absoluta é apenas um passo. O Espiritismo, ao explicar a maior parte desses fatos, lhes dá uma razão de ser. Ele vem, portanto, em ajuda à religião, ao demonstrar a possibilidade de certos fatos que, por não terem mais o caráter miraculoso, não são menos extraordinários, e Deus não é nem menor nem menos poderoso por não ter abolido suas leis. De quantos gracejos as levitações de São Cupertino[8] não foram alvo! Acontece que a levitação dos corpos pesados é um fato explicado pelo Espiritismo; *nós, pessoalmente, fomos testemunhas oculares*, e o senhor Home[9], assim como outras pessoas de nosso conhecimento, repetiu muitas vezes o fenômeno produzido por São Cupertino. Portanto, esse fenômeno enquadra-se na ordem das coisas naturais.

17 No número dos fatos desse gênero, é preciso pôr em primeiro lugar as aparições, por serem mais freqüentes. A de Salette[10], que divide até mesmo o clero, não tem nada de estranho para nós. Seguramente, não podemos afirmar que o fato aconteceu, por não possuirmos a prova material; mas, para nós, é possível, uma vez que milhares de fatos semelhantes e *recentes* são de nosso conhecimento; acreditamos nisso não somente porque conhecemos fatos semelhantes, mas porque sabemos perfeitamente a maneira como se produzem. Quem quiser se reportar à teoria das aparições, da qual trataremos mais adiante, verá que esse fenômeno é tão simples e tão autêntico quanto uma multidão de fenômenos físicos que se contam como prodigiosos apenas por falta de se ter a chave que os explique. Quanto à personagem que se apresentou a Salette, é outra questão; sua identidade não foi de modo algum demonstrada; simplesmente admitimos que uma aparição pode ter acontecido, o resto não é de nossa competência; é respeitável que cada qual possa guardar suas convicções a respeito; o Espiritismo não tem que se ocupar disso; dizemos somente que os fenômenos espíritas nos revelam novas

---

8 - **São Cupertino:** tinha em elevado grau a mediunidade de levitação, que exercia com muita facilidade (N.E.).

9 - **Daniel Dunglas Home (1833-1886):** extraordinário médium escocês. Exibiu em todo o mundo a sua mediunidade de levitação em espetáculos muito concorridos e submeteu-a a testes e análises de muitos cientistas, entre eles William Crookers, em 1869, em Londres. Sir Arthur Conan Doyle (criador de Sherlock Holmes), na sua obra *História do Espiritismo* (Editora Pensamento) dedica-lhe um capítulo, em que se pode aquilatar um perfil do grande médium D. D. Home (N.E.).

10 - **Salette:** refere-se à aparição de Maria Santíssima a duas crianças em 1846 na França – A Virgem de La Salette (N.E.).

leis e nos dão a chave para uma multidão de coisas que pareciam sobrenaturais; se alguns dos fatos que passaram por miraculosos encontram nele uma explicação lógica, é motivo suficiente para não se apressar a negar o que não se compreende.

Os fenômenos espíritas são contestados por algumas pessoas precisamente porque parecem estar além da lei comum e por elas não os saberem explicar. Dai-lhes uma base racional e a dúvida cessa. O esclarecimento no século dezenove, de muita conversa inútil, é um poderoso motivo de convicção; temos visto todos os dias pessoas que não foram testemunhas de nenhum fato espírita, que não viram nenhuma mesa girar, nenhum médium escrever e que estão tão convencidas quanto nós unicamente porque leram e compreenderam. Se acreditássemos apenas no que os olhos podem ver, nossas convicções se reduziriam a bem pouca coisa.

MÉTODO

18 Um desejo natural e muito louvável de todo espírita – desejo que se deve sempre encorajar – é o de fazer prosélitos, isto é, novos seguidores. Foi em vista de facilitar sua tarefa que nos propusemos a examinar aqui o caminho mais seguro, conforme nosso ponto de vista, para atingir esse objetivo, a fim de poupar esforços inúteis.

Dissemos que o Espiritismo é toda uma ciência, toda uma filosofia; aquele que quer conhecê-lo seriamente deve, como condição primeira, dedicar-se a um estudo sério e se compenetrar que, mais do que qualquer outra ciência, ele não pode ser aprendido brincando. O Espiritismo, como já dissemos, aborda todas as questões que interessam a humanidade; seu campo é imenso e é, principalmente, em suas conseqüências que convém ser examinado. A crença nos Espíritos sem dúvida forma sua base, mas não é suficiente para formar um espírita esclarecido, da mesma forma que a crença em Deus não basta para formar um teólogo. Vejamos de que modo convém ensinar a Doutrina Espírita para levar mais seriamente à convicção.

Que os espíritas não se espantem com a palavra ensinar; ensinar não é somente o que se faz do alto da cátedra ou da tribuna; há também o da simples conversação. Toda pessoa que procura convencer uma outra, seja por explicações, seja por experiências, pratica o ensinamento; o que desejamos é que esse esforço alcance resultados, e é por isso que julgamos dever dar alguns conselhos igualmente proveitosos para os que querem se instruir por si mesmos; neles encontrarão o modo de chegar mais segura e rapidamente ao objetivo.

19 Acredita-se geralmente que, para convencer alguém, basta mostrar os fatos; esse parece sem dúvida o caminho mais lógico; entretanto, a experiência mostra que nem sempre é o melhor a se fazer, porque há pessoas a quem os fatos mais evidentes não convencem de maneira alguma. Por que isso acontece? É o que vamos tentar demonstrar.

No Espiritismo, crer na existência dos Espíritos é questão secundária; é uma conseqüência, não o ponto de partida. É aí precisamente que está o nó da questão que muitas vezes provoca repulsa a certas pessoas.

Os Espíritos não são outra coisa senão a alma dos homens. Assim, o verdadeiro ponto de partida é a existência da alma. Como pode o materialista admitir que seres vivem fora do mundo material quando acredita que ele mesmo é apenas matéria? Como pode admitir Espíritos à sua volta se não acredita ter um em si? Em vão reuniremos diante de seus olhos as provas mais palpáveis; ele contestará todas, porque não admite o princípio. Todo ensinamento metódico deve caminhar do conhecido para o desconhecido, e para o materialista o conhecido é a matéria; deve-se partir da matéria e procurar, antes de tudo, levá-lo a observá-la, convencê-lo de que há alguma coisa que escapa às leis da matéria; em uma palavra, *antes de o tornar espírita, tentai torná-lo espiritualista**; para isso, há toda uma outra ordem de fatos, um ensinamento todo especial em que é preciso proceder por outros meios. Falar-lhe dos Espíritos antes de ele estar convencido de ter uma alma é começar por onde seria preciso acabar, porque ele não pode admitir a conclusão se não admite as bases. Antes de começar a convencer um incrédulo, mesmo pelos fatos, convém se assegurar de sua opinião em relação à alma, ou seja, se ele acredita na sua existência, na sua sobrevivência ao corpo, na sua individualidade após a morte; se a resposta for negativa, será trabalho perdido falar-lhe dos Espíritos. Eis a regra. Não dizemos que não haja exceções, mas nesse caso há provavelmente outra causa que o torna menos refratário.

20 Entre os materialistas, é preciso distinguir duas classes: na primeira os que o são *por sistema*; para eles não há dúvida, apenas a negação absoluta, raciocinada à sua maneira; aos seus olhos, o homem é apenas uma máquina que funciona enquanto está viva, que se desarranja e da qual, após a morte, resta apenas a carcaça. São, felizmente, em número muito pequeno e não constituem em nenhuma parte uma escola altamente reconhecida; não temos necessidade em insistir sobre os deploráveis efeitos que resultariam para a ordem social a propagação de uma doutrina semelhante; fomos suficientemente esclarecidos sobre esse assunto em *O Livro dos Espíritos*, questão n° 147, e Conclusão, item n° 3.

Quando dissemos que a dúvida cessa para os incrédulos com uma explicação racional, é preciso excluir destes os materialistas, pelo menos os que negam qualquer poder ou princípio inteligente fora da matéria; a maioria deles teima em sua opinião por orgulho e acredita por amor-próprio que são obrigados a persistir nisso; persistem, apesar de todas as provas contrárias, porque não querem se rebaixar. Com essas pessoas, não há nada a fazer; não é preciso nem mesmo se deixar levar pelas falsas

---

* **Espiritualista:** todo aquele que acredita que tem em si algo mais do que o corpo material, ao qual dá os mais variados nomes: alma, espírito, essência, centelha, sopro etc., mas que nem por isso deve ser considerado espírita, ao passo que todo o espírita é espiritualista (Veja em *O Livro dos Espíritos*, Introdução, item n° 2, "A Alma") (N.E.).

aparências de sinceridade dos que dizem: "faça-me ver e acreditarei". Há os que são mais francos e dizem vaidosamente: "ainda que visse não acreditaria".

21 A segunda classe dos materialistas é muito mais numerosa, porque o verdadeiro materialismo é neles um sentimento antinatural; compreende os que o são por indiferença e, pode-se dizer, *por falta de coisa melhor*; não o são de caso pensado, e o que mais desejam é crer, porque para eles a incerteza é um tormento. Há neles uma vaga aspiração em relação ao futuro; mas esse futuro lhes foi apresentado de uma forma que sua razão não pode aceitar; daí a dúvida e, como conseqüência da dúvida, a incredulidade. Para eles, a incredulidade não é um sistema; apresentai-lhes algo de racional e o aceitam de bom grado, estes podem nos compreender, porque estão mais perto de nós do que eles mesmos pensam. Aos primeiros não se deve falar nem de revelação, nem de anjos, nem de paraíso, pois não compreenderiam; mas, ao vos colocar no seu terreno, provai-lhes primeiramente que as leis da fisiologia são impotentes para explicar tudo; o resto virá a seguir. É muito diferente quando a incredulidade não é preconcebida, porque assim a crença não é absolutamente nula; há um germe latente sufocado pelas ervas daninhas, mas que uma faísca pode reanimar; é o cego a quem se restitui a visão e que fica feliz em rever a luz, é o náufrago a quem se estende uma tábua de salvação.

22 Ao lado dos materialistas propriamente ditos, há uma terceira classe de incrédulos que, embora espiritualistas, pelo menos de nome, não são menos refratários; são os *incrédulos de má vontade*. Estes ficariam zangados em acreditar, porque isso perturbaria sua satisfação com os prazeres materiais; receiam ver condenadas a ambição, o egoísmo e as vaidades humanas, que são os seus prazeres; fecham os olhos para não ver e tapam os ouvidos para não ouvir. Só se pode lamentá-los.

23 Citemos apenas para mencioná-la uma quarta categoria, que chamaremos de *incrédulos interesseiros* ou de *má-fé*. Estes sabem muito bem tudo em relação ao Espiritismo, mas o condenam ostensivamente por interesse pessoal. Não há nada a dizer sobre eles, como não há nada a fazer com eles. Se o materialista puro se engana, tem pelo menos a seu favor a desculpa da boa-fé; pode-se corrigi-lo ao provar o erro; porém, nesta categoria de que falamos, há uma determinação radical contra a qual todos os argumentos se chocam; o tempo se encarregará de lhes abrir os olhos e lhes mostrar, talvez à custa de sofrimento, onde estavam seus verdadeiros interesses, porque, não podendo impedir que a verdade se espalhe, serão arrastados pela torrente, juntamente com os interesses que acreditavam salvaguardar.

24 Além de todas essas categorias de opositores, há uma infinidade de nuanças entre as quais se podem contar *os incrédulos por covardia*: a coragem lhes virá quando virem que os outros não se prejudicam; os *incrédulos por escrúpulos religiosos*: um estudo esclarecido lhes ensinará que o Espiritismo se apóia sobre as bases fundamentais da religião e respeita todas as crenças e que uma das suas conseqüências é dar sentimentos religiosos aos que não os têm e fortificá-los naqueles em que estão vacilantes; há ainda os incrédulos por orgulho, por espírito de contradição, por indiferença, por leviandade etc. etc.

25 Não podemos omitir uma categoria que chamaremos de *incrédulos por decepções*. São pessoas que passaram de uma confiança exagerada à incredulidade, causada por decepções; então, desencorajadas, abandonaram e rejeitaram tudo. É como se alguém negasse a honestidade só por ter sido enganado. É a conseqüência de um estudo incompleto do Espiritismo e da falta de experiência. Os Espíritos enganam geralmente aqueles que lhes solicitam o que não devem ou não podem dizer e que não são esclarecidos o suficiente sobre o assunto para discernir a verdade da impostura. Muitos, aliás, vêem o Espiritismo apenas como um novo meio de adivinhação e imaginam que os Espíritos existem para adivinhar o futuro; acontece que os Espíritos levianos e zombeteiros não deixam de se divertir à custa dos que pensam dessa forma; é por isso que prometem marido às moças; ao ambicioso, honras, heranças, tesouros escondidos etc.; daí surgem, muitas vezes, decepções desagradáveis, das quais o homem sério e prudente sempre sabe se preservar.

26 Uma outra classe, a mais numerosa de todas, mas que não podemos classificar como opositores, é a dos *indecisos*; geralmente são *espiritualistas por princípio*; na sua maioria, têm uma vaga intuição das idéias espíritas, uma aspiração para algo que não podem definir. Falta-lhes somente formular e coordenar os pensamentos; para eles, o Espiritismo é como um raio de luz: é a claridade que dissipa o nevoeiro; por isso o acolhem com entusiasmo, porque os liberta das angústias da incerteza.

27 Se continuarmos examinando as diversas categorias dos que *crêem*, encontraremos também os *espíritas sem o saberem*; e, especificamente falando é uma variedade ou uma nuança da classe dos indecisos. Sem nunca terem ouvido falar na Doutrina Espírita, possuem o sentimento inato dos seus grandes princípios, e esse sentimento se percebe em algumas passagens de seus escritos e discursos, a tal ponto que, ao ouvi-los, julgaríamos que são conhecedores da Doutrina. Encontra-se numerosos exemplos disso nos escritores sacros e profanos, nos poetas, nos oradores, nos moralistas, nos filósofos antigos e modernos.

28 Dentre aqueles que aceitaram a Doutrina Espírita estudando-a, podemos distinguir:

1º) Aqueles que acreditam pura e simplesmente nas manifestações dos Espíritos. O Espiritismo é para eles uma simples ciência da observação, uma série de fatos mais ou menos curiosos; nós os chamaremos *espíritas experimentadores*.

2º) Aqueles que não vêem no Espiritismo nada além dos fatos; compreendem a parte da filosofia, admiram a moral que dela se origina, mas não a praticam. A influência da Doutrina sobre seu caráter é insignificante ou nula; não mudam nada em seus costumes e não renunciam a um único prazer: o avarento continua a ser mesquinho; o orgulhoso, sempre cheio de amor-próprio; o invejoso e o ciumento sempre hostis; para estes, a caridade cristã é apenas uma bela máxima; são os *espíritas imperfeitos*.

3º) Aqueles que não se contentam em admirar a moral espírita, mas que a praticam e aceitam todas as suas conseqüências. Convencidos de que a existência terrestre é uma prova passageira, fazem o possível para aproveitar esses curtos instantes e avançar na direção do caminho do progresso, para poderem se elevar na hierarquia do mundo dos Espíritos, esforçando-se para fazer o bem e reprimir suas tendências para o mal. A caridade está em todas as coisas, é a regra para sua conduta; aí estão os *verdadeiros espíritas*, ou melhor, os *espíritas cristãos*.

4º) Finalmente, há os *espíritas exaltados*. A espécie humana seria perfeita se tomasse sempre o lado bom das coisas. O exagero em tudo é prejudicial. No Espiritismo, ele provoca a confiança cega e infantil nas coisas do mundo invisível e faz aceitar muito facilmente e sem cuidado o que a reflexão e o exame demonstrariam ser absurdo ou impossível. O entusiasmo não faz raciocinar, deslumbra. Essa espécie de seguidores da Doutrina é mais prejudicial do que útil para a causa do Espiritismo; são os menos competentes para convencer, porque se desconfia, com razão, de seu julgamento; são enganados na sua boa-fé por Espíritos mistificadores, enganadores, ou por pessoas que procuram explorar sua credulidade. Se as conseqüências disso atingissem somente a eles, haveria apenas inconvenientes; o pior é que dão, inocentemente, argumentos aos incrédulos que procuram antes ocasiões de zombar do que de se convencer e não deixam de impor a todos o ridículo de alguns. Isso, sem dúvida, não é nem justo nem racional; mas, como já se sabe, os adversários do Espiritismo apenas reconhecem a sua razão como de boa qualidade, e procurar conhecer a fundo aquilo do que falam é o menor de seus cuidados.

29 As maneiras pelas quais se aceita a Doutrina variam muito conforme os indivíduos; o que persuade uns não consegue nada sobre outros; um é convencido observando algumas manifestações, outro, pelas comunicações inteligentes, e uma grande parte, pelo raciocínio. Até mesmo podemos dizer que, para a maioria, os fenômenos não despertam interesse ou são de pouco significado. Quanto mais esses fenômenos são extraordinários e se afastam das leis conhecidas, maior oposição encontram, e isso por uma razão muito simples: se é naturalmente levado a duvidar de uma coisa da qual não se tem um conhecimento racional; cada um a vê de acordo com o seu ponto de vista e a explica à sua maneira: o materialista vê uma causa puramente física ou um embuste; o ignorante e o supersticioso vêem uma causa diabólica ou sobrenatural; porém, uma prévia explicação tem por efeito anular as idéias preconcebidas e aclarar, senão a realidade, pelo menos a possibilidade do fenômeno; compreende-se antes de o ter visto; acontece que, a partir do momento em que a possibilidade é reconhecida, estamos a meio caminho da convicção.

30 Vale a pena tentar convencer um incrédulo obstinado? Dissemos que depende das causas e da natureza de sua incredulidade; muitas vezes, a insistência em querer convencê-lo o faz acreditar em sua importância pessoal, que é uma razão para a sua teimosia. Aquele que não se convenceu nem pelo raciocínio nem pelos fatos é porque ainda deve sofrer a prova da incredulidade; é preciso confiar à Providência o momento de circunstâncias mais favoráveis; muitas pessoas pedem para receber a luz; não há que perder tempo com aquelas que a repelem. Dirigi-vos aos homens de boa vontade, cujo número é maior do que se acredita, e seu exemplo, ao se multiplicar, vencerá mais resistências do que as palavras. O verdadeiro espírita nunca deixará de fazer o bem; há sempre corações aflitos a amparar, consolações a dar, desesperados a acalmar, reformas morais a realizar; aí está a sua missão, e nela encontrará sua verdadeira satisfação. O Espiritismo está no ar; ele se espalha pela força dos fatos e porque torna felizes aqueles que o professam. Quando seus adversários sistemáticos o ouvirem ressoar ao redor deles, entre seus próprios amigos, compreenderão seu isolamento e serão forçados a se calar ou a se render.

31 Para se ensinar o Espiritismo, como qualquer outra ciência, seria preciso passar em revista toda a série de fenômenos que se podem produzir, a começar pelos mais simples, chegando sucessivamente aos mais complicados. Mas não pode ser assim, porque seria impossível fazer um curso de Espiritismo experimental como se faz um de física e química. Nas ciências naturais opera-se a matéria bruta, que se manipula à vontade e sempre se tem a certeza de regular os efeitos. No Espiritismo, lidamos com inteligências, que têm liberdade e nos provam a cada instante que não são submissas aos nossos caprichos; é preciso, portanto, observar, esperar os resultados colhendo-os no exato momento; daí termos afirmado claramente que *todo aquele que se vangloriasse de obtê-los à vontade seria apenas um ignorante ou um impostor*. Eis por que o verdadeiro Espiritismo jamais será um espetáculo e nunca se apresentará sobre um tablado. Realmente há algo de ilógico em supor que os Espíritos venham desfilar e se submeter à investigação como objetos de curiosidade. Os fenômenos poderiam não acontecer quando se tivesse necessidade ou se apresentar em uma outra ordem totalmente diferente daquela que desejaríamos. Acrescentamos ainda que, para obtê-los, é preciso pessoas dotadas de faculdades especiais, que variam ao infinito conforme a aptidão dos indivíduos; acontece que, como é extremamente raro que a mesma pessoa tenha todas as mediunidades, é uma dificuldade a mais, porque seria preciso sempre ter à mão uma verdadeira coleção de médiuns, o que é totalmente impossível.

O meio de superar esse inconveniente é simples; basta começar estudando a teoria na qual todos os fenômenos são passados em revista, são explicados, podendo deles se inteirar, compreender a sua possibilidade, conhecer as condições nas quais podem se produzir e os obstáculos que se podem encontrar; independentemente da ordem em que venham a acontecer, não há nada que nos possa surpreender. Esse caminho oferece ainda outra vantagem: poupar o experimentador que quer operar por si mesmo de uma série de decepções; precavido contra as dificuldades, pode se manter em guarda e evitar adquirir experiências à sua custa.

Desde que nos ocupamos com o ensino do Espiritismo, seria difícil dizer o número de pessoas que vieram depois de nós e, entre estas, quantas vimos permanecer indiferentes ou incrédulas na presença dos fatos mais evidentes e entretanto se convencer mais tarde por uma explicação racional; quantas outras foram predispostas à convicção pelo raciocínio; enfim, quantas foram persuadidas sem terem visto nada, simplesmente porque haviam compreendido. É, portanto, por experiência que falamos, e é também porque dizemos que o melhor método de ensinamento espírita é o de se dirigir à razão antes de se dirigir aos olhos. É o que seguimos em nossas lições, e temos alcançado muito sucesso.

32 O estudo preliminar da teoria tem uma outra vantagem: mostrar imediatamente a grandeza do objetivo e o alcance dessa ciência; aquele que se inicia no Espiritismo vendo uma mesa girar ou bater está mais propenso ao espetáculo, porque não imagina que de uma mesa possa sair uma doutrina regeneradora da humanidade. Sempre notamos que aqueles que acreditaram antes de terem visto, porque leram e compreenderam, longe de se ater ao superficial, são, ao contrário, os que mais refletem, ligando-se mais ao fundo do que à forma. Para eles, a parte filosófica é a principal e os fenômenos propriamente ditos são o acessório; dizem a si mesmo que, se os fenômenos não existissem, teríamos uma filosofia, que é a única capaz de resolver os problemas até agora insolúveis, a única que apresenta uma teoria racional do passado do homem e de seu futuro. Sua razão prefere uma doutrina que explica àquelas que nada explicam ou que explicam mal. Todo aquele que reflete compreende muito bem que a Doutrina se afirma e subsiste independentemente das manifestações espirituais, que vêm fortificá-la, confirmá-la, mas que não são a sua base essencial; o observador consciencioso não as repele; ao contrário, ele espera as circunstâncias favoráveis que lhe permitirão testemunhá-las. A prova de que avançamos é que, antes de ter ouvido falar sobre as manifestações, uma grande quantidade de pessoas teve a intuição da Doutrina e apenas aguardava que se lhe desse um corpo, uma conexão lógica às idéias.

33 Também não seria exato dizer que aqueles que começam pela teoria deixam de ter o conhecimento das manifestações práticas; ao contrário, eles o têm, e, aos seus olhos, porque conhecem as causas, elas se revelam mais naturais, precisas e valiosas; são os numerosos fatos das *manifestações espontâneas*, das quais falaremos nos capítulos a seguir. Há poucas pessoas que não têm conhecimento delas, ainda que seja por ouvir falar; muitos as viveram pessoalmente, sem lhes prestar maior atenção. A teoria explica os fatos, e esses fatos têm grande importância quando se apóiam em testemunhos irrecusáveis, porque não tiveram nem preparações nem cumplicidade. Se os fenômenos provocados não existissem, os fenômenos espontâneos bastariam, e o Espiritismo igualmente lhes daria uma solução racional, o que já seria muito. Por isso, a maior parte daqueles que estudam a teoria com antecedência relembram-se dos fatos vividos, que confirmam a teoria.

34 Estaria redondamente enganado quem supusesse que aconselhamos desprezar os fatos; é pelos fatos que chegamos à teoria; é verdade que para isso foi preciso um trabalho assíduo de muitos anos e milhares de observações; mas, uma vez que os fatos nos serviram e servem todos os dias, seríamos inconseqüentes com nós mesmos se lhes negássemos a importância que têm, especialmente quando fazemos um livro destinado a conhecê-los. Dizemos entretanto que, sem o raciocínio, os fatos não bastam para se chegar à convicção; que uma explicação preliminar, expondo as prevenções e mostrando que os fatos não têm nada de contrário à razão, *dispõe* as pessoas a aceitá-los. Isso é tão verdadeiro que de dez pessoas que assistam a uma sessão de experimentação, nove sairão sem estarem convencidas, e algumas sairão mais incrédulas do que antes, porque as experiências não respondem às suas expectativas. Será completamente diferente com aquelas que puderem compreender os fatos mediante um conhecimento teórico antecipado, porque esse conhecimento iria servir de meio de controle, de forma que, por conhecerem, nada irá surpreendê-las, nem mesmo o insucesso, pois sabem em que condições os fatos se produzem e que não se pode pedir-lhes o que não podem dar. A compreensão prévia dos fatos as coloca, então, a ponto de entender não só todas as anomalias, mas também de notar uma multidão de detalhes, de nuanças, muitas vezes delicados, que são para elas meios de convicção e que escapam ao observador ignorante. Esses são os motivos que nos levam a admitir em nossas sessões experimentais apenas pessoas com noções preparatórias suficientes para compreender o que se faz; acreditamos que as outras perderiam seu tempo ou nos fariam perder o nosso.

35 Àqueles que quiserem adquirir esses conhecimentos preliminares pela leitura de nossas obras, eis a ordem que aconselhamos:

1º) *O que é o Espiritismo?* Essa brochura de apenas cem páginas é uma exposição resumida dos princípios da Doutrina Espírita, um relance geral que permite abraçar o conjunto sob um quadro restrito. Em poucas palavras, vê-se o objetivo, e pode-se julgar sua importância. Contém as principais questões e objeções que as pessoas novatas habitualmente fazem. Essa primeira leitura, que necessita apenas de pouco tempo, é uma introdução que facilita um estudo mais aprofundado.

2º) *O Livros dos Espíritos.* Contém a Doutrina completa ditada pelos próprios Espíritos, com toda sua filosofia e todas as suas conseqüências morais; é a revelação do destino do homem, a iniciação à natureza dos Espíritos e aos mistérios da vida do além-túmulo. Ao lê-lo, compreende-se que o Espiritismo tem um objetivo sério, e não é um passatempo fútil.

3º) *O Livro dos Médiuns.* É destinado a guiar a prática das manifestações pelo conhecimento dos meios mais apropriados para se comunicar com os Espíritos; é um guia tanto para os médiuns quanto para os evocadores e o complemento de *O Livro dos Espíritos.*

4º) *Revista Espírita*[1]. É uma coletânea variada de fatos, explicações teóricas e trechos destacados que completa o que foi dito nas duas obras

---

1 - **Revista Espírita (1858-1869):** publicação mensal dirigida por Allan Kardec até o seu desencarne e por cujas páginas passaram os mais variados assunto de todas as partes do mundo referentes à Doutrina Espírita, que se expandia. Há no Brasil uma excelente tradução completa da *Revista Espírita* feita pelo doutor Júlio Abreu para a Editora Edicel (N.E.).

precedentes e que é de alguma forma a sua aplicação. A leitura pode ser feita ao mesmo tempo, mas será mais proveitosa e mais inteligível especialmente após a leitura de O Livro dos Espíritos.

Isso em relação a nós. Aqueles que querem conhecer tudo em uma ciência devem necessariamente ler tudo o que é escrito sobre a matéria ou pelo menos as coisas principais, e não se limitar a um único autor; devem mesmo ler os prós e os contras, tanto as críticas como as opiniões elogiosas, e estudar os diferentes sistemas, a fim de poder julgar com conhecimento. Nesses assuntos, não indicamos nem criticamos nenhuma obra, não querendo influenciar em nada a opinião que se pode formar dela; trazendo nossa pedra ao edifício, fizemos o que devíamos; não nos cabe ser juiz e parte, e não temos a ridícula pretensão de sermos os únicos portadores da luz; cabe ao leitor separar o bom do mau, o verdadeiro do falso.

SISTEMAS

36 Quando os fenômenos estranhos do Espiritismo começaram a se produzir ou, melhor dizendo, reapareceram nos últimos tempos, o primeiro sentimento que causaram foi o da dúvida sobre sua realidade e, ainda mais, sobre sua origem. Quando foram constatados por testemunhos irrecusáveis e por experiências que todos puderam fazer, aconteceu que cada um os interpretou a seu modo, conforme suas idéias pessoais, suas crenças ou suas prevenções; daí surgirem vários sistemas, que uma observação mais atenta viria dar o seu justo valor.

Os adversários do Espiritismo pensaram encontrar um argumento nessa divergência de opiniões e proclamaram que os próprios espíritas não estão de acordo entre si. É em si mesmo um argumento pobre e precário, se refletirmos que os passos de toda ciência nascente são necessariamente incertos, até que o tempo permita reunir e coordenar os fatos que podem firmar opinião; à medida que os fatos se completam e são mais bem observados, as idéias prematuras se apagam e a unidade se estabelece, senão em todos os detalhes, pelo menos sobre os pontos fundamentais. Foi o que aconteceu com o Espiritismo; ele não podia escapar à lei comum e devia mesmo, por sua natureza, se prestar mais do que qualquer outro assunto à diversidade das interpretações. Pode-se mesmo dizer que, nesse sentido, foi mais rápido do que outras ciências mais antigas, do que a medicina, por exemplo, que divide ainda os maiores sábios.

37 Por questão de ordem metódica, para seguir o caminho progressivo das idéias, convém que se coloque à frente aqueles que se podem chamar *sistemas de negação*, ou seja, os dos adversários do Espiritismo. Já contestamos suas objeções na Introdução e na Conclusão de *O Livro dos Espíritos*, assim como no pequeno volume intitulado *O que é o Espiritismo?* Seria inútil voltar a isso, mas vamos lembrar, em duas palavras, os motivos sobre os quais eles se fundam.

Os fenômenos espíritas são de dois gêneros: os de efeitos físicos e os de efeitos inteligentes. Não admitindo a existência dos Espíritos, porque não admitem nada fora da matéria, compreende-se que neguem os efeitos inteligentes. Quanto aos efeitos físicos, eles os analisam sob seu ponto de vista, e seus argumentos podem se resumir nos quatro sistemas seguintes:

38 *Sistema do charlatanismo*. Entre os adversários, muitos atribuem esses efeitos à fraude, porque alguns puderam ser imitados. Essa suposição transforma todos os espíritas em ingênuos e todos os médiuns em fazedores de ingênuos, sem considerar a posição, o caráter, o saber e a honradez das pessoas. Se merecesse uma resposta, diríamos que alguns fenômenos da física também são imitados por mágicos, e isso não prova nada contra a verdadeira ciência. Aliás, há pessoas cujo caráter está acima de qualquer suspeita de fraude, e é preciso ser desprovido de toda civilidade e urbanidade para se atrever a dizer-lhes na face que são cúmplices do charlatanismo.

Num salão muito respeitável, um senhor, aparentemente educado, fez um comentário indelicado sobre o serviço. A dona da casa lhe disse: "Senhor, uma vez que não estais contente, vosso dinheiro será devolvido na saída" e, num gesto, lhe faz compreender o que tinha de melhor a fazer. Devemos concluir daí que nunca houve abuso? Seria preciso, para acreditar nisso, admitir que os homens são perfeitos. Abusa-se de tudo, mesmo das coisas mais santas; por que não se abusaria do Espiritismo? Mas o mau uso que se pode fazer de uma coisa não pode servir para prejulgá-la, e podemos considerar a honestidade das pessoas analisando os motivos que as fazem agir. Onde não há interesse financeiro o charlatanismo não tem nada a fazer.

39 *Sistema da loucura*. Alguns, numa espécie de tolerância caridosa, concordam em pôr de lado a suspeita de fraude e pretendem que, se não fazem ingênuos, são eles os próprios ingênuos, o que quer dizer que são imbecis. Quando os incrédulos são menos amáveis, dizem simplesmente que é loucura, atribuindo assim a si próprios, sem cerimônia, o privilégio do bom senso. Esse é o grande argumento dos que não têm uma boa razão para apresentar. Afinal, esse modo de ataque se tornou ridículo por ser banal e não merece que se perca tempo com ele. Os espíritas, aliás, pouco se importam com isso; prosseguem no seu caminho bravamente e se consolam ao pensar que têm por companheiros de infortúnio muitas pessoas cujo mérito é incontestável. É preciso, de fato, convir que essa loucura, se loucura fosse, tem uma característica muito interessante: a de atingir de preferência a classe esclarecida, entre a qual o Espiritismo conta, até o momento, com a imensa maioria de seus seguidores. Se entre eles encontram-se algumas excentricidades, não depõem mais contra a Doutrina do que os loucos religiosos contra a religião, os loucos melomaníacos contra a música, os maníacos matemáticos contra as matemáticas. Todas as idéias encontraram fanáticos exagerados, e é preciso ser dotado de um julgamento pouco claro para confundir o exagero de uma coisa com a própria coisa. Recomendamos ao leitor, para amplas explicações sobre esse assunto, a nossa brochura *O que é o Espiritismo?* e *O Livro dos Espíritos,* Introdução, item nº 15.

40 *Sistema de alucinação.* Uma outra opinião menos ofensiva, por ter um pequeno retoque científico, consiste em atribuir os fenômenos à ilusão dos sentidos; assim, o observador estaria de muita boa-fé e acreditaria ver o que não vê. Quando vê uma mesa se levantar e se manter no espaço sem um ponto de apoio, a mesa não teria se mexido do lugar; ele a vê no ar por um efeito de miragem, de espelho ou um efeito de refração, como vemos um astro ou um objeto espelhado na água, fora de sua posição real. Isso seria possível a rigor; mas aqueles que presenciaram o fenômeno puderam constatar o isolamento da mesa suspensa passando por debaixo dela, o que seria impossível se ela não estivesse suspensa do solo. Por outro lado, ocorreu muitas vezes de a mesa se quebrar ao cair: será que isso é também apenas um efeito de ótica?

Uma causa fisiológica bem conhecida pode, sem dúvida, fazer com que se acredite ver girar uma coisa que não se mexe ou que ela própria gira quando está imóvel; mas, quando muitas pessoas ao redor de uma mesa a vêem ser arrastada por um movimento tão rápido que têm dificuldade em segui-la e algumas vezes ser até lançada por terra, ocorrerá que todas tenham sido tomadas de uma ilusão, como o bêbado que acredita ver passar sua casa diante dele?

41 *Sistema do músculo estalante.* Se é desse modo que eles explicam a vidência, não seria diferente com a audição. No entanto, quando as pancadas são ouvidas por toda a assembléia; não é possível, racionalmente, atribuí-las a uma ilusão. Afastamos, com certeza, toda idéia de fraude e supomos que uma observação atenta constatou que as pancadas não são provocadas ao acaso ou por nenhuma causa material.

O certo é que um sábio médico deu em relação a isso, conforme sua visão pessoal, uma explicação definitiva*. Segundo ele: "A causa disso está nas contrações voluntárias ou involuntárias do tendão do músculo curto-perônio". Ele entra, a esse respeito, nos detalhes anatômicos mais completos para demonstrar por qual mecanismo esse tendão pode produzir ruídos, imitar o ritmo do tambor e até mesmo executar árias ritmadas. A partir disso, ele conclui que aqueles que acreditam ouvir pancadas numa mesa são vítimas de uma mistificação ou de uma ilusão.

---

* Senhor Jobert (de Lamballe). Para ser justo, é preciso dizer que essa descoberta é devida ao senhor Schiff. O senhor Jobert desenvolveu-lhe as conseqüências diante da Academia dos Médicos para dar o golpe de misericórdia nos Espíritos batedores. Todos os detalhes podem ser encontrados na *Revista Espírita* junho de 1859 (Nota de Kardec).

O fato em si mesmo não é novo; infelizmente para o autor dessa pretensa descoberta, sua teoria não pode explicar todos os casos. Digamos, primeiramente, que aqueles que desfrutam da singular faculdade de fazer estalar à vontade seu músculo curto-perônio ou outro qualquer e de tocar árias com ele são pessoas excepcionais, enquanto os que fazem bater as mesas são muito comuns e só excepcionalmente possuem a faculdade de um músculo batedor. Em segundo lugar, o sábio doutor esqueceu de explicar como o estalido muscular de uma pessoa imóvel e distante da mesa pode fazer com que se escute na mesa pancadas e vibrações sensíveis ao toque; como esse barulho pode repercutir, a pedido dos assistentes, nas diferentes partes da mesa, em outros móveis, nas paredes, no teto etc.; como, enfim, a ação desse músculo pode atuar sobre uma mesa que não é tocada por ninguém e fazê-la mover-se. Essa explicação, de resto, se fosse racional, somente anularia o fenômeno das batidas, mas não esclareceria nada a respeito de todos os outros modos de comunicação.

Concluímos que ele julgou sem ter visto ou sem ter visto tudo muito bem. Sempre é lastimável que homens de ciência se apressem em dar, sobre o que não conhecem, explicações que os fatos podem desmentir. Seu saber deveria torná-los mais criteriosos em seus julgamentos, porém afasta deles os limites do desconhecido.

42 *Sistema das causas físicas*. Aqui saímos dos sistemas de negação absoluta. Sendo constatada a realidade dos fenômenos, o primeiro pensamento que naturalmente veio à idéia dos que o reconheceram foi atribuir os movimentos ao magnetismo, à eletricidade ou à ação de um fluido qualquer, numa palavra a uma causa completamente física e material. Essa opinião não tem nada de irracional e teria prevalecido se os fenômenos se limitassem a efeitos puramente mecânicos. Uma circunstância parecia mesmo confirmá-la: em alguns casos, o crescimento da força em razão do número de assistentes; cada um deles podia assim ser considerado um dos elementos de uma pilha elétrica humana. O que caracteriza uma teoria como verdadeira, como já dissemos, é o fato de ela poder explicar tudo; assim, se um único fato vem contradizê-la, ela é falsa, incompleta ou muito absoluta. Foi o que não tardou a ocorrer aqui.

Os movimentos e as batidas revelavam-se como sinais inteligentes, obedecendo à vontade e respondendo ao pensamento; deviam ter origem numa causa inteligente. Desde o momento em que o efeito deixou de ser puramente físico, a causa, por isso mesmo, devia ter uma outra fonte; por isso o sistema da ação *exclusiva* de um agente material foi abandonado e é aceito apenas pelos que julgam a princípio e sem nada terem visto.

O ponto fundamental está, portanto, em constatar a ação inteligente, que pode ser comprovada por todo aquele que se der ao trabalho de observar.

43 *Sistema do reflexo.* Uma vez reconhecida a ação inteligente, restava saber qual era a fonte dessa inteligência. Pensou-se que podia ser o médium ou os assistentes, que a refletiam como a luz ou os raios sonoros. Isso era possível, mas somente a experiência podia dar a última palavra. Primeiramente, lembremos que esse sistema já se afasta completamente da idéia puramente materialista; para que a inteligência dos assistentes pudesse se reproduzir por caminho indireto, seria preciso admitir no homem um princípio fora do organismo.

Se o pensamento que se exteriorizava sempre fosse o dos assistentes, a teoria da reflexão teria sido confirmada. O próprio fenômeno reduzido a essa proporção já não seria do mais alto interesse? O pensamento repercutindo em um corpo inerte e se traduzindo pelo movimento e pelo ruído já não seria uma coisa bem notável? Não haveria aí o bastante para instigar a curiosidade dos sábios? Por que, então, o desprezaram, eles, que se cansaram à procura de uma fibra nervosa?

Somente a experiência, dissemos, podia negar ou dar razão a essa teoria, e a experiência a negou, porque demonstra a cada instante, e pelos fatos mais positivos, que o pensamento manifestado pode ser não somente estranho ao dos assistentes, mas também inteiramente contrário ao deles; isso contradiz todas as idéias preconcebidas, frustra todas as previsões.

De fato, quando penso branco e me respondem preto, é difícil para mim acreditar que a resposta venha de mim.

Alguns se apóiam em casos de identidade entre o pensamento expresso e o dos assistentes; mas o que é que isso prova, senão que os assistentes podem pensar como a inteligência que se comunica? Não há razão para que eles sejam sempre de opinião oposta. Quando, numa conversação, o interlocutor emite um pensamento semelhante ao vosso, direis por isso que o tirou de vós? Bastam alguns exemplos contrários bem comprovados para provar que essa teoria não pode ser incontestável.

Aliás, como explicar pela reflexão do pensamento a escrita produzida por pessoas que não sabem escrever, as respostas da mais alta importância filosófica obtidas por pessoas iletradas, as respostas às perguntas mentais ou numa língua desconhecida pelo médium e milhares de outros fatos que não deixam dúvida sobre a independência da inteligência que se manifesta? A opinião contrária pode ser apenas o resultado de uma falha de observação.

Se a presença de uma inteligência estranha está moralmente provada pela natureza das respostas, o está materialmente pelo fato da escrita direta, ou seja, da escrita obtida espontaneamente, sem caneta nem lápis, sem contato, e, com todas as precauções tomadas para se garantir contra qualquer enganação, o caráter inteligente do fenômeno não pode ser posto em dúvida; há nele outra coisa além da ação fluídica. Além disso, a espontaneidade do pensamento manifestado fora de qualquer expectativa, fora de toda questão formulada, não permite um reflexo do pensamento dos assistentes.

O sistema do reflexo é bastante desconcertante em alguns casos; quando numa reunião de pessoas honestas ocorre uma dessas comunicações revoltantes de grosseria, haveria de se fazer um mau juízo dos assistentes, ao pretender que ela tenha emanado do pensamento de um deles, e é provável que cada um se apresse em repudiá-la (Veja em *O Livro dos Espíritos*, Introdução, item nº 16).

44 *Sistema da alma coletiva*. É uma variante do precedente. Conforme esse sistema, somente a alma do médium se manifesta. Essa alma se identifica com a de muitos outros seres vivos presentes ou ausentes e forma um todo *coletivo*, reunindo as aptidões, a inteligência e os conhecimentos de cada um. Embora o livro onde essa teoria é exposta seja intitulado *A Luz**, ela nos pareceu de um estilo muito obscuro; confessamos tê-la compreendido pouco e falamos dela apenas por memória. Aliás, é como muitas outras: uma opinião individual que fez poucos adeptos. Sob o nome de Emah Tirpsé, o autor designa o ser coletivo que ele representa. Toma por lema: *Não há nada oculto que não deva ser conhecido*. Essa proposição é evidentemente falsa, porque há muitas coisas que o homem não pode e não deve saber; seria bem presunçoso aquele que pretendesse penetrar todos os segredos de Deus.

45 *Sistema sonambúlico*. Este teve mais entusiastas e ainda conta com alguns. Como o anterior, admite que todas as comunicações inteligentes têm sua fonte na alma ou no Espírito do médium; mas, para explicar a aptidão de tratar de assuntos fora de seus conhecimentos, em vez de supor uma alma múltipla, atribui essa aptidão a uma superexcitação momentânea das faculdades mentais, a uma espécie de estado sonambúlico ou extático, que exalta e desenvolve sua inteligência. Não se pode negar, em alguns casos, a influência dessa causa; mas basta ter visto em

---

• Comunhão. A luz do fenômeno do Espírito. Mesas que falam, sonâmbulos, médiuns, milagres. Magnetismo espiritual: força da prática da fé. Por Emah Tirpsé, uma alma coletiva escrevendo por intermédio de uma prancheta. Bruxelas, 1858, Casa Devroye (N.K.).

ação um grande número de médiuns para se convencer de que ela não pode resolver todos os fatos e que é exceção, e não a regra. Poderíamos crer que fosse assim se o médium sempre tivesse a expressão de um inspirado ou de um extático, aparência, aliás, que poderia perfeitamente simular, se quisesse representar uma comédia; mas como acreditar na inspiração quando o médium escreve como uma máquina, sem ter a menor consciência do que está escrevendo, sem a menor emoção, sem se preocupar com o que faz, olhando para outros lugares, distraído, rindo e fazendo diferentes coisas? Compreende-se a superexcitação das idéias, mas não se compreende que ela possa fazer escrever quem não sabe escrever, e se compreende ainda menos quando as comunicações são transmitidas por pancadas ou com a ajuda de uma prancheta ou de uma cesta.

Veremos, na seqüência desta obra, o que é preciso considerar como influência das idéias do médium; mas os fatos em que a inteligência estranha se revela por meio de sinais incontestáveis são tão numerosos e tão evidentes que não podem deixar dúvida a esse respeito. O erro da maioria dos sistemas nascidos na origem do Espiritismo foi ter tirado conclusões gerais de alguns fatos isolados.

46 *Sistema pessimista, diabólico ou demoníaco.* Aqui entramos numa outra ordem de idéias. Uma vez constatada a intervenção de uma inteligência estranha, era preciso saber a natureza dessa inteligência. O modo mais simples consistia, sem dúvida, no de fazer-lhe perguntas; mas algumas pessoas não julgaram isso uma garantia suficiente e preferiram ver em todas as manifestações apenas uma ação diabólica; de acordo com elas, somente o diabo ou os demônios podem se comunicar. Embora esse sistema encontre pouca aceitação hoje, não deixou de ter crédito por algum tempo, pelo próprio caráter daqueles que procuraram fazê-lo prevalecer. Entretanto, convém lembrar que os partidários do sistema demoníaco não devem ser colocados entre os adversários do Espiritismo. Que os seres que se comunicam sejam os demônios ou os anjos, são sempre seres incorpóreos, e admitir a manifestação dos demônios é sempre admitir a possibilidade de se comunicar com o mundo invisível ou, pelo menos, com uma parte desse mundo.

A crença na comunicação exclusiva dos demônios, por mais irracional que seja, não parece irracional quando se imagina os Espíritos como seres criados fora da humanidade; mas, desde que se sabe que os Espíritos não são outra coisa senão a alma daqueles que viveram, essa crença perdeu todo o seu prestígio e, pode-se dizer, toda sua concepção de verdade; porque resultaria daí que todas as almas são demônios, fossem de um pai, de um filho ou de um amigo, e que nós mesmos, ao morrer, tornaríamo-nos demônios, doutrina pouco lisonjeira e pouco consoladora para muitas pessoas. Será muito difícil uma mãe consentir que o filho querido, que ela perdeu e que lhe vem dar, depois da morte, provas de sua afeição e de sua identidade, seja um agente de Satanás. É certo que, entre os Espíritos, há os que são muito maus e que não se diferenciam em nada dos que são chamados demônios, e isso tem uma razão bem simples: há homens muito maus, e a morte não os torna imediatamente melhores; a questão é saber se são os únicos que podem se comunicar. Àqueles que pensam desse modo, propomos as seguintes questões:

1º) Há bons e maus Espíritos?

2º) Deus é mais poderoso do que os maus Espíritos ou do que os demônios, se os quereis chamar assim?

3º) Afirmar que somente os maus se comunicam é dizer que os bons não podem fazê-lo; se é assim, de duas coisas uma: isso acontece pela vontade ou contra a vontade de Deus. Se é contra a Sua vontade, é porque os maus Espíritos são mais poderosos que Ele; se é pela Sua vontade, por que, em Sua bondade, não permitiria a comunicação dos bons, para contrabalançar a influência dos maus?

4º) Que prova podeis fornecer para demonstrar que os bons Espíritos não podem se comunicar?

5º) Quando vos mostram a sabedoria de algumas comunicações, respondeis: são do demônio, que se reveste de máscaras para seduzir melhor. Sabemos, de fato, que há Espíritos hipócritas que dão à sua linguagem um falso verniz de sabedoria; mas admitis que a ignorância possa imitar o verdadeiro saber e uma natureza má possa imitar a verdadeira virtude sem deixar vestígio que revele a fraude?

6º) Se somente o demônio se comunica, uma vez que é inimigo de Deus e dos homens, por que recomenda orar a Deus, se submeter à Sua vontade, sofrer sem se lamentar as tribulações da vida, não ambicionar nem as honras nem as riquezas, praticar a caridade e todas as máximas do Cristo; numa palavra, fazer tudo o que é necessário para destruir seu império? Se é o demônio que dá tais conselhos, é preciso convir que ele, por mais astucioso que seja, não é nada inteligente ao fornecer armas contra si mesmo*.

---

* Esta questão foi tratada em *O Livro dos Espíritos* (Veja as questões nºs 128 e seguintes); mas recomendamos a esse respeito, e a tudo o que se refere à parte religiosa, a brochura intitulada *Carta de um católico sobre o espiritismo*, por M., o doutor Grand, antigo cônsul da França (Casa Ledoyen), assim como: *Os contraditores do Espiritismo do ponto de vista da religião, da ciência e do materialismo* (N.K.).

7º) Uma vez que os Espíritos se comunicam, é porque Deus o permite; ao ver as boas e as más comunicações, não é mais do que lógico pensar que Deus permite umas para nos pôr à prova e outras para nos aconselhar o bem?

8º) Que pensaríeis de um pai que deixasse seu filho à mercê dos maus exemplos e dos maus conselhos, que o afastasse de si, e que o proibisse de ver as pessoas que pudessem desviá-lo do mal? O que um bom pai não faria, deve-se pensar que Deus, que é a bondade por excelência, fizesse menos do que faria um homem?

9º) A Igreja reconhece como autênticas certas manifestações da Virgem e de outros santos em aparições, visões, comunicações orais etc. Essa crença não contradiz a doutrina, que diz que só os demônios se comunicam?

Acreditamos que algumas pessoas adotam essa teoria de boa-fé, como também que muitos crêem nisso unicamente para evitar se ocupar com essas coisas e por recearem as comunicações de censura, que qualquer um está sujeito a receber; ao dizerem que somente o diabo se manifesta, quiseram causar medo, mais ou menos como quando se diz a uma criança: não toque nisso; isso queima. A intenção pode ser boa, mas o objetivo é errado, pois a proibição apenas instiga a curiosidade, e o medo do diabo não assusta mais as pessoas: se querem vê-lo, é apenas para ver como é feito, e ficam admiradas de ele não ser tão feio quanto acreditavam.

Mas não haverá ainda um outro motivo para essa teoria exclusiva do diabo? Há pessoas que acham que todos aqueles que não estão de acordo com sua opinião estão errados; será que os que apregoam que todas as comunicações são obra do demônio não são movidos pelo medo de não achar os Espíritos de acordo com o que eles pensam sobre todos os pontos e especialmente sobre aqueles que se referem aos interesses deste mundo mais do que do outro? Não podendo negar os fatos, quiseram apresentá-los de uma maneira assustadora; mas esse método não deu melhores resultados que os outros. Onde o medo do ridículo é impotente, é preciso resignar-se e deixar passar as coisas.

O muçulmano que ouvisse um Espírito falar contra alguma lei do Alcorão certamente pensaria se tratar um mau Espírito; o mesmo aconteceria com um judeu no que diz respeito a certas práticas da lei de Moisés. Quanto aos católicos, ouvimos um afirmar que o Espírito que se comunicava só podia ser o *diabo*, porque se havia permitido pensar de modo diferente do dele acerca do poder temporal, embora o Espírito houvesse pregado somente a caridade, a tolerância, o amor ao próximo e a abnegação das coisas deste mundo, as mesmas máximas ensinadas pelo Cristo.

Os Espíritos não são outros senão as almas dos homens, e os homens não são perfeitos; disso resulta que há Espíritos igualmente imperfeitos e cujo caráter se reflete nas suas comunicações. É um fato incontestável que há Espíritos maus, astuciosos, profundamente hipócritas e contra os quais é preciso se prevenir; mas porque há no mundo homens perversos, não é razão para fugir de toda a sociedade. Deus nos deu a razão e o julgamento para apreciar os Espíritos, como também os homens. O melhor meio de se prevenir contra os inconvenientes que a prática do Espiritismo pode apresentar não é proibi-lo, mas sim torná-lo compreendido. Um medo imaginário impressiona apenas por um instante e não afeta todo mundo; a realidade exposta claramente é compreendida por todos.

47 *Sistema otimista*. Ao lado dos que apenas vêem nos fenômenos a ação dos demônios, há os que vêem apenas a dos bons Espíritos; para eles, estando a alma separada da matéria, não existiria mais nenhum véu para ela e ela deve possuir a soberana ciência e a soberana sabedoria. A confiança cega nessa superioridade absoluta dos seres do mundo invisível resultou em grandes decepções para muitos; eles aprenderam, à sua custa, a desconfiar de alguns Espíritos, assim como de alguns homens.

48 *Sistema uniespírita ou monoespírita*. Uma variedade do sistema otimista, consiste na crença de que um único Espírito se comunica com os homens e que esse Espírito é o *Cristo*, o protetor da Terra. Quando vemos comunicações de conteúdo insignificante, de uma grosseria revoltante, impregnadas de malevolência e de maldade, é profanação e impiedade supor que possam emanar do Espírito do bem por excelência. Ainda, se aqueles que acreditam nisso tivessem tido apenas comunicações irrepreensíveis, se justificaria sua ilusão; mas a maioria concorda em haver recebido comunicações muito ruins. O que explicam no dizer deles ser uma prova que o bom Espírito lhes faz sofrer ao lhes ditar coisas absurdas; assim, enquanto uns atribuem todas as comunicações ao diabo, que pode dizer boas coisas para os tentar, outros pensam que apenas Jesus se manifesta e que ele pode dizer coisas más para os provar. Entre essas duas opiniões tão controvertidas, qual prevalecerá? O bom senso e a experiência. Dizemos a experiência porque é impossível que aqueles que professam idéias tão absurdas tenham visto tudo e visto bem.

Quando se lhes argumenta com os fatos de identidade que atestam a presença de parentes, amigos ou conhecidos pelas manifestações escritas, visuais ou outras, respondem que é sempre o mesmo Espírito, o diabo conforme uns e o Cristo conforme outros, que toma todas as formas; mas não dizem porque os outros Espíritos não podem comunicar-se. E com que objetivo o Espírito da Verdade viria nos enganar, apresentando-se sob falsas aparências, abusar de uma pobre mãe ao fazer-se passar mentirosamente pelo filho que ela chora? A razão se recusa a admitir que o Espírito, entre todos o mais santo, se rebaixe para realizar uma brincadeira semelhante. Aliás, negar a possibilidade de qualquer outra comunicação é negar ao Espiritismo o que ele tem de mais sublime: a consolação dos aflitos? Digamos simplesmente que um sistema semelhante é irracional e não resiste a um exame sério.

49 *Sistema multiespírita ou poliespírita.* Todos os sistemas que analisamos até agora, incluindo os que negam os fenômenos, baseiam-se em algumas observações incompletas ou mal-interpretadas. Se uma casa é vermelha de um lado e branca de outro, aquele que a vir apenas de um lado afirmará que é vermelha, enquanto aquele que a vir de outro dirá que é branca: ambos estarão errados e certos; mas aquele que vir a casa de todos os lados dirá que ela é vermelha e branca, e será o único com razão. Acontece a mesma coisa em relação à opinião que se faz do Espiritismo: ela pode ser verdadeira em alguns aspectos e falsa, caso se generalize o que é apenas parcial, se tome por regra o que é apenas exceção, considerando como um todo o que é apenas parte. É por isso que dizemos que todo aquele que quer estudar seriamente essa ciência deve ver muito e por muito tempo; somente o tempo irá lhe permitir compreender os detalhes, perceber as nuanças delicadas, observar uma multidão de fatos característicos que serão para ele raios de luz. Mas, se ficar na superfície, irá se expor a um julgamento prematuro e, por conseqüência, errôneo.

Eis as conseqüências gerais deduzidas após uma observação completa e que formam agora, pode-se dizer, a crença universal dos espíritas, visto que os sistemas dissidentes não são mais do que opiniões isoladas:

1º) os fenômenos espíritas são produzidos por inteligências extracorpóreas, isto é, pelos Espíritos;

2º) os Espíritos constituem o mundo invisível; estão em todos os lugares; povoam os espaços ao infinito, estão sem cessar ao redor de nós e estamos sempre em contado com eles;

3º) os Espíritos agem incessantemente sobre o mundo físico e sobre o mundo moral e são uma das forças da natureza;

4º) os Espíritos não são seres à parte na criação; são as almas daqueles que viveram na Terra ou em outros mundos e que se despojaram de seu envoltório corporal; por conseguinte, as almas dos homens são os Espíritos encarnados e, quando desencarnam, se tornaram Espíritos;

5º) há Espíritos de todos os graus de bondade e de maldade, de saber e de ignorância;

6º) são todos submetidos à lei do progresso e todos podem chegar à perfeição; mas, como todos possuem seu livre-arbítrio, podem alcançá-la num tempo mais ou menos longo, conforme seus esforços e suas vontades;

7º) são felizes ou infelizes, de acordo com o bem ou o mal que fizeram durante a vida e o grau de adiantamento que alcançaram. A felicidade perfeita e sem mácula é partilhada somente pelos Espíritos que alcançaram o grau supremo da perfeição;

8º) todos os Espíritos, em determinadas circunstâncias, podem se manifestar aos homens; o número dos que podem comunicar-se é infinito;

9º) os Espíritos se comunicam pelos médiuns, que lhes servem de instrumentos e de intérpretes;

10º) reconhece-se a superioridade ou a inferioridade dos Espíritos por sua linguagem; os bons aconselham apenas o bem e dizem apenas coisas boas: tudo neles atesta a elevação; os maus enganam, e todas as suas falas trazem a marca da imperfeição e da ignorância.

Os diferentes graus em que se classificam os Espíritos são indicados na *Escala Espírita* (Veja em *O Livro dos Espíritos*, questão nº 100). O estudo dessa classificação é indispensável para avaliar a natureza dos Espíritos que se manifestam, suas boas e más qualidades.

50 *Sistema da alma material.* Consiste unicamente na discussão sobre a natureza íntima da alma. De acordo com alguns, a alma e o perispírito não seriam duas coisas distintas ou, melhor dizendo, o perispírito não seria outra coisa senão a própria alma, depurando-se gradualmente nas diversas transmigrações, como o álcool se depura nas diversas destilações; porém a Doutrina Espírita considera o perispírito apenas o corpo fluídico da alma ou do Espírito. O perispírito sendo uma matéria, embora muito etérea, a alma seria ainda de uma matéria mais ou menos essencial, de acordo com o grau de sua depuração.

Esse sistema não invalida nenhum dos princípios fundamentais da Doutrina Espírita, visto que não muda em nada o destino da alma; as condições de sua felicidade futura são as mesmas; a alma e o perispírito formam um todo, sob o nome de Espírito, como o germe e o perisperma formam o que chamamos de fruto; toda questão se reduz em considerar o todo como homogêneo, em vez de formado por duas partes distintas.

Como se vê, essa questão não leva a nenhuma conseqüência, e não teríamos falado disso se não tivéssemos encontrado pessoas inclinadas a ver uma nova escola no que é, definitivamente, apenas uma simples interpretação de palavras. Essa opinião, aliás muito restrita, mesmo se fosse mais geral, não seria uma divergência entre os espíritas tanto quanto não o são as duas teorias da emissão ou das ondulações da luz entre os físicos. Aqueles que quisessem formar dissidência por um detalhe tão insignificante provariam, apenas por isso, que atribuem mais importância ao acessório do que ao principal e que são instigados à desunião por Espíritos que não podem ser bons, porque os bons Espíritos não causam jamais a insatisfação e a desarmonia, e é por isso que convocamos todos os verdadeiros espíritas para se colocar em guarda contra semelhantes sugestões e não dar a alguns detalhes mais importância do que merecem; o essencial é a base.

Contudo, acreditamos que devemos dizer em algumas palavras sobre qual fundamento se apóia a opinião daqueles que consideram a alma e o perispírito duas coisas distintas.

Ela está fundada no ensinamento dos Espíritos, que nunca divergem a esse respeito; falamos dos Espíritos esclarecidos, porque entre eles há os que não sabem mais, e até sabem menos, do que os homens; assim, a teoria contrária é uma concepção humana. Nós não inventamos nem imaginamos o perispírito para explicar os fenômenos; sua existência nos foi revelada pelos Espíritos e a observação a confirmou (Veja em *O Livro dos Espíritos*, questão nº 93). Ela se apóia ainda no estudo das sensações dos Espíritos (Veja *em O Livro dos Espíritos*, questão nº 257) e principalmente no fenômeno das aparições tangíveis, que causaria, conforme a outra opinião, solidificação e desagregação das partes constituintes da alma e, por conseguinte, sua desorganização. Seria preciso, além do mais, admitir que a matéria, que impressiona os sentidos, é o princípio inteligente, o que não é mais racional do que confundir o corpo com a alma ou a vestimenta com o corpo. Quanto à natureza íntima da alma, ela nos é desconhecida. Quando se diz que é *imaterial*, é preciso entender no sentido relativo, e não absoluto, visto que a imaterialidade absoluta seria o nada; acontece que a alma ou o Espírito é alguma coisa; pode-se dizer que sua essência é de tal modo pura que não tem nenhuma comparação possível com o que chamamos matéria e que assim, para nós, ela é imaterial (Veja em *O Livro dos Espíritos*, questões nºs 23 e 82).

51 Eis a resposta dada sobre esse assunto por um Espírito:

"O que alguns chamam perispírito não é outra coisa senão o que outros chamam corpo fluídico. Direi, para me fazer compreender de uma maneira mais lógica, que esse fluido é o aperfeiçoamento dos sentidos, a extensão da vista e das idéias; refiro-me aos Espíritos elevados. Quanto aos Espíritos inferiores, os fluidos terrestres ainda se acham profundamente impregnados neles; são, portanto, matéria como vedes; daí os sofrimentos da fome, do frio etc., sofrimentos que não podem ser sentidos pelos Espíritos superiores, uma vez que já se depuraram dos fluidos terrestres no pensamento, ou seja, na alma. A alma, para realizar o seu progresso, sempre tem necessidade de um agente: a alma sem um agente não é nada para vós ou, melhor dizendo, não pode ser concebida por vós. O perispírito, para nós, Espíritos errantes, é o agente pelo qual nos comunicamos convosco, seja indiretamente por vosso corpo ou vosso perispírito, seja diretamente à vossa alma; daí a infinita diversidade de médiuns e comunicações.

"Agora, quanto à questão do ponto de vista científico, ou seja, à essência do perispírito, isso é um outro assunto. Procurai compreender por agora moralmente o porquê do seu existir e restará então discutir a natureza dos fluidos, o que é inexplicável para o momento; a ciência não conhece bastante, mas chegará lá se quiser caminhar com o Espiritismo. O perispírito pode variar e mudar ao infinito; a alma é o pensamento e não muda de natureza; sobre esse assunto não avancemos mais; é um ponto que não pode ser explicado no momento. Acreditais que não procuro como vós? Vós pesquisais o perispírito; nós, agora, pesquisamos a alma. Esperai".

Lamennais

Assim, se os Espíritos que podem ser considerados avançados ainda não puderam sondar a natureza da alma, como nós o poderíamos fazer? É, pois, perder tempo querer investigar o princípio das coisas que, como está dito em *O Livro dos Espíritos*, nas questões n°s 17 e 49, está nos segredos de Deus. Pretender alcançar com a ajuda do Espiritismo o que ainda não é da alçada da humanidade é desviá-lo de seu verdadeiro objetivo, é fazer como a criança que quer saber tanto quanto o velho. Que o homem faça uso do Espiritismo para o seu melhoramento moral é o essencial; o mais é apenas uma curiosidade estéril e, muitas vezes, orgulhosa, cuja satisfação não o fará dar nenhum passo adiante; o único modo de avançar é tornar-se melhor. Os Espíritos que ditaram o livro que leva seu nome provaram sua sabedoria mantendo-se, no que diz respeito ao princípio das coisas, nos limites que Deus não permite transpor, deixando aos Espíritos sistemáticos e presunçosos a responsabilidade das teorias antecipadas e errôneas, mais sedutoras do que sólidas, que cairão um dia diante da razão como tantas outras nascidas do cérebro humano. Disseram apenas o que era necessário para fazer o homem compreender o futuro que o espera e por isso mesmo encorajá-lo à prática do bem (Veja neste livro a Parte Segunda, capítulo 1, "Ação dos Espíritos sobre a matéria").

PARTE SEGUNDA
Manifestações Espíritas

Ação dos Espíritos sobre a Matéria

52 Com o argumento materialista descartado ao mesmo tempo pela razão e pelos fatos, resta então saber se a alma, após a morte, pode se manifestar aos vivos. A questão, assim reduzida ao que de fato interessa, fica fácil e clara. Antes de mais nada, devemo-nos perguntar por que seres inteligentes, que vivem de algum modo em nosso meio, embora invisíveis por sua natureza, não poderiam de alguma maneira comprovar-nos a sua presença. A simples razão diz que isso não tem nada de impossível, o que já é alguma coisa. Aliás, essa é uma crença de todos os povos, com a qual deparamos em todos os lugares e em todas as épocas; nenhuma intuição seria tão generalizada, nem sobreviveria ao tempo, se não tivesse um fundamento. Ela é, além disso, confirmada pelo testemunho dos livros sagrados e dos Pais da Igreja, e foi preciso o ceticismo, a descrença e o materialismo de nosso século para colocá-la entre as idéias supersticiosas; se estivermos em erro, aquelas autoridades estão em erro também.

Mas essas são apenas considerações morais. Numa época tão positiva quanto a nossa, em que se tem que dar conta de tudo e se quer saber o porquê de qualquer coisa, um fator contribuiu para o fortalecimento da dúvida: a ignorância da natureza dos Espíritos e dos meios pelos quais eles podem se manifestar. Conhecida a sua essência, as manifestações não têm mais nada de surpreendente e entram na ordem dos fatos naturais.

53 A idéia que se tem dos Espíritos de uma maneira geral torna à primeira vista o fenômeno das manifestações incompreensível. As manifestações só podem ocorrer pela ação do Espírito sobre a matéria; os que acreditam que o Espírito é a ausência de toda matéria se perguntam, com alguma dose de razão, como pode o Espírito agir materialmente. Ora, aí está o erro. O Espírito não é uma abstração, um conceito; é um ser definido, limitado e circunscrito. O Espírito encarnado no corpo constitui a alma; quando o deixa na morte, não sai despojado, sem nenhum envoltório. Todos nos dizem que conservam a forma humana e, de fato, quando nos aparecem, é sob a forma que tinham quando encarnados.

Nós os observamos atentamente no momento da morte; ficam em estado de perturbação; tudo é confuso ao redor deles; vêem seu corpo físico perfeito ou mutilado, de acordo com o gênero da morte; mas, ao mesmo tempo, se vêem e se sentem vivos; alguma coisa lhes diz que aquele corpo é seu e não compreendem como podem estar separados dele. Continuam a se ver como eram, e essa visão produz em alguns, durante certo tempo, uma extraordinária ilusão: a de acreditar estarem ainda vivos na carne. É preciso a experiência de seu novo estado para se convencerem da realidade. Passado esse primeiro momento de perturbação, o corpo torna-se para eles uma velha vestimenta que despiram e que não lamentam; sentem-se mais leves, como se estivessem livres de um fardo; não sentem mais as dores físicas e ficam felizes de poder se elevar, transpor o espaço, assim como em vida fizeram muitas vezes em sonho•. Entretanto, apesar da ausência do corpo, constatam sua personalidade; têm uma forma, mas uma forma que não os oprime nem os embaraça; possuem a consciência de seu *eu* e de sua individualidade. O que devemos concluir disso? Que a alma não deixa tudo no túmulo e que leva alguma coisa com ela.

54 Numerosas observações e fatos irrecusáveis que abordaremos mais à frente demonstraram que há no homem três componentes: 1º) a alma ou o Espírito, princípio inteligente onde reside o sentido moral; 2º) o corpo, envoltório grosseiro, material, de que é temporariamente revestido para a realização de alguns objetivos providenciais, e 3º) o perispírito, envoltório fluídico, semimaterial, que serve de ligação entre a alma e o corpo.

A morte é a destruição, ou melhor, a desagregação do envoltório grosseiro, que a alma abandona. O outro envoltório, desligado do corpo físico, segue a alma, que se reveste, dessa maneira, sempre com um envoltório que, ainda que fluídico, etéreo, vaporoso, invisível para nós em seu estado normal, não deixa de ser matéria, embora, até o momento, não pudéssemos nos apoderar dela e submetê-la à análise.

Esse segundo envoltório da alma, o *perispírito*, existe, pois, durante a vida corporal; é o intermediário de todas as sensações que o Espírito percebe e por ele o Espírito transmite sua vontade ao exterior e age sobre

---

• Quem se reportar ao que dissemos em *O Livro dos Espíritos* sobre os sonhos e o estado do Espírito durante o sono (Veja questões nᵒˢ 400 a 418), compreenderá que esses sonhos que quase todo mundo teve, nos quais se vê transportado através do espaço e como que voando, não são outra coisa senão uma lembrança da sensação experimentada pelo Espírito, quando, durante o sono, havia momentaneamente deixado o seu corpo material, levando com ele apenas o seu corpo fluídico, aquele que conservará após a morte. Esses sonhos podem, pois, dar-nos uma idéia do estado do Espírito quando está desembaraçado dos entraves que o prendem à Terra (N.K.).

os órgãos. Para nos servir de uma comparação material, é o fio elétrico condutor que serve para a recepção e a transmissão do pensamento; enfim, é o agente misterioso, imperceptível, conhecido como fluido nervoso, que exerce um papel muito importante no sistema orgânico e cuja função não se leva em suficiente consideração nos fenômenos fisiológicos e patológicos. A medicina, considerando apenas o elemento material ponderável, se priva, na apreciação dos fatos, de uma causa incessante da ação. Mas aqui não é o lugar de analisarmos essa questão; lembraremos somente que o conhecimento do perispírito é a chave para uma multidão de problemas até agora inexplicáveis.

O perispírito não é uma dessas hipóteses às quais, algumas vezes, se recorre à ciência para a explicação de um fato; sua existência não é somente revelada pelos Espíritos; é resultado de observações, como teremos oportunidade de demonstrar. Para o momento, e para não antecipar fatos que iremos relatar, nós nos limitamos a dizer que, seja durante sua união com o corpo ou após a separação, a alma nunca é separada de seu perispírito.

55 Diz-se que o Espírito é uma chama, uma centelha; isso se deve entender do Espírito propriamente dito, como princípio intelectual e moral, ao qual não se saberia atribuir uma forma determinada; mas, em qualquer grau que se encontre, ele está sempre revestido de um envoltório ou perispírito, cuja natureza se eteriza à medida que ele se purifica e se eleva na hierarquia espiritual; assim, para nós, a idéia de forma é inseparável do Espírito, e não concebemos um sem o outro. O perispírito é, portanto, parte integrante do Espírito, como o corpo é parte integrante do homem. Contudo, o perispírito sozinho não é o Espírito, assim como o corpo por si só não é o homem, porque o perispírito não pensa; ele é para o Espírito o que o corpo é para o homem: é o agente ou o instrumento de sua ação.

56 A forma do perispírito é a forma humana, e, quando nos aparece, geralmente é sob a forma que tinha quando estava encarnado. Em razão disso, poderíamos deduzir que o perispírito, desligado de todas as partes do corpo, modela-se de algum modo sobre ele e lhe conserva a forma. Mas não parece que seja assim. Exceto por algumas nuanças de detalhes e salvo as modificações orgânicas necessárias ao meio no qual o ser é chamado a viver, a forma humana é semelhante entre os habitantes de todos os globos; pelo menos é o que dizem os Espíritos; é igualmente a forma de todos os Espíritos não-encarnados e que têm apenas o perispírito; é a que em todos os tempos se usou para representar os anjos ou Espíritos puros; disso devemos concluir que a forma humana é a forma típica de todos os seres humanos em qualquer grau evolutivo que estejam.

Mas a matéria sutil do perispírito não tem a tenacidade nem a rigidez da matéria compacta do corpo; ela é, se assim podemos nos exprimir, flexível e expansível; é por isso que a forma que ele toma, embora seja um decalque do corpo, não é estável, não é absoluta; ela se dobra à vontade do Espírito, que lhe pode dar essa ou aquela aparência, de acordo com sua vontade ao passo que o corpo físico lhe ofereceria uma resistência insuperável. Desembaraçado do obstáculo que o comprimia, o perispírito se estende ou se contrai, transforma-se; numa palavra: ele se presta a todas as metamorfoses, conforme a vontade que age sobre ele. É por conseqüência dessa propriedade de seu envoltório fluídico que o Espírito que quer se fazer reconhecer pode, quando isso é necessário, tomar a exata aparência que tinha quando encarnado, até mesmo com sinais corporais que possam ser evidências de reconhecimento.

Os Espíritos, como se vê, são seres semelhantes a nós, que formam ao nosso redor toda uma população invisível no estado normal; dizemos no estado normal porque, como veremos a seguir, essa invisibilidade não é completa.

57 Voltemos à natureza do perispírito, visto que isso é essencial para a explicação que temos que dar. Dissemos que, embora fluídico, não é menos matéria, possibilitando as aparições tangíveis sobre as quais nos ocuparemos mais à frente. Viu-se, sob a influência de alguns médiuns, aparecer mãos tendo todas as propriedades de mãos vivas, que têm calor, que se podem apalpar, que oferecem resistência a um corpo sólido, que podem nos agarrar e que, de repente, evaporam como uma sombra. A ação inteligente dessas mãos, que evidentemente, obedecem a uma vontade ao executar certos movimentos, tocando até mesmo melodias num instrumento, prova que elas são parte visível de um ser inteligente invisível. Sua tangibilidade, sua temperatura, numa palavra, a impressão que provocam sobre os sentidos, chegando a deixar marcas na pele, dar pancadas dolorosas ou acariciar delicadamente, provam que são de uma matéria qualquer. Por outro lado, seu desaparecimento instantâneo prova que essa matéria é eminentemente sutil e se comporta como algumas substâncias que podem alternativamente passar do estado sólido para o estado fluídico e vice-versa.

58 A natureza íntima do Espírito propriamente dito, ou seja, do ser pensante nos é inteiramente desconhecida; ela se revela para nós somente por seus atos, e seus atos podem impressionar nossos sentidos materiais apenas por um intermediário material. O Espírito tem, portanto, necessidade de matéria para agir sobre a matéria. Tem por instrumento direto de suas ações o perispírito, como o homem tem seu corpo; acontece que seu perispírito é matéria, como acabamos de ver. Tem em seguida por agente intermediário o fluido universal, uma espécie de veículo sobre o qual age, como nós agimos sobre o ar para produzir alguns efeitos por meio da dilatação, da compressão, da propulsão ou das vibrações.

Considerada dessa maneira, a ação do Espírito sobre a matéria se compreende facilmente; compreende-se desde logo que todos os efeitos que resultam disso entram na ordem dos fatos naturais e nada têm de maravilhoso. Só pareceram sobrenaturais porque sua causa não era conhecida; conhecida a causa, o maravilhoso desaparece, e essa causa está inteiramente nas propriedades semimateriais do perispírito. É uma nova ordem de fatos que uma nova lei acaba de explicar e que não causará admiração a ninguém dentro de algum tempo, como ninguém se espanta hoje de poder se comunicar a distância, em segundos, por meio da eletricidade.

59 Talvez se pergunte como o Espírito, com a ajuda de uma matéria tão sutil, pode agir sobre os corpos pesados e compactos, erguer mesas etc. Certamente não se espera de um homem da ciência fazer uma objeção semelhante; afinal, sem falar das propriedades desconhecidas que esse novo agente pode ter, não temos sob nossos olhos exemplos semelhantes? Não é nos gases mais rarefeitos, nos fluidos imponderáveis que a indústria encontra seus mais poderosos motores? Quando se vê o ar derrubar edifícios, o vapor arrastar massas enormes, a pólvora gaseificada levantar rochas, a eletricidade destruir árvores e perfurar muralhas, que estranheza há em admitir que o Espírito, com a ajuda de seu perispírito, possa erguer uma mesa? Principalmente quando se sabe que esse perispírito pode tornar-se visível, tangível e se comportar como um corpo sólido.

2

MANIFESTAÇÕES FÍSICAS

Mesas girantes

60 Dá-se o nome de manifestações físicas às que provocam efeitos sensíveis, como os ruídos, o movimento e o deslocamento de corpos sólidos. Uns são espontâneos, ou seja, independentes de toda vontade; outros podem ser provocados. Primeiramente, falaremos destes.

O efeito mais simples, e um dos primeiros que foram observados, é o movimento circular de uma mesa. Esse efeito se produz igualmente em quaisquer outros objetos; mas, como foi com a mesa que mais se praticou, porque era mais cômodo, o nome de *mesas girantes* prevaleceu para a designação do fenômeno.

Quando dizemos que esse efeito foi um dos primeiros que foram observados, queremos nos referir a esses últimos tempos, porque é certo que todos os gêneros de manifestações são conhecidos desde os tempos mais remotos, e não poderia ser de outro modo; uma vez sendo efeitos naturais, devem ter se produzido em todas as épocas. Tertuliano[1] fala em termos claros das mesas girantes e falantes.

Durante algum tempo, o fenômeno alimentou a curiosidade dos salões, depois foi deixado de lado para passarem a outras distrações, pois era apenas um objeto de diversão. Duas causas contribuíram para o abandono das mesas girantes; primeiro, a moda, que para as pessoas frívolas, raramente consagram dois invernos ao mesmo divertimento, e que no entanto dispensaram a esse três ou quatro invernos, o que para elas era algo prodigioso. E a outra causa é que, para as pessoas ponderadas e observadoras, desse fenômeno resultou algo sério que prevaleceu; e deixaram de se preocupar com as mesas girantes para se ocupar das conseqüências resultantes do fenômeno, que eram muito mais importantes. Abandonaram o alfabeto para adentrar à ciência. Eis todo o segredo desse abandono aparente do qual fazem tanto barulho os ridicularizadores.

Seja como for, as mesas girantes são o ponto de partida da Doutrina Espírita, e nós lhes devemos alguns avanços, tanto mais que, apresentando

---

1 - **Tertuliano (155-220):** bispo e um dos doutores (ou pais) da Igreja, de grande cultura e eloqüência. Defendia a teoria do montanismo, que aceitava as manifestações e a atuação do Espírito nas obras e ações dos homens, o que lhe valeu ser considerado herege (N.E.).

os fenômenos em sua maior simplicidade, o estudo das causas que os produzem ficou facilitado, e a teoria, uma vez estabelecida, deu-nos a chave para se entenderem os efeitos mais complicados.

61 Para que o fenômeno ocorra, é necessária a intervenção de uma ou mais pessoas dotadas de uma aptidão especial, que se designam com o nome de *médiuns*. O número de participantes é indiferente, a não ser que haja entre eles, sem que o saibam, alguns médiuns. Quanto àqueles cuja mediunidade é nula, sua presença é indiferente para o resultado e pode ser até mesmo mais prejudicial do que útil, conforme a sua predisposição.

Os médiuns desfrutam de um poder maior ou menor e produzem, por conseguinte, efeitos mais ou menos perceptíveis; muitas vezes um médium poderoso produz sozinho muito mais do que vinte pessoas reunidas; bastará ele colocar as mãos sobre a mesa para que num instante ela se mova, se eleve, vire, dê saltos ou gire com violência.

62 Não há nenhum indício que identifique a faculdade mediúnica; somente a experiência pode fazê-la se revelar. Quando, numa reunião, quer-se tentar, simplesmente é preciso se sentar ao redor de uma mesa e colocar horizontalmente as mãos em cima dela, sem pressão nem con-tração muscular. No princípio, como se ignorava as causas dos fenômenos, tomavam-se muitos cuidados, depois reconhecidas como absolutamente inúteis; por exemplo, a alternância dos sexos ou o contato dos dedos mínimos das pessoas, de modo a formar uma cadeia ininterrupta. Essa última precaução parecia necessária quando se acreditava na ação de uma espécie de corrente elétrica; depois, a experiência demonstrou a sua inutilidade. A única prescrição que é rigorosamente obrigatória é a con-centração, um silêncio absoluto e especialmente a paciência, se o efeito demorar. Pode acontecer que ele se produza em alguns minutos, como pode demorar meia hora ou uma hora; isso depende do poder mediúnico dos co-participantes.

63 Dizemos ainda que a forma da mesa, o material de que é feita, a presença de metais, a seda nas vestimentas dos assistentes, os dias, as horas, a obscuridade ou a luz etc. são tão indiferentes quanto a chuva ou o bom tempo. Somente o volume da mesa tem importância, mas apenas no caso em que o poder mediúnico é insuficiente para vencer a resistência; no caso contrário, uma única pessoa, mesmo uma criança, pode fazer levantar uma mesa de cem quilos, enquanto, em condições menos favo-ráveis, doze pessoas não farão mover a menor das mesinhas de centro.

Estando tudo preparado, quando o efeito começa a se manifestar, ouve-se geralmente uma pequena batida na mesa; sente-se como um estremecimento, que é o início do movimento; parece que ela faz esforços para se despregar do chão; depois o movimento de rotação se inicia; ele se acelera a ponto de adquirir uma tal rapidez que os assistentes têm toda dificuldade do mundo para segui-lo. Uma vez iniciado o movimento, as pessoas podem se afastar da mesa que ela continuará a se mover em diversos sentidos sem contato.

Em outras circunstâncias, a mesa se levanta e se equilibra ora num pé, ora noutro e depois retoma suavemente sua posição natural. Outras vezes, ela se balança, imitando o movimento oscilante de um barco. Por vezes, ainda, mas para isso é preciso um poder mediúnico considerável, ela se ergue inteiramente do chão e se mantém em equilíbrio no espaço, sem ponto de apoio, chegando algumas vezes até o teto, de modo que se pode passar por debaixo dela; depois desce lentamente, balançando-se como o faria uma folha de papel, ou cai violentamente e se quebra, o que prova de uma maneira patente que não é um joguete de uma ilusão de ótica.

64 Um outro fenômeno que se produz muito freqüentemente conforme a natureza do médium é o das batidas na própria textura da madeira, no seu interior, sem nenhum movimento da mesa; essas batidas, algumas vezes fracas, outras vezes mais fortes, são igualmente ouvidas em outros móveis do aposento, nas portas, nas paredes e no teto. Voltaremos a analisar isso mais à frente. Quando ocorrem na mesa, produzem uma vibração muito bem perceptível nos dedos e principalmente muito distinta, se apurarmos o ouvido.

MANIFESTAÇÕES INTELIGENTES

65 No que acabamos de ver, seguramente não há nada que nos revele a intervenção de um poder oculto, e esses fatos poderiam perfeitamente se explicar pela ação de uma corrente elétrica ou magnética ou de um fluido qualquer. Essa foi, de fato, a primeira solução dada a tais fenômenos, e com razão podia passar por muito lógica. Ela teria, sem contestação, prevalecido se outros fatos não tivessem demonstrado a sua insuficiência; esses fatos são as provas de inteligência que eles revelaram; acontece que, como todo efeito inteligente deve ter uma causa inteligente, ficou evidente que, mesmo admitindo que a eletricidade ou qualquer outro fluido exercesse uma ação, havia a presença de uma outra causa. Que causa era essa? Qual seria essa inteligência? É o que a seqüência das observações fez conhecer.

66 Para que uma manifestação seja inteligente, não é necessário que seja eloqüente, espirituosa ou sábia; basta que seja um ato livre e voluntário, que exprima uma intenção ou responda a um pensamento. Seguramente, quando se vê um cata-vento girando, é certo que obedece apenas a uma impulsão mecânica do vento, mas, caso se reconhecesse nos movimentos do cata-vento sinais intencionais, se girasse à direita ou à esquerda, rapidamente ou com lentidão, atendendo a um comando, seria forçoso admitir não que o cata-vento é inteligente, mas que obedece a uma inteligência. É o que aconteceu com a mesa.

67 Vimos a mesa se mover, levantar-se, dar pancadas sob a influência de um ou de vários médiuns. O primeiro efeito inteligente notado foi o de ver esses movimentos obedecer a um comando; assim, sem mudar de lugar, a mesa se levantava alternativamente sobre o pé designado; depois, ao cair, batia um número determinado de vezes, respondendo a uma questão. Outras vezes a mesa, sem o contato da pessoa, passeava sozinha pela sala, indo à direita ou à esquerda, para frente ou para trás, executando diversos movimentos, atendendo à ordem dos assistentes. É evidente que afastamos toda a suposição de fraude, que admitimos a perfeita lealdade dos assistentes, atestada por sua honorabilidade e seu absoluto desinteresse. Falaremos mais adiante das fraudes contra as quais é prudente se manter em guarda.

68 Por meio das batidas e especificamente dos estalos no interior da madeira de que acabamos de falar, constatamos efeitos ainda mais inteligentes, como a imitação do rufar de tambores, do detonar de armas de guerra com fogo de fila ou do pelotão, da descarga de canhões; depois, o ruído de uma serra, as batidas de martelo, o ritmo de diferentes melodias etc. Era, como se compreende, um vasto campo aberto à exploração. Depois se presumiu que, uma vez que aí houvesse uma inteligência oculta, deveria poder responder a perguntas, e ela respondeu, de fato, por sim ou não, de acordo com um número de batidas convencionadas. Eram respostas bem insignificantes, por isso surgiu a idéia de fazer designar por batidas cada uma das letras do alfabeto e de compor, assim, palavras e frases.

69 Esses fatos, repetidos à vontade por milhares de pessoas e em todos os países, não podiam deixar dúvida sobre a natureza inteligente das manifestações. Foi então que surgiu uma nova explicação para o fato pela qual essa inteligência não seria outra senão a do médium, do interrogador ou mesmo dos assistentes. A dificuldade era explicar como essa inteligência podia se refletir na mesa e se exprimir por meio de batidas, desde que se averiguou que, se as batidas não eram dadas pelo médium, eram dadas, então, pelo pensamento; mas, se o pensamento provocasse as batidas, resultava num fenômeno ainda mais prodigioso do que se havia pensado e presenciado. A experiência não tardou em demonstrar a impossibilidade de tal opinião. De fato, as respostas se encontravam geralmente em oposição formal ao pensamento dos assistentes, muito além do alcance intelectual do médium e mesmo em línguas ignoradas por ele ou relatando fatos desconhecidos por todos. Os exemplos são tão numerosos que é quase impossível que alguém que tenha se ocupado um pouco das comunicações espíritas não os tenha testemunhado muitas vezes. Em relação a isso, citaremos apenas um exemplo, que nos foi relatado por uma testemunha ocular.

70 Num navio da marinha imperial francesa, em missão nos mares da China, toda a tripulação, desde os marinheiros até o estado-maior, se ocupava da experiência das mesas falantes. Tiveram a idéia de evocar o Espírito de um tenente desse mesmo navio, morto há dois anos. Ele veio e, depois de diversas comunicações que impressionaram a todos, disse o que se segue, por meio de batidas: "Eu vos suplico insistentemente que paguem ao capitão a soma de... (ele indicava a quantia), que eu lhe devo e que lamento não ter podido lhe reembolsar antes de morrer". Ninguém conhecia o fato; o próprio capitão tinha esquecido o débito, que, aliás, era muito pequeno; mas, ao verificar os seus apontamentos, encontrou a anotação da dívida do tenente, e a quantia indicada era perfeitamente exata. Perguntamos: do pensamento de quem essa indicação podia ser reflexo?

71 Aperfeiçoou-se a arte das comunicações pelas pancadas alfabéticas, mas o processo era muito lento; porém, obteve-se algumas comunicações de certa extensão, assim como interessantes revelações sobre o mundo dos Espíritos. Eles mesmos indicaram outros meios, e assim se deve a eles a descoberta das comunicações escritas.

As primeiras comunicações assim recebidas aconteceram prendendo-se um lápis ao pé de uma mesa leve, colocada sobre uma folha de papel. A mesa, uma vez em movimento pela influência de um médium, punha-se a traçar caracteres, depois palavras e frases. Simplificou-se sucessivamente esse processo, com mesinhas do tamanho da mão, feitas para isso, depois com cestas, caixas de papelão e, por fim, com simples pranchetas. A escrita era tão corrente, tão rápida e tão fácil como a manual, mas reconheceu-se mais tarde que todos esses objetos eram, definitivamente, apenas apêndices, verdadeiras lapiseiras desnecessárias desde que o próprio médium segurasse com a sua mão o lápis; a mão levada por um movimento involuntário escrevia sob o impulso dado pelo Espírito e sem a ajuda da vontade ou do pensamento do médium. Desde então, as comunicações do além-túmulo são como a correspondência habitual entre os vivos. Voltaremos a esses diferentes meios, que explicaremos detalhadamente; resumimos para mostrar a sucessão dos fatos que conduziram à constatação, nesses fenômenos, da intervenção de inteligências ocultas, ou seja, de Espíritos.

TEORIA DAS MANIFESTAÇÕES FÍSICAS

Movimentos e suspensões – Ruídos –
Aumento e diminuição do peso do corpo

72 Demonstrada a existência dos Espíritos pelo raciocínio e pelos fatos, assim como a possibilidade que têm de agir sobre a matéria, trata-se de saber agora como se dá essa ação e como fazem para mover as mesas e os outros corpos inertes.

Um pensamento nos ocorreu naturalmente e nos parecia lógico. Foi, porém, contestado pelos Espíritos, que nos deram uma outra explicação, muito diferente do que esperávamos, o que é uma prova evidente de que sua teoria não é influenciada nem é um efeito da nossa opinião. Acontece que esse primeiro pensamento poderia ocorrer a qualquer um. Mas, quanto à teoria dos Espíritos, acreditamos que jamais tenha vindo à idéia de alguém. Reconhece-se, sem esforço, que é superior à nossa, embora menos simples, porque dá solução a uma multidão de outros fatos que não encontravam explicação satisfatória.

73 A partir do momento em que se conheceu a natureza dos Espíritos, sua forma humana, as propriedades semimateriais do perispírito, a ação mecânica que podem exercer sobre a matéria e por que nos fatos da aparição viram-se mãos fluídicas e até mesmo tangíveis agarrar objetos e transportá-los, era natural acreditar que o Espírito se servia simplesmente de suas mãos para fazer girar a mesa e que a levantava no espaço com a força dos braços. Mas então, nesse caso, qual a necessidade de haver um médium? Visto que o médium muitas vezes coloca suas mãos no sentido contrário do movimento, ou mesmo não as coloca completamente, não pode evidentemente auxiliar o Espírito com uma ação muscular qualquer. Primeiramente, deixemos falar os Espíritos, que interrogamos sobre essa questão.

74 As respostas a seguir nos foram dadas pelo Espírito de São Luís e depois confirmada por muitos outros.

1. O fluido universal é uma emanação da divindade?
"Não".

2. É uma criação da divindade?
"Tudo é criado, a não ser Deus."

3. O fluido universal é, ao mesmo tempo, o elemento universal?

"Sim, é o princípio elementar de todas as coisas."

4. Tem alguma relação com o fluido elétrico do qual conhecemos os efeitos?

"É seu elemento."

5. Qual é o estado em que o fluido universal se apresenta para nós em sua maior simplicidade?

"Para encontrá-lo em sua simplicidade absoluta seria preciso remontar até os Espíritos puros. No vosso mundo, é sempre mais ou menos modificado para formar a matéria compacta que vos rodeia; entretanto, podeis dizer que o estado que se aproxima mais dessa simplicidade é o do fluido que chamais de *fluido magnético animal*."

6. Foi dito que o fluido universal é a fonte da vida; é, ao mesmo tempo, a fonte da inteligência?

"Não, o fluido universal apenas anima a matéria."

7. Uma vez que é esse fluido que compõe o perispírito, parece se achar ele numa espécie de estado de condensação; ele se aproxima, até certo ponto, da matéria propriamente dita?

"Até certo ponto, como dizeis, porque não tem todas as propriedades; é mais ou menos condensado, conforme a natureza dos mundos."

8. Como um Espírito pode operar o movimento de um corpo sólido?

"Ele combina uma parte do fluido universal com o fluido que o médium libera, próprio para esse efeito."

9. Os Espíritos levantam a mesa com a ajuda de seus braços de algum modo solidificados?

"Esta resposta não levará ainda ao que desejais. Quando uma mesa se move sob vossas mãos, o Espírito vai buscar no fluido universal o que precisa para dar a essa mesa uma vida artificial, provisória. Com a mesa assim, impregnada de vida artificial, o Espírito a atrai e a move, sob a influência de seu próprio fluido, de acordo com a sua vontade. Quando a massa que quer pôr em movimento é muito pesada para ele, é ajudado por Espíritos do seu padrão. Em razão de sua natureza etérea, o Espírito propriamente dito não pode agir sobre a matéria grosseira sem intermediário, ou seja, sem o laço que o une à matéria; esse laço, que constitui o que chamais perispírito, vos dá a chave para todos os fenômenos espíritas materiais. Acredito ter-me explicado muito claramente para me fazer compreender."

✦ *Chamamos a atenção para a primeira frase: "Esta resposta não levará **ainda** ao que desejais". O Espírito compreendeu perfeitamente que todas as perguntas precedentes foram feitas apenas para chegar a essa explicação e fez alusão ao nosso pensamento, que esperava, de fato, uma outra resposta, ou seja, a confirmação da idéia que tínhamos sobre a maneira como o Espírito faz mover as mesas.*

10. Os Espíritos que ele chama para o ajudar são inferiores? Estão sob suas ordens?

"Quase sempre são iguais e, muitas vezes, vêm por si mesmos."

11. Todos os Espíritos podem produzir fenômenos desse gênero?

"Os Espíritos que produzem efeitos desse gênero são sempre inferiores; ainda não estão inteiramente despojados de toda influência material."

12. Compreendemos que os Espíritos superiores não se ocupam com coisas que estão abaixo deles; mas nos perguntamos se, por serem mais desmaterializados, teriam o poder de o fazer, caso quisessem.

"Eles têm a força moral, como os outros têm a força física. Quando têm necessidade dessa força, servem-se daqueles que a possuem. Não vos foi dito que eles se servem dos Espíritos inferiores como fazeis com os carregadores?"

✦ *Foi dito que a densidade do perispírito, se assim se pode dizer, varia de acordo com o estado dos mundos; parece que também varia no mesmo mundo de acordo com os indivíduos. Nos Espíritos avançados moralmente, é mais sutil e se aproxima da dos Espíritos elevados. Nos Espíritos inferiores, ao contrário, se aproxima da matéria, e é o que faz com que os Espíritos de condições inferiores conservem por muito tempo as ilusões da vida terrestre; pensam e agem como se ainda estivessem vivos; possuem os mesmos desejos e se poderia dizer a mesma sensualidade. Essa grosseria do perispírito, que estabelece maior afinidade com a matéria, torna os Espíritos inferiores mais aptos às manifestações físicas. É pela mesma razão que um homem de educação refinada, habituado aos trabalhos da inteligência, de corpo frágil e delicado, não tem força para suportar um fardo pesado como um carregador. A matéria física para ele é de alguma maneira menos compacta, e os órgãos, menos resistentes; possui menos fluido nervoso. O perispírito é para o Espírito o que o corpo é para o homem, e sua densidade está na razão da inferioridade do Espírito. Tal densidade supre nele a força muscular, ou seja, lhe dá, sobre os fluidos necessários às manifestações, um poder e uma facilidade de manifestações maiores do que àqueles cuja natureza é mais etérea. Se um Espírito elevado precisar ou quiser produzir esses efeitos, fará como fazem, entre nós, as pessoas delicadas: encarregará um* Espírito do ofício, *um Espírito apto para isso.*

13. Se compreendemos bem o que dissestes, o princípio vital se encontra no fluido universal. O Espírito retira desse fluido – o fluido universal – o corpo semimaterial que constitui seu perispírito, e é por meio desse fluido que ele age sobre a matéria inerte. É isso realmente?

"Sim, ou seja, ele anima a matéria de uma espécie de vida factícia, artificial; a matéria se impregna de vida animal. A mesa que se move à vossa frente está impregnada de energia animalizada, por isso obedece ao comando inteligente. Não é o Espírito que a ergue como o homem faz com um fardo; quando a mesa se levanta, não é o Espírito que a levanta com a força dos braços; a mesa animada obedece a uma vontade, ao impulso dado pelo Espírito."

14. Qual é o papel do médium nesse fenômeno?

"Já o disse, o fluido próprio do médium se combina com o fluido universal manipulado pelo Espírito; é preciso a união desses dois fluidos, ou seja, do fluido animalizado com o fluido universal, para dar provisoriamente vida à mesa. Mas lembrai-vos bem de que essa vida é apenas momentânea, se extingue com a ação e, às vezes, antes do fim da ação, quando a quantidade de fluido não é mais suficiente para animá-la."

15. O Espírito pode agir sem o auxílio de um médium?

"Pode agir sem o conhecimento do médium, ou seja, muitas pessoas servem de auxiliares para alguns fenômenos sem saber disso. O Espírito absorve delas, como de uma fonte, o fluido animalizado de que necessita; é assim que a ajuda de um médium, como o entendeis, nem sempre é necessária, o que acontece, especificamente, nos fenômenos espontâneos."

16. A mesa animada age com inteligência? Ela pensa?

"Ela não pensa, como não pensa um bastão com o qual fazeis um sinal inteligente. Mas a vitalidade de que está animada a faz obedecer à vontade de uma inteligência. Fica claro, portanto, que a mesa que se move não se torna Espírito e que também não tem por si mesma nem pensamento nem vontade."

✦ *Muitas vezes usamos de uma expressão semelhante na linguagem usual. Ao dizer que uma roda gira com rapidez, dizemos que está animada de um movimento rápido.*

17. Qual é a causa principal para a produção desse fenômeno: o Espírito ou o fluido?

"O Espírito é a causa, o fluido é o instrumento; as duas coisas são necessárias."

18. Que papel exerce a vontade do médium nesse caso?

"Chamar os Espíritos e ajudá-los no impulso dado ao fluido."

18 a. A ação da vontade é sempre indispensável?

"Ela aumenta a força, mas nem sempre é necessária, uma vez que o movimento pode acontecer alheio ou em oposição à vontade do médium, e está aí uma prova de que há uma causa independente do médium."

✦ *O contato das mãos nem sempre é necessário para fazer mover um objeto. Às vezes, é só para lhe dar o primeiro impulso, mas, uma vez animado, pode obedecer à vontade do Espírito sem contato material; isso depende do poder do médium ou da natureza dos Espíritos. Um primeiro contato também nem sempre é indispensável; tem-se a prova disso nos movimentos e deslocamentos espontâneos, que ninguém pensou em provocar.*

19. Por que nem todos podem produzir o mesmo efeito e por que nem todos os médiuns têm a mesma força?

"Isso depende do organismo e da maior ou menor facilidade com que a combinação dos fluidos pode se dar; além disso, o Espírito do médium simpatiza mais ou menos com os Espíritos que encontram nele a força fluídica necessária. Acontece que essa força pode ser maior ou menor, como ocorre com os magnetizadores. Nesse aspecto, há pessoas que são completamente refratárias; outras, em que a combinação se dá apenas por um pequeno esforço de vontade; outras, enfim, em que acontece tão naturalmente e tão facilmente que nem se dão conta disso, servindo de instrumento sem o saber, como já dissemos" (Veja o capítulo 5, "Manifestações físicas espontâneas").

✦ *O magnetismo é, sem dúvida nenhuma, o princípio desses fenômenos, mas não como se entende de forma geral. A prova disso é que há muitos magnetizadores poderosos que não fazem mover uma mesinha e pessoas que não são magnetizadores, mesmo crianças, a quem basta pousar os dedos sobre uma mesa pesada para fazê-la se agitar. Logo, se a força mediúnica não depende da força magnética, há uma outra causa.*

20. As pessoas ditas elétricas podem ser consideradas médiuns?

"Essas pessoas tiram de si mesmas o fluido necessário para a produção do fenômeno e podem agir sem o auxílio dos Espíritos. Portanto, não são médiuns, no sentido dado a essa palavra; mas é possível que um Espírito as assista, aproveitando suas disposições naturais."

✦ *Essas pessoas seriam como os sonâmbulos, que podem agir com ou sem o auxílio dos Espíritos* (Veja o capítulo 14, "Médiuns", item nº 6, "Médiuns sonambúlicos").

21. O Espírito que age sobre os corpos sólidos para movê-los penetra na substância dos corpos ou permanece fora dela?

"Tanto um como outro; dissemos que a matéria não é um obstáculo para os Espíritos; eles penetram tudo; uma porção do perispírito se identifica, por assim dizer, com o objeto em que penetra."

22. Como o Espírito faz para bater? Ele se serve de um objeto material?

"Não; da mesma forma que não usa os braços para levantar a mesa, não tem um martelo à sua disposição. Seu martelo é o fluido combinado colocado em ação por sua vontade para mover ou para bater. Quando ele move um objeto, a luz vos traz a visão dos movimentos; quando bate, o ar vos traz o som."

23. Compreendemos isso quando bate num corpo duro; mas como pode fazer ouvir ruídos ou sons articulados no vago do ar, no vazio?

"Uma vez que age sobre a matéria, pode agir sobre o ar, assim como sobre a mesa. Quanto aos sons articulados, pode imitá-los, como a todos os outros ruídos."

24. Dizeis que o Espírito não se serve de suas mãos para mover a mesa; entretanto, viu-se, em algumas manifestações visuais, mãos cujos dedos passeavam sobre um teclado, batiam suas teclas e faziam ouvir sons. Nesses casos, o movimento das teclas não era produzido pela pressão dos dedos? Essa pressão não é tão direta e real como quando se faz sentir sobre nós e deixa marcas na pele?

"Não podeis compreender a natureza dos Espíritos e seu modo de agir somente por comparações, que vos dão uma idéia apenas incompleta, e é um erro sempre querer fazer um paralelo dos métodos deles com os vossos. Seus procedimentos ou métodos devem estar em relação com seu organismo. Não vos foi dito que o fluido do perispírito penetra a matéria e se identifica com ela, que a anima com uma vida artificial, factícia? Pois bem! Quando o Espírito coloca os dedos sobre as teclas, ele os coloca realmente e as movimenta; mas não é pela força muscular que pressiona a tecla; ele anima a tecla, como anima a mesa, e a tecla obedece à sua vontade, movimenta-se e faz vibrar a corda. Aqui acontece uma coisa que tereis dificuldade de compreender; é que alguns Espíritos são pouco avançados e ainda materializados em comparação aos Espíritos elevados, conservando as ilusões da vida terrestre; eles pensam que devem agir como quando estavam no corpo; eles não se dão conta da verdadeira causa dos efeitos que produzem, como um camponês não se dá conta da teoria dos sons que articula; se lhes perguntardes como tocam o piano, eles vos dirão que batem com os dedos nas teclas, pois acreditam que é assim. O efeito se produz instintivamente sem que saibam como é, apesar de o fazerem por sua vontade. Quando se fazem ouvir por palavras, é a mesma coisa."

✦ *Compreende-se dessas explicações que os Espíritos podem produzir todos os efeitos que nós produzimos, mas por meios apropriados ao seu estado; algumas forças que lhes são próprias substituem os músculos que nos são necessários para agir, do mesmo modo que para o mudo, o gesto substitui a palavra que lhe falta.*

25. **Entre os fenômenos citados como prova da ação de um poder oculto, dos Espíritos, há os que são evidentemente contrários a todas as leis conhecidas da natureza; nesses casos, a dúvida não parece ser razoável?**

"É que o homem está longe de conhecer todas as leis da natureza; se conhecesse todas, seria um Espírito superior. Entretanto, cada dia registra um desmentido àqueles que, acreditando saber tudo, pretendem impor limites à natureza, e nem assim ficam menos orgulhosos. Revelando, sem parar, novos mistérios, Deus adverte o homem para desconfiar de suas próprias luzes, pois chegará o dia em que *a ciência do mais sábio será confundida*. Não tendes todos os dias exemplos de corpos animados de um movimento capaz de vencer a força da gravitação? A bala de canhão, lançada ao ar, não supera momentaneamente essa força? Pobres homens que acreditais ser muito sábios e cuja tola vaidade é a cada instante contestada. Convencei-vos de que ainda sois pequenos."

75 Essas explicações são claras, categóricas e sem equívocos. Ressalta delas esse ponto importante, fundamental, que o fluido universal, no qual reside o princípio da vida, é o agente principal das manifestações e que esse agente recebe seu impulso do Espírito, seja encarnado ou desencarnado. Esse fluido condensado constitui o perispírito ou o envoltório semimaterial do Espírito. No estado de encarnação, o perispírito está unido à matéria do corpo; no estado de erraticidade*, é livre. Quando o Espírito está encarnado, a substância do perispírito é mais ou menos ligada, mais ou menos aderente, ao corpo físico, se assim podemos dizer. Em algumas pessoas, há uma espécie de emanação desse fluido por conseqüência de sua organização, e isso constitui, propriamente falando, o que conhecemos por médiuns de efeitos físicos. A emissão do fluido

---

* **Erraticidade:** estado dos Espíritos errantes, ou seja, não encarnados, durante os intervalos de suas existências corporais (N.E.).

animalizado pode ser mais ou menos abundante, e sua combinação, mais ou menos fácil, o que resulta em médiuns mais ou menos poderosos; mas ela não é permanente, o que explica a intermitência do poder mediúnico.

76 Citemos uma comparação. Quando se tem vontade de agir materialmente sobre um ponto qualquer colocado a distância, é o pensamento que quer, mas somente o pensamento não pode realizar a tarefa; é preciso um intermediário que vai ser dirigido: um bastão, um projétil, uma corrente de ar etc. Observemos também que o pensamento não age diretamente sobre o bastão, pois, se não o direcionarem, não agirá sozinho. O pensamento, expressando-se em inteligência, não é outro senão o Espírito encarnado em nós, que é unido ao corpo pelo perispírito; acontece que ele não pode agir sobre o corpo; assim, age sobre o perispírito, por ser a substância com a qual tem mais afinidade; o perispírito age sobre os músculos, os músculos agarram o bastão e o bastão alcança o objetivo. Quando o Espírito não está encarnado, lhe é necessário um auxiliar estranho; esse auxiliar é o fluido, com a ajuda do qual faz o objeto obedecer e seguir o impulso de sua vontade.

77 Assim, quando um objeto é colocado em movimento, elevado ou lançado ao ar, não é o Espírito quem o agarra, empurra ou ergue, como o faríamos com a mão; ele o satura, impregna, por assim dizer, de seu fluido, combinado com o do médium, e o objeto, assim, momentaneamente vivificado, age como se fosse um ser vivo, com a diferença que, não tendo vontade própria, obedece à força da vontade do Espírito.

Uma vez que o fluido vital, incitado de algum modo pelo Espírito, dá vida artificial e momentânea aos corpos inertes e que o perispírito não é outra coisa senão esse fluido vital, segue-se que, quando o Espírito está encarnado, é ele que dá vida ao corpo por meio do seu perispírito; permanece unido a ele enquanto o organismo o permite; quando se retira, o corpo morre. Porém, se, em vez de uma mesa, temos uma estátua de madeira e se ele age sobre essa estátua como sobre a mesa, teremos uma estátua que se deslocará, que baterá, que responderá por meio de movimentos e batidas; teremos, numa palavra, uma estátua momentaneamente animada de uma vida artificial. Em vez das mesas falantes, teríamos as estátuas falantes. Que luz essa teoria lança sobre uma multidão de fenômenos até agora sem solução! Que alegorias e efeitos misteriosos não explica!

78 Os incrédulos também apresentam como objeção o fato de ser impossível a suspensão das mesas sem um ponto de apoio, por ser contrário à lei da gravidade. Em primeiro lugar, dizemos a eles que sua negação não é uma prova; em segundo, que, se o fato existe, por mais contrário a todas as leis conhecidas, prova uma coisa: que ele repousa sobre uma lei desconhecida e que os negadores não podem ter a pretensão de conhecer todas as leis da natureza. Acabamos de explicar essa lei, mas isso não é razão suficiente para que seja aceita por eles, precisamente porque foi revelada pelos Espíritos que deixaram sua vestimenta terrestre, em vez de por aqueles Espíritos que ainda a têm e que se sentam na Academia. De tal modo que, se o Espírito de Arago[1], em vida, tivesse apresentado essa lei, eles a teriam aceitado de olhos fechados; mas, apresentada pelo Espírito de Arago morto, é uma utopia, uma fantasia. E por que isso? Porque acreditam que, estando Arago morto, tudo está morto com ele. Não temos a pretensão de dissuadi-los disso; entretanto, como essa objeção poderia confundir algumas pessoas, vamos tentar respondê-la nos colocando do lado do ponto de vista deles, ou seja, sem considerar por um instante a teoria da animação artificial.

79 Quando se produz vácuo na campânula da máquina pneumática, essa campânula adere com tal força que é impossível separá-la, por causa da pressão do ar que se exerce sobre ela. Que se deixe entrar o ar e a redoma se soltará com a maior facilidade, porque o ar de dentro faz contrapeso com o ar de fora; entretanto, se a deixarmos sob pressão como estava, permanecerá fechada, em virtude da lei da gravidade. Agora, se o ar de dentro, comprimido, tiver uma densidade maior que o de fora, a campânula, estando hermeticamente fechada, se levantará, apesar da gravidade; se a corrente de ar for rápida e violenta, ela poderá ser sustentada no espaço sem nenhum apoio *visível*, do mesmo modo que esses bonecos que se fazem rodopiar em cima de um jato de água. Por que, então, o fluido universal, *que é o elemento de toda matéria*, estando acumulado ao redor da mesa, não teria a propriedade de diminuir ou aumentar o peso específico relativo, como o ar faz com a campânula da máquina pneumática ou o gás hidrogênio faz com os balões, sem que por isso seja anulada a lei da gravidade? Conheceis todas as propriedades e todo o poder desse fluido? Não. Pois bem! Não negueis, então, um fato porque não podeis explicá-lo.

80 Voltemos à teoria do movimento da mesa. Se, pelo modo indicado, o Espírito pode levantar uma mesa, pode por conseguinte levantar qualquer outra coisa; uma poltrona, por exemplo. Se pode levantar uma poltrona, pode também, tendo força suficiente, levantar ao mesmo tempo uma

---

1 - **François D. Arago (1786-1863):** astrônomo, químico e físico, além de político francês de grande projeção pela sua brilhante cultura e refinada inteligência (N.E.).

pessoa sentada nela. Eis a explicação do fenômeno que o senhor Home[2] produziu centenas de vezes com ele e com outras pessoas. Repetindo-o durante uma apresentação em Londres, e a fim de provar que os espectadores não eram joguetes de ilusão de ótica, fez no teto uma marca com um lápis e, enquanto estava suspenso, as pessoas puderam passar por baixo dele. Sabe-se que o senhor Home é um poderoso médium de efeitos físicos: ele era, nesse caso, a causa eficiente e o objeto, isto é, a ação e o objeto.

81 Anteriormente falamos do possível aumento de peso. É, de fato, um fenômeno que se produz algumas vezes e que não tem nada de mais anormal do que a prodigiosa resistência da campânula sob a pressão atmosférica. Viu-se, sob a influência de alguns médiuns, objetos muito leves oferecerem resistência semelhante à da campânula e, de repente, cederem ao menor esforço. Na experiência citada, a campânula não pesa, na realidade, nem mais nem menos do que o seu normal, mas parece mais pesada pelo efeito da causa exterior que age sobre ela; é provavelmente o que acontece com a mesa, que tem o seu próprio peso, pois sua massa não foi aumentada, mas uma força estranha se opõe ao seu movimento, e essa causa pode estar nos fluidos ambientes que a penetram, como no ar que aumenta ou diminui o peso aparente da campânula. Fazei a experiência da campânula pneumática diante de um camponês simples e, não compreendendo que o agente é o ar, que não vê, não será difícil de persuadi-lo que é obra do diabo.

Poderão argumentar, talvez, que, sendo esse fluido imponderável, indefinível, seu acúmulo não pode aumentar o peso de um objeto. De acordo; mas é preciso lembrar de que, se nos servimos da palavra *acúmulo*, é por comparação, e não por identificação do fluido com o ar; ele é imponderável, entretanto nada o prova; sua natureza íntima nos é desconhecida, e estamos longe de conhecer todas as suas propriedades. Antes que se tivesse conhecimento do peso do ar, não se suspeitava dos efeitos desse peso. A eletricidade é também um fluido imponderável; entretanto, um corpo pode ser fixado por uma corrente elétrica[3] e oferecer uma grande resistência àquele que o quer levantar; aparentemente, portanto, tornou-se mais pesado. Embora não se saiba o porquê dessa fixação, seria ilógico concluir que ela não existe. O Espírito pode, então,

---

2 - **Daniel D. Home:** já anteriormente citado à página 27 (N.E.).
3 - **Corrente elétrica:** refere-se à propriedade da imanização ou imantação dos imãs eletromagnéticos em que se formam dois campos de força (N.E.).

ter forças que nos são desconhecidas; a natureza nos prova todos os dias que seu poder não se limita aos testemunhos dos sentidos.

Pode-se explicar isso comparativamente pelo fenômeno singular, do qual se viram muitos exemplos, de uma pessoa jovem, fraca e delicada levantar com dois dedos, sem esforço e como se fosse uma pluma, um homem forte e robusto, juntamente com a cadeira em que estava sentado. A prova de que há uma causa estranha à pessoa são as intermitências da faculdade que produz o fenômeno.

MANIFESTAÇÕES FÍSICAS ESPONTÂNEAS

Ruídos, barulhos e perturbações – Arremesso de objetos –
Fenômeno de transporte – Dissertação de um Espírito
sobre o fenômeno de transporte

82 Os fenômenos dos quais acabamos de falar são provocados. Algumas vezes acontecem espontaneamente, sem a participação da vontade, e então, freqüentemente, se tornam muito inoportunos. O que exclui, decididamente, o pensamento de que podem ser efeito da imaginação superexcitada pelas idéias espíritas é que se produzem entre pessoas que delas nunca ouviram falar e das quais não se espera produzir tais fenômenos. Esses fenômenos, os quais se poderia chamar de Espiritismo prático natural, são muito importantes, porque não podem ser suspeitos de conivência; é por isso que recomendamos às pessoas que se ocupam dos fenômenos espíritas pesquisar atenciosamente todos os fatos dessa natureza que vierem ao seu conhecimento, averiguando cuidadosamente a realidade por meio de um estudo minucioso das circunstâncias, a fim de se assegurar de que não são joguetes de uma ilusão ou de uma mistificação.

83 De todas as manifestações espíritas, as mais comuns e freqüentes são os ruídos e as pancadas; é aqui, especificamente, que é preciso ficar atento à ilusão, porque uma imensidão de causas naturais pode produzi-las: o vento que assobia ou que agita algo; um objeto que se mexe por si mesmo sem se perceber, um efeito acústico, um animal escondido, um inseto etc.; até mesmo uma maliciosa brincadeira de mau gosto pode produzi-las. Os ruídos espíritas possuem, aliás, uma maneira própria, revelando uma intensidade e um timbre muito variado, que os tornam facilmente reconhecíveis e não permitem confundi-los com o estalido da madeira, o crepitar do fogo, o tique-taque monótono de um pêndulo. São batidas secas, às vezes surdas, fracas e leves, às vezes claras e distintas, algumas vezes barulhentas, que mudam de local e se repetem sem ter uma regularidade mecânica. De todos os meios de controle mais eficazes, aquele que não deixa dúvidas sobre sua origem é a obediência a um comando. Se as batidas se fizerem ouvir no lugar designado, se responderem ao pensamento pelo seu número ou sua intensidade, há de se reconhecer nelas uma causa inteligente; porém, a falta de obediência nem sempre é uma prova que as negue.

84 Admitindo-se então que, por uma constatação minuciosa, se adquira a certeza de que os ruídos ou outros efeitos são manifestações reais, é racional temê-los? Não; porque, em nenhum caso, representam algum perigo; somente as pessoas que acreditam que são do diabo podem ser afetadas de maneira lamentável, como as crianças que têm medo do lobisomem ou do bicho-papão. Essas manifestações, em determinadas circunstâncias, é preciso convir, adquirem proporções e persistência desagradáveis, e desejamos nos livrar delas. Uma explicação é necessária a esse respeito.

85 Dissemos que as manifestações físicas têm por objetivo chamar nossa atenção sobre alguma coisa e nos convencer da presença de um poder superior ao homem. Dissemos também que os Espíritos elevados não se ocupam dessas manifestações; servem-se dos Espíritos inferiores para produzi-las, como nos servimos de serviçais para as tarefas pesadas, e isso para alcançar determinado objetivo. Atingido o objetivo, a manifestação material cessa, por não ser mais necessária. Um ou dois exemplos farão com que se compreenda melhor a questão.

86 Há muitos anos, no início dos nossos estudos sobre o Espiritismo, trabalhando uma noite, ouvi batidas ao redor de mim durante quatro horas consecutivas; era a primeira vez que um fato semelhante me acontecia; constatei que não tinham nenhuma causa acidental, mas no momento não pude saber nada a respeito. Tinha naquela época oportunidade de estar freqüentemente com um excelente médium escrevente. No dia seguinte, interroguei o Espírito que se comunicava por esse médium sobre a causa dessas batidas. Ele me respondeu: *Era teu Espírito familiar que queria te falar.* E o que ele queria me dizer? Resposta: *Tu mesmo podes lhe perguntar, porque ele está aqui.* Tendo interrogado o Espírito, ele se fez conhecer sob um nome fictício (soube depois, por outros Espíritos, que pertencia a uma ordem muito elevada e que exerceu na Terra um papel importante). Assinalou erros no trabalho, indicando-me as *linhas* onde se encontravam, deu-me conselhos úteis e sábios e acrescentou que estaria sempre comigo, atendendo ao meu chamado todas as vezes que quisesse interrogá-lo. Desde então, de fato, esse Espírito nunca me deixou. Ele me deu muitas provas de sua grande superioridade, e sua intervenção *benevolente* e *eficaz* me socorreu tanto nos assuntos da vida material quanto nas questões metafísicas. Mas, desde aquela primeira conversa, as batidas cessaram. O que queria ele, de fato? Entrar em comunicação regular comigo; para isso seria preciso me advertir. Dada a advertência, explicada a razão e estabelecidas as relações regulares, as batidas tornaram-se inúteis, por isso cessaram. Não se toca mais o tambor para acordar os soldados quando eles já estão de pé.

Um fato semelhante aconteceu com um de nossos amigos. Ele ouvia ruídos diversos no seu quarto, que se tornavam muito cansativos. Numa oportunidade, perguntou ao Espírito de seu pai por meio de um médium escrevente o que queriam dele. Fez o que lhe foi recomendado e desde então não ouviu mais nada. Lembremos de que as pessoas que têm com os Espíritos um meio regular e fácil de comunicação têm muito menos manifestações desse gênero, e isso se compreende.

87 As manifestações espontâneas não se limitam aos ruídos e às batidas; degeneram às vezes em grande barulheira e em perturbações; móveis e objetos diversos são revirados, projéteis dos mais variados são lançados de fora, portas e janelas são abertas e fechadas por mãos invisíveis, vidros são quebrados, o que não se pode entender como ilusão.

A desordem, muitas vezes, acontece de fato; outras vezes tem apenas as aparências da realidade. Ouve-se algazarra numa parte da casa, um ruído de louça que cai e se quebra com estrondo, pedaços de lenha que rolam pelo chão; apressa-se em verificar e se encontra tudo tranqüilo e em ordem; depois, assim que se vira as costas, o tumulto recomeça.

88 As manifestações desse gênero não são nem raras nem novas. Muitas crônicas em todos os lugares contam histórias semelhantes. O medo muitas vezes exagerou os fatos, que tomavam proporções gigantescamente ridículas cada vez que eram contados; a superstição reforçou ainda mais isso e fez com que considerassem as casas onde os fatos se passaram freqüentadas pelo diabo; daí todos os contos maravilhosos ou terríveis de fantasmas. De seu lado, o embuste não deixou escapar uma oportunidade tão bela para explorar a credulidade, e isso muitas vezes em proveito de interesses pessoais. Compreende-se, além do mais, a impressão que fatos desse gênero, mesmo reduzidos à realidade, podem causar em mentes fracas e predispostas pela educação às idéias supersticiosas. O modo mais seguro de evitar os inconvenientes que essas manifestações podem causar, uma vez que não se pode impedi-las, é fazer conhecer sua origem. As coisas mais simples tornam-se assustadoras quando a causa é desconhecida. Quando se estiver familiarizado com o Espírito e aqueles a quem eles se manifestam não acreditarem mais haver uma legião de demônios a persegui-los, não haverá mais nada a temer.

Pode-se ver na *Revista Espírita* o relato de vários fatos autênticos desse gênero, entre outros a história do Espírito batedor* de Bergzabern, cujas visitas duraram mais de oito anos (números de maio, junho e julho de 1858), a de Dibbelsdorp (agosto de 1858), a do padeiro das Grandes Vendas, perto de Dieppe (março de 1860), a da rua de Noyers, em Paris (agosto de 1860), a do Espírito de Castelnaudary, sob o título de "História de um condenado" (fevereiro de 1860), a do fabricante de São Petersburgo (abril de 1860) e muitas outras.

89 Os fatos dessa natureza assumem, muitas vezes, o caráter de uma verdadeira perseguição. Conhecemos seis irmãs que moravam juntas e que, durante vários anos, encontraram de manhã suas roupas espalhadas, escondidas até no forro da casa, rasgadas e cortadas em pedaços, mesmo com elas tomando a precaução de guardá-las à chave. Geralmente acontece que pessoas deitadas, embora *perfeitamente acordadas*, vejam sacudir suas cortinas, arrancar violentamente seus cobertores e seus travesseiros, sendo levantadas de seus colchões e algumas vezes até jogadas para fora da cama. Fatos assim são mais freqüentes do que se pensa; mas na maioria das vezes as suas vítimas não ousam falar disso por receio do ridículo. É do nosso conhecimento que se tentou curar certos indivíduos do que se julgou ser alucinações submetendo-os ao tratamento dispensado aos alienados, o que os deixou realmente loucos[1]. A medicina não pode compreender essas coisas porque admite apenas o elemento material, de onde resultam enganos, muitas vezes, funestos. A história, um dia, contará alguns tratamentos do século dezenove, como se relatam hoje alguns procedimentos da Idade Média.

Admitimos perfeitamente que alguns fatos são obra da malícia ou da malvadez; mas, se após todas as constatações feitas se verificar que não são obras do homem, é preciso convir que são obra do diabo, como pensam alguns, ou dos Espíritos, como dizemos nós; mas de que Espíritos?

90 Os Espíritos superiores, assim como os homens sérios, não se divertem provocando confusões. Nós muitas vezes indagamos os que assim procedem para saber o motivo que os leva a perturbar o repouso das pessoas. A maioria não tem outro objetivo senão se divertir; são Espíritos antes levianos do que maldosos, que riem dos pavores que

---

* **Batedor:** qualidade de certos Espíritos. Os Espíritos batedores são aqueles que revelam sua presença por pancadas e ruídos de diversas naturezas (N.E.).

1 - **Loucos:** a Doutrina Espírita em todas as épocas sempre esteve atenta às questões do desequilíbrio mental dos indivíduos e à sua relação com os processos obsessivos. Há no Brasil, entre outras, uma obra do doutor Bezerra de Menezes, *A loucura sob novo prisma* (Rio de Janeiro: FEB), que é básica para quem quer entender o processo (N.E.).

ocasionam e das buscas inúteis para se descobrir a causa do tumulto. Muitas vezes se obstinam, fixam-se, junto a um indivíduo, que se satisfazem em molestar e que perseguem constantemente; outras vezes se apegam a locais sem outro motivo além do capricho. Algumas vezes agem por vingança, como teremos oportunidade de ver. Em alguns casos, sua intenção é mais louvável, pois querem chamar a atenção e estabelecer contato, seja para dar um aviso útil à pessoa a quem se dirigem, seja para pedir alguma coisa para eles mesmos. Muitas vezes, os vimos pedir preces, outras, solicitar em seu nome a realização de um desejo que não puderam cumprir, outras, ainda, querer, no interesse de seu próprio descanso, reparar uma má ação cometida enquanto vivos. Em geral, é um erro ter medo deles; sua presença pode ser às vezes inoportuna, mas não é perigosa. Compreende-se o desejo que se tem de livrar-se deles, e para isso geralmente se faz o contrário do que se deveria. Como são Espíritos que se divertem, quanto mais se leva a situação a sério, mais persistem, como as crianças travessas, que atormentam cada vez mais os que se impacientam com elas e que assustam os medrosos. Ao tomar a sábia atitude de rir de suas malvadezas, acabam por se cansar e se tranqüilizam. Conhecemos uma pessoa que, longe de se irritar, incentivava-os, desafiava-os a fazer as coisas com tanta naturalidade que, ao fim de alguns dias, não retornaram mais. Mas, como já dissemos, há casos cujo motivo é menos fútil. É por isso que é sempre útil saber o que desejam. Se pedem alguma coisa, pode-se estar certo de que cessarão suas visitas desde que se satisfaça seu desejo. O melhor meio de saber é evocando o Espírito por meio de um bom médium escrevente; pelas respostas, logo se verá o que se tem a fazer e se fará o que for preciso; se for um Espírito infeliz, a caridade requer que o tratemos com as considerações que merece; se for um zombeteiro, pode-se agir sem cerimônias; se for malévolo, é preciso orar a Deus para torná-lo melhor. Em todos os casos, a prece só pode ter bom resultado. Mas as fórmulas do exorcismo os fazem rir; não dão nenhuma importância a elas. Quando se entra em comunicação com eles, é preciso desconfiar das qualificações ridículas ou assustadoras que se atribuem, geralmente para se divertir com a credulidade de quem os ouve.

Voltaremos a tratar com mais detalhes desse assunto e das causas que muitas vezes tornam os exorcismos ineficazes nos capítulos 9 e 23, dos "Lugares assombrados" e "Obsessão".

91 Esses fenômenos, embora produzidos por Espíritos inferiores, muitas vezes são provocados por Espíritos de uma ordem mais elevada, com o objetivo de demonstrar a existência deles e de um poder superior ao homem. A repercussão que resulta disso e o próprio temor que causam chamam a atenção e acabam por abrir os olhos dos mais incrédulos. Estes acham mais simples considerar os fenômenos à conta da imaginação, explicação mais cômoda e que dispensa outras; entretanto, quando objetos são empurrados ou lançados à cabeça, é preciso ter uma imaginação bem complacente para concluir que semelhantes coisas são imaginárias, quando não o são. Se há um efeito qualquer, esse efeito tem necessariamente uma causa. Se uma observação *calma e fria* nos demonstra que esse efeito é independente de toda vontade humana e de toda causa material e se além disso nos dá sinais *evidentes* de inteligência e de livre vontade, *o que é o sinal mais característico*, forçoso será atribuí-lo a uma inteligência oculta. Quem são esses seres misteriosos? É o que os estudos espíritas nos ensinam do modo claro, graças aos meios que nos dão de nos comunicarmos com eles. Por outro lado, esses estudos nos ensinam a separar o que há de real, falso e exagerado nos fenômenos que não presenciamos. Se um efeito estranho acontece, como ruído, movimento ou a própria aparição, o primeiro pensamento que se deve ter é que se trata de uma causa natural, por ser a mais provável; então, é preciso procurar a causa com muito cuidado e admitir a intervenção dos Espíritos somente após uma averiguação séria; é o meio de não se iludir. Se uma pessoa, por exemplo, sem haver ninguém por perto, recebesse uma bofetada ou uma paulada nas costas, como já aconteceu, não poderia duvidar da presença de um ser invisível.

Devemos nos precaver não somente contra os relatos que podem ser mais ou menos exagerados, mas também contra nossas próprias concepções, criações mentais, e não atribuir origem oculta a tudo o que não se compreende. Uma infinidade de causas muito simples e muito naturais podem produzir efeitos estranhos à primeira vista, e seria verdadeiramente superstição ver em todos os lugares Espíritos ocupados em derrubar móveis, quebrar louças, enfim, suscitar mil e um inconvenientes no lar, quando é mais racional atribuí-los a descuidos.

92 A explicação do movimento dos corpos inertes se aplica, naturalmente, a todos os efeitos espontâneos que acabamos de ver. Os ruídos, embora mais fortes do que as batidas na mesa, têm a mesma origem; a mesma força que desloca pode erguer ou atirar qualquer objeto. Uma circunstância vem em apoio a essa teoria. Poderíamos perguntar onde está o médium nessa circunstância. Os Espíritos nos disseram que, nesse caso, sempre há alguém cuja mediunidade se exerce sem o seu conhecimento. As manifestações espontâneas se produzem muito raramente em locais isolados; acontecem geralmente em casas habitadas e na presença de algumas pessoas, que exercem uma influência necessária sem o querer; essas pessoas são verdadeiros médiuns que ignoram o dom que possuem e que chamamos, por isso mesmo, de *médiuns naturais*. São para os outros médiuns o que os sonâmbulos naturais são para os sonâmbulos magnéticos, e do mesmo modo interessantes de observar.

93 A intervenção voluntária ou involuntária de uma pessoa dotada de um dom para a produção dos fenômenos parece ser necessária na maioria dos casos, embora algumas vezes o Espírito parece agir sozinho; mas nesses casos tira o fluido animalizado de outros lugares, e não de uma pessoa presente. Explica-se assim porque os Espíritos que nos rodeiam não produzem perturbações a cada instante. Primeiramente, é preciso que o Espírito o queira, que tenha um objetivo, um motivo; sem isso, ele não faz nada. Depois, é preciso que encontre exatamente no lugar em que gostaria de agir uma pessoa apta a ajudá-lo, coincidência que ocorre muito raramente. Se essa pessoa aparecer no local inesperadamente, ele tira proveito disso. Apesar do conjunto de circunstâncias favoráveis, ele pode ainda ser impedido por uma vontade superior, que não lhe permite agir a seu modo. Pode ser-lhe permitido fazê-lo apenas dentro de certos limites e caso essas manifestações sejam julgadas úteis, seja como meio de convicção ou como prova para a pessoa.

94 Citaremos a esse respeito o diálogo que mantivemos com o Espírito de São Luís sobre os fatos que se passaram em junho de 1860 na rua de Noyers, em Paris. Os pormenores estão na *Revista Espírita*, número de agosto de 1860.

1. **(A São Luís) Tereis a bondade de nos dizer se os fatos acontecidos na rua de Noyers são reais? Quanto à possibilidade, não temos dúvida.**

"Sim, são fatos verdadeiros; somente a imaginação das pessoas os exageraram, pelo medo ou pela ignorância; mas, repito, são verdadeiros. Essas manifestações são provocadas por um Espírito que se diverte um pouco à custa dos moradores do local."

2. **Há, na casa, uma pessoa que seja a causa dessas manifestações?**

"Elas sempre são causadas pela presença da pessoa visada; é que o Espírito perturbador se irrita com o habitante do lugar e quer lhe fazer maldades ou mesmo procurar desalojá-lo."

3. **Perguntamos se, entre os habitantes da casa, há algum que seja a causa desses fenômenos por efeito de mediunidade espontânea e involuntária?**

"É necessário; *sem isso o fato não poderia acontecer*. Um Espírito habita um endereço de sua predileção e permanece inativo enquanto não encontra uma natureza que lhe seja conveniente nesse lugar; quando essa pessoa chega, então se diverte o quanto pode."

4. A presença dessa pessoa no próprio lugar é indispensável?

"Esse é o caso mais comum, e é o do caso citado; por isso disse que sem ela o fato não poderia acontecer; mas não quis generalizar; pode acontecer de a presença no local não ser necessária."

5. Sabendo que esses Espíritos são sempre de uma ordem inferior, a aptidão de lhes servir de auxiliares é uma indicação desfavorável para a pessoa? Isso anuncia uma simpatia para com os seres dessa natureza?

"Não necessariamente, porque essa aptidão está ligada a uma disposição física; entretanto, isso muitas vezes anuncia uma tendência material que seria preferível não ter; pois, quanto mais elevado moralmente, mais o homem atrai bons Espíritos, que afastam necessariamente os maus."

6. Onde os Espíritos conseguem os objetos para atirar?

"Esses diversos objetos são, na maioria das vezes, apanhados nos próprios lugares ou na vizinhança; uma força do Espírito os lança no espaço, e eles caem no local que ele quer."

7. Uma vez que as manifestações espontâneas geralmente são permitidas e até mesmo provocadas com o objetivo de convencer, parece-nos que, se alguns incrédulos as vivessem pessoalmente, seriam forçados a se render à evidência. Algumas vezes, queixam-se de não poderem testemunhar fatos conclusivos; não dependeria dos Espíritos lhes dar alguma prova sensível?

"Os ateus e os materialistas não são a cada instante testemunhas dos efeitos do poder de Deus e do pensamento? Isso não os impede de negar Deus e a alma. Os milagres de Jesus converteram todos os seus contemporâneos? Os fariseus que lhe diziam: "Mestre, fazei-nos ver algum prodígio" não se parecem com os que, em vossa época, pedem para que lhes façais ver manifestações? Se não são convencidos pelas maravilhas da criação, não o seriam mesmo se os Espíritos lhes aparecessem do modo mais evidente, porque seu orgulho os torna como animais empacados. Ocasiões de ver não lhes faltarão, se as procurarem de boa-fé, e é por isso que Deus não julga fazer por eles mais do que faria pelos que procuram se instruir sinceramente, porque Ele recompensa apenas os homens de boa vontade. Sua incredulidade não impedirá que a vontade de Deus se realize. Vede bem que ela não impediu que a

Doutrina se expandisse. Parai de vos inquietar com a oposição que vos fazem; ela está para a Doutrina como a sombra está para uma pintura em tela: só lhe dá maior realce. Que méritos teriam ao serem convencidos pela força? Deus lhes deixa toda a responsabilidade por sua teimosia, e a responsabilidade será mais terrível do que pensais. Bem-aventurados os que crêem sem ter visto, disse Jesus, porque esses não duvidam do poder de Deus."

8. **Poderia nos ser útil evocar aquele Espírito para lhe pedir algumas explicações?**

"Evocai-o, se quiserdes; mas é um Espírito inferior, que dará apenas respostas bastante insignificantes."

95 Entrevista com o Espírito perturbador da rua de Noyers.

1. Evocação.

"O que quereis para me chamar? Quereis que vos jogue pedras? Então se veria um belo salve-se-quem-puder, apesar de vosso ar de bravura."

2. Se atirásseis pedras aqui, isso não nos assustaria, e pedimos, positivamente, que as arremessais.

"Aqui talvez não pudesse; tendes um guardião que cuida bem de vós."

3. Na rua de Noyers, havia uma pessoa que te servia de auxiliar para te facilitar as malvadezas que cometias com os moradores da casa?

"Certamente; encontrei um bom instrumento e nenhum Espírito instruído, sábio e virtuoso para me impedir, pois sou alegre e, às vezes, adoro me divertir."

4. Quem foi a pessoa que te serviu de instrumento?
"Uma criada."

5. Era sem o saber que ela te servia de auxiliar?
"Oh, sim. Pobre moça! Era a mais assustada."

6. Agias com um objetivo hostil?
"Eu não tinha nenhum objetivo hostil; mas os homens, que se apoderam de tudo, torceram os fatos em seu proveito."

7. O que entendes por isso? Não te compreendemos.
"Procurava me divertir, mas vós outros estudareis a coisa e tereis um fato a mais para mostrar que existimos."

8. Dizes que não tinhas um objetivo hostil e, no entanto, quebraste todos os vidros do apartamento, causando um prejuízo real?
"É um detalhe."

9. Onde conseguiste arranjar os objetos que atiraste?

"São muito comuns; encontrei-os no pátio, nos jardins vizinhos."

10. Encontraste-os todos ou fabricaste algum? (Veja o capítulo 8, "Laboratório do mundo invisível").

"Não criei nada, não compus nada."

11. Se não os tivesses encontrado, poderias fabricá-los?

"Teria sido mais difícil; mas, a rigor, misturam-se matérias, e isso faz qualquer coisa."

12. Agora dize-nos: como os atiraste?

"Ah! É mais difícil de dizer; fui ajudado pela natureza elétrica da jovem unida à minha, menos material; assim, nós dois pudemos transportar diversos objetos."

13. Penso que gostarias de nos dar alguma informação sobre tua pessoa. Primeiramente, dize-nos: há quanto tempo morreste?

"Há muito tempo; há mais de cinqüenta anos."

14. Que fazias quando vivo?

"Pouca coisa de bom; era trapeiro, catador de papel; recolhia objetos na rua do bairro e, por vezes, insultavam-me, porque gostava muito de licor vermelho do bom velho Noé; por isso queria fazer todos fugirem dali."

15. Foste tu mesmo, e de plena vontade, que respondeste às nossas questões?

"Tinha um instrutor."

16. Quem é o instrutor?

"Vosso bom rei Luis."

✦ *Esta questão foi motivada pela natureza de certas respostas que pareceram ultrapassar o alcance desse Espírito, pelo conteúdo das idéias e mesmo pela forma da linguagem. Não há nada de estranho no fato de ele ter sido ajudado por um Espírito mais esclarecido, que queria aproveitar-se dessa ocasião para nos dar uma instrução. Esse é um fato muito comum, mas uma particularidade notável nessa circunstância é que a influência do outro Espírito se fez sentir na própria escrita; a das respostas em que interveio é mais regular e mais fluente; a do trapeiro é angulosa, irregular, muitas vezes pouco legível, revelando um caráter totalmente diferente.*

17. Que fazes agora? Preocupas-te com teu futuro?

"Ainda não; eu vagueio. Pensa-se tão pouco em mim na Terra, ninguém ora por mim; como não sou ajudado, não trabalho."

✦ *Veremos mais tarde como se pode contribuir para o adiantamento e o alívio dos Espíritos inferiores pela prece e pelos conselhos.*

18. Qual era o teu nome quando vivo?

"Jeannet."

19. Pois bem, Jeannet, oraremos por ti. Dize-nos se nossa evocação te agradou ou contrariou?

"Antes me agradou, porque sois bons, alegres viventes, embora um pouco austeros; pouco importa; me escutastes e estou contente."

FENÔMENO DE TRANSPORTE

96 O fenômeno de transporte difere dos que acabamos de citar apenas pela intenção benevolente do Espírito que o causa, pela natureza dos objetos quase sempre graciosos e pela maneira carinhosa e muitas vezes delicada com que são transportados. Consiste no transporte espontâneo de objetos que não existem no lugar onde se encontram; muitas vezes são flores; algumas vezes são frutas, bombons, jóias etc.

97 Primeiramente, diremos que esse fenômeno é um dos que se prestam mais à fraude e que por conseguinte é preciso se manter em guarda contra a trapaça. Sabe-se até onde pode chegar a arte da mágica quando se trata de experiências desse gênero; ainda que não tenhamos de enfrentar um profissional nessa arte, podemos ser facilmente enganados numa manobra hábil a serviço de interesse. A melhor de todas as garantias está no caráter, na honestidade notória, no desinteresse absoluto da pessoa que obtém semelhantes efeitos; em segundo lugar, no exame atento de todas as circunstâncias em que e como os fatos se produzem; enfim, no conhecimento esclarecido do Espiritismo, que pode descobrir o que for suspeito.

98 A teoria do fenômeno de transporte e das manifestações físicas em geral se encontra resumida, de maneira notável, na dissertação seguinte, de um Espírito cujas comunicações têm uma marca incontestável de profundidade e lógica. Muitas outras aparecerão no decorrer desta obra. Faz-se conhecer sob o nome de Erasto, discípulo de São Paulo, e como Espírito protetor do médium que lhe serviu de intérprete:

"Necessariamente, é preciso, para obter fenômenos dessa natureza, dispor de médiuns que chamaria de *sensitivos*, ou seja, dotados do mais alto grau das faculdades mediúnicas de expansão e de penetrabilidade; porque o sistema nervoso desses médiuns, facilmente excitável, lhes permite, por meio de algumas vibrações, projetar ao redor de si uma grande quantidade de seu fluido animalizado.

"As naturezas impressionáveis, as pessoas cujos nervos vibram ao menor sentimento, à menor sensação, que a influência moral ou física, interna ou externa, sensibiliza, são as mais aptas a se tornarem excelentes médiuns de efeitos físicos de tangibilidade e de transporte. De fato, seu sistema nervoso, quase inteiramente desprovido do envoltório refratário que isola esse sistema na maioria dos outros encarnados, torna-os apropriados para a realização dos diversos fenômenos. Em conseqüência, com uma pessoa dessa natureza, e cujas outras faculdades não sejam hostis à mediunização, mais facilmente se obterão os fenômenos da tangibilidade, as batidas nas paredes e nos móveis, os movimentos *inteligentes* e mesmo a suspensão no espaço da matéria inerte mais pesada. Com mais facilidade se obterão esses resultados se, em vez de um só, se tiver à mão muitos outros bons médiuns.

"Mas da produção dos fenômenos à obtenção dos transportes há todo um mundo a vencer; porque, nesse caso, não somente o trabalho do Espírito é mais complexo, mais difícil, como também o Espírito só pode atuar por meio de um único aparelho mediúnico, ou seja, muitos médiuns não podem participar simultaneamente para a produção do mesmo fenômeno. Acontece mesmo, ao contrário, de a presença de certas pessoas, antipáticas ao Espírito que atua, impedir radicalmente a ação. É por esse motivo que, como vedes, é importante acrescentar que os transportes necessitam sempre de uma maior concentração e, ao mesmo tempo, uma maior difusão de certos fluidos, que somente podem ser obtidos com médiuns mais bem dotados, aqueles, em uma palavra, cujo aparelho *eletromediúnico* é o de melhores condições.

"Em geral, os fatos de transporte são e serão excessivamente raros. Não tenho necessidade de vos demonstrar porque são e serão menos freqüentes do que os outros fatos de tangibilidade; do que disse, vós mesmos o deduzireis. Aliás, esses fenômenos são de uma natureza tal que nem todos os médiuns são próprios nem todos os Espíritos podem produzi-los. De fato, é preciso que entre o Espírito e o médium exista certa afinidade, certa analogia, numa palavra, certa semelhança, que permita à parte expansível do fluido perispirítico* do encarnado se misturar, se unir, se combinar com a do Espírito que quer fazer um transporte. Essa fusão deve ser tal que a força dela resultante torne-se, por assim

---

• Vê-se que, quando se trata de exprimir uma idéia nova para a qual falta o termo na língua, os Espíritos sabem perfeitamente criar neologismos. Estas palavras: *eletromediúnica*, *perispirítico*, não são nossas. Aqueles que nos criticaram por termos criado as palavras *espírito*, *espiritismo*, *perispírito*, que não tinham suas análogas, poderão assim fazer a mesma coisa com os Espíritos (N.K.).

dizer, *una*; do mesmo modo que uma corrente elétrica, ao agir sobre o eletrodo, produz um foco, uma claridade única. Direis: por que essa união, por que essa fusão? É que, para a produção dos fenômenos de transporte, é preciso que as propriedades essenciais do Espírito agente sejam aumentadas com algumas do mediunizado; isso porque o *fluido vital*, indispensável para a produção de todos os fenômenos mediúnicos, é uma particularidade *exclusiva* do encarnado; por conseguinte, o Espírito operador é obrigado a se impregnar dele. Só assim ele pode, por meio de certas propriedades de vosso meio ambiente, desconhecidas para vós, isolar, tornar invisíveis e fazer mover alguns objetos materiais e os próprios encarnados.

"Não me é permitido, no momento, vos revelar as leis particulares que regem os gases e os fluidos que vos rodeiam; mas, antes que os anos sejam decorridos, antes que uma existência do homem se tenha esgotado, a explicação das leis e dos fenômenos vos será revelada, e vereis surgir e se desenvolver uma nova variedade de médiuns, que cairão num estado cataléptico* particular desde que sejam mediunizados.

"Vede de quantas dificuldades a produção de transportes se encontra cercada; disso podeis concluir muito logicamente que os fenômenos dessa natureza são excessivamente raros, como já disse, e com maior razão porque os Espíritos a eles se prestam muito pouco, porque isso necessita, por parte deles, de um trabalho quase material, o que causa aborrecimento e fadiga. De outro lado, ainda ocorre que, apesar de sua energia e de sua vontade, freqüentemente o próprio estado do médium lhe opõe uma barreira intransponível.

"É, portanto, evidente, e vosso raciocínio compreenderá, não duvido disso, que os fatos tangíveis das pancadas, dos movimentos e da suspensão são fenômenos simples, que se realizam pela concentração e dilatação de certos fluidos e que podem ser provocados e obtidos pela vontade e pelo trabalho dos médiuns que são aptos para isso, ajudados pelos Espíritos amigos e benevolentes; ao passo que os fatos de transporte são múltiplos, complexos, exigem uma condição de circunstâncias especiais, podem se operar apenas por um único Espírito e um único médium e necessitam, além da tangibilidade, de uma combinação toda particular de recursos para isolar e tornar invisível o objeto, ou os objetos, em ação no transporte.

---

* **Cataléptico:** em catalepsia, que é o estado caracterizado pela rigidez dos músculos e imobilidade; pode ser provocado por afecções nervosas ou induzidas, como, por exemplo, pelo hipnotismo (N.E.).

"Todos vós, espíritas, compreendeis minhas explicações e aprendeis perfeitamente o que seja essa concentração de fluidos especiais para a locomoção e a tatilidade da matéria inerte; acreditais nisso, como acreditais nos fenômenos da eletricidade e do magnetismo, com os quais os fatos mediúnicos são plenos de analogia e dos quais são, por assim dizer, a confirmação e o desenvolvimento. Quanto aos incrédulos e aos sábios, estes piores do que os incrédulos, não tenho que os convencer e não me ocupo com eles; um dia serão convencidos pela força da evidência; será preciso então que se inclinem diante do testemunho unânime dos fatos espíritas, como foram forçados a fazer diante de tantos outros fatos que de início rejeitaram.

"Para resumir: enquanto os fatos da tangibilidade são freqüentes, os de transporte são muito raros, porque as condições para se realizarem são muito difíceis; por conseguinte, nenhum médium pode dizer: a qualquer hora, em qualquer momento, obterei um transporte; porque muitas vezes o próprio Espírito se encontra impedido de fazê-lo. Devo acrescentar que esses fenômenos são duplamente difíceis de se realizar em público, onde quase sempre se encontram elementos energicamente refratários, que anulam os esforços do Espírito e, com maior razão, a ação do médium. Tende, ao contrário, a certeza de que eles se produzem quase sempre em particular, espontaneamente, muitas vezes à revelia do médium e sem premeditação e muito raramente quando estes estão prevenidos. Por isso deveis concluir que há motivo legítimo de suspeita toda vez que um médium se gabar de obtê-los à vontade ou dizer que comanda os Espíritos como servidores, o que é simplesmente absurdo. Tende, ainda, como regra geral, que os fenômenos espíritas não são fatos para serem dados em espetáculo e para divertir os curiosos. Se alguns Espíritos se prestam a dar espetáculos, só pode ser para os fenômenos simples, e não para aqueles que, como o de transporte e outros semelhantes, exigem condições excepcionais.

"Lembrai-vos, espíritas, que é absurdo repelir sistematicamente todos os fenômenos do além-túmulo e que também não é prudente aceitá-los cegamente. Quando um fenômeno de tangibilidade, de aparição, de visibilidade ou de transporte se manifesta espontaneamente e de forma instantânea, aceitai-o; mas nunca será demais vos repetir para não aceitar nada cegamente; que cada fato seja analisado num exame minucioso, aprofundado e severo; porque, crede, o Espiritismo, tão rico em fenômenos sublimes e grandiosos, não tem nada a ganhar com essas pequenas manifestações que hábeis mágicos podem imitar.

"Sei muito bem o que ides dizer-me: é que esses fenômenos são úteis para convencer os incrédulos; mas sabei que, se não tivésseis outros meios de convicção, não teríeis hoje a centésima parte dos espíritas que tendes. Falai ao coração, é por aí que fareis mais conversões sérias. Se acreditais útil, para algumas pessoas, agir pelos fatos materiais, apresentai-os pelo menos em circunstâncias que não possam dar lugar a nenhuma falsa interpretação e, principalmente, não vos afasteis das condições normais e desses fatos, porque os fatos apresentados em condições que geram dúvidas fornecem argumentos aos incrédulos, em vez de os convencer".

Erasto

99 O fenômeno de transporte oferece uma particularidade bem caracterizada: alguns médiuns só o conseguem no estado sonambúlico, o que se explica facilmente. Há, no sonâmbulo, um desprendimento natural, uma espécie de isolamento do Espírito e do perispírito, que deve facilitar a combinação dos fluidos necessários. É o caso dos transportes de que fomos testemunha. As perguntas seguintes foram dirigidas ao Espírito que os havia produzido, mas suas respostas, por vezes, denotam falta de conhecimento; nós as submetemos ao Espírito Erasto, muito mais esclarecido do ponto de vista teórico, que as completou com observações muito sensatas. Um é o artesão, e o outro, o sábio, e a própria comparação das duas inteligências é um estudo instrutivo, que prova que não basta ser Espírito para saber tudo.

1. Peço para nos dizer por que os transportes que fazeis se produzem somente no sono magnético do médium?

"Isso se prende à natureza do médium; os fatos que produzo quando ele está adormecido, poderia igualmente produzir com um outro médium em estado de vigília."

2. Por que fazeis esperar tanto tempo para o transporte dos objetos e por que excitais a cobiça do médium, instigando seu desejo de obter o objeto prometido?

"Esse tempo me é necessário, a fim de preparar os fluidos que servem para o transporte; quanto à excitação, muitas vezes é somente para divertir as pessoas presentes e o sonâmbulo."

Nota de Erasto. *O Espírito que respondeu não sabe muito; não percebe o motivo dessa cobiça, que provoca instintivamente sem lhe compreender o efeito. Ele pensa divertir quando na realidade provoca, sem se dar conta disso, uma maior emissão de fluido; é a conseqüência da dificuldade que o fenômeno apresenta; dificuldade sempre maior quando não é espontâneo, especialmente com certos médiuns.*

3. A produção do fenômeno prende-se à natureza especial do médium e poderia se produzir por outros médiuns com maior facilidade e rapidez?

"A produção prende-se à natureza do médium e pode se produzir apenas com naturezas correspondentes; quanto à agilidade, o hábito que adquirimos ao trabalhar muitas vezes com o mesmo médium é uma grande vantagem."

4. A presença de pessoas tem influência?

"Quando há incredulidade, oposição, podem nos atrapalhar muito; gostamos bem mais de fazer nossas provas com os que acreditam e com pessoas conhecedoras do Espiritismo; mas não posso dizer que a má vontade nos paralisa completamente."

5. Onde conseguistes as flores e as balas que trouxestes?
"As flores, apanhei nos jardins, onde me agradam."

6. E as balas? Será que o confeiteiro notou sua falta?
"Eu as pego onde quero; o confeiteiro não notou nada, porque coloquei outras no lugar."

7. Mas os anéis têm valor. Onde os conseguistes? Isso não fez falta àquele de quem os tomastes?
"Eu os tomei em lugares desconhecidos por todos, de modo que ninguém sentirá sua falta."

Nota de Erasto. *Acredito que o fato foi explicado de modo insuficiente em razão da capacidade do Espírito que respondeu. Sim; pode no caso ter causado um mal real, mas o Espírito não quis passar por haver subtraído alguma coisa. Um objeto só pode ser substituído por um idêntico, da mesma forma, do mesmo valor; por conseguinte, se um Espírito tivesse a faculdade de substituir por um objeto semelhante aquele que toma, não teria razão para tomá-lo, e deveria apresentar aquele que serve para substituir.*

8. É possível trazer flores de um outro planeta?
"Não, isso é impossível para mim."

8 a. (A Erasto) Outros Espíritos teriam esse poder?
"Não, isso é impossível, em razão da diferença do meio ambiente."

9. Podeis trazer flores de um outro hemisfério? Dos trópicos, por exemplo?
"A partir do momento que estejam na Terra, posso."

10. Os objetos que trouxestes, poderíeis fazê-los desaparecer e levá-los de volta?

"Do mesmo modo que os trouxe, posso levá-los à vontade."

11. A produção do fenômeno de transporte causa alguma dificuldade, um embaraço qualquer?

"Não causa nenhuma dificuldade quando temos permissão; poderia causar-nos, e muito grande, se quiséssemos produzir efeitos sem termos autorização para isso."

Nota de Erasto. *O Espírito não quer admitir que há dificuldade, embora exista, uma vez que é forçado a fazer uma operação, por assim dizer, material.*

12. Quais são as dificuldades que encontrais?

"Nenhuma, além das más disposições fluídicas que nos podem ser contrárias."

13. Como trazeis o objeto; pegais o objeto com a mão?

"Não, nós o envolvemos em nós."

Nota de Erasto. *Ele não explica claramente o processo. Ele não envolve o objeto com sua própria personalidade; mas, como seu fluido pessoal é dilatável, penetrável e expansível, combina uma parte desse fluido com uma parte do fluido animalizado do médium, e é nessa combinação que esconde e transporta o objeto. Ele não se exprime com exatidão ao dizer que o envolve nele.*

14. Poderias trazer com a mesma facilidade um objeto de peso considerável, de cinqüenta quilos, por exemplo?

"O peso não é nada para nós; trazemos flores por ser mais agradável que um peso volumoso."

Nota de Erasto. *É correto. Ele pode trazer cem ou duzentos quilos de objetos, porque o peso que existe para vós é nulo para ele; mas, ainda aqui, não percebe bem o que se passa. A massa dos fluidos combinados é proporcional à massa dos objetos; numa palavra, a força deve estar em proporção com a resistência; por conseguinte, se o Espírito traz apenas uma flor ou um objeto leve, muitas vezes é porque não encontra no médium, ou nele mesmo, os elementos necessários que exigiriam um esforço maior.*

15. Algumas vezes, quando há desaparecimento de objetos cuja causa é ignorada, é obra dos Espíritos?

"Isso acontece freqüentemente, mais vezes do que imaginais, e poderia ser remediado pedindo ao Espírito para trazer de volta o objeto desaparecido."

Nota de Erasto. *É verdade, mas geralmente aquilo que desaparece, desaparecido fica, porque os objetos não se encontram mais; muitas vezes, são levados para muito longe. Entretanto, como fazer objetos desaparecer exige mais ou menos as mesmas condições fluídicas que os transportes, pode acontecer apenas com a ajuda de médiuns dotados de faculdades especiais; é por isso que, quando alguma coisa desaparece, há maior probabilidade de que o fato se deva ao vosso descuido do que à ação dos Espíritos.*

16. Há efeitos que são considerados fenômenos naturais e que são provocados pela ação de alguns Espíritos?

"Vossos dias estão repletos desses fatos que não percebeis nem compreendeis, pois nem em sonho os imaginais; um pouco de reflexão vos faria ver claramente."

Nota de Erasto. *Não deveis atribuir aos Espíritos o que é obra da humanidade, mas ficai certos da sua constante influência oculta, que faz nascer ao redor de vós mil circunstâncias, mil incidentes necessários para a realização de vossos atos, da vossa existência.*

17. Entre os objetos transportados, há os que podem ser fabricados pelos Espíritos, ou seja, que são produzidos espontaneamente pelas modificações que os Espíritos podem fazer no fluido ou elemento universal?

"Não por mim, porque não tenho permissão; um Espírito elevado pode fazê-lo."

18. Como conseguistes introduzir objetos outro dia no quarto fechado?

"Eu os fiz entrar comigo, envoltos, por assim dizer, na minha substância; quanto a vos dizer mais, não é explicável."

19. Como fizestes para tornar visível esses objetos que estavam invisíveis um instante atrás?

"Tirei a matéria que os envolvia."

Nota de Erasto. *Não era matéria propriamente dita que os envolvia, mas um fluido tirado metade no perispírito do médium, metade no do Espírito que atua.*

20. (A Erasto) Um objeto pode ser introduzido num lugar perfeitamente fechado? Numa palavra, o Espírito pode espiritualizar um objeto material, de modo que ele possa penetrar a matéria?

"Esta questão é complexa. Quanto aos objetos transportados, o Espírito pode torná-los invisíveis, mas não penetrantes. Não pode romper a agregação da matéria, o que seria a destruição do objeto. Tornado invisível o objeto, ele pode transportá-lo quando quiser e mostrá-lo apenas no momento conveniente de fazê-lo aparecer. Acontece de outra forma quando nós os compomos; como introduzimos apenas elementos da matéria e como esses elementos são essencialmente penetrantes, como nós mesmos penetramos e atravessamos os corpos mais condensados, com tanta facilidade quanto os raios solares atravessam as vidraças, podemos perfeitamente dizer que introduzimos o objeto num lugar, por mais fechado que esteja; mas é somente nesse caso."

✦ *Veja adiante, para a teoria da formação espontânea dos objetos, o capítulo 8, "Laboratório do mundo invisível".*

6

MANIFESTAÇÕES VISUAIS

Noções sobre as aparições –
Ensaio teórico sobre as aparições –
Espíritos glóbulos – Teoria da alucinação

100 De todas as manifestações espíritas, as mais interessantes são, sem dúvida, aquelas em que os Espíritos se tornam visíveis. Veremos, pela explicação desse fenômeno, que ele não é mais sobrenatural do que qualquer outro. Primeiramente, apresentamos as respostas que foram dadas a esse respeito pelos Espíritos:

1. Os Espíritos podem se tornar visíveis?

"Sim, principalmente durante o sono; porém, algumas pessoas os vêem quando acordadas, porém é mais raro."

✦ *Enquanto o corpo repousa, o Espírito se liberta dos laços materiais; por estar mais livre, pode ver mais facilmente os outros Espíritos com os quais entra em comunicação. O sonho é apenas a lembrança desse estado. Quando não nos lembramos de nada, costuma-se dizer que não sonhamos, mas a alma não deixou de ver e de usufruir sua liberdade. Ocupamo-nos aqui, mais especialmente, das aparições quando acordados.*•

2. Os Espíritos que se manifestam pela visão pertencem a uma classe diferenciada?

"Não. Podem pertencer a qualquer classe, das mais elevadas às mais inferiores."

3. É possível a qualquer Espírito se fazer ver?

"Todos podem, mas nem sempre têm permissão ou vontade."

4. Qual é o objetivo dos Espíritos que se manifestam visivelmente?

"Isso depende; de acordo com a sua natureza, o objetivo pode ser bom ou mau."

5. Como essa permissão pode ser dada quando o objetivo é mau?

"É para pôr à prova aqueles a quem aparecem. A intenção do Espírito pode ser má, mas o resultado pode ser bom."

• Veja, para maiores detalhes sobre o estado do Espírito durante o sono, *O Livro dos Espíritos*, questão nº 409 (N.K.).

6. Qual é o objetivo dos Espíritos que têm má intenção ao se fazerem ver?

"Assustar e, muitas vezes, vingar-se."

6 a. Qual é o propósito dos Espíritos que aparecem com boa intenção?

"Consolar as pessoas que os lamentam; provar que existem e que estão por perto; dar conselhos e algumas vezes pedir ajuda para eles mesmos."

7. Que inconvenientes existiriam se a possibilidade de ver os Espíritos fosse permanente e geral? Não seria um modo de acabar com as dúvidas dos mais incrédulos?

"O homem está constantemente rodeado de Espíritos, e a visão incessante que teria deles o perturbaria, iria atormentá-lo em suas ações e lhe tiraria a iniciativa na maioria dos casos; pensando estar sozinho, age mais livremente. Quanto aos incrédulos, possuem muitos meios de se convencerem, se quiserem e se não estiverem cegos pelo orgulho. Sabemos que há pessoas que viram e nem por isso passaram a acreditar; dizem se tratarem de ilusões. Não vos inquieteis com essas pessoas; Deus se encarregará delas."

✦ *Haveria muitos inconvenientes se víssemos constantemente os Espíritos, como haveria se víssemos o ar que nos rodeia ou a grande quantidade de bactérias microscópicas que existem ao redor de nós e em nós. Assim devemos concluir que o que Deus faz é bem-feito, e Ele sabe melhor do que nós o que nos convém.*

8. Se a visão dos Espíritos tem inconvenientes, por que é permitida em certos casos?

"Com a finalidade de dar uma prova de que nem tudo morre com o corpo e de que a alma conserva sua individualidade após a morte. Essa visão passageira é suficiente para provar e atestar a presença de vossos amigos ao redor de vós; mas não tem os inconvenientes da visão permanente."

9. Nos mundos mais avançados que o nosso, a visão dos Espíritos é mais freqüente?

"Quanto mais o homem se aproxima da natureza espiritual, mais facilmente entra em relação com os Espíritos; é a grosseria do vosso corpo que torna mais difícil e mais rara a percepção dos seres etéreos."

10. É racional se assustar com a aparição de um Espírito?

"Aquele que raciocina deve compreender que um Espírito, qualquer que seja, é menos perigoso do que um vivo. Aliás, os Espíritos estão em todos os lugares e não há necessidade de vê-los para saber que estão ao vosso lado. O Espírito que quisesse prejudicar poderia fazê-lo com toda a segurança sem se fazer ver. O Espírito não é perigoso por ser Espírito, mas sim pela influência que pode exercer sobre o pensamento da pessoa, afastando-a do bem ou induzindo-a ao mal."

✦ *As pessoas que têm medo da solidão e do escuro raramente se dão conta da causa de seu pavor, não saberiam dizer do que têm medo, mas certamente deveriam temer mais encontrar pessoas do que Espíritos, porque um malfeitor é mais perigoso vivo do que após a morte. Uma noite, uma senhora nossa conhecida, em seu quarto, presenciou uma aparição bem caracterizada e acreditou que havia alguém presente. Sua primeira reação foi de pavor. Tendo se assegurado de que não havia ninguém, disse: "Parece que é apenas um Espírito; posso dormir tranqüila".*

11. Quem vê um Espírito pode manter uma conversação com ele?

"Perfeitamente; é o que se deve fazer nesse caso, perguntando ao Espírito quem é, o que deseja e o que se pode fazer por ele. Se o Espírito é infeliz e sofredor, a compaixão o alivia; se é um Espírito benevolente, pode vir na intenção de dar bons conselhos."

11 a. Como o Espírito pode responder?

"Ele o faz, algumas vezes, a viva voz, falando, como o faria uma pessoa viva; outras vezes, há transmissão de pensamento."

12. Os Espíritos que aparecem com asas as possuem realmente ou são apenas uma aparência simbólica?

"Os Espíritos não têm asas; eles não têm necessidade delas, uma vez que podem se transportar para todos os lugares como Espíritos. Eles aparecem de acordo com a forma que impressiona a pessoa: uns aparecerão com roupas comuns, outros vestidos de amontoados de panos, alguns com asas, como atributo da categoria de Espíritos que representam."

13. As pessoas que vemos em sonho são como se apresentam?

"São quase sempre as pessoas com quem vosso Espírito se encontrou ou que vêm ao vosso encontro."

14. Os Espíritos zombeteiros não podem tomar a aparência das pessoas de que gostamos para nos induzir ao erro?

"Eles podem tomar aparências fantasiosas apenas para se divertirem à vossa custa; mas há coisas com as quais não lhes é permitido brincar."

15. Sendo o pensamento uma espécie de evocação, compreende-se que possa atrair a presença do Espírito; mas por que muitas vezes as pessoas em que mais pensamos e que mais desejamos ver

nunca se apresentam em sonho, enquanto vemos pessoas que não nos são indiferentes e nas quais nunca pensamos?

"Os Espíritos nem sempre têm a possibilidade de se manifestar à visão, nem mesmo em sonho, apesar de desejarmos vê-los; motivos independentes de sua vontade podem impedi-los. Isso também é uma prova à qual o desejo mais ardente não pode se impor. Quanto às pessoas que vos são indiferentes, se vós não pensais nelas, é possível que pensem em vós. Aliás, não podeis fazer idéia das relações do mundo dos Espíritos; encontrareis nesse lugar uma multidão de conhecidos íntimos, antigos ou novos, dos quais não tendes a menor lembrança quando acordados."

✦ *Quando não existe nenhum meio de controlar as visões ou aparições, pode-se sem dúvida atribuí-las à alucinação; mas, quando elas são confirmadas pelos acontecimentos, não se pode atribuí-las à imaginação; por exemplo, as aparições no momento da morte, em sonho ou quando acordados, de pessoas em que nunca pensamos e que, por diversos sinais, vêm revelar as circunstâncias totalmente ignoradas da sua morte. Têm-se visto, muitas vezes, cavalos empinarem-se e recusarem-se a prosseguir diante de aparições que assustaram aqueles que os conduziam. Se a imaginação pode ser um fato para os homens, certamente não pode ser para os animais. Aliás, se as imagens que vemos em sonho fossem sempre um efeito das preocupações que temos quando acordados, nada explicaria por que nunca sonhamos com as coisas em que mais pensamos.*

16. Por que certas visões são mais freqüentes quando se está doente?

"Elas também ocorrem quando se está em perfeita saúde; é que, na doença, os laços materiais estão mais frouxos; a fraqueza do corpo possibilita mais liberdade ao Espírito, que entra mais facilmente em comunicação com os outros Espíritos."

17. As aparições espontâneas parecem ser mais freqüentes em alguns países. Há pessoas mais dotadas do que outras para receberem essas manifestações?

"Será que julgais conhecer todos os processos históricos de cada aparição? As aparições, os barulhos e as demais manifestações são igualmente difundidas por toda a Terra, mas apresentam características distintas de acordo com os povos onde ocorrem. Em alguns, por exemplo, porque a escrita é pouco utilizada, não há médiuns escreventes; noutros, há milhares; em outros ainda, ocorrem mais ruídos e movimentos do que comunicações inteligentes, por serem estas menos apreciadas e procuradas.

18. Por que as aparições acontecem mais durante a noite? Não seria um efeito do silêncio e da obscuridade sobre a imaginação?

"Isso se dá pela mesma razão que vos permite ver durante a noite as estrelas que não tendes condição de ver em pleno dia. A grande claridade pode impedir de se ver uma aparição ligeira; mas é um erro acreditar que a noite tenha alguma influência. Interrogai todos aqueles que as viram e verificareis que a maioria ocorreu durante o dia."

✦ *As aparições são mais freqüentes do que se imagina. Muitas pessoas não as confessam por medo do ridículo e outras as atribuem à ilusão. Se parecem ser mais numerosas em alguns povos, é porque eles conservam mais cuidadosamente as tradições verdadeiras ou falsas, quase sempre ampliadas pela crença no maravilhoso, presente nas diversas localidades. A credulidade faz, então, com que vejam efeitos sobrenaturais nos fenômenos mais corriqueiros: o silêncio da solidão, o escarpamento dos penhascos, o sussurrar da floresta, as rajadas da tempestade, o eco das montanhas, a forma fantástica das nuvens, as sombras, as miragens, tudo, enfim, se presta à ilusão de imaginações simples e ingênuas, que contam de boa-fé o que viram ou o que acreditaram ver. Mas, ao lado da ficção, existe a realidade. É precisamente para libertar o homem de todos os acessórios ridículos da superstição que o estudo do Espiritismo tem de ser feito com seriedade.*

19. A visão dos Espíritos pode acontecer no estado normal ou só no de êxtase*?

"Ela pode acontecer com o vidente em condições perfeitamente normais; entretanto, essas pessoas estão, muitas vezes, num estado que os deixa muito próximo ao de êxtase, que lhes dá uma espécie de dupla visão" (Veja em *O Livro dos Espíritos*, questão nº 447).

20. Aqueles que vêem os Espíritos os enxergam com os olhos?

"Eles acreditam que sim; mas na realidade é a alma que vê, e a prova disso é que podem vê-los com os olhos fechados."

21. Como o Espírito pode se tornar visível?

"O princípio é o mesmo de todas as manifestações e está ligado às propriedades do perispírito, que está sujeito a diversas modificações de acordo com a vontade do Espírito."

22. O Espírito propriamente dito pode se tornar visível ou só pode fazer isso pelo perispírito?

---

* **Êxtase:** sentimento profundo e indizível que aparenta corresponder à enorme alegria, ficando-se imobilizado como se houvesse perdido o contato com o mundo exterior (N.E.).

"Em vosso estado material, os Espíritos podem se manifestar apenas pelo perispírito, seu envoltório semimaterial, que é o intermediário pelo qual agem sobre vossos sentidos. É com o perispírito que, às vezes, aparecem sob a forma humana ou sob outra qualquer, seja nos sonhos ou quando estais despertos, tanto na luz quanto na obscuridade."

23. É pela condensação do fluido do perispírito que o Espírito se torna visível?

"Condensação não é a palavra, embora se preste a uma comparação que pode vos ajudar a compreender o fenômeno, porque na verdade não se dá uma condensação. Há, sim, uma combinação dos fluidos produzida no perispírito. Essa combinação especial, da qual nada tendes de semelhante no vosso estágio de vida, é que o torna perceptível."

24. Os Espíritos que nos aparecem são inacessíveis e imperceptíveis ao tato?

"Como no sonho, não os podeis pegar em seu estado normal. Entretanto, podem causar impressão ao toque, deixar traços de sua presença e, em certos casos, tornar-se momentaneamente tangíveis, o que prova que entre eles e vós existe matéria."

25. Todas as pessoas estão aptas a ver Espíritos?

"Durante o sono, sim, mas não no estado de vigília. Durante o sono, a alma os vê naturalmente; no estado de vigília, ela está sempre mais ou menos influenciada pelos órgãos; eis a razão pela qual as condições em ambos os casos não são as mesmas."

26. A que se deve atribuir o dom de ver os Espíritos durante o estado de vigília?

"Essa faculdade depende do organismo físico e da propensão maior ou menor que o fluido do vidente tem de se combinar com o do Espírito. Assim, não basta o Espírito querer se mostrar; é preciso encontrar na pessoa para quem ele deseja se tornar visível uma aptidão necessária."

26 a. Essa faculdade ou dom pode se desenvolver por meio do exercício?

"Pode, assim como todas as outras faculdades; mas é melhor esperar o seu desenvolvimento natural do que o provocar, a fim de não superexcitar a imaginação. A vidência permanente dos Espíritos é um dom excepcional, e não está nas condições naturais do homem."

27. Pode-se provocar a aparição dos Espíritos?

"Isso às vezes pode acontecer, embora raramente; quase sempre é espontânea. É preciso, para a provocar, ser dotado de um dom especial."

28. Os Espíritos podem se tornar visíveis com uma aparência diferente da forma humana?

"A forma humana é a forma normal; o Espírito pode variar na aparência, mas sempre conserva a forma humana."

28 a. Eles não podem se manifestar em forma de chama?

"Eles podem produzir chamas, clarões e outros efeitos para atestar sua presença; mas isso são só efeitos; não são os próprios Espíritos. A chama não passa de uma miragem ou uma emanação do perispírito; em todos os casos, não é mais do que uma parte dele; o perispírito aparece inteiro apenas nas visões."

29. O que pensar da crença de que os fogos-fátuos* são almas ou Espíritos?

"Superstição originada da ignorância. A causa dos fogos-fátuos é bem conhecida."

29 a. A chama azul que apareceu, conforme diz a tradição, sobre a cabeça de Sérvio Túlio[1], quando criança, é uma fábula ou uma realidade?

"Uma realidade; foi produzida pelo Espírito familiar que queria advertir a mãe, uma médium vidente que percebeu uma irradiação do Espírito protetor de seu filho. Os médiuns videntes não vêem no mesmo grau, assim como os médiuns escreventes não escrevem a mesma coisa. Enquanto essa mãe viu apenas uma chama, um outro médium poderia ter visto o Espírito."

30. Os Espíritos podem aparecer sob a forma de animais?

"Isso pode acontecer; mas os Espíritos que tomam essas aparências geralmente são muito inferiores. Isso seria, em todos os casos, apenas uma aparência momentânea; é absurdo acreditar que um animal qualquer possa ser a encarnação de um Espírito. Os animais não são nada além de animais, e nada mais do que isso."

✦ *Apenas a superstição pode fazer com que se acredite que certos animais são animados por Espíritos; é preciso uma imaginação bastante complacente ou impressionável para ver algo de sobrenatural nas circunstâncias pouco comuns em que eles, às vezes, apresentam-se; mas o medo faz ver o que não existe. O medo, aliás, nem sempre é a fonte dessa idéia; conhecemos uma senhora, por sinal muito inteligente, que se havia*

---

* **Fogos-fátuos:** luz brilhante que se desprende dos túmulos e dos pântanos; é causada pela combustão natural dos gases emanados dos corpos em decomposição (N.E.).

1 - **Sérvio Túlio:** rei de Roma de 578 a 574 a.C. Nasceu escravo, porém foi criado e educado por Tarquínio Prisco, um dos grandes reis da antiga Roma e a quem sucedeu (N.E.).

afeiçoado a um gato preto porque o julgava ser de uma natureza sobre-animal; essa senhora nunca havia ouvido falar do Espiritismo; se o conhecesse, compreenderia o ridículo de sua predileção e a impossibilidade dessa metamorfose[2].

ENSAIO TEÓRICO SOBRE AS APARIÇÕES

101 As manifestações mais comuns de aparições acontecem durante o sono, nos sonhos: são as visões. Não nos cabe examinar todas as particularidades que os sonhos podem apresentar. Em resumo, dizemos que eles podem ser: uma visão atual das coisas presentes ou distantes, uma visão retrospectiva do passado e, em casos excepcionais, um pressentimento do futuro. Outras vezes são quadros alegóricos, simbólicos, que os Espíritos fazem passar sob nossos olhos para nos dar avisos úteis e conselhos salutares, se forem Espíritos bons, ou para nos induzir ao erro e favorecer nossas paixões, se forem Espíritos imperfeitos. A teoria a seguir aplica-se aos sonhos, assim como a todos os outros casos de aparições (Veja em *O Livro dos Espíritos*, questões n°s 400 e seguintes).

Acreditamos que seria uma ofensa ao bom senso de nossos leitores em repelir o que há de absurdo e ridículo no que comumente se chama de interpretação dos sonhos.

102 As aparições ocorrem quando o vidente está desperto e desfruta da plenitude e inteira liberdade de suas faculdades. Aparecem geralmente sob forma vaporosa e translúcida, algumas vezes vaga e imprecisa; a princípio, parece uma claridade esbranquiçada cujos contornos vão se delineando pouco a pouco. Outras vezes, as formas são nítidas e podemos distinguir os menores traços da fisionomia, a ponto de se poder fazer uma descrição bastante precisa. O comportamento e a aparência são semelhantes aos que o Espírito tinha quando vivo.

Podendo tomar qualquer aparência, o Espírito se apresenta sob a que melhor pode torná-lo reconhecível, se esse for o seu desejo. Assim, embora como Espírito não tenha mais nenhuma deformidade corporal, ele se mostrará aleijado, manco, corcunda, ferido ou com cicatrizes, se isso for necessário para constatar sua identidade. Esopo[3], por exemplo, como Espírito, não é disforme; mas, se for evocado, embora tenha vivido

---

2 - Recomendamos o estudo do capítulo 11 de *O Livro dos Espíritos*, item n° 2, questões n°s 592 e seguintes, que aborda o assunto em pauta (N.E.).

3 - **Esopo:** escritor grego das fábulas que levam o seu nome e que, segundo a tradição, deve ter vivido no século seis ou sete a.C. Suas fábulas são famosas pelos ensinamentos morais que encerram. Diz a tradição que Esopo era muito feio, gago e corcunda e que viveu a maior parte da vida como escravo (N.E.).

diversas existências depois, aparecerá como era quando Esopo: feio e corcunda, com a roupa tradicional. Uma coisa notável, salvo em algumas circunstâncias particulares, é que as partes menos nítidas são as pernas, enquanto a cabeça, o tronco, os braços e as mãos são claramente mostrados; daí eles quase não serem vistos andando, mas deslizando como sombras. Quanto à roupa, compõe-se geralmente de um conjunto de panos, com longos pregueados flutuantes; a aparência dos Espíritos que nada mais conservam das coisas terrestres apresenta uma cabeleira ondulada e graciosa; mas os Espíritos comuns, os que conhecemos, usam a roupa do último período de sua existência. Muitas vezes se apresentam com sinais de sua elevação, com uma auréola ou asas, os que podemos considerar anjos, enquanto outros se mostram com o que lembra suas ocupações terrestres: assim, um guerreiro poderá aparecer com sua armadura, um sábio com livros, um assassino com um punhal etc. Os Espíritos superiores possuem uma figura bela, nobre e serena; os mais inferiores têm algo de selvagem e brutal, trazendo algumas vezes ainda os traços dos crimes que cometeram ou dos suplícios que suportaram. A questão da roupa e de todos esses objetos acessórios talvez seja o que mais cause estranheza; voltaremos a esse assunto num capítulo especial, porque ele se liga a outros fatos bastante importantes.

103 Dissemos que a aparição tem algo de vaporoso; em certos casos, pode-se compará-la à imagem refletida num espelho translúcido, que, apesar de sua nitidez, permite que sejam vistos os objetos que estão por detrás dele. Geralmente é assim que os médiuns videntes as distinguem; eles as vêem ir, vir, entrar num aposento ou sair dele, circular entre a multidão de vivos e, pelo menos para os Espíritos comuns, tomar parte ativa de tudo o que está acontecendo à volta deles, interessando-se por tudo e escutando o que se diz. Muitas vezes são vistos se aproximando de uma pessoa, soprando-lhe idéias, influenciando-as, consolando-as, se forem bons, ou zombando dela, se forem maus, mostrando-se tristes ou contentes com os resultados que obtêm, ou seja, eles são o espelho do mundo corporal. Assim é o mundo oculto que está ao nosso redor, no meio do qual vivemos sem dele desconfiar, como vivemos, sem desconfiar, no meio de milhares de seres do mundo microscópico.

O microscópio nos revelou o mundo dos seres infinitamente pequenos, de que não suspeitávamos; o Espiritismo, pelos médiuns videntes, revelou-nos o mundo dos Espíritos, que, da mesma forma, é uma das forças ativas da natureza. Com a ajuda dos médiuns videntes, pudemos estudar o mundo invisível, conhecer seus costumes, assim como um povo de cegos poderia estudar o mundo visível valendo-se de algumas pessoas dotadas da visão (Veja o capítulo 14, "Médiuns", item nº 5, "Médiuns videntes").

104 O Espírito que quer ou pode fazer-se visível apresenta às vezes uma forma muito nítida, com todas as aparências do corpo, a ponto de produzir uma ilusão completa e fazer acreditar que temos diante de nós um ser corporal. Em alguns casos, e em especiais circunstâncias, a tangibilidade pode tornar-se real, ou seja, podemos tocar a aparição, apalpá-la, sentir a mesma resistência, o mesmo calor de um corpo vivo, o que não a impede de desaparecer com a rapidez de um relâmpago. Não é só por meio dos olhos que, nesse caso, constatamos sua presença, mas também pelo toque. Se pudéssemos atribuí-la a uma ilusão ou até mesmo a um efeito de fascinação, a dúvida não mais existiria porque se tornaria possível segurá-la, apalpá-la, no mesmo instante em que ela nos toca e abraça. As aparições tangíveis são raras; porém, as que têm acontecido nesses últimos tempos por intermédio de alguns médiuns poderosos* e que possuem toda a autenticidade de testemunhos irrecusáveis provam e explicam o que a história conta em relação a pessoas que apareceram depois de sua morte com todas as aparências da realidade. Enfim, como já dissemos, por mais extraordinários que sejam esses fenômenos, tudo o que têm de maravilhoso desaparece quando se conhece a maneira como se produzem e se compreende que, longe de serem uma anulação das leis da natureza, não passam de uma aplicação dessas leis.

105 Por sua natureza e no seu estado normal, o perispírito é invisível, sendo isso comum a uma infinidade de fluidos que sabemos existir, mas que, apesar disso, jamais vimos. Ele também pode, da mesma maneira que certos fluidos, sofrer modificações que o tornam perceptível à visão, seja por uma espécie de condensação ou por uma mudança na disposição molecular; então nos aparece sob forma vaporosa. A condensação (não devemos tomar essa palavra ao pé da letra; nós a empregamos pela falta de outra e a título de comparação), dizemos, pode ser de tal modo que o perispírito adquira as propriedades de um corpo sólido e tangível, mas que pode instantaneamente recuperar seu estado etéreo e invisível. Podemos entender o processo como no vapor, que passa da invisibilidade a um estado brumoso, de neblina, depois líquido, depois sólido e vice-versa. Esses diferentes estados do perispírito são resultantes da vontade do Espírito, e não de uma causa física exterior, como ocorre com os gases. Quando o Espírito nos aparece, é porque provocou no seu

---

• Entre outros, o senhor Home (N.K.).

perispírito o estado necessário para torná-lo visível; mas para isso só a sua vontade não basta, porque a modificação do perispírito se dá pela combinação do seu fluido com o do próprio médium; porém, essa combinação nem sempre é possível, o que explica por que a visibilidade dos Espíritos não é geral. Assim, não basta que o Espírito queira tornar-se visível; também não basta que uma pessoa queira vê-lo: é preciso que os dois fluidos possam se combinar, que exista entre eles uma espécie de afinidade; é preciso também que a emissão do fluido da pessoa seja abundante o suficiente para operar a transformação do perispírito, e provavelmente haja outras condições que desconhecemos; é preciso, ainda, que o Espírito tenha a permissão de se tornar visível a tal pessoa, o que nem sempre lhe é concedido ou apenas o é em algumas circunstâncias, por motivos que não temos condições de avaliar.

106 Uma outra propriedade do perispírito, ligada à sua natureza etérea, é a penetrabilidade. Nenhuma matéria lhe é obstáculo: atravessa todas elas, como a luz atravessa os corpos transparentes. Nada pode impedir a presença dos Espíritos; eles podem visitar um prisioneiro no calabouço tão facilmente quanto um homem no meio de um campo.

107 As aparições que ocorrem quando se está desperto não são incomuns, muito menos novidades; existem há muito tempo; a história as registra em grande número; porém, não precisamos recuar tanto, porque nos dias atuais são muito freqüentes, e muitas pessoas que as viram classificaram-nas, a princípio, de alucinações. Elas são bastante freqüentes, especificamente no caso da morte de pessoas ausentes, que vêm visitar seus parentes ou amigos. Muitas vezes, as aparições parecem não ter um objetivo determinado; pode-se dizer que os Espíritos que aparecem assim são atraídos pela simpatia. Se cada um questionar suas lembranças, será constatado que há poucas pessoas que não conhecem alguns fatos desse gênero, cuja autenticidade não poderia ser colocada em dúvida.

108 Acrescentaremos às considerações anteriores o exame de alguns efeitos de ótica que deram lugar ao que se quis chamar de sistema dos *Espíritos glóbulos*.

A aparência do ar nem sempre é de limpidez absoluta, e há ocasiões em que as correntes de moléculas aeriformes e sua agitação produzida pelo calor são perfeitamente visíveis num feixe de luz. Algumas pessoas consideraram isso uma aglomeração de Espíritos se agitando no espaço; essa opinião em si só é suficiente para ser descartada. Mas há uma outra espécie de ilusão, não menos estranha, contra a qual é bom estar precavido.

O humor aquoso[4] do olho possui pontos dificilmente perceptíveis que perderam parte de sua transparência. Esses pontos são como áreas opacas suspensas no humor aquoso do globo ocular, que as movimenta. Elas se projetam na imagem visual e a distância, pelo efeito da ampliação e da refração, com a aparência de pequenos discos que variam de um a dez milímetros de diâmetro e parecem flutuar na atmosfera. Vimos pessoas tomarem esses discos por Espíritos que as seguiam e as acompanhavam por toda parte e, em seu entusiasmo, tomarem por figuras as nuanças de irisação*, o que é tão irracional quanto ver uma figura na Lua. Bastaria que essas pessoas se observassem para voltar ao terreno da realidade.

Esses discos ou medalhões, dizem elas, não apenas as acompanham, mas seguem todos os seus movimentos: vão para a direita, para a esquerda, para o alto, para baixo ou param, de acordo com o movimento da cabeça. Isso não tem nada de surpreendente; uma vez que são projetados pelo globo ocular, devem por isso acompanhar todos os movimentos dos olhos. Se fossem Espíritos, seria preciso convir que eles estariam condicionados a um papel bastante mecânico para seres inteligentes e livres; papel bastante enfadonho até mesmo para Espíritos inferiores e, com razão maior, incompatível com a idéia que fazemos dos Espíritos superiores. Alguns, é verdade, tomam por maus Espíritos as manchas negras ou as moscas amauróticas[5]. Os discos, do mesmo modo que as manchas negras, fazem um movimento ondulatório dentro de um certo ângulo, e o que aumenta a ilusão é que não seguem bruscamente os movimentos da linha visual. A razão é bem simples. Os pontos opacos do humor aquoso, causa do fenômeno, estão, como já dissemos, em suspensão, e sempre têm tendência para descer; quando sobem, é porque são levados pelo movimento dos olhos de baixo para cima; mas, quando atingem uma certa altura, se fixarmos os olhos, vemos os discos descerem por si mesmos e depois pararem. Por causa da sua extrema mobilidade, basta um movimento imperceptível do olho para fazê-los mudar de direção e rapidamente percorrer toda a amplitude do arco no espaço em que se produz a imagem. Enquanto não for provado que uma imagem possui movimento próprio, espontâneo e inteligente, devemos ver nisso apenas um simples fenômeno ótico ou fisiológico.

---

4 - **Humor aquoso:** líquido produzido no olho, e que ocupa as câmaras anterior e posterior, difundindo-se para o sangue (N.E.).

* **Irisação:** que produz raios de luz coloridos semelhantes aos do arco-íris (N.E.).

5 - **Moscas amauróticas:** inflamação da retina, provocada pelo nervo ótico, que não apresenta distúrbios perceptíveis no globo ocular, mas provoca a cegueira. A doença é conhecida também como amaurose (N.E.).

O mesmo acontece com as faíscas que se produzem algumas vezes em feixes mais ou menos compactos, pela contração do músculo do olho, e que são provavelmente resultantes da eletricidade fosforescente da íris, uma vez que estão limitadas à circunferência do disco desse órgão.

Essas ilusões são resultantes de uma observação incompleta. Todo aquele que estudar seriamente a natureza dos Espíritos, por todos os meios que a ciência prática oferece, compreenderá tudo o que elas têm de infantil. Assim como combatemos as teorias duvidosas com que atacam as manifestações espíritas quando são baseadas na ignorância dos fatos, devemos do mesmo modo procurar destruir as idéias falsas que mostram mais entusiasmo do que reflexão e que, por isso mesmo, causam mais mal do que bem aos incrédulos, já tão dispostos a destacar sempre o lado ridículo.

109 O perispírito, como se vê, é o princípio de todas as manifestações; ao se revelar, proporcionou a chave para uma multidão de fenômenos; permitiu que a ciência espírita desse um grande passo, que trilhasse um caminho novo, eliminando toda idéia do maravilhoso. Encontramos, graças aos próprios Espíritos, porque observai que foram eles mesmos que nos colocaram nesse caminho, a explicação da ação do Espírito sobre a matéria, do movimento dos corpos inertes, dos ruídos e das aparições. Deram-nos também a explicação de outros fenômenos diversos, que nos resta examinar antes de passarmos ao estudo das comunicações propriamente ditas. Poderemos compreendê-las melhor se conhecermos mais as causas básicas. Se compreendermos bem essas causas, poderemos facilmente as aplicar aos diversos fatos que surgirem.

110 Estamos bem longe de considerar a teoria que apresentamos como absoluta e como a última palavra; ela será sem dúvida completada ou retificada mais tarde por novos estudos; mas, por mais incompleta ou imperfeita que esteja hoje, sempre pode auxiliar a compreender os fatos, por meios que não têm nada de sobrenatural; se é uma hipótese, não há como lhe recusar o mérito da racionalidade e da probabilidade, e pelo menos vale tanto quanto todas as explicações que os negadores dão querendo provar que tudo não passa de ilusão, fantasmagoria e subterfúgio nos fenômenos espíritas.

TEORIA DA ALUCINAÇÃO

111 Aqueles que não admitem o mundo incorpóreo e invisível tentam explicar tudo com a palavra *alucinação*. O significado da palavra é conhecido. Ela exprime o erro, a ilusão de uma pessoa que acredita ter percepções que na verdade não tem (do latim *hallucinari*, errar, que vem de *ad lucem*); mas os sábios, de acordo com nosso conhecimento, ainda não deram uma explicação fisiológica sobre a alucinação.

A ótica e a fisiologia parecem não ter mais segredos para eles. Como é então que ainda não explicaram a natureza e a origem das imagens que se mostram ao Espírito em certas ocasiões?

Eles querem explicar tudo pelas leis da matéria. Que seja feito como eles querem, mas que forneçam por meio dessas leis uma teoria da alucinação; boa ou má, será sempre uma explicação.

112 A causa dos sonhos nunca foi explicada pela ciência[6]; atribuem-na a um efeito da imaginação; mas não dizem o que é imaginação nem como ela produz as imagens tão claras e tão nítidas que às vezes nos aparecem; é querer explicar uma coisa que não é conhecida por meio de outra mais desconhecida ainda; a questão permanece como antes. Dizem que é uma lembrança das preocupações da vigília; mas, mesmo admitindo essa solução que não soluciona nada, restaria saber que espelho mágico é esse que conserva dessa forma a impressão das coisas; como explicar principalmente as visões das coisas reais que jamais vimos no estado de vigília e em que nunca pensamos? Apenas o Espiritismo poderia nos dar a chave para esse fenômeno estranho, que passa despercebido por ser tão comum, assim como fazemos com tantas outras maravilhas da natureza que não sabemos valorizar.

Os sábios recusaram a ocupar-se da alucinação; real ou não, ela é um fenômeno que a fisiologia deve explicar, sob pena de reconhecer sua insuficiência. Se algum sábio tiver a intenção de dar ao fenômeno não uma definição, entendamos bem, mas uma explicação fisiológica, veremos se sua teoria resolve todos os casos; que não omita os fatos tão comuns das aparições de pessoas no momento de sua morte; que explique a coincidência da aparição com a morte da pessoa. Se esse fosse um fato isolado, poderíamos atribuí-lo ao acaso; mas, como é bastante freqüente, deixa de ser o acaso, pois o acaso não se repete. Se pelo menos aquele que viu a aparição tivesse seu pensamento despertado pela idéia de que a pessoa estava para morrer, ainda seria aceitável. Mas, quando a aparição é, como na maioria das vezes, da pessoa em que menos se pensa, a

---

6 - As anotações sobre alucinação e causa dos sonhos de Allan Kardec são de 1861, e até aos nossos dias a ciência não alcançou uma explicação de consenso que satisfaça as várias correntes. Entretanto, os campos mais avançados dessas pesquisas são exatamente os que aceitam, embora com os nomes que lhe queiram dar, os postulados espíritas tantas vezes recusados. Hoje as ciências da psique aplicam como se fosse uma novidade a TVP (terapia de vidas passadas), que a Doutrina Espírita conhece desde a revelação – as vidas sucessivas (N.E.).

imaginação não tem nada a ver com isso. Não há como explicar pela imaginação as circunstâncias de uma morte da qual não se tem nenhum conhecimento. Os alucinacionistas dirão que a alma (se é que admitem uma alma) tem momentos de superexcitação em que suas faculdades estão exaltadas. Estamos de acordo; porém, quando o que ela vê nesse estado se constata ser uma realidade, não há ilusão. Se, em exaltação, a alma vê uma coisa da qual está distante, é porque ela se transporta; e, se nossa alma pode se transportar para junto de uma pessoa distante, por que a alma dessa pessoa não se transportaria para junto de nós? Que, em sua teoria da alucinação, levem em conta esses fatos, e não se esqueçam de que uma teoria à qual se podem opor fatos contrários é claramente falsa ou incompleta.

Enquanto esperamos as explicações deles, vamos comentar algumas idéias a respeito.

113 Os fatos provam que há aparições verdadeiras, e a teoria espírita as explica perfeitamente. Só as podem negar aqueles que nada admitem fora do corpo. Mas, ao lado das visões reais, não haverá alucinações no sentido ligado à palavra? Não há dúvida de que existem. De onde se originam? Os Espíritos vão nos esclarecer sobre o assunto; a explicação nos parece estar clara nas respostas dadas às seguintes perguntas:

113 a As visões sempre são reais ou, algumas vezes, são efeitos da alucinação? Quando vemos, em sonho ou de um outro modo, o diabo, por exemplo, ou outras coisas fantásticas que não existem, não é um produto da imaginação?

"Algumas vezes, sim; quando ficamos chocados com certas leituras ou com histórias de feitiçaria que impressionam, lembramo-nos disso e acreditamos ver o que não existe. Mas, como já dissemos, o Espírito, sob seu envoltório semimaterial, pode tomar todas as espécies de formas para se manifestar. Um Espírito zombeteiro pode aparecer com chifres e com garras, se quiser, para se divertir à custa da credulidade. Um bom Espírito pode se mostrar com asas e com uma figura radiosa."

113 b Podemos considerar como aparições as figuras e outras imagens que se apresentam freqüentemente quando se está meio adormecido ou quando se fecha os olhos?

"A partir do momento em que os sentidos se entorpecem, o Espírito se desprende e pode ver a distância ou de perto o que não poderia ver com os olhos do corpo físico. Tais imagens são muitas vezes visões, mas podem também ser efeito das impressões que a visão de certos objetos deixou no cérebro, conservando deles os traços, da mesma forma que conserva os sons. O Espírito desprendido vê então em seu próprio cérebro as impressões que nele se fixaram, como numa chapa fotográfica. A variedade e a mistura dessas impressões formam conjuntos estranhos e fugidios, que se apagam quase imediatamente, apesar dos esforços que se faça, para retê-los. É o caso de certas aparições fantásticas que nada têm de real e que acontecem muitas vezes no estado de doença."

Compreende-se a memória como o resultado das impressões que o cérebro conserva; mas por qual fenômeno extraordinário impressões tão variadas, tão múltiplas, não se confundem? Isso é um mistério impenetrável, porém não é mais extraordinário do que o das ondas sonoras, que se cruzam no ar e que, apesar disso, permanecem distintas. Num cérebro saudável e bem organizado, essas impressões são claras e precisas; num estado menos favorável, elas se apagam e se confundem, resultando a perda da memória ou a confusão das idéias. Isso parecerá mais natural ainda se admitirmos, como em frenologia[7], uma função especial para cada parte, e até mesmo cada fibra, do cérebro.

As imagens que chegam ao cérebro através dos olhos deixam nele uma impressão que nos permite lembrar de um quadro, por exemplo, como se o tivéssemos diante de nós, mas que não passa de uma questão de memória, pois não o vemos; acontece que, num certo estado de emancipação, a alma vê o que está no cérebro e nele encontra essas imagens, especificamente aquelas que mais o chocaram, de acordo com a natureza das preocupações ou das disposições íntimas. É assim que nele encontra a impressão de cenas religiosas, diabólicas, dramáticas, mundanas, figuras de animais estranhos que viu em outra época em pinturas ou até mesmo em narrativas, porque as narrações também deixam impressões. Assim, a alma realmente vê, embora veja apenas uma imagem fotografada no cérebro. No estado normal, essas imagens são fugidias e passageiras, porque todas as partes cerebrais funcionam livremente; porém, na doença, o cérebro sempre está mais ou menos enfraquecido e há desequilíbrio entre os órgãos; alguns conservam suas atividades, enquanto outros ficam de algum modo paralisados; daí a permanência de certas imagens que não se apagam, como no estado normal acontece com as preocupações da vida exterior. Essa é a verdadeira alucinação e a causa principal das idéias fixas.

Conforme se vê, explicamos essa anomalia por meio de uma lei fisiológica bem conhecida: a lei das impressões cerebrais; mas sempre é

---

7 - **Frenologia:** estudo que pretendia explicar o caráter e a inteligência da criatura humana baseando-se no formato do crânio. A tese foi apresentada e desenvolvida pelo doutor Franz J. Gall (1758-1828), médico alemão, mas logo foi abandonada. Serviu, no entanto, para chamar a atenção dos anatomistas para as funções cerebrais, que a partir daí tiveram grande avanço (N.E.).

preciso a alma intervir, porque, se os materialistas ainda não puderam dar uma solução satisfatória para esse fenômeno, é porque não querem admitir a alma; dirão que nossa explicação é ruim, por ter como base o que é contestado. Contestado por quem? Por eles, porém admitido pela imensa maioria desde que há homens na Terra, e a negação de alguns não pode ser lei.

Nossa explicação é boa? Nós a damos para que possa valer na falta de outra e, se for o caso, a título de simples hipótese, à espera de outra melhor. Do modo como a expusemos explicará todos os casos de visões? Certamente, não, e fazemos a todos os fisiologistas o desafio de as solucionarem com uma única explicação, conforme seu ponto de vista exclusivo, que resolva todos eles; pois, quando pronunciam suas palavras sacramentais de superexcitação e de exaltação, não dizem nada. Portanto, se as teorias da alucinação são insuficientes para explicar todos os fatos, é porque há outra coisa mais do que a alucinação propriamente dita. Nossa teoria seria falsa se a aplicássemos a todos os casos de visões, pois haveria sempre alguns que a contradiriam; ela pode ser justa se aplicada a certos casos.

7

BICORPOREIDADE E TRANSFIGURAÇÃO

Aparição de Espírito de pessoas vivas – Homens duplos –
Santo Alfonso de Liguori e Santo Antônio de Pádua –
Vespasiano – Transfiguração – Invisibilidade

114 A bicorporeidade e a transfiguração são variações das manifestações visuais e, por mais maravilhosos que possam parecer numa primeira análise, podemos entendê-las e explicá-las facilmente, porque são fenômenos naturais. Ambos se apóiam no princípio do que foi dito sobre as propriedades do perispírito após a morte, que se aplicam igualmente ao perispírito dos vivos. Sabemos que durante o sono o Espírito recupera em parte sua liberdade, ou seja, sai do corpo, e é nesse estado que temos a ocasião de observá-lo. Mas o Espírito, esteja o homem morto ou vivo, sempre tem seu corpo semimaterial, o perispírito, que, pelas mesmas causas que já descrevemos, pode adquirir a visibilidade e a tangibilidade. Fatos bem positivos não deixam nenhuma dúvida a respeito; citaremos assim apenas alguns exemplos, que são de nosso conhecimento pessoal e de que podemos garantir a exatidão, mas qualquer um pode compará-los com outros semelhantes, consultando suas próprias lembranças.

115 A mulher de um de nossos amigos viu diversas vezes durante a noite entrar no seu quarto, com a luz acesa ou às escuras, uma vendedora de frutas da redondeza que ela conhecia de vista, mas com quem jamais havia falado. A aparição lhe causou um medo muito grande, porque na época a senhora não tinha nenhum conhecimento do Espiritismo e porque o mesmo fato se repetia muito freqüentemente. Acontece que a vendedora estava perfeitamente viva e provavelmente dormia àquela hora em sua casa. Enquanto seu corpo material dormia, seu Espírito e seu corpo fluídico estavam na casa dos nossos amigos. Por quê? É o que não se sabe. Diante desse fato, um espírita, conhecedor dos fenômenos, teria interrogado a aparição, mas a senhora não tinha a menor idéia do que fazer. Todas as vezes a aparição sumia sem que ela soubesse como e, em seguida, ela verificava se todas as portas estavam perfeitamente fechadas e se ninguém havia entrado em seus aposentos. Essa precaução lhe deu a certeza de que ela estava bem acordada e de que não era joguete de um sonho. Numa outra ocasião, viu da mesma maneira um homem que não conhecia e, certo dia, viu seu irmão que morava na

Califórnia; sua aparência era tão real que num primeiro momento acreditou que ele houvesse regressado e quis lhe dirigir a palavra, mas ele desapareceu sem lhe dar tempo. Uma carta recebida posteriormente lhe provou que o seu irmão estava vivo. Essa senhora era o que podemos chamar de médium vidente natural, mas, nessa época, como dissemos, nunca ouvira falar em médiuns.

116 Uma outra senhora, que morava numa cidade do interior, estando gravemente doente, viu, certa noite, por volta das vinte e duas horas, um senhor idoso, que morava na mesma cidade e que ela conhecia apenas de vista, sentado numa poltrona, aos pés de sua cama, que, de quando em quando, aspirava uma pitada de rapé*. Parecia cuidar dela. Surpresa com a visita àquela hora, ela quis lhe perguntar o motivo, mas o senhor lhe fez um sinal para não falar e para dormir. Por diversas vezes ela quis lhe dirigir a palavra, e a cada tentativa recebeu a mesma recomendação. Ela acabou por dormir. Passados alguns dias, estando restabelecida, recebeu a visita do mesmo senhor, mas em hora mais conveniente, sendo que dessa vez ele realmente estava lá; usava a mesma roupa, a mesma tabaqueira de rapé e tinha exatamente as mesmas maneiras. Persuadida de que ele a visitara durante sua doença, agradeceu pela atenção que recebeu. O senhor, bastante surpreso, disse que não tinha o prazer de vê-la já há bastante tempo. A senhora, que conhecia os fenômenos espíritas, compreendeu o que acontecera; não querendo entrar em detalhes, preferiu dizer-lhe que provavelmente havia sonhado.

O mais provável é que tenha sonhado, dirão os incrédulos, os Espíritos fortes, que com essa expressão consideram a si mesmos pessoas de bom senso. Mas a verdade é que essa senhora, assim como a anterior, não dormia. Então ela sonhava acordada ou teve uma alucinação. Eis a grande palavra, a explicação universal para tudo o que não se compreende. Como já contestamos suficientemente essa objeção, prosseguiremos nos dirigindo àqueles que nos podem compreender.

117 Eis agora, entretanto, um outro fato mais característico e que gostaríamos de ver como poderiam explicá-lo apenas pela imaginação.

Um senhor morador do interior nunca pensara em se casar, apesar da insistência de sua família. Insistiam notadamente para que ele se casasse com uma jovem de uma cidade vizinha, que ele jamais vira. Um dia, em seu quarto, ficou assustado ao se ver na presença de uma jovem vestida de branco e com a cabeça enfeitada com uma coroa de flores, que dizia ser sua noiva; ela estendeu-lhe a mão, em que via uma aliança,

---

* **Rapé:** tabaco em pó, para cheirar (N.E.).

e a colocou sobre a sua. Em poucos instantes tudo desapareceu. Surpreso com a aparição e certificando-se de que estava bem acordado, perguntou se alguém estivera na casa durante o dia; mas lhe disseram que não tinham visto ninguém. Um ano depois, cedendo à solicitação de uma parente, decidiu ir ver a moça, a noiva prometida. Ele chegou à cidade no dia de Corpus Christi; todos voltavam da procissão, e uma das primeiras pessoas que lhe surgiu à frente, quando entrou na casa, foi uma jovem, que reconheceu como a que lhe havia aparecido; estava vestida da mesma forma, porque o dia da aparição era também dia de Corpus Christi. Ele ficou atônito e, por sua vez, a jovem soltou um grito de surpresa e sentiu-se mal. Quando voltou a si, disse que já havia visto aquele senhor no mesmo dia do ano anterior. O casamento foi realizado. Isso ocorreu em 1835, época em que não se falava em Espíritos; além disso, tanto um quanto outro eram pessoas extremamente simples, com a imaginação menos exaltada que pode haver no mundo.

Poderão dizer talvez que tanto um quanto o outro estavam tocados pela idéia da união proposta, que foi a determinante de uma alucinação; mas não podemos nos esquecer de que o marido era tão indiferente à proposta de casamento que passou um ano sem ver sua pretendida. Mesmo que se admitisse essa hipótese, restaria explicar a dupla aparição, a coincidência da roupa com o dia de Corpus Christi e, enfim, o reconhecimento físico entre pessoas que jamais haviam se visto, particularidades que não podem ser produto da imaginação.

118 Antes de avançar, devemos responder imediatamente a uma pergunta que não podemos deixar de fazer: como o corpo pode viver enquanto o Espírito está ausente? Poderíamos dizer que o corpo pode viver uma vida orgânica, que independe da presença do Espírito, e a prova disso é que as plantas vivem e não têm Espírito. Entretanto, devemos acrescentar que, durante a vida, o Espírito nunca, em nenhuma circunstância, fica completamente separado do corpo. Os Espíritos, assim como alguns médiuns videntes, reconhecem o Espírito de uma pessoa viva por um cordão luminoso que termina em seu corpo, fenômeno que não acontece quando há o desencarne, porque então a separação é completa. É por esse cordão que o Espírito é advertido instantaneamente, qualquer que seja a distância que esteja, da necessidade de voltar ao corpo, o que ele faz com a rapidez de um relâmpago. Daí resulta que o corpo nunca pode morrer enquanto o Espírito está ausente e que nunca pode acontecer de este, em seu retorno, encontrar a porta fechada, como quiseram fazer crer alguns romancistas em histórias de lazer (Veja em *O Livro dos Espíritos*, questões n°s 400 e seguintes).

119 Voltemos ao nosso assunto. O Espírito de uma pessoa viva, quando fora do corpo, pode aparecer como o de uma pessoa morta e ter todas as aparências da realidade; além disso, pelos mesmos motivos que já explicamos, pode adquirir uma tangibilidade momentânea. É este fenômeno, designado de *bicorporeidade**, que deu origem às histórias dos homens duplos, ou seja, indivíduos cuja presença simultânea foi constatada em dois lugares diferentes. Citemos dois exemplos tirados não das lendas populares, mas da história eclesiástica.

Santo Alfonso de Liguori foi canonizado antes do tempo prescrito por ter se mostrado simultaneamente em dois lugares diferentes, o que passou por um milagre.

Santo Antônio de Pádua[1] estava na Espanha e, no momento em que pregava, seu pai, que estava em Pádua, ia para o suplício, acusado de assassinato. Nesse momento, Santo Antônio aparece em Pádua, demonstra a inocência de seu pai e faz com que seja conhecido o verdadeiro criminoso, que, mais tarde, sofre o castigo. Foi constatado que nesse momento Santo Antônio não tinha saído da Espanha.

Santo Alfonso, tendo sido evocado sobre o fato, deu-nos as seguintes respostas:

1. Poderíeis nos dar a explicação desse fenômeno?

"Sim; o homem, quando está completamente liberto da matéria por sua virtude, quando eleva sua alma a Deus, pode aparecer em dois lugares ao mesmo tempo. Eis como: o Espírito encarnado, sentindo o sono chegar, pode pedir a Deus para se transportar a um lugar qualquer. Seu Espírito ou sua alma, como quiserdes chamar, abandona o corpo, acompanhado de uma *parte* de seu perispírito, e deixa à matéria bruta num estado próximo à morte. Digo *próximo* à morte porque ficou no corpo um laço que liga o perispírito e a alma à matéria, e esse laço não pode ser definido. O corpo aparece então no lugar que deseja. Acredito que isso é tudo o que desejais saber."

2. Isso entretanto não nos dá a explicação da visibilidade e da tangibilidade do perispírito.

"O Espírito, quando desprendido do corpo, de acordo com o seu grau de elevação, pode se tornar tangível à matéria."

3. O sono do corpo é indispensável para que o Espírito apareça em outros lugares?

---

* **Bicorporeidade:** desdobramento (N.E.).

1 - **Santo Antônio de Pádua:** baseados nos biógrafos de Antônio, que é o santo mais popular da Igreja Romana, devemos assinalar que há aqui uma troca de lugares. De fato Antônio estava pregando em Pádua (Itália) e em desdobramento foi a Lisboa (Portugal) para livrar seu pai de uma sentença de morte por uma acusação falsa. Esse é considerado um de seus milagres (N.E.).

"A alma pode se dividir quando se sente atraída para um lugar distante do seu corpo. Pode acontecer de o corpo não dormir, apesar de ser muito raro; mas o corpo nunca estará num estado normal, estará sempre num estado mais ou menos extático."

✦ *A alma não se divide no sentido literal da palavra; ela se irradia para todos os lados e tem a possibilidade de se manifestar em diversos lugares, sem se dividir; é semelhante à luz, que pode simultaneamente se refletir em diversos espelhos.*

4. Quando uma pessoa está dormindo e o seu Espírito aparece noutra parte, o que aconteceria se fosse acordada subitamente?

"Isso não aconteceria, porque, se alguém tivesse a intenção de acordá-la, o Espírito retornaria ao corpo ao prever a intenção, pois o Espírito lê os pensamentos."

✦ *Uma explicação idêntica nos foi dada diversas vezes por Espíritos de pessoas mortas ou vivas. Santo Alfonso explica a dupla presença, mas não a teoria da visibilidade e da tangibilidade.*

120 Tácito[2] relata um fato semelhante:

Durante os meses em que Vespasiano[3] estava em Alexandria aguardando os ventos favoráveis de verão e a estação em que o mar oferece segurança, diversos prodígios aconteceram, pelos quais se manifestaram a proteção do céu e o interesse que os deuses pareciam ter por esse príncipe...

Esses prodígios despertaram em Vespasiano o desejo de visitar a morada sagrada dos deuses, para consultá-los em relação ao Império. Ele ordenou que o templo fosse fechado a todas as pessoas; uma vez lá dentro e atento ao que o oráculo[4] ia dizer, notou atrás de si um dos chefes

---

2 - **Públio Cornélio Tácito (54-120):** historiador romano (N.E.).

3 - **Tito Flávio Vespasiano (7-79):** Foi imperador romano de 69 a 79 da nossa era (N.E.).

4 - **Oráculo:** O oráculo era um local, geralmente em templos ou pequenos altares, onde era tido que os deuses respondiam às perguntas que lhes faziam. Eram lugares sagrados e as respostas eram dadas por intermédio de pitonisas ou sibilas, profetisas, geralmente mulheres, que sabemos hoje eram em verdade médiuns psicofônicas. Era uma prática difundida em todo o mundo. Desde os gregos antigos se registram as consultas a oráculos e historicamente a mais antiga e famosa de que se tem notícia é a de Delfos. Também Saul (1150 a.C.), rei dos hebreus, no Velho Testamento, consulta a pitonisa de Endor, como vemos em I Samuel: 28, para saber de sua sorte. Neste episódio o próprio Espírito do profeta Samuel, evocado pela pitonisa vem aconselhar a Saul. Ainda no Velho Testamento temos a consulta mediúnica em muitas outras passagens, por exemplo, em Números 11: 26 a 29 e em 22: 23 a 35. Também os profetas bíblicos eram médiuns. Isto põe à mostra que a mediunidade é tão velha quanto o Homem como atestam os dados bíblicos e históricos e também nos escritos tradicionais de chineses e de indianos com mais de 10.000 anos há referências a seres celestiais que se manifestavam aos homens. Dêem a estes fatos o nome que quiserem são no final mediúnicos, em que vemos a intervenção de Espíritos (instrutores) e de médiuns (receptores) (N.E.).

egípcios dos mais importantes, chamado Basílide, que ele sabia estar doente em lugar bem distante de Alexandria. Perguntou aos sacerdotes se Basílide estivera aquele dia no templo, perguntou aos passantes se o tinham visto na cidade e, por fim, enviou homens a cavalo e certificou-se de que, naquele momento em que lhe havia aparecido, Basílide estava a oitenta milhas de distância. Desde essa época não mais duvidou de que a visão havia sido algo sobrenatural, e o nome Basílide tornou-se para ele um oráculo (TÁCITO. *Histórias*. Livro Quarto, capítulos 81 e 82. Tradução de Burnouf).

121 A pessoa que aparece simultaneamente em dois lugares diferentes possui portanto dois corpos; mas, dos dois corpos, apenas um é real; o outro é apenas uma aparência; podemos dizer que o primeiro possui vida orgânica e que o segundo possui a vida da alma; ao despertar, os dois corpos se reúnem, e a vida da alma entra no corpo material. Não parece ser possível, pelo menos não temos nenhum exemplo disso, e a razão parece demonstrar, que, durante a separação, os dois corpos desfrutem simultaneamente e no mesmo grau as vidas ativa e inteligente. Além do que acabamos de dizer, resulta que o corpo real não poderia morrer enquanto o corpo aparente permanecesse fora dele: a aproximação da morte atrai sempre o Espírito para o corpo, ainda que apenas por um instante. Disso resulta, igualmente, que o corpo aparente não poderia ser morto, porque não é orgânico e não é formado de carne e osso; ele desapareceria no momento em que o quisessem matar.[*]

122 Passemos ao segundo fenômeno, chamado de *transfiguração*. Ele consiste na mudança de aspecto de um corpo vivo. Eis em relação ao assunto um fato do qual podemos garantir a perfeita autenticidade e que se passou nos anos de 1858 e 1859 nos arredores de Saint-Etienne.

Uma jovem de aproximadamente quinze anos de idade desfrutava da singular faculdade de se transfigurar, ou seja, de tomar em determinados momentos a aparência de pessoas mortas; a transformação era tão completa que se acreditava ver as pessoas diante de si, tal a semelhança dos traços fisionômicos, do olhar, do som da voz e até da maneira de falar. Esse fenômeno se repetiu centenas de vezes, independentemente da vontade da mocinha. Ela tomou diversas vezes a aparência

---

[*] • Veja a *Revista Espírita*, janeiro de 1859, "O duende de Baione"; fevereiro de 1859, "Os agêneres"; "Meu amigo Hermann"; maio de 1859, "O laço entre o Espírito e o corpo"; novembro de 1859, "A alma errante"; janeiro de 1860, "O Espírito de um lado e o corpo do outro"; março de 1860, "Estudos sobre o Espírito de pessoas vivas"; "O doutor V. e a senhorita I"; abril de 1860, "O Fabricante de São Petesburgo"; "Aparições tangíveis"; novembro de 1860, "História de Maria Agreda"; julho de 1861, "Uma aparição providencial" (N.K.).

de seu irmão, que havia morrido alguns anos antes; tomou não apenas seu semblante, mas também seu porte e o volume de seu corpo. Um médico do lugar testemunhou diversas vezes esses estranhos efeitos e, querendo se certificar de que não era um joguete de ilusão, fez uma interessante experiência. Conhecemos os fatos pelo que ele mesmo nos contou, pelo pai da moça e por diversas outras testemunhas oculares bastante honradas e dignas de fé. Ele teve a idéia de pesar a moça no seu estado normal e, depois, no estado de transfiguração, quando passava a ter a aparência de seu irmão, que tinha vinte e poucos anos e que era bem maior e bem mais forte. Pois bem! Ele descobriu que nesse estado o seu peso era quase o dobro. A experiência foi conclusiva; era impossível atribuir aquela aparência a uma simples ilusão de ótica. Tentemos explicar o fato, que durante algum tempo foi considerado milagre, mas que chamamos simplesmente de fenômeno.

123 A transfiguração, em certos casos, pode ser uma simples contração muscular que dá à fisionomia uma outra expressão, a ponto de tornar a pessoa quase irreconhecível. Temos observado isso com freqüência em sonâmbulos, mas nesses casos a transformação não é radical; uma mulher poderá parecer jovem ou velha, bela ou feia, mas será sempre uma mulher, e seu peso não aumentará nem diminuirá. No caso que relatamos, está bem evidente que há alguma coisa a mais; a teoria do perispírito vai nos esclarecer isso.

Está admitido, em princípio, que o Espírito pode dar a seu perispírito qualquer aparência; que pela modificação na disposição molecular pode lhe dar visibilidade, tangibilidade e conseqüentemente *opacidade*; que o perispírito de uma pessoa viva, fora do corpo, pode passar pelas mesmas transformações; que essa mudança de estado se opera pela combinação de fluidos.

Imaginemos agora o perispírito de uma pessoa viva que, sem estar fora do corpo, irradia-se ao redor dele de maneira a envolvê-lo como num vapor; nesse estado, pode sofrer as mesmas modificações que sofreria se dele estivesse separado. Se ele perde a transparência, o corpo pode desaparecer, tornar-se invisível e ficar oculto, como se estivesse mergulhado num nevoeiro. Ele até mesmo poderá mudar de aspecto, tornar-se brilhante, se for a vontade do Espírito ou se ele tiver poder para isso. Um outro Espírito, combinando seu próprio fluido com o do primeiro, poderá dar a essa combinação de fluidos a sua própria aparência; de modo que o corpo real desapareça sob um envoltório fluídico exterior, cuja aparência pode variar de acordo com a vontade do Espírito. Essa parece ser a verdadeira causa do fenômeno estranho e raro, convém que se diga, da transfiguração. Quanto à diferença de peso, ela pode ser explicada pela mesma maneira dos corpos inertes. O peso real do corpo não variou, porque a quantidade de matéria não aumentou; ele sofreu a influência de um agente exterior, que pode aumentar ou diminuir seu peso relativo, como já explicamos anteriormente nas questões n°s 78 e seguintes. É provável que, se a transfiguração acontecer com um adulto e ele tomar o aspecto de uma criança, seu peso diminua proporcionalmente.

124 Compreende-se que o corpo possa tomar uma outra aparência maior ou até mesmo da mesma dimensão; mas como poderá tomar uma menor dimensão, a de uma criança, como acabamos de dizer? Nesse caso, o corpo real não ultrapassaria os limites do corpo aparente? Também não queremos dizer que o fato se produziu; apenas queremos mostrar, em referência à teoria do peso específico, que o peso aparente poderá diminuir.

Quanto ao próprio fenômeno, não afirmamos nem sua possibilidade nem sua impossibilidade; mas, se ocorresse e se não fosse possível dar-lhe uma solução satisfatória, isso não o anularia; não podemos nos esquecer de que estamos nos primórdios da ciência e que ela está longe de haver dito sua última palavra sobre esse ponto, como sobre muitos outros. Aliás, as partes excedentes do corpo poderiam perfeitamente se tornarem invisíveis.

A teoria do fenômeno da invisibilidade deduz-se muito naturalmente pelas explicações anteriores e pelas que foram dadas em relação ao fenômeno de transporte, nas questões n°s 96 e seguintes.

125 Resta-nos falar do singular fenômeno dos *agêneres** que, por mais extraordinário que possa parecer à primeira vista, não é mais sobrenatural do que os outros. Mas, como já explicamos na *Revista Espírita* (fevereiro de 1859), acreditamos ser inútil reproduzir aqui seus detalhes; diremos apenas que é uma variedade da aparição tangível; é o estado de certos Espíritos que podem se revestir momentaneamente das formas de uma pessoa viva, a ponto de causar completa ilusão.

---

* **Agênere**: (do grego *a*, privativo, e *géiné*, *géinomai*, gerar; que não foi gerado). Variedade de aparição tangível; estado de certos Espíritos que podem se revestir momentaneamente das formas de uma pessoa viva, a ponto de produzir ilusão completa (N.E.).

LABORATÓRIO DO MUNDO INVISÍVEL

Vestuário dos Espíritos – Formação espontânea de objetos tangíveis – Modificação das propriedades da matéria – Ação magnética curativa

126 Já dissemos que os Espíritos se apresentam vestidos de túnicas, envoltos em panos ou com as roupas que usavam quando vivos. Os panos parecem ser um costume geral no mundo dos Espíritos; mas pergunta-se: onde eles vão buscar as roupas semelhantes àquelas que usavam quando estavam vivos, com todos os acessórios? É bem evidente que não os levaram com eles, uma vez que os objetos que usavam ainda estão sob nossos olhos; de onde provêm então os que usam no outro mundo? Essa questão intriga há muito tempo, embora para muitas pessoas seja uma simples questão de curiosidade; ela confirma, entretanto, uma questão de princípio de grande importância, porque sua resolução nos colocou no caminho de uma lei geral que encontra igualmente aplicação no nosso mundo corpóreo. Havia diversos fatos complicadores que demonstravam a insuficiência das teorias com que tentaram explicá-la.

Poderíamos até certo ponto compreender a existência da roupa, considerá-la como algo que fizesse, de alguma forma, parte do indivíduo; o mesmo, porém, não acontece com os objetos acessórios, como por exemplo a tabaqueira do visitante da senhora doente, de quem falamos na questão nº 116. Lembremos em relação àquele fato de que não se tratava de um morto, e sim de um vivo, e que, quando o homem apareceu em pessoa, tinha uma tabaqueira exatamente igual à que usava. Onde seu Espírito havia encontrado a que tinha consigo quando estava aos pés da cama da doente? Poderíamos citar um grande número de casos em que Espíritos de mortos ou de vivos apareceram com diversos objetos, como bengalas, armas, lanternas, livros etc.

Ocorreu-nos então uma idéia: os corpos inertes poderiam ter seus semelhantes etéreos no mundo invisível; a matéria condensada que forma os objetos poderia ter uma parte quintessenciada além dos nossos sentidos. Essa teoria não era totalmente inverossímil, impossível, mas era insuficiente para explicar todos os fatos. Entre eles há um, especialmente, que parecia destinado a frustrar todas as interpretações. Até então não se tratava senão de imagens ou aparências; já vimos que o perispírito pode adquirir as propriedades da matéria e tornar-se tangível, mas uma tangibilidade apenas momentânea, com o corpo sólido em seguida desaparecendo como uma sombra. Isso já é um fenômeno extraordinário, mas o que é ainda mais extraordinário é ver se produzir matéria sólida persistente, como provam numerosos fatos autênticos e notadamente o da escrita direta, do qual falaremos detalhadamente num capítulo especial. Todavia, como esse fenômeno se liga intimamente ao assunto que tratamos nesse momento, constituindo uma de suas aplicações mais evidentes, trataremos dele a seguir, antecipando a ordem na qual deveria vir.

127 A escrita direta ou *pneumatografia* se produz espontaneamente, sem a ajuda da mão do médium nem do lápis. Basta pegar uma folha de papel em branco, o que deve ser feito com todas as precauções necessárias para certificar-se de que não há nenhuma fraude, dobrá-la e colocá-la em qualquer lugar, numa gaveta ou simplesmente sob um móvel; no caso, se houver as devidas condições, depois de um certo tempo aparecerão traçados no papel, sinais diversos, palavras, frases e até mesmo discursos, na maioria das vezes escritos com uma substância acinzentada, parecida com chumbo, com lápis vermelho, com tinta comum e até mesmo com tinta de imprimir. Eis o fato em toda sua simplicidade e cuja reprodução, embora pouco comum, não é muito rara, pois há pessoas que conseguem fazê-lo com muita facilidade. Se fosse colocado um lápis junto com o papel, poderíamos acreditar que o Espírito se serviu dele para escrever; mas, a partir do momento em que o papel estava completamente sozinho, é evidente que a escrita se formou por uma matéria depositada sobre ele; de onde o Espírito tirou essa matéria? Essa é a questão. A tabaqueira, a que há pouco nos referíamos, levou-nos à solução do problema.

128 Foi o Espírito de São Luís quem nos deu a solução nas respostas seguintes:

1. Citamos um caso de aparição do Espírito de uma pessoa viva. O Espírito tinha uma tabaqueira e a aspirava. Ele sentia a mesma sensação que se experimenta quando fazemos o mesmo?

"Não."

2. Aquela tabaqueira tinha a forma da que habitualmente ele usava e que estava guardada em sua casa. O que era essa tabaqueira nas mãos do Espírito?

"Uma aparência; isso aconteceu para que a circunstância fosse notada, como realmente foi, e para que a aparição não fosse tomada como uma alucinação decorrente do estado de saúde da vidente. O Espírito queria que a senhora acreditasse na realidade de sua presença e, para isso, tomou todas as aparências da realidade."

3. Dizeis que foi uma aparência; mas uma aparência não tem nada de real, é como uma ilusão de ótica; gostaríamos de saber se a tabaqueira não passava de uma imagem sem realidade ou se havia nela algo de material.

"Certamente era uma aparência; é com a ajuda desse princípio material que o perispírito toma a aparência das roupas semelhantes àquelas que o Espírito usava quando encarnado."

✦ *É evidente que é preciso entender aqui a palavra aparência no sentido de aspecto, imitação. A tabaqueira real não estava lá; a que o Espírito tinha não passava de uma representação; era uma aparência comparada à original, embora formada de um princípio material.*

A experiência nos ensina que nem sempre se pode tomar ao pé da letra certas expressões empregadas pelos Espíritos; ao interpretá-las de acordo com nossas idéias, nós nos expomos a grandes equívocos; é por essa razão que é preciso aprofundar o sentido de suas palavras todas as vezes que apresentam a menor ambigüidade, duplicidade; é uma recomendação que os próprios Espíritos nos fazem constantemente. Sem a explicação que provocamos, a palavra aparência, constantemente utilizada em casos semelhantes, poderia dar lugar a uma falsa interpretação.

4. A matéria inerte poderia se desdobrar? Haveria no mundo invisível uma matéria essencial capaz de tomar a forma dos objetos que vemos? Em uma palavra, os objetos teriam seu *duplo etéreo* no mundo invisível, assim como os homens são nele representados pelos Espíritos?

"As coisas não são bem assim; o Espírito tem, sobre os elementos materiais espalhados por todo o espaço, em vossa atmosfera, um poder que estais longe de suspeitar. Ele pode, de acordo com sua vontade, concentrar esses elementos e lhes dar a forma aparente que quiser."

✦ *Essa pergunta, como se pode ver, era a tradução do nosso pensamento, ou seja, da idéia que tínhamos formado sobre a natureza desses objetos: a existência de semelhantes etéreos no mundo invisível. Se as respostas dos Espíritos fossem, conforme alguns pretendem, o reflexo do que as pessoas pensam, teríamos obtido a confirmação de nossa teoria, e não, como vemos, uma teoria contrária.*

5. Faço de novo a pergunta de uma maneira categórica, a fim de evitar qualquer equívoco:

As roupas com as quais os Espíritos se cobrem são alguma coisa?

"Parece-me que minha resposta anterior resolve a questão. Não sabeis que o próprio perispírito é alguma coisa?"

6. Dessa explicação resulta que os Espíritos fazem com que a matéria etérea sofra transformações de acordo com sua vontade. Assim, em relação à tabaqueira, por exemplo, o Espírito não a encontrou completamente feita; ele mesmo a fez no momento que tinha necessidade dela, por um ato de sua vontade, podendo desfazê-la; o mesmo pode acontecer com todos os outros objetos, como vestimentas, jóias etc.?

"Evidentemente que sim."

7. A tabaqueira ficou visível para aquela senhora a ponto de lhe causar uma ilusão. O Espírito poderia tê-la tornado tangível para ela?

"Sim, poderia."

8. A senhora poderia tê-la colocado nas mãos, certa de ter uma tabaqueira verdadeira?

"Sim."

9. Se ela a abrisse, provavelmente teria encontrado rapé; se o tivesse aspirado, teria espirrado?

"Sim."

10. O Espírito pode, então, dar não apenas a forma, mas também propriedades especiais ao objeto?

"Se o quiser, sim; foi apenas em virtude desse princípio que respondi afirmativamente às perguntas anteriores. Tereis provas da ação poderosa que o Espírito exerce sobre a matéria e da qual estais longe de suspeitar, como já vos disse."

11. Suponhamos, então, que o Espírito quisesse fazer uma substância venenosa; se uma pessoa a tomasse, ficaria envenenada?

"Poder fazê-la, poderia sim, mas não a faria; isso não lhe seria permitido."

12. Teria o poder de fazer uma substância salutar e própria para curar em caso de doença? Isso já aconteceu?

"Sim, isso já aconteceu muitas vezes."

13. Ele poderia então fazer uma substância alimentar? Suponhamos, uma fruta, um prato qualquer? Qualquer pessoa poderia comer e ficar saciada*?

"Sim, sim; mas não procureis tanto para achar o que é tão fácil de compreender. Basta um raio de sol para tornar perceptíveis a vossos órgãos grosseiros essas partículas materiais que enchem o espaço em

---

* Saciado/saciedade: satisfação do apetite. Matar a fome ou a sede. Fartar-se (N.E.).

que viveis. Não sabeis que o ar contém vapores de água? Se os condensardes, fareis com que voltem ao estado normal; se as privardes de calor, essas moléculas impalpáveis e invisíveis se tornarão um corpo sólido, e bastante sólido; há ainda muitas outras substâncias das quais os químicos tirarão maravilhas mais espantosas; porém, o Espírito possui instrumentos mais perfeitos que os vossos: a vontade e a permissão de Deus."

✦ *A questão da saciedade é aqui muito importante. Como pode produzir a saciedade uma substância cuja existência e propriedades são temporárias e, de algum modo, convencionais? Essa substância, em contato com o estômago, produz a sensação da saciedade, mas não a saciedade resultante da plenitude. Se uma substância dessa natureza pode agir dessa forma e modificar um estado mórbido, ela também pode muito bem agir sobre o estômago e nele produzir a sensação de saciedade. Pedimos, entretanto, aos senhores farmacêuticos e aos fabricantes de fortificantes que não se preocupem e não acreditem que os Espíritos venham lhes fazer concorrência: esses casos são raros, excepcionais, e jamais dependem da vontade, porque senão as pessoas se alimentariam e se curariam a um preço baratíssimo.*

14. Os objetos, quando se tornam tangíveis pela vontade do Espírito, poderiam ter um caráter de permanência e de estabilidade e se tornar utilizáveis?

"Isso poderia acontecer, *mas não acontece*; está fora das leis."

15. Todos os Espíritos possuem o mesmo poder de produzir objetos tangíveis?

"É certo que, quanto mais o Espírito é elevado, mais facilmente o consegue; mas isso depende das circunstâncias. Contudo, Espíritos inferiores podem também ter esse poder."

16. O Espírito sempre se dá conta da maneira pela qual compõe suas roupas ou os objetos que torna aparentes?

"Não; muitas vezes ele contribui para a formação de todas essas coisas por um ato instintivo que nem ele mesmo compreende, se não estiver bastante esclarecido para isso."

17. Se o Espírito pode tirar do elemento universal os materiais para fazer todas essas coisas e dar-lhes uma realidade temporária, com suas propriedades, ele também pode tirar daí o que é necessário para escrever, possibilidade que nos daria a chave para o fenômeno da escrita direta?

"Até que enfim chegastes ao ponto!"

✦ *Era aí, de fato, onde queríamos chegar com todas as nossas perguntas preliminares; a resposta prova que o Espírito havia lido nosso pensamento.*

18. Se a matéria de que o Espírito se serve não tem persistência, como se explica o fato de os traços da escrita direta nunca desaparecerem?

"Não faças jogo de palavras; primeiramente, não utilizei o termo 'nunca'; tratava-se de um objeto material volumoso; aqui são sinais escritos úteis de serem conservados, e por isso se conservam. O que quis dizer é que os objetos compostos pelo Espírito não poderiam tornar-se objetos de uso comum por não haver neles, na realidade, agregação de matéria, como há em vossos corpos sólidos."

129 A teoria acima pode ser assim resumida: o Espírito age sobre a matéria; ele tira da matéria cósmica universal os elementos necessários para formar, de acordo com sua vontade, objetos com a aparência dos diversos corpos que existem na Terra. Ele pode igualmente atuar sobre a matéria elementar, de acordo com sua vontade, uma transformação íntima, dando-lhe propriedades determinadas. Essa faculdade é inerente à natureza do Espírito, que, muitas vezes, exerce-a instintivamente, quando necessário, e sem se dar conta disso. Os objetos formados pelo Espírito possuem existência temporária, subordinada à sua vontade ou a uma necessidade; ele pode fazê-los ou desfazê-los como quiser. Esses objetos podem, em certos casos, ter aos olhos das pessoas vivas todas as aparências da realidade, ou seja, podem tornar-se visíveis e até mesmo tangíveis. Existe uma formação, e não uma criação, porque o Espírito não pode tirar nada do nada.

130 A existência de uma matéria elementar única está hoje quase admitida[1] pela ciência e confirmada, como já vimos, pelos Espíritos. Todos os corpos da natureza se originam dessa matéria; é assim que uma substância salutar pode tornar-se venenosa por uma simples modificação; a química nos oferece inúmeros exemplos disso. Todo mundo sabe que duas substâncias simples combinadas em certas proporções podem dar origem a uma que seja deletéria, perigosa. Uma parte de oxigênio e duas de hidrogênio, ambas inofensivas, formam a água; se acrescentarmos a isso um átomo de oxigênio teremos um líquido corrosivo. Sem mudar as

---

1 - Embora ainda não admitida de forma unânime por causa da especificação do tema, uma considerável parte da ciência já aceita uma única matéria elementar como formadora de todos os corpos da natureza: orgânicos e inorgânicos, e acima de tudo o fluido universal, ao qual se dão os mais variados nomes. Veja sobre a questão em *O Livro dos Espíritos*, Parte Primeira, capítulos 2 e 4, "Elementos Gerais do Universo" e "Princípio Vital", respectivamente (N.E.).

proporções, basta uma simples mudança no modo de agregação molecular para mudar as propriedades; é assim que um corpo opaco pode tornar-se transparente e vice-versa. Pelo fato de o Espírito ter, ao exercer a sua própria vontade, uma ação tão poderosa sobre a matéria, entende-se que ele possa não somente formar substâncias, mas também modificar-lhes as propriedades, atuando aí a vontade como um reativo.

131 Essa teoria nos dá a solução para um fato bem conhecido do magnetismo, mas que até o momento presente é inexplicado, que é o da mudança das propriedades da água pela ação da vontade. O Espírito atuante é o do magnetizador, muito freqüentemente auxiliado por outro Espírito; ele opera uma transmutação por meio do fluido magnético, que, como já dissemos, é a substância que mais se aproxima da matéria cósmica ou elemento universal. Se ele pode operar uma modificação nas propriedades da água, pode igualmente fazer a mesma coisa com os fluidos do organismo, o que resulta num efeito curativo da ação magnética convenientemente dirigida.

Sabemos que a vontade desempenha em todos os fenômenos do magnetismo um papel fundamental; mas como explicar a ação material de um agente tão sutil? A vontade não é um ser nem uma substância qualquer; não é nem mesmo uma propriedade da mais etérea matéria. A vontade é o atributo essencial do Espírito, ou seja, do ser pensante. Com a ajuda dessa alavanca, ele age sobre a matéria elementar e, por uma ação consecutiva, reage sobre seus compostos, cujas propriedades íntimas são então transformadas.

A vontade é atributo do Espírito tanto do encarnado quanto do desencarnado; daí vem o poder do magnetizador, poder que sabemos estar na razão direta da força de vontade. O Espírito encarnado, podendo agir sobre a matéria elementar, pode lhe mudar as propriedades dentro de certos limites; é assim que se explica a faculdade de curar pelo contato e imposição das mãos, que algumas pessoas possuem em um grau maior ou menor (Veja o capítulo 14, "Médiuns", item nº 7, "Médiuns curadores". Veja também a *Revista Espírita*, julho de 1859, páginas 184 e 189 "O zuavo de Magenta" e "Um oficial do exército da Itália").

LUGARES ASSOMBRADOS

132 As manifestações espontâneas de que se tem notícia em todos os tempos e a persistência de alguns Espíritos em dar sinais ostensivos de sua presença em certos locais são a origem da crença nos lugares assombrados. As respostas a seguir foram dadas a perguntas sobre o assunto.

1. Os Espíritos ficam ligados apenas às pessoas ou ficam também ligados às coisas?

"Isso depende da elevação deles. Alguns Espíritos podem se ligar aos interesses terrenos; os avarentos, por exemplo, que esconderam seus tesouros e que ainda não estão suficientemente desmaterializados podem ainda continuar a vigiá-los e guardá-los."

2. Os Espíritos errantes possuem locais de sua predileção?

"O princípio é o mesmo. Os Espíritos que não estão mais apegados à Terra vão para onde podem exercitar o amor; são atraídos para esses lugares mais pelas pessoas do que pelos objetos materiais; entretanto, há aqueles que podem momentaneamente ter uma preferência por certos lugares, mas sempre são Espíritos inferiores."

3. Já que o apego dos Espíritos por uma localidade é sinal de inferioridade, isso é igualmente uma prova de que são Espíritos maus?

"Certamente que não. Um Espírito pode ser pouco avançado sem ser mau. Não é assim também com os homens?"

4. A crença de que os Espíritos freqüentam de preferência as ruínas possui algum fundamento?

"Não; os Espíritos vão a esses lugares como a qualquer outro; mas a imaginação alimentada pelo aspecto sombrio de certos lugares atribui à presença dos Espíritos o que não passa de um efeito bastante natural. Quantas vezes o medo não fez tomar a sombra de uma árvore por um fantasma, o grito de um animal ou o sopro do vento por espectros! Os Espíritos gostam da presença dos homens. Eis a razão pela qual procuram mais os lugares habitados do que os lugares isolados."

4 a. Entretanto, pelo que sabemos da diversidade de caráter dos Espíritos, deve haver aqueles que são misantropos* e que preferem viver na solidão.

---

* **Misantropo:** que tem aversão à sociedade, arredio, isolado. É o contrário do filantropo: amigo da sociedade, caridoso, altruísta (N.E.).

"Por isso mesmo não respondi à pergunta de uma maneira absoluta. Disse que eles podem ir a lugares desertos assim como a todas as partes, e é bem evidente que, se alguns permanecem arredios, é porque isso lhes agrada; mas não há razão para que as ruínas sejam forçosamente locais de sua predileção. Certamente, há um número bem maior deles nas cidades e nos palácios do que no interior dos bosques."

5. As crenças populares têm, em geral, um fundo de verdade; qual pode ser a origem da crença nos lugares assombrados?

"O fundo de verdade está na manifestação dos Espíritos em que o homem acreditou instintivamente desde todos os tempos; porém, como já disse, o aspecto dos lugares sombrios desperta sua imaginação e o leva naturalmente a imaginar aí os seres que considera sobrenaturais. Essa crença supersticiosa é sustentada pelas narrativas dos poetas e pelos contos fantásticos com que se é acalentado na infância."

6. Os Espíritos que costumam reunir-se têm preferência por dias e horas?

"Não; os dias e as horas são um controle de tempo para os homens e para a vida corporal. Os Espíritos não têm necessidade dele nem se incomodam com tais coisas."

7. Por que se pensa que os Espíritos vêm de preferência à noite?

"Por causa da impressão que o silêncio e a obscuridade produzem na imaginação. Todas essas crenças são superstições que o conhecimento racional do Espiritismo destrói. O mesmo acontece com os dias e com as horas que lhes julgam serem mais favoráveis. Ficai certos de que a influência da meia-noite existe apenas nos contos."

7 a. Sendo assim, por que certos Espíritos anunciam sua chegada e suas manifestações em hora e dia determinados, como na sexta-feira, por exemplo?

"São Espíritos que se aproveitam da credulidade das criaturas e com isso se divertem. É pela mesma razão que existem os que dizem ser o diabo ou se dão nomes infernais. É só lhes mostrar que não vos deixais enganar e eles não mais voltarão."

8. Os Espíritos freqüentam os túmulos onde jazem seus corpos?

"O corpo não passava de uma vestimenta. Eles não têm nenhuma atração pelo corpo que os fez sofrer, assim como o prisioneiro não sente nenhuma atração pela cela que o prendeu. A lembrança das pessoas que lhes são queridas é a única coisa que tem valor para eles."

8 a. As preces que fazemos nos seus túmulos lhes agradam mais e são mais atraentes do que as que são feitas em qualquer outro lugar?

"Sabeis muito bem que a prece é uma evocação que atrai os Espíritos. A prece possui mais ação quando é mais fervorosa e mais sincera; acontece que, diante de um túmulo venerado, ficamos mais recolhidos, e a conservação de estimadas relíquias é um testemunho de afeição que se dá ao Espírito, que sempre fica sensível a isso. Sempre é o pensamento que age sobre o Espírito, e não os objetos materiais; os objetos possuem mais influência sobre aquele que ora fixando sua atenção neles do que sobre o Espírito."

9. Assim, a crença nos lugares assombrados não é desprovida de razão?

"Dissemos que alguns Espíritos podem ser atraídos pelas coisas materiais; eles podem ser atraídos para certos lugares, onde parecem estabelecer domicílio, até que desapareçam as circunstâncias que os atraíram a esses lugares."

9 a. Quais são as circunstâncias que os fazem buscar esses lugares?

"A simpatia por algumas pessoas que os freqüentam ou o desejo de se comunicar com elas. Entretanto, suas intenções nem sempre são tão louváveis quando se trata de Espíritos maus, que podem exercer uma vingança sobre certas pessoas das quais guardam rancor. A permanência em um local determinado também pode ser, para alguns, uma punição que lhes é imposta, principalmente se nesse lugar cometeram um crime, a fim de que tenham constantemente sua ação diante dos olhos*."

10. Os lugares assombrados sempre são assombrados por antigos moradores?

"Algumas vezes, sim, mas nem sempre, porque, se o antigo habitante de um lugar é um Espírito elevado, tão pouco se preocupará com sua habitação terrena quanto com seu corpo. Os Espíritos que assombram certos locais muitas vezes não o fazem por outro motivo além de capricho, a menos que sejam atraídos para lá por simpatia a determinadas pessoas."

10 a. Eles podem se fixar num lugar visando proteger uma pessoa ou sua família?

"Certamente, sim, se forem Espíritos bons; mas nesse caso nunca manifestam sua presença por meios assustadores ou desagradáveis."

---

* Veja a Revista Espírita de fevereiro de 1860 "História de um danado" (N.K.).

11. Existe algo de real na história da Dama Branca[1]?

"É um conto extraído de mil fatos verdadeiros."

12. É racional temer os lugares assombrados pelos Espíritos?

"Não; os Espíritos que assustam assombrando certos lugares e que aí fazem desordem querem mais se divertir à custa da credulidade e do medo das pessoas do que fazer o mal. Aliás, deveis vos lembrar de que há Espíritos por todas as partes e de que em qualquer lugar os tereis ao vosso lado, até mesmo nas mais tranqüilas habitações. Eles parecem freqüentar apenas algumas habitações porque nelas encontram oportunidade de manifestar sua presença."

13. Há um meio de os expulsar?

"Sim, mas, dependendo da maneira como se faz isso, ficam atraídos, em vez de se afastarem. O melhor meio de expulsar os maus Espíritos é atrair os bons. Atraí, portanto, os bons Espíritos, fazendo o bem o mais que se puder, e os maus Espíritos irão embora, porque o bem e o mal são incompatíveis. Sede sempre bons e tereis apenas bons Espíritos junto de vós."

13 a. Há, entretanto, pessoas muito boas que vivem cercadas dos tormentos de maus Espíritos?

"Se as pessoas são realmente boas, isso pode ser uma prova para exercitar sua paciência e estimulá-las a serem cada vez melhores; mas observai, entretanto, que não são os que falam de virtudes os que verdadeiramente as possuem. Aquele que possui qualidades reais quase sempre as ignora ou nunca fala delas."

14. O que se deve pensar em relação à eficácia do exorcismo para expulsar os maus Espíritos dos lugares assombrados?

"Já vistes alguma vez essa atitude ter êxito? Não vistes, ao contrário, os tormentos redobrarem após as cerimônias de exorcismo? É que esses Espíritos se divertem ao serem tomados como o diabo.

"Os Espíritos que não vêm com uma má intenção podem também manifestar sua presença por meio de barulho e até mesmo se tornarem visíveis, mas nunca fazem nada para incomodar. São, muitas vezes, Espíritos sofredores, cujos sofrimentos podeis aliviar orando por eles; outras

---

1 - **Dama Branca:** lenda muito difundida na Europa em que um Espírito se faz presente em várias circunstâncias, semelhante à difundida em nosso meio, entre muitas outras, que conta a presença de um simpático jovem que acompanha uma moça até a residência dela depois de terem sido par constante num baile. No dia seguinte, a moça dirige-se à casa onde ele dissera residir para devolver-lhe o cachecol emprestado, com o qual se protegera do frio. Perante uma foto constata que o jovem é desencarnado há dez anos (N.E.).

vezes, são Espíritos benevolentes que querem vos provar que estão perto de vós ou até Espíritos levianos que brincam. Como aqueles que causam perturbação e tormentos são quase sempre Espíritos que se divertem, o melhor que se tem a fazer é rir deles; eles se cansarão se notarem que não conseguem nem assustar nem impacientar" (Veja o capítulo 5, "Manifestações físicas espontâneas").

Resulta das explicações acima que há Espíritos que se ligam a certas localidades e que preferem permanecer ali, mas que não têm para isso necessidade de manifestar sua presença por efeitos sensíveis. Qualquer lugar pode ser a morada obrigatória ou de predileção de um Espírito. Até mesmo de um mau Espírito, ainda que não produza nenhuma manifestação.

Os Espíritos que se apegam a certos locais ou a coisas materiais nunca são Espíritos superiores, mas mesmo sem serem superiores podem não ser maus e não ter nenhuma má intenção; podem ter afinidade e serem mais úteis do que prejudiciais, porque se interessam pelas pessoas e podem protegê-las.

10

NATUREZA DAS COMUNICAÇÕES

Comunicações grosseiras, frívolas,
sérias e instrutivas

133 Dissemos que todo efeito que revela em sua causa um ato de livre vontade, por mais insignificante que seja, demonstra, por esse fato, uma causa inteligente. Assim, um simples movimento de uma mesa que responde ao nosso pensamento ou que apresenta um sinal ou uma ação independente, própria, deve ser considerado uma manifestação inteligente. Se o resultado ficasse limitado a isso, não haveria para nós senão um interesse bastante secundário. Entretanto, já seria alguma coisa, ao nos dar a prova de que existem nesses fenômenos mais do que uma ação puramente material; mas a utilidade prática que daí decorresse seria para nós nula ou pelo menos muito restrita. O mesmo não acontece quando essa inteligência revela um desenvolvimento que permite uma troca regular de idéias seguida de pensamentos. Não são mais simples manifestações inteligentes, mas verdadeiras *comunicações*. Os meios de que dispomos hoje permitem que as obtenhamos tão extensas, tão claras e tão rápidas quanto as que efetuamos com as pessoas.

Se compreendermos bem a *Escala Espírita* (Veja em *O Livro dos Espíritos*, questão nº 100), sobre a variedade infinita que existe de Espíritos no que se refere à inteligência e à moralidade, entenderemos facilmente a diferença que existe em suas comunicações; elas refletem a elevação ou a inferioridade de suas idéias, seu saber ou sua ignorância, seus vícios ou suas virtudes; numa palavra, elas não devem ser tão diferentes quanto as dos homens, desde o selvagem até o sábio mais esclarecido. Todas as nuanças que elas apresentam podem se agrupar em quatro categorias principais; de acordo com suas características mais acentuadas, podem ser: *grosseiras*, *frívolas*, *sérias* ou *instrutivas*.

134 As *comunicações grosseiras* são todas aquelas cujas expressões chocam as pessoas. Elas provêm de Espíritos maus, atrasados e infelizes, ainda ligados a todas as impurezas da matéria, e não diferem em nada das que poderiam ser dadas por homens viciados e grosseiros. Elas repugnam toda pessoa que tem a menor delicadeza de sentimento, porque são, conforme o caráter dos Espíritos, triviais, desprezíveis, obscenas, insolentes, arrogantes, malévolas e até mesmo induzem ou pregam a descrença.

135 As *comunicações frívolas* emanam de Espíritos levianos, zombeteiros e brincalhões, mais maliciosos do que maus, que não dão nenhuma importância ao que dizem. Como não têm conteúdo, só pela curiosidade agradam a certas pessoas, que com elas se divertem e que encontram prazer nessas entrevistas fúteis, em que muito se fala para nada dizer. Esses Espíritos têm às vezes tiradas espirituosas e mordazes e, no meio de gracejos banais, dizem, muitas vezes, duras verdades que sempre ferem com justeza. Espíritos levianos vivem ao nosso redor e aproveitam todas as situações para se intrometerem nas comunicações; a verdade é o que menos os preocupa; eis por que sentem um maligno prazer em enganar os que têm a fraqueza e algumas vezes a presunção de crer no que eles dizem. As pessoas que se satisfazem com essa espécie de comunicação fornecem naturalmente acesso aos Espíritos levianos e embusteiros; os Espíritos sérios se afastam disso, assim como entre nós os homens sérios se afastam das companhias más.

136 As *comunicações sérias* são importantes quanto ao assunto e quanto à maneira com que são feitas. Toda comunicação que exclui a frivolidade e a grosseria e que tem um objetivo útil, ainda que particular, é, por esse motivo, séria; embora nem sempre esteja isenta de erros, porque os Espíritos sérios não são todos igualmente esclarecidos; há muitas coisas que ignoram e sobre as quais podem enganar-se de boa-fé; eis por que os Espíritos verdadeiramente superiores sempre nos recomendam submeter todas as comunicações ao exame, ao crivo, da razão e da mais severa lógica.

É preciso, portanto, distinguir as comunicações sérias das falsas, isto é, das aparentemente sérias, o que nem sempre é fácil, porque é exatamente usando de uma linguagem pretensiosamente superior e rebuscada que certos Espíritos presunçosos ou pseudo-sábios procuram fazer prevalecer as idéias mais falsas e os sistemas mais absurdos, e para darem a si mais crédito e mais importância esses Espíritos não têm o menor escrúpulo de utilizar os mais respeitáveis e até os mais veneráveis nomes. Eis aí um dos maiores obstáculos do Espiritismo prático. Voltaremos à questão mais tarde, quando abordaremos todas as faces de um assunto tão importante ao mesmo tempo em que faremos conhecer o perigo e os meios de se prevenir contra as falsas comunicações.

137 As *comunicações instrutivas* são as comunicações sérias que têm por objetivo principal o ensinamento dado pelos Espíritos sobre as ciências, a moral, a filosofia etc. Elas são mais ou menos profundas, de acordo com o grau de elevação e de *desmaterialização* do Espírito. Para que essas comunicações tenham proveito útil e real, é preciso que elas sejam regulares e seguidas com perseverança. Os Espíritos sérios se ligam àqueles que querem se instruir e os auxiliam nos seus esforços, enquanto deixam aos Espíritos levianos a tarefa de divertir os que não vêem nada nessas manifestações além de uma distração passageira. É apenas pela regularidade e pela freqüência dessas comunicações que podemos apreciar os valores moral e intelectual dos Espíritos com os quais conversamos e o grau de confiança que eles merecem. Se é preciso experiência para julgar os homens, muito mais ela é necessária para julgar os Espíritos.

Ao dar às comunicações a qualificação de *instrutivas*, supomos que elas sejam verdadeiras, porque uma coisa que não é *verdadeira* não pode ser *instrutiva*, mesmo que dita na linguagem mais imponente. Não podemos, pois, incluir nessa categoria certos ensinamentos que têm de sério apenas a forma, muitas vezes empolada, rebuscada e enfática, com a qual os Espíritos que os ditam, mais presunçosos do que sábios, tentam iludir os que os recebem. Esses Espíritos, não podendo suprir a substância que lhes falta, não podem sustentar por muito tempo seu papel; logo se traem e revelam seu lado fraco, desde que suas comunicações tenham seqüência ou que se exija deles clareza e autenticidade.

138 Os meios de comunicação são muito variados. Atuando sobre nossos órgãos e sobre todos os nossos sentidos, os Espíritos podem se manifestar à nossa visão nas aparições, pelo toque, por meio de impressões tangíveis, ocultas ou visíveis, pela audição, por meio dos barulhos, pelo olfato, por meio de odores sem causa conhecida. Este último modo de manifestação, ainda que bastante real, é, incontestavelmente, o mais incerto, pelas múltiplas causas que podem induzir ao erro; por isso não nos deteremos nela. O que devemos examinar com cuidado são os diversos meios de obter comunicações, ou seja, uma troca regular e seguida de pensamentos. Esses meios são: *as pancadas*, *a palavra* e *a escrita*. Nós os estudaremos em capítulos especiais.

11

SEMATOLOGIA E TIPTOLOGIA

Linguagem dos sinais e das pancadas –
Tiptologia alfabética

139 As primeiras manifestações inteligentes foram obtidas por meio de pancadas, isto é, da tiptologia*. Esse meio muito primitivo era o despertar do processo e oferecia apenas recursos bastante limitados; ficávamos reduzidos nas comunicações a respostas monossilábicas, ao sim ou ao não, de acordo com o número de batidas convencionado. Mas isso foi aperfeiçoado mais tarde, como já dissemos. As pancadas são obtidas de duas maneiras, por meio de médiuns especiais; é preciso que possuam uma certa aptidão para as manifestações de efeitos físicos. A primeira, que poderíamos chamar de *basculante*, consiste no movimento da mesa, que se levanta de um só lado e oscila, batendo com um dos pés. Para isso basta que o médium coloque as mãos sobre a borda da mesa; se ele quiser se comunicar com um determinado Espírito, é preciso que o evoque antes; caso contrário, se manifestará o primeiro que se apresenta ou o que tem o hábito de vir. Estando convencionado, por exemplo, que uma batida é *sim* e que duas batidas são um *não*, indiferentemente se poderá dirigir ao Espírito as perguntas que se deseja; veremos mais adiante as que devemos não fazer. O inconveniente desse processo está na concisão, na brevidade das respostas e na dificuldade de formular a pergunta de maneira a se obter um sim ou um não. Suponhamos que se pergunte ao Espírito: o que desejas? Ele poderá responder apenas numa palavra; é preciso então dizer: desejas tal coisa? Não. Desejas outra coisa? Sim. E assim por diante.

140 É interessante notar que, ao utilizar esse método, o Espírito usa também uma espécie de *mímica*, ou seja, ele exprime a energia da afirmação ou da negação pela força das batidas. Ele também exprime a natureza dos sentimentos que o animam: a violência, na rudeza dos movimentos; a cólera e a impaciência dando com força batidas repetidas, como uma pessoa que bate furiosamente com os pés, chegando algumas vezes a jogar a mesa no chão. Se for bondoso, é amável e educado, do

---

* **Tiptologia**: linguagem por pancadas; modo de comunicação dos Espíritos. *Tiptologia alfabética* (N.E.).

início ao fim da sessão, e inclina a mesa como uma saudação; se quiser se dirigir a uma pessoa presente no grupo, dirige a mesa em direção a ela com doçura ou violência, de acordo com o que lhe quiser demonstrar: afeição ou antipatia. Essa é, propriamente falando, a *sematologia** ou a linguagem dos sinais, assim como a *tiptologia* é a linguagem das batidas. Eis um exemplo notável do emprego espontâneo da sematologia:

Um senhor de nosso círculo de amigos, estando um dia em sua sala, onde muitas pessoas se ocupavam com as manifestações, recebeu uma carta que lhe enviamos. Enquanto a lia, a mesa que servia para as experiências foi subitamente em sua direção. Quando acabou de ler a carta, foi colocá-la sobre uma outra mesa, na outra extremidade da sala; a mesa o seguiu e se dirigiu à outra mesa onde estava a carta. Surpreso com essa demonstração, pensou que havia alguma relação entre esse movimento e a carta; ele interrogou o Espírito, que respondeu ser nosso Espírito familiar. Ao sermos informados disso, pedimos que nos dissesse o motivo da visita que fizera ao nosso amigo, e ele respondeu: "É natural que eu queira ver as pessoas com as quais tens relações, a fim de poder, se for preciso, dar-te, assim como a elas, os avisos necessários."

É evidente, portanto, que o Espírito quis chamar a atenção desse senhor e procurou uma ocasião de fazer com que ele soubesse que estava lá. Um mudo não lhe teria feito isso melhor.

141 A tiptologia não tardou a se aperfeiçoar, e se enriqueceu de um meio de comunicação mais completo, o da *tiptologia alfabética*, que consiste em fazer designar as letras do alfabeto por pancadas; pode-se, então, obter palavras, frases e até mesmo discursos inteiros. De acordo com esse método, a mesa dá tantas pancadas quanto forem necessárias para indicar cada letra, ou seja, uma pancada indica um *a*, duas um *b* e assim por diante; durante esse tempo, uma pessoa escreve as letras, à medida que são designadas. Quando o Espírito termina, demonstra isso por meio de um sinal combinado.

Esse modo de proceder, como se vê, é muito lento e exige um tempo enorme para as comunicações de uma certa extensão; entretanto, há pessoas que têm tido a paciência de se servir dele para obter ditados de diversas páginas; mas a prática fez com que se descobrisse meios que permitiram trabalhar com mais rapidez. O mais usado consiste em ter diante de si um alfabeto, assim como a série de algarismos indicadores das unidades. Enquanto o médium está na mesa, uma outra pessoa percorre sucessivamente as letras do alfabeto, se trata de uma palavra,

---

* **Sematologia:** (do grego *semâ*, sinal, e *logos*, discurso). Linguagem dos sinais. Comunicação dos Espíritos pelo movimento dos corpos inertes (N.E.).

ou os algarismos, se trata de um número; quando se chega à letra neces-sária, a mesa, por si só, dá uma pancada, e se escreve a letra; depois se recomeça para obter a segunda letra, a terceira e assim por diante. Se houve engano em relação a uma letra, o Espírito adverte com diversas pancadas ou por um movimento da mesa, e tudo recomeça. Com a prática, isso passa a ser feito com muita rapidez, e o tempo é diminuído quando se deduz o fim de uma palavra começada, que o sentido da frase faz descobrir; no caso de haver incerteza, pergunta-se ao Espírito se ele quis colocar tal palavra, e ele responde por um sim ou por um não.

142 Todos os processos que acabamos de indicar podem ser obtidos de uma maneira ainda mais simples, por pancadas produzidas na própria madeira da mesa, sem nenhuma espécie de movimento, que descrevemos no capítulo 2, "Manifestações físicas", questão n° 64; é a *tiptologia interior*. Nem todos os médiuns são igualmente aptos para este último tipo de comunicação; há aqueles que obtêm as pancadas apenas pelo movi-mento basculante; entretanto, com exercícios, eles podem chegar em sua maioria a esse ponto, que tem a dupla vantagem de ser mais rápido e se prestar menos à dúvida do que o basculante, que se pode atribuir a uma pressão voluntária. É verdade que as pancadas no interior da madeira também poderiam ser imitadas por médiuns de má-fé. As melhores coisas podem ser imitadas, o que não prova nada contra elas (Veja o capítulo 28, "Charlatanismo e trapaça").

Quaisquer que sejam os aperfeiçoamentos que possam ser introdu-zidos nessa maneira de proceder, jamais poderá atingir a rapidez e a faci-lidade que a escrita apresenta, razão pela qual é pouco empregada; mas é, algumas vezes, bastante interessante sob o ponto de vista do fenô-meno, principalmente para os novatos, e tem a vantagem de provar de modo categórico a absoluta independência do pensamento do médium. São obtidas assim, muito freqüentemente, respostas tão imprevistas, tão surpreendentes para a ocasião, que seria preciso uma prevenção bastante determinada para não aceitar a evidência; por isso esse processo é um poderoso meio de convicção para muitas pessoas; mas, seja por esse meio ou por qualquer outro, os Espíritos não gostam de se prestar aos caprichos dos curiosos que querem colocá-los à prova, com perguntas sem propósito.

143 Com o objetivo de melhor assegurar a independência do médium, imaginaram-se diversos instrumentos, como os quadrantes, sobre os quais são traçadas as letras da mesma maneira que os quadrantes dos telé-grafos elétricos. Uma agulha móvel, colocada em movimento pela in-fluência do médium com a ajuda de um fio condutor e de uma polia, indica as letras. Conhecemos esses instrumentos apenas por desenhos e descrições que foram publicadas nos Estados Unidos, porém não podemos nos pronunciar sobre seu mérito; mas pensamos que sua própria complicação é um inconveniente e que a independência do médium se comprova perfeitamente pelas pancadas e ainda mais pelo imprevisto das respostas do que por qualquer meio material. Por outro lado, os incrédulos, que estão sempre dispostos a ver por toda parte artifícios e arranjos, ficam ainda mais inclinados a acreditar que nesses instrumentos existe um mecanismo especial do que numa simples mesa desprovida de qualquer acessório.

144 Um aparelho mais simples, mas do qual a má-fé pode facilmente abusar, como veremos no capítulo 28, "Charlatanismo e trapaça", que fala sobre as fraudes, é o que designaremos sob o nome de *Mesa-Girardin*, em memória ao uso que dela fazia a senhora Emile de Girardin nas numerosas comunicações que obtinha como médium; isso porque a senhora Girardin, apesar de ser uma mulher de forte personalidade, tinha a fraqueza de acreditar nos Espíritos e em suas manifestações. Esse instrumento consiste de um tampo móvel de mesa, com trinta a quarenta centímetros de diâmetro, que gira livre e facilmente sobre seu eixo, como uma roleta. Sobre a superfície e acompanhando a circunferência, são traçados, como sobre um quadrante, as letras, os algarismos e as palavras *sim* e *não*. No centro há uma agulha fixa. Quando o médium coloca seus dedos na borda do disco móvel, este gira e pára quando a letra desejada está sob a agulha. Toma-se nota das letras indicadas e forma-se assim, muito rapidamente, as palavras e as frases.

É preciso observar que o disco não desliza sob os dedos, e sim que estes permanecem apoiados, seguindo-lhe o movimento. Talvez um médium poderoso conseguisse obter um movimento independente, o que acreditamos ser possível. Porém, nunca tivemos testemunho desse fato. Se a experiência pudesse ser feita dessa maneira, seria infinitamente mais convincente, pois descartaria qualquer possibilidade de fraude.

145 Resta-nos destruir um erro bastante propagado e que faz com que se confunda todos os Espíritos que se comunicam por meio das pancadas com os Espíritos batedores. A tiptologia é um meio de comunicação como um outro qualquer, e é tão digno dos Espíritos elevados quanto a escrita ou a palavra. Todos os Espíritos, bons ou maus, podem dela se servir, assim como podem se servir de todos os outros métodos. O que caracteriza os Espíritos superiores é a elevação do pensamento, e não o instrumento de que se servem para transmiti-lo; sem dúvida, eles preferem os meios mais cômodos e, principalmente, os mais rápidos; porém, se não houver lápis e papel, não hesitarão em usar a simples mesa falante, e a prova disso é que por esse meio obtêm-se as mais sublimes comunicações. Se não nos servimos desse processo não é porque o desprezamos, visto que, como fenômeno, ensinou-nos tudo o que poderíamos saber, não podendo nada mais acrescentar às nossas convicções, mas é principalmente porque a quantidade de comunicações que recebemos exige uma rapidez incompatível com a tiptologia.

Nem todos os Espíritos que batem são Espíritos batedores; essa qualificação deve ficar reservada para os "batedores de profissão", que, desse modo, divertem-se pregando peças para divertir as pessoas ou as aborrecem com suas importunações. Da parte deles pode-se esperar, algumas vezes, coisas aceitáveis, mas nunca profundas; desse modo, seria perder tempo lhes fazer perguntas de certo porte científico ou filosófico; sua ignorância e sua inferioridade lhes deram com justiça, por parte dos outros Espíritos, a qualificação de Espíritos brincalhões ou saltimbancos do mundo espírita. Acrescentamos que, além de agirem por conta própria, é deles que se servem os Espíritos superiores quando querem produzir efeitos físicos.

12

PNEUMATOGRAFIA OU ESCRITA DIRETA – PNEUMATOFONIA

Escrita direta

146 A *pneumatografia** é a escrita produzida diretamente pelo Espírito, sem nenhum intermediário. É diferente da psicografia**, que é a transmissão do pensamento do Espírito escrito pela mão de um médium.

O fenômeno da escrita direta é, sem dúvida, um dos mais extraordinários do Espiritismo; porém, por mais anormal que possa parecer de início, é hoje um fato verificado e incontestável. Se a teoria é necessária para se dar conta da possibilidade dos fenômenos espíritas em geral, ela o é ainda mais nesse caso, sem dúvida um dos mais estranhos que se possa apresentar, mas que deixa de parecer sobrenatural desde que se compreenda o princípio.

Na primeira vez que esse fenômeno foi revelado, o sentimento dominante foi o da dúvida; a idéia de um embuste logo veio ao pensamento; de fato, todas as pessoas conheciam a ação das tintas chamadas simpáticas ou invisíveis, cujos traços de início não se vêem, mas aparecem depois de algum tempo. Havia, pois, a suspeita de ter-se abusado da credulidade, e não afirmamos que isso nunca tenha sido feito; estamos até convencidos de que algumas pessoas, seja por objetivos comerciais, seja unicamente por amor-próprio e para fazer acreditar em seu poder, têm empregado esse subterfúgio (Veja o capítulo 28, "Charlatanismo e trapaça", item nº 2, "Fraudes espíritas").

Mas, pelo fato de se poder imitar uma coisa, seria absurdo concluir que ela não existe. Não se tem, nesses últimos tempos, encontrado o meio de imitar a lucidez sonambúlica a ponto de causar ilusão? E, pelo fato de exibirem essa enganação em tantos espetáculos, deve-se concluir que não existem verdadeiros sonâmbulos? O fato de alguns comerciantes venderem vinho falsificado é razão para não haver vinho puro? O mesmo acontece com a escrita direta; as precauções a serem tomadas para se

---

* **Pneumatografia**: (do grego *pneuma*, ar, sopro, vento, espírito, e *graphô*, escrevo). Escrita direta dos Espíritos sem o auxílio da mão de um médium (N.E.).
** **Psicografia**: escrita dos Espíritos pela mão de um médium (N.E.).

---

certificar do fato eram, aliás, bem simples e bem fáceis, e, graças a essas precauções, não se pode hoje lhe opor nenhuma dúvida.

147 Uma vez que a possibilidade de escrever sem intermediário é um dos atributos do Espírito e que os Espíritos sempre existiram e sempre produziram os diversos fenômenos que conhecemos hoje, eles também devem ter produzido o fenômeno da escrita direta na Antiguidade tanto quanto nos dias atuais; é assim que pode ser explicada a aparição das três palavras no salão de festas de Baltasar[1]. A Idade Média, tão fecunda em prodígios ocultos, mas que foram abafados nas fogueiras, também deve ter conhecido a escrita direta e talvez encontrasse na teoria das modificações que os Espíritos podem operar sobre a matéria, e que desenvolvemos no capítulo 8, "Laboratório do mundo invisível", o princípio da crença na transmutação dos metais.

Quaisquer que tenham sido os resultados obtidos em diversas épocas, foi apenas depois da popularização das manifestações espíritas que se levou a sério a questão da escrita direta. O primeiro que a difundiu em Paris nos últimos anos foi o barão de Guldenstubbe, que publicou sobre esse assunto uma obra bastante interessante, contendo um grande número de fac-símiles das escritas que obteve[*]. O fenômeno já era conhecido nos Estados Unidos há algum tempo. A posição social do barão de Guldenstubbe, sua independência, a consideração de que desfrutava nas mais altas rodas afastam incontestavelmente toda suspeita de fraude voluntária, pois ele não poderia ter sido movido por nenhum motivo de interesse. Quando muito, o que se poderia supor é que teria sido vítima de uma ilusão; porém, em relação a isso, um fato responde categoricamente: a obtenção do mesmo fenômeno por outras pessoas cercadas de todas as precauções necessárias para evitar qualquer fraude ou qualquer motivo de erro.

148 A escrita direta é obtida, assim como a maior parte das manifestações *não-espontâneas*, por meio do recolhimento, da prece e da evocação. Muitas vezes, são obtidas em igrejas, sobre os túmulos, aos pés de estátuas ou de imagens de personagens que são evocadas; mas é evidente que a localidade não tem outra influência senão a de provocar um maior recolhimento e uma concentração maior do pensamento; porque está provado que ela pode ser obtida igualmente nos lugares mais comuns, sobre um simples móvel doméstico, se houver as condições morais necessárias e se houver alguém com a faculdade mediúnica necessária.

---

1 - **Baltasar:** personagem bíblico. Rei da Babilônia. Quando oferecia um grandioso banquete em seu palácio, surgiram dedos humanos que escreveram três palavras na parede (N.E.).

• *A realidade dos Espíritos e de duas manifestações*, demonstrada por meio do fenômeno da escrita direta pelo barão de Guldenstubbe, 1º vol. In 8º, com 15 estampas e 93 fac-símiles (N.K.).

No princípio, acreditou-se ser preciso colocar um lápis e um papel; o fato podia, então, até certo ponto, ser explicado. Sabemos que os Espíritos operam o movimento e o deslocamento de objetos, que eles os pegam e os lançam, algumas vezes, bem longe; eles poderiam, então, muito bem apanhar o lápis e escrever; visto que fazem isso pela mão do médium, por uma prancheta etc., poderiam igualmente fazê-lo de uma maneira direta. Porém, não tardou para que se verificasse que a presença do lápis não era necessária e que bastava um simples pedaço de papel, dobrado ou não, para que nele, após alguns minutos, aparecesse a escrita. Aqui o fenômeno muda completamente de aspecto e nos lança para uma ordem de coisas inteiramente nova. As letras foram escritas com uma substância qualquer; a partir do momento que ninguém forneceu essa substância ao Espírito, então, foi ele mesmo quem a fez; de onde a tirou? Aí estava o problema.

Se quisermos nos reportar às explicações dadas no capítulo 8, questões n°s 127 e 128, encontraremos a teoria completa desse fenômeno. Nessa escrita, o Espírito não se serve nem de nossas substâncias nem de nossos instrumentos; ele mesmo faz a matéria e os instrumentos de que precisa, tirando seus materiais do elemento primitivo universal, que, pela ação de sua vontade, sofre as modificações necessárias para o efeito que ele quer produzir. Ele pode, portanto, muito bem fabricar tanto o lápis vermelho, a tinta de imprimir, a tinta comum quanto o lápis preto ou até mesmo caracteres tipográficos bastante resistentes para dar relevo à escrita, conforme pudemos verificar. A filha de um senhor que conhecemos, uma criança de uns doze ou treze anos, obteve páginas inteiras escritas com uma substância amarelada parecida com o lápis pastel, uma espécie de lápis de cera.

149 Tal é o resultado a que nos conduziu o fenômeno da tabaqueira relatado no capítulo 7, "Bicorporeidade e transfiguração", questão nº 116, e sobre o qual nos estendemos longamente, porque nele encontramos a ocasião de observar uma das leis mais importantes do Espiritismo, lei que pode esclarecer mais de um mistério até mesmo do mundo visível. É assim que de um fato, aparentemente comum, pode sair a luz. Tudo está em observar com cuidado, e isso cada um pode fazer como nós, desde que não se limite a observar os efeitos sem lhes procurar as causas. Se nossa fé se fortalece a cada dia, é porque compreendemos; tratai, então, de compreender, se quereis fazer seguidores sérios. Quando se compreende as causas, há ainda um outro resultado: consegue-se traçar uma linha divisória entre a verdade e a superstição.

Se considerarmos a escrita direta sob o ponto de vista das vantagens que pode oferecer, diremos que, até o momento presente, sua principal utilidade foi a constatação de um fato importantíssimo: a intervenção de um poder oculto que nos mostra um novo meio de se manifestar. Porém, as comunicações que são obtidas dessa forma raramente são extensas; geralmente são espontâneas e limitadas a palavras, frases e, muitas vezes, sinais ininteligíveis; elas têm sido obtidas em todas as línguas: em grego, latim, sírio, em caracteres hieroglíficos etc., porém ainda não se prestaram às dissertações seguidas e rápidas, como conseguimos com a psicografia, a escrita pela mão dos médiuns.

PNEUMATOFONIA

150 Os Espíritos, podendo produzir barulhos e pancadas, também podem muito bem fazer com que sejam ouvidos gritos de toda espécie e sons vocais imitando a voz humana, tanto ao nosso lado quanto no ar; é esse fenômeno que designamos sob o nome de *pneumatofonia**. Pelo que conhecemos da natureza dos Espíritos, podemos compreender que alguns deles, quando são de uma ordem inferior, se iludem e acreditam falar da mesma forma como quando eram vivos (Veja na *Revista Espírita*, fevereiro de 1858, "História da aparição da senhorita Clairon").

É preciso, entretanto, ter cuidado para não tomar por essas vozes todos os sons que não têm uma causa conhecida ou simples zumbidos e, principalmente, não acreditar que há verdade na crença popular de que, quando o nosso ouvido zune, é porque estão falando de nós em algum lugar. Esses zunidos, cuja causa é puramente fisiológica, não têm, aliás, nenhum sentido, enquanto que os sons pneumatofônicos exprimem pensamentos, e é somente por isso que podemos reconhecer que são provenientes de uma causa inteligente, e não acidental. Podemos estabelecer, em princípio, que os efeitos *notoriamente inteligentes* são os únicos que podem atestar a intervenção dos Espíritos; quanto aos outros, há pelo menos cem probabilidades contra uma de provirem de causas fortuitas, acidentais.

151 Muitas vezes, quando estamos meio adormecidos, acontece de ouvirmos distintamente palavras, nomes, algumas vezes, até frases inteiras, que são ditas com tanta intensidade que acordamos espantados. Pode ser, em certos casos, que isso seja realmente uma manifestação, mas esse fenômeno não tem nada de positivo para que também não possa ser atribuído a uma causa semelhante à que desenvolvemos na teoria da alucinação, capítulo 6, "Manifestações visuais", questões n°s 111 e

---

* **Pneumatofonia:** (do grego *pneuma*, ar e *phoné*, som ou voz). Voz dos Espíritos; comunicação oral dos Espíritos sem o auxílio da voz humana (N.E.).

seguintes. O que escutamos dessa maneira não tem, de resto, nenhuma conseqüência; o mesmo não acontece quando estamos completamente acordados, porque nesse caso, se é um Espírito que se faz ouvir, podemos quase sempre ter com ele uma troca de pensamentos e manter uma conversação regular.

Os sons espíritas ou pneumatofônicos têm duas maneiras bem distintas de se produzirem; algumas vezes é uma voz interior que repercute no foro íntimo; porém, ainda que as palavras sejam claras e distintas, não possuem nada de material; outras vezes, são exteriores e distintamente articuladas, como se viessem de uma pessoa que estivesse ao nosso lado.

Seja qual for a maneira de se produzir, o fenômeno da pneumatofonia é quase sempre espontâneo e só muito raramente pode ser provocado.

13

PSICOGRAFIA

Psicografia indireta: cestas e pranchetas –
Psicografia direta ou manual

152 A ciência espírita progrediu mais rapidamente do que todas as outras. Apenas alguns anos nos separam daqueles meios primitivos e incompletos genericamente chamados de mesas falantes e já podemos nos comunicar com os Espíritos tão fácil e rapidamente quanto os homens o fazem entre si e pelos mesmos meios: a escrita e a palavra. A escrita possui, principalmente, a vantagem de mostrar do modo mais evidente a intervenção de um poder oculto, ao deixar traços que podem ser conservados, como fazemos com a nossa própria correspondência. O primeiro meio empregado foi o das pranchetas e o das cestas munidas de um lápis. Mostraremos aqui como isso acontece.

153 Dissemos que uma pessoa dotada de uma aptidão especial pode imprimir um movimento de rotação a uma mesa ou a um objeto qualquer; tomemos, em vez de uma mesa, uma pequena cesta de quinze a vinte centímetros de diâmetro (de madeira ou de vime, não importa, pois a substância é indiferente). Se fixarmos no fundo dessa cesta um lápis e o prendermos bem e se mantivermos o aparelho em equilíbrio com a ponta do lápis, sobre uma folha de papel, ao contato dos dedos com as bordas da cesta, esta se colocará em movimento; mas, em vez de girar, ela movimentará o lápis em sentidos diversos sobre o papel, de maneira a formar traços insignificantes ou letras. Se um Espírito for evocado e quiser se comunicar, ele responderá não por batidas, como na tiptologia, mas sim por palavras escritas. O movimento da cesta não é mais automático, como nas mesas giratórias; ele torna-se inteligente. Nesse processo, o lápis, quando atinge a extremidade da linha, não volta ao ponto de partida para começar outra; ele continua a mover-se circularmente, de tal modo que a linha escrita forma uma espiral, sendo preciso virar diversas vezes o papel para ler o que está escrito. A escrita assim obtida nem sempre é muito legível, pelo fato de as palavras não ficarem separadas; mas o médium, pela sua intuição, facilmente a decifra. Para simplificar, pode-se substituir por uma lousa com giz o papel e o lápis comum. Designaremos esse tipo de cesta de *cesta-pião*. Em vez da cesta, pode-se empregar uma pequena caixa de papelão, tendo o lápis como eixo.

154 Muitos outros dispositivos foram inventados para obter o mesmo resultado. O mais prático é o que chamaremos de *cesta de bico*, que consiste em adaptar à cesta uma haste de madeira inclinada prolongando-se de dez a quinze centímetros para o lado de fora, como na posição do mastro de proa de uma embarcação. Por um buraco aberto na extremidade dessa haste, ou bico, passa-se um lápis bastante comprido para que sua ponta alcance o papel. Tendo o médium os dedos sobre as bordas da cesta, todo o aparelho se movimenta, e o lápis escreve como no caso anterior, com a diferença de que a escrita é, geralmente, mais legível, as palavras são separadas e as linhas não são em espiral, e sim como na escrita comum, podendo o médium facilmente levar o lápis de uma linha à outra. São obtidas dessa forma dissertações de diversas páginas tão rapidamente quanto se fossem escrita à mão.

155 A inteligência que atua muitas vezes se manifesta por outros sinais inequívocos. Quando chega ao final da página, o lápis faz espontaneamente um movimento para virar o papel; se ele quiser voltar a uma passagem já escrita, ele a procura com a ponta do lápis, como se faz com a ponta do dedo, e depois a sublinha. Se o Espírito quiser se dirigir a um de seus assistentes, a extremidade da haste de madeira se dirige a essa pessoa. Para resumir, ele exprime muitas vezes as palavras *sim* e *não* por sinais de afirmação e de negação, como fazemos com a cabeça; se ele quiser exprimir contrariedade ou impaciência, dá pancadas repetidas com a ponta do lápis e, às vezes, com isso a quebra.

156 Em vez da cesta, algumas pessoas se servem de uma pequena mesa, feita para esse fim, de doze a quinze centímetros de comprimento por cinco a seis de altura e três pés, preso o lápis num deles; os outros dois são arredondados ou munidos de uma pequena bola de marfim, para deslizar facilmente sobre o papel. Outras pessoas servem-se simplesmente de uma *prancheta*, de quinze a vinte centímetros quadrados, triangular, alongada ou oval; numa das bordas há um ferro *oblíquo* para se prender o lápis; colocada em posição de escrever, fica inclinada e se apóia por um dos lados no papel; o lado que fica no papel traz, algumas vezes, dois pequenos roletes para facilitar o movimento. Concebe-se, em resumo, que todos esses dispositivos são semelhantes; o melhor é o que for mais cômodo.

Com qualquer um deles, é preciso quase sempre que os operadores sejam dois; mas não é necessário que a segunda pessoa seja dotada da faculdade mediúnica: ela serve unicamente para dar sustentação e diminuir a fadiga do médium.

157 Chamamos de *psicografia indireta* a escrita assim obtida e de *psicografia direta* ou *manual* a obtida pelo próprio médium. Para compreender este último processo, é preciso se dar conta do que se passa nessa operação. O Espírito que se comunica age sobre o médium; este, sob essa influência, dirige *maquinalmente* seu braço e sua mão para escrever, sem ter (é pelo menos o caso mais comum) a menor consciência do que escreve. No outro processo, a mão age sobre a cesta, e a cesta, sobre o lápis. Desse modo, *não é que a cesta que se torna inteligente*; ela é um instrumento dirigido por uma inteligência; na realidade não passa de um porta-lápis, de um apêndice da mão, um intermediário entre a mão e o lápis; se eliminarmos esse intermediário e colocarmos o lápis na mão do médium, teremos o mesmo resultado, muito mais simples, uma vez que o médium escreve como o faz em condições normais; assim, toda pessoa que escreve com a ajuda de uma cesta, prancheta ou outro objeto pode escrever diretamente. De todos os meios de comunicação, a *escrita manual*, ou *escrita involuntária*, é, sem dúvida, a mais simples, a mais fácil e a mais cômoda, porque não exige nenhuma preparação e se presta, como a escrita corrente, a expor e desenvolver as mais amplas idéias. Voltaremos a falar dela quando tratarmos dos médiuns.

158 No início das manifestações, quando se tinha sobre esse assunto idéias pouco precisas, muitos trabalhos escritos foram publicados com a seguinte designação: *Comunicações de uma cesta*, *comunicações de uma prancheta*, *de uma mesa* etc. Compreendemos hoje que essas expressões são inexatas ou errôneas e só revelam o caráter pouco sério de quem as publicou. De fato, como acabamos de ver, as mesas, as pranchetas e as cestas não passam de instrumentos *ininteligentes*, embora animados momentaneamente de uma vida fictícia, que nada podem comunicar por si mesmos; nesse caso é tomar o efeito pela causa, o instrumento pelo princípio; seria o mesmo se um autor declarasse no título de sua obra que a escreveu com uma pena metálica ou com uma pena de pato. Aqueles instrumentos, aliás, não são os únicos; conhecemos médiuns que, em vez da *cesta-pião* que descrevemos, serviam-se de um funil em cujo gargalo introduziam o lápis. Teria-se, então, obtido comunicações por um funil, uma caçarola ou uma saladeira. Se elas podem ser obtidas por meio de pancadas e se essas pancadas são de uma cadeira ou de uma bengala, não é mais uma mesa falante, e sim uma cadeira ou uma bengala falante. O que importa conhecer não é a natureza do instrumento, mas sim o modo de obtenção. Se a comunicação é obtida pela escrita, seja qual for o objeto em que se fixe o lápis, o que temos é a *psicografia*; se for por pancadas, temos a *tiptologia*. Tomando o Espiritismo as proporções de uma ciência, é necessário que tenha uma linguagem científica.

CAPÍTULO

14

MÉDIUNS

Médiuns de efeitos físicos – Pessoas elétricas –
Médiuns sensitivos ou impressionáveis –
Médiuns auditivos – Médiuns falantes –
Médiuns videntes – Médiuns sonambúlicos –
Médiuns curadores – Médiuns pneumatógrafos

159 Toda pessoa que sente num grau qualquer a influência dos Espíritos é, por isso mesmo, médium. Essa faculdade é inerente às pessoas e conseqüentemente não constitui privilégio exclusivo de ninguém; por isso mesmo, poucas são as pessoas que não possuem algum rudimento dela. Podemos dizer, portanto, que todas as pessoas são, mais ou menos, médiuns. Entretanto, geralmente, essa qualificação aplica-se apenas àqueles cujo dom mediúnico está claramente caracterizado por efeitos patentes de uma certa intensidade, o que depende, então, de uma organização mais ou menos sensitiva. É preciso, além disso, notar que essa faculdade não se revela em todos da mesma maneira; os médiuns possuem geralmente uma aptidão especial para certos gêneros de fenômenos, o que faz haver tantas variedades quantas são as espécies de manifestações. As principais são: *médiuns de efeitos físicos*; *médiuns sensitivos* ou *impressionáveis*; *auditivos*; *falantes*; *videntes*; *sonambúlicos*; *curadores*; *pneumatógrafos*; *escreventes* ou *psicógrafos**.

1. MÉDIUNS DE EFEITOS FÍSICOS

160 Os médiuns de efeitos físicos são especialmente aptos a produzir fenômenos materiais, tais como os movimentos de corpos inertes, barulhos etc. Podemos dividi-los em *médiuns facultativos* e *médiuns involuntários* (Veja neste livro, Parte Segunda, capítulos 2 e 4, "Manifestações físicas" e "Teoria das manifestações físicas", respectivamente).

Os médiuns facultativos são os que têm a consciência da sua mediunidade e produzem fenômenos espíritas por sua vontade. Essa faculdade, ainda que inerente à espécie humana, como já dissemos, está longe de existir em todos no mesmo grau; mas, se há poucas pessoas nas quais

---

* **Psicógrafo**: (do grego *psiké*, borboleta, alma, e *graphô*, escrevo). Aquele que faz a psicografia: médium escrevente (N.E.).

ela seja absolutamente nula, as que são aptas para produzir grandes efeitos, tais como a suspensão de corpos pesados no espaço, a translação aérea e, especificamente, as aparições, são ainda mais raras. Os efeitos mais simples são: rotação de um objeto, pancadas por efeito do levantamento desse objeto ou nele mesmo. Sem dar uma destacada importância a esses fenômenos, recomendamos não negligenciá-los; deles podem se originar observações interessantes e podem servir para consolidar a convicção. Porém, é preciso observar que a faculdade de produzir efeitos físicos raramente existe nos que possuem meios mais perfeitos de comunicação, como a escrita ou a palavra. Geralmente, a faculdade diminui num sentido à medida que se desenvolve em outro.

161 Os *médiuns involuntários* ou *naturais* são aqueles em que a mediunidade se exerce sem que eles saibam. Não têm nenhuma consciência dela e, muitas vezes, o que se passa de anormal em torno deles não lhes parece extraordinário; isso faz parte deles, exatamente como as pessoas dotadas da segunda vista que não suspeitam disso. Esses indivíduos são bastante dignos de observação, e não devemos nos descuidar de recolher e estudar os fatos desse gênero que venham ao nosso conhecimento; eles se manifestam em todas as idades; muitas vezes, em crianças ainda muito novas (Veja o capítulo 5, "Manifestações físicas espontâneas").

Essa faculdade não é, por si só, indício de um estado patológico, porque o médium normalmente tem uma saúde perfeita. Se está sofrendo, é porque isso está ligado a uma causa estranha, e assim os meios terapêuticos são impotentes para fazê-la cessar. Ela pode, em certos casos, ser conseqüência de uma certa fraqueza orgânica, porém nunca é causa eficiente[1]. Não é, portanto, razoável fazer dessa mediunidade um motivo de inquietação, sob o ponto de vista da saúde orgânica; ela só poderia ser inconveniente se o médium fizesse dela uso abusivo, porque, então, se verificaria nele uma emissão muito grande de fluido vital e, conseqüentemente, um enfraquecimento dos órgãos.

162 A razão se revolta com a idéia das torturas morais e corporais a que a ciência tem, algumas vezes, submetido os médiuns, pessoas fracas e delicadas, para se certificar de que não há fraude por parte delas. Essas *experimentações*, quase sempre feitas com maldade, são sempre prejudiciais aos organismos sensitivos, podendo resultar disso sérias desordens ao conjunto da saúde. Fazer essas experiências é brincar com a vida. O observador de boa-fé não precisa empregar esses meios, pois, estando familiarizado com os fenômenos, sabe que eles pertencem mais

---

1 - **Causa eficiente:** quando um fenômeno produz outro (N.E.).

à ordem moral do que à física e que é inútil procurar-lhes solução nas nossas ciências exatas. Depois, pelo fato de esses fenômenos estarem mais ligados à ordem moral, deve-se evitar com extremo cuidado tudo o que possa sobreexcitar a imaginação. Sabe-se dos traumas que o medo pode ocasionar e com muito mais prudência nos guiaríamos se atentássemos para todos os casos de loucura e epilepsia originados dos contos de lobisomens e bichos-papões. Imagine o que acontece quando se generaliza tudo isso como *obra do diabo*? Aqueles que alimentam ou propagam essas idéias não sabem a responsabilidade que assumem: *podem matar*. Acontece ainda que o perigo não fica restrito apenas ao sujeito que se vê de braços com o fenômeno, mas também aos que o cercam e que podem ficar traumatizados com a idéia de que sua casa se tornou um antro de demônios. Foi essa crença funesta que causou tantas atrocidades nos tempos da ignorância. Contudo, com um pouco mais de discernimento, teriam deduzido que, ao queimar o corpo supostamente possuído pelo diabo, não queimavam o diabo. Já que queriam se desfazer dele, era ele que era preciso matar. A Doutrina Espírita, ao nos esclarecer sobre a verdadeira causa de todos esses fenômenos, matou o diabo, deu-lhe o golpe de misericórdia. *Longe, portanto, de fazer surgir ou de alimentar essa idéia, deve-se, como dever de moralidade e de humanidade, combatê-la onde quer que surja.*

O que se deve fazer quando uma faculdade semelhante se desenvolve espontaneamente num indivíduo é deixar o fenômeno seguir seu curso natural: a natureza é mais prudente do que os homens; a Providência, aliás, possui suas razões, e a menor criatura pode ser o instrumento dos maiores desígnios. Porém, é preciso convir que esse fenômeno adquire, algumas vezes, proporções fatigantes e inoportunas para todas as pessoas*; portanto, eis o que em todos os casos é preciso fazer. No capítulo 5,

---

* Um dos fatos mais extraordinários dessa natureza, pela variedade e estranheza desses fenômenos, é, sem dúvida, o que ocorreu, em 1852, no Palatinado (Baviera renana), em Bergzabem, perto de Wissemburg. É tanto mais notável quando denota, reunidos no mesmo indivíduo, todos os tipos de manifestações espontâneas: estrondos a abalar a casa, desordem dos móveis, objetos lançados ao longe por uma mão invisível, visões e aparições, sonambulismo, êxtase, catalepsia, atração elétrica, gritos e sons aéreos, instrumentos tocando sem o contato das mãos, comunicações inteligentes etc., e, o que não é de menor importância, a constatação desses fatos durante quase dois anos, por inúmeras testemunhas oculares dignas de fé pelo saber e pelas posições sociais que ocupavam. A narração autêntica foi publicada, na época, em diversos jornais alemães e notadamente numa brochura hoje esgotada e muito rara. Pode-se encontrar a tradução completa dessa brochura na *Revista Espírita* de 1858, com os comentários e as explicações necessárias. É, pelo que sabemos, a única publicação francesa que fez isso. Além do interesse empolgante ligado a esses fenômenos, eles são eminentemente instrutivos sob o ponto de vista do estudo prático do espiritismo (N.K.).

"Manifestações físicas espontâneas", já demos alguns conselhos a esse respeito, quando dissemos que é preciso entrar em comunicação com o Espírito para saber dele o que ele quer. O método a seguir está igualmente fundado na observação.

Os seres invisíveis que revelam sua presença por efeitos sensíveis são, geralmente, Espíritos de uma ordem inferior, que podem ser dominados pela superioridade moral; é esse ascendente que é preciso procurar adquirir (Veja as questões n°s 251, 254 e 279).

Para lidar com eles, é preciso fazer o médium passar do estado de *médium natural* para o de *médium facultativo*. É produzido, então, um efeito semelhante ao que acontece no sonambulismo. Sabe-se que o sonambulismo natural cessa geralmente quando é substituído pelo sonambulismo magnético. Não se suprime a faculdade emancipadora da alma; é dada a ela uma outra diretriz. O mesmo acontece com a faculdade mediúnica. Para isso, em vez de entravar o fenômeno, coisa que raramente se consegue e que nem sempre deixa de ser perigosa, exercita-se o médium para produzi-los de acordo com sua vontade, impondo-se ao Espírito; por esse meio, ele consegue subjugá-lo, dominá-lo, e do dominador, às vezes tirânico, faz-se um ser subordinado e, muitas vezes, dócil. Um fato digno de ser notado e justificado pela experiência é que, nesse caso, uma criança tem tanta ou mais autoridade do que um adulto: prova que vem apoiar esse ponto capital da Doutrina de que o Espírito é criança apenas no corpo e que tem por si mesmo um desenvolvimento necessário anterior à sua encarnação atual, desenvolvimento este que pode lhe dar ascendência sobre Espíritos que lhe são inferiores.

A moralização do Espírito por conselhos de uma terceira pessoa influente e experimentada, se o médium não estiver no estado de fazer isso, é muitas vezes um meio bastante eficaz; falaremos disso mais tarde.

163 É a essa categoria de médiuns que deveriam pertencer, à primeira vista, as pessoas dotadas de uma certa dose de eletricidade natural, verdadeiros *torpedinídeos*[2] *humanos*, que produzem ao simples contato todos os efeitos de atração e de repulsão. Foi errado, entretanto, considerá-las *médiuns*, porque a verdadeira mediunidade supõe a intervenção direta de um Espírito; acontece que, no caso de que falamos, experiências concludentes provaram que a eletricidade é o único agente desses fenômenos. Essa faculdade estranha, a qual poderíamos quase chamar de

---

2 - **Torpedinídeos:** família de peixes com órgãos que produzem choques elétricos que paralisam suas presas; as tremelgas, as arraias-elétricas. O poraquê, do Amazonas, é também conhecido como peixe elétrico (N.E.).

enfermidade, pode algumas vezes aliar-se à mediunidade, como podemos ver na história do Espírito batedor de Bergzabern; porém, muitas vezes independe da mediunidade. Conforme já dissemos, a única prova de intervenção dos Espíritos é o caráter inteligente das manifestações; se esse caráter não existir, temos que atribuí-las a uma causa puramente física. A questão é saber se as pessoas elétricas teriam uma aptidão maior para se tornarem médiuns de efeito físico; pensamos que sim, porém só a experiência poderá demonstrá-lo.

2. MÉDIUNS SENSITIVOS OU IMPRESSIONÁVEIS

164 São designadas assim todas as pessoas suscetíveis de sentir a presença dos Espíritos por uma vaga impressão, uma espécie de arrepio sobre todos os membros, sem explicação. Essa variedade não tem um caráter bem definido; todos os médiuns são necessariamente impressionáveis, sendo a impressionabilidade, assim, uma qualidade mais geral do que especial; é a faculdade primária indispensável ao desenvolvimento de todas as outras; ela difere da impressionabilidade puramente física e nervosa, com a qual não pode ser confundida; porque há pessoas que não têm os nervos delicados e que sentem mais ou menos a presença de Espíritos, assim como há outras bastante irritáveis que não os sentem.

Essa faculdade se desenvolve pela constância, e pode tornar-se tão perceptível que aquele que a possui reconhece pela impressão que sente não apenas a natureza boa ou má do Espírito que está ao seu lado, mas até mesmo sua individualidade, assim como o cego reconhece, não se sabe como, a aproximação desta ou daquela pessoa; esse indivíduo se torna então, com relação aos Espíritos, um verdadeiro sensitivo. Um bom Espírito causa sempre uma impressão boa e agradável; a de um mau, pelo contrário, é difícil, aflita e desagradável; há como um cheiro de impureza.

3. MÉDIUNS AUDITIVOS

165 Os médiuns auditivos ouvem a voz dos Espíritos; é, como dissemos ao falar da pneumatofonia, algumas vezes uma voz interior, que se faz ouvir no foro íntimo; outras vezes é uma voz exterior, clara e distinta como a de uma pessoa viva. Os médiuns auditivos podem assim entrar em conversação com os Espíritos. Quando têm o hábito de se comunicarem com certos Espíritos, eles os reconhecem imediatamente pela natureza da voz. Uma pessoa que não tem essa faculdade pode igualmente se comunicar com um Espírito, por intermédio de um médium auditivo, que fará a função de intérprete.

Essa faculdade é bastante agradável quando o médium ouve bons Espíritos ou apenas os que evoca; mas o mesmo não acontece quando um mau Espírito agarra-se a ele, fazendo-lhe ouvir a cada minuto as coisas mais desagradáveis e inconvenientes. É preciso livrar-se desses Espíritos pelos meios que indicaremos no capítulo 23, "Obsessão".

4. MÉDIUNS FALANTES

166 Os médiuns auditivos, que apenas transmitem o que ouvem, não são, propriamente falando, *médiuns falantes*, porque estes, na maioria das vezes, não ouvem nada. Neles, o Espírito age sobre os órgãos da palavra, como age sobre a mão dos médiuns escreventes. Quando o Espírito quer se comunicar, serve-se do órgão com que melhor pode se sintonizar no médium; de um, ele empresta a mão, de outro, a palavra, de um terceiro, o ouvido. O médium falante exprime-se geralmente sem ter a consciência do que diz e, muitas vezes, diz coisas que estão completamente fora de suas idéias habituais, de seus conhecimentos e até mesmo do alcance de sua inteligência. Por mais que esteja perfeitamente acordado e em estado normal, raramente conserva a lembrança do que diz; em resumo, a palavra é apenas um instrumento de que se serve o Espírito, com o qual uma outra pessoa pode entrar em comunicação, como o pode fazer por intermédio de um médium auditivo.

A passividade do médium falante nem sempre é tão completa; há alguns que têm a intuição do que dizem no momento em que pronunciam as palavras. Voltaremos a essa variedade quando tratarmos dos médiuns intuitivos.

5. MÉDIUNS VIDENTES

167 Os médiuns videntes são dotados da faculdade de ver os Espíritos. Para alguns, essa faculdade se manifesta no estado normal, quando estão perfeitamente acordados, e conservam uma lembrança exata do que viram; outros possuem essa faculdade apenas em estado sonambúlico ou próximo do sonambulismo. Essa faculdade é raramente permanente; quase sempre é o efeito de uma crise momentânea e passageira. Pode-se colocar na categoria dos médiuns videntes todas as pessoas dotadas de dupla vista. A possibilidade de ver os Espíritos em sonho resulta, sem dúvida, de um tipo de mediunidade, mas não constitui, propriamente falando, o que se chama de médium vidente. Explicamos esse fenômeno no capítulo 6, "Manifestações visuais".

O médium vidente acredita ver com os olhos, como os que são dotados de dupla vista; mas, na realidade, é a alma que vê, e essa é a razão pela qual ele vê tão bem com os olhos fechados quanto com os olhos abertos; de onde se segue que um cego pode ver os Espíritos como qualquer um que possui a vista perfeita. Haveria, sobre este último ponto, um estudo interessante a fazer, para saber se essa faculdade é mais freqüente nos cegos. Espíritos que foram cegos nos disseram que, durante sua vida, tinham, pela alma, a percepção de certos objetos e que não estavam mergulhados na escuridão.

168 É preciso distinguir as aparições acidentais e espontâneas da faculdade propriamente dita de ver os Espíritos. As primeiras são freqüentes, principalmente no momento da morte de pessoas que amamos ou conhecemos e que vêm nos advertir de que não estão mais nesse mundo. Há inúmeros exemplos de fatos desse gênero, sem falar das visões durante o sono. Outras vezes, são igualmente parentes ou amigos que, apesar de estarem mortos há muito tempo, aparecem, seja para advertir de um perigo, seja para dar um conselho ou para pedir algum favor, que consiste geralmente no cumprimento de uma coisa que ele não pôde fazer enquanto estava vivo, ou então o auxílio de preces. Essas aparições são fatos isolados, que sempre têm um caráter individual e pessoal e que não constituem uma faculdade propriamente dita. A faculdade consiste na possibilidade, senão permanente, pelo menos bastante freqüente, de ver qualquer Espírito que se apresente, até mesmo aquele que nos parece ser o mais estranho a nós. É essa faculdade que constitui, propriamente falando, os médiuns videntes.

Entre os médiuns videntes, há alguns que vêem apenas os Espíritos que são evocados, com uma minuciosa exatidão; descrevem nos menores detalhes seus gestos, a expressão de sua fisionomia, os traços do rosto, a roupa e até os sentimentos de que parecem animados. Há outros nos quais essa faculdade é ainda mais geral; eles vêem toda a população espírita ambiente, a maneira como se movimentam e, se poderia dizer, a maneira como executam as suas tarefas.

169 Assistimos uma noite à apresentação da ópera *Oberon* na companhia de um médium vidente muito bom. Havia na sala um grande número de lugares vazios, mas dos quais muitos estavam ocupados por Espíritos que pareciam assistir ao espetáculo; alguns se acercavam dos espectadores e pareciam escutar sua conversa. No palco, passava-se uma outra cena; atrás dos atores, diversos Espíritos de maneira jovial divertiam-se em imitá-los, parodiando seus gestos de modo grotesco; outros, mais sérios, pareciam animar os cantores e fazer esforços para lhes dar energia. Um deles ficava constantemente junto de uma das principais cantoras. Este nos parecia ter intenções um tanto quanto levianas;

tendo-o evocado após o término do ato, veio até nós e censurou com alguma severidade nosso julgamento temerário. "Não sou o que pensais", disse ele, "sou seu guia e seu Espírito protetor; sou eu quem está encarregado de dirigi-la." Depois de alguns minutos de uma conversa muito séria, nos deixou, dizendo: "Adeus; ela está em seu camarim; é preciso que eu vá vigiá-la." Evocamos em seguida o Espírito de Weber[3], o autor da ópera, e lhe perguntamos o que pensava da execução de sua obra. "Não é nada má, porém fraca; os atores cantam, eis tudo; não há inspiração", disse ele "Esperai", acrescentou ele. "Vou tentar dar-lhes um pouco do fogo sagrado". Então ele foi visto sobre o palco, pairando acima dos atores; um eflúvio parecia partir dele e se derramar sobre os intérpretes; nesse momento, houve entre eles uma renovação visível de energia.

170 Eis um outro fato que prova a influência que os Espíritos exercem sobre os homens sem estes saberem. Fomos, numa outra noite, a uma representação teatral com um outro médium vidente. Tendo travado uma conversa com um *Espírito espectador*, este nos disse: "Vêem aquelas duas damas sozinhas naquele camarote? Pois bem! Estou me esforçando para que elas deixem a sala". Dito isso, foi visto no camarote em questão a falar com as duas damas; de repente, elas, que estavam prestando bastante atenção ao espetáculo, olharam-se e pareceram se consultar; depois se foram e não mais voltaram. O Espírito nos fez então um gesto cômico para mostrar que cumpriu sua palavra; porém, não o vimos mais para pedir-lhe maiores explicações. Foi assim que pudemos diversas vezes ser testemunha do papel que os Espíritos desempenham entre os vivos; nós os observamos em diversos lugares de reunião: em bailes, concertos, sermões, funerais, bodas etc..., e em todos os lugares os encontramos atiçando as más paixões, soprando a discórdia, excitando as rixas e rejubilando-se com suas proezas; enquanto outros, ao contrário, combatiam essa influência negativa, mas eram raramente escutados.

171 A faculdade de ver os Espíritos pode, sem dúvida, desenvolver-se, mas é sempre melhor esperar o seu desenvolvimento natural, sem provocá-lo, se não se quiser ser joguete da própria imaginação. Quando o germe de uma faculdade existe, ela se manifesta por si mesma; em princípio, é preciso se contentar com as que Deus nos deu, sem procurar o impossível; porque, se quisermos ter muito, corremos o risco de perder o que temos.

Quando dissemos que as aparições espontâneas são freqüentes (Veja a questão nº 107), não quisemos dizer que são bastante comuns; quanto

---

3 - Carl M. von Weber (1786-1826): compositor, pianista e maestro alemão (N.E.).

aos médiuns videntes propriamente ditos, são ainda mais raros, e há muito do que desconfiar daqueles que pretendem desfrutar dessa faculdade; é prudente dar-lhes crédito apenas diante de provas positivas. Nem mesmo falamos daqueles que se dão à ridícula ilusão de ver "Espíritos glóbulos", que descrevemos na questão n⁰ 108, mas dos que pretendem ver os Espíritos de uma maneira racional. Certas pessoas podem, sem dúvida, se enganar de boa-fé, mas outras também podem simular essa faculdade por amor-próprio ou por interesse. Nesse caso, é preciso particularmente se levar em conta o caráter, a moralidade e a sinceridade habituais; mas é, principalmente, nas particularidades que podemos encontrar o controle mais exato, porque há algumas que não deixam dúvida, como, por exemplo, a exatidão em retratar, descrevendo o Espírito que o médium não conheceu quando vivo. O fato a seguir está dentro dessa categoria.

Uma senhora viúva, cujo marido se comunicava freqüentemente com ela, encontrou-se um dia com um médium vidente que não a conhecia, e muito menos a sua família; o médium lhe disse: "Vejo um Espírito acompanhando-a". "Ah! É sem dúvida meu marido, que quase nunca me deixa", disse a senhora. "Não", respondeu o médium. "É uma mulher de certa idade; ela tem uma faixa branca sobre a fronte".

Por essa particularidade e por outros detalhes descritivos, a senhora reconheceu sem nenhum engano sua avó, em quem nem pensava naquele momento. Se a intenção do médium fosse simular a faculdade, seria fácil acompanhar o pensamento da senhora; porém, em vez do marido com o qual se preocupava, ele viu uma mulher com uma particularidade de penteado da qual nada lhe podia dar idéia. Esse fato prova uma outra coisa: de que a vidência, no médium, não era reflexo de nenhum pensamento estranho (Veja a questão n⁰ 102).

6. MÉDIUNS SONAMBÚLICOS

172 O sonambulismo pode ser considerado uma variedade da faculdade mediúnica, ou melhor, são duas ordens de fenômenos que se encontram muito freqüentemente reunidas. O sonâmbulo age sob a influência de seu próprio Espírito; é sua alma que, nos momentos de emancipação, vê, ouve e percebe além dos limites dos sentidos. O que ele exprime, tira dele mesmo; suas idéias são, em geral, mais justas do que no estado normal e seus conhecimentos são mais dilatados, porque sua alma está livre; numa palavra, ele vive antecipadamente a vida dos Espíritos. O médium, pelo contrário, é instrumento de uma inteligência estranha; é passivo, e o que ele diz não vem dele. Em suma, o sonâmbulo exprime seu próprio pensamento, e o médium, o de uma outra pessoa. Mas o

Espírito que se comunica com o médium comum também pode fazer o mesmo com um sonâmbulo; muitas vezes, o estado de emancipação da alma durante o sonambulismo torna essa comunicação mais fácil. Muitos sonâmbulos vêem perfeitamente os Espíritos e os descrevem com tanta precisão quanto os médiuns videntes; podem conversar com eles e nos transmitir o que eles pensam. O que os sonâmbulos dizem fora do círculo de seus conhecimentos pessoais lhes é freqüentemente sugerido por outros Espíritos. Eis um exemplo notável em que a dupla ação do Espírito do sonâmbulo e de um outro Espírito desencarnado se revela de maneira inequívoca.

173 Um de nossos amigos sonâmbulos era um rapaz de uns 14 ou 15 anos, de uma inteligência comum e de uma instrução extremamente limitada. Contudo, no estado de sonambulismo, deu provas de uma lucidez extraordinária e de grande perspicácia. Ele era muito bom, principalmente no tratamento de doenças, e fez inúmeras curas consideradas impossíveis. Um dia, ao consultar um doente, descreveu a enfermidade com perfeita exatidão. – Não é tudo – disseram-lhe. – Agora é preciso que receiteis o remédio. – Não posso – respondeu. – *Meu anjo doutor não está aqui.* – Quem é vosso anjo doutor? – Aquele que receita os remédios. – Não sois vós quem receitais os remédios? – Oh, não; digo-vos que é meu anjo doutor que os dita para mim.

Assim, nesse sonâmbulo, a ação de *ver* o mal era algo de seu próprio Espírito, que, por causa disso, não tinha necessidade de nenhuma assistência; mas a indicação dos remédios era dada por um outro Espírito; quando este não estava lá, ele não podia dizer nada; sozinho, ele era apenas *sonâmbulo*; assistido pelo que ele chamava de seu anjo doutor, era *sonâmbulo-médium*.

174 A lucidez sonambúlica é um dom do organismo completamente independente da elevação, do adiantamento e até mesmo do estado moral da pessoa. Um sonâmbulo pode ser bastante lúcido e incapaz de resolver certas questões, se seu Espírito for pouco avançado. Quando o sonâmbulo fala, pode dizer coisas boas ou más, justas ou falsas, colocar mais ou menos delicadeza e escrúpulo nos seus procedimentos, de acordo com o grau de elevação ou de inferioridade de seu próprio Espírito; é então que a assistência de um Espírito desencarnado pode suprir suas deficiências; porém, um sonâmbulo pode ser assistido por um Espírito mentiroso, leviano ou até mesmo mau, como qualquer outro médium; é aí, especificamente, que as qualidades morais têm uma grande influência para atrair os bons Espíritos (Veja em *O Livro dos Espíritos* a questão nº 425, e neste livro o capítulo 20, "Influência moral do médium").

7. MÉDIUNS CURADORES

175 Falaremos dessa variedade de médiuns apenas para não deixar de mencioná-la, porque o assunto exigiria desenvolvimento bastante extenso, muito além dos limites de uma simples menção. Sabemos, aliás, que um de nossos amigos médico se propôs a escrever um livro com um estudo especial sobre a medicina intuitiva. Diremos apenas que essa mediunidade consiste principalmente no dom que certas pessoas possuem de curar pelo simples contato, pelo olhar e até mesmo por um gesto, sem a ajuda de nenhuma medicação. Parecerá, a princípio, sem dúvida, que não é outra coisa senão magnetismo. É evidente que o fluido magnético desempenha aí um grande papel; mas, quando examinamos o fenômeno com cuidado, reconhecemos que existe algo mais. A magnetização comum é um verdadeiro tratamento contínuo, regular e metódico; no caso que citamos, as coisas se passam de maneira totalmente diferente. Todos os magnetizadores são mais ou menos aptos a curar, desde que saibam agir convenientemente, enquanto nos médiuns curadores a faculdade é espontânea, e alguns até mesmo a possuem sem terem jamais ouvido falar de magnetismo. A intervenção de uma potência oculta, que constitui a mediunidade, torna-se evidente em certas circunstâncias, principalmente se considerarmos que a maioria das pessoas que podem, com razão, ser qualificadas de médiuns curadores recorre à prece, que é uma verdadeira evocação (Veja a questão nº 131).

176 Eis as respostas que nos foram dadas pelos Espíritos sobre esse assunto:

1. Podemos considerar as pessoas dotadas de força magnética como uma variedade de médiuns?

"Disso não podes duvidar."

2. Entretanto, o médium é um intermediário entre os Espíritos e o homem; porém, como o magnetizador tira sua força de si mesmo, ele não é intermediário de nenhuma potência estranha?

"Isso é um erro; o poder magnético reside sem dúvida no homem, mas é aumentado pela ação dos Espíritos que ele chama em seu auxílio. Se magnetizas com a intenção de curar, por exemplo, e invocas um bom Espírito, que se interessa por ti e pelo doente, ele aumenta tua força e tua vontade, dirige teu fluido e lhe dá as qualidades necessárias."

3. Há, entretanto, magnetizadores muito bons que não acreditam nos Espíritos?

"Pensas que os Espíritos agem apenas sobre aqueles que acreditam neles? Aqueles que magnetizam para o bem são auxiliados por bons

Espíritos. Todo homem que tem o desejo do bem os atrai, sem se dar conta disso, do mesmo modo que, pelo desejo do mal e pelas más intenções, atrai os maus."

4. Aquele que, tendo a força magnética, acreditasse na intervenção dos Espíritos agiria com mais eficácia?

"Ele faria coisas que consideraríeis milagres."

5. Certas pessoas possuem verdadeiramente o dom de curar pelo simples toque, sem o emprego de passes magnéticos?

"Certamente; não tendes numerosos exemplos disso?"

6. Nesse caso, há ação magnética ou apenas influência dos Espíritos?

"Tanto um quanto o outro. Essas pessoas são verdadeiros médiuns, uma vez que agem sob a influência dos Espíritos; porém, não quer dizer que elas sejam médiuns curadores como o entendeis."

7. Esse poder pode se transmitir?

"O poder, não; mas o conhecimentos das coisas necessárias para exercê-lo, para quem o possuí, sim. Tal pessoa não duvidaria que tem esse poder se acreditasse que lhe foi transmitido."

8. Podemos obter curas apenas pela prece?

"Algumas vezes, sim, se Deus o permitir; porém, pode ser que o melhor para o bem do doente ainda seja sofrer, e então acreditais que vossa prece não foi ouvida."

9. Há para isso fórmulas de preces mais eficazes do que outras?

"Apenas a superstição pode conceber virtudes a certas palavras, e somente Espíritos ignorantes ou mentirosos podem alimentar semelhantes idéias, prescrevendo fórmulas. Entretanto, pode ocorrer que, para pessoas pouco esclarecidas e incapazes de compreender as coisas puramente espirituais, o emprego de uma fórmula contribua para lhe dar confiança; nesse caso, não é a fórmula que é eficaz, e sim a fé, que é aumentada pela idéia ligada ao emprego da fórmula.

8. MÉDIUNS PNEUMATÓGRAFOS

177 Damos esse nome aos médiuns aptos a obter a escrita direta, o que não é possível a todos os médiuns escreventes. Essa faculdade é, até o presente momento, bastante rara; desenvolve-se provavelmente pelo exercício; porém, como dissemos, sua utilidade prática limita-se a uma constatação patente da intervenção de uma força oculta nas manifestações. Apenas a experiência pode fazer com que se saiba se a pessoa a possui; pode-se, portanto, experimentar, mas também pode-se solicitar que um Espírito protetor a faça. De acordo com o maior ou menor poder do médium, obtêm-se simples traços, sinais, letras, palavras, frases e até mesmo páginas inteiras. Basta geralmente deixar uma folha de papel dobrada num lugar qualquer ou indicado pelo Espírito durante dez minutos, às vezes um pouco mais. A prece e o recolhimento são condições essenciais; é por isso que se pode considerar impossível a obtenção de alguma coisa numa reunião de pessoas pouco sérias e que não estejam animadas de sentimentos simpáticos e benevolentes. (Veja a teoria da escrita direta no capítulo 8, "Laboratório do mundo invisível", questões n°s 127 e seguintes, e no capítulo 12, "Pneumatografia ou Escrita Direta – Pneumatofonia".)

Trataremos de maneira especial os médiuns escreventes nos capítulos seguintes.

15

MÉDIUNS ESCREVENTES OU PSICÓGRAFOS

Médiuns mecânicos, intuitivos, semimecânicos, inspirados e involuntários, de pressentimentos

178 De todos os meios de comunicação, a escrita manual é o mais simples, cômodo e, principalmente, o mais completo. É nesse sentido que se devem direcionar todos os esforços, porque ela permite que se estabeleça com os Espíritos relações tão seguidas e tão regulares quanto as que existem entre nós; além disso, por esse meio os Espíritos revelam melhor sua natureza e o grau de sua perfeição ou inferioridade. Pela facilidade com que eles se exprimem, fazem com que conheçamos seus pensamentos íntimos e nos possibilitam assim julgá-los e apreciá-los em seu valor. A faculdade de escrever, para o médium, é além de tudo a mais fácil de se desenvolver pelo exercício.

MÉDIUNS MECÂNICOS

179 Se examinarmos certos efeitos que se produzem nos movimentos da mesa, da cesta ou da prancheta que escreve, não poderemos duvidar de uma ação exercida diretamente pelo Espírito sobre esses objetos. A cesta se movimenta às vezes com tanta violência que escapa das mãos dos médiuns; algumas vezes se dirige a certas pessoas presentes para lhes impressionar; outras vezes, seus movimentos demonstram um sentimento afetuoso. A mesma coisa acontece quando o lápis é colocado na mão do médium. Muitas vezes é lançado longe com força ou a mão, assim como a cesta, agita-se convulsivamente e bate na mesa com cólera, mesmo que o médium esteja na maior tranqüilidade e se admire de não ter domínio sobre si. Digamos, de passagem, que esses efeitos denotam sempre a presença de Espíritos imperfeitos; os Espíritos realmente superiores são constantemente calmos, dignos e benevolentes; se não são ouvidos convenientemente, retiram-se, e outros tomam seu lugar. O Espírito pode, portanto, exprimir diretamente seu pensamento, seja pelo movimento de um objeto, cuja mão do médium é apenas um ponto de apoio, seja por sua ação sobre a própria mão.

Quando age diretamente sobre a mão, o Espírito lhe dá uma impulsão completamente independente da vontade do médium. Ela se move sem interrupção e sem domínio do médium, enquanto o Espírito tem alguma coisa para dizer, e pára assim que ele termina.

O que caracteriza o fenômeno nessa circunstância é que o médium não tem a menor consciência do que escreve; essa inconsciência absoluta constitui o que chamamos de *médiuns passivos* ou *mecânicos*. Essa faculdade é preciosa por não permitir nenhuma dúvida sobre a independência do pensamento daquele que escreve.

MÉDIUNS INTUITIVOS

180 A transmissão do pensamento também pode se produzir por intermédio do Espírito do médium, ou melhor, de sua alma, uma vez que por esse nome designamos o Espírito quando está encarnado. O Espírito desencarnado, nesse caso, não age sobre a mão para fazê-la escrever, não a toma, não a guia; ele age sobre a alma com a qual se identifica. A alma, sob esse impulso, dirige a mão, e a mão dirige o lápis. Notemos aqui uma coisa importante de saber: o Espírito desencarnado não substitui a alma, porque ele não pode substituí-la, tomar o seu lugar. Ele a domina e lhe imprime sua vontade. Em tal circunstância, o papel da alma não é absolutamente passivo, uma vez que ela recebe o pensamento do Espírito desencarnado e o transmite. Nessa situação, o médium tem consciência do que escreve, embora não seja seu pensamento; é o que se chama de *médium intuitivo*.

Mas, sendo assim, dirão, nada prova que seja um Espírito desencarnado quem escreve, e não o do médium. Fazer essa distinção é, de fato, algumas vezes bastante difícil, mas pode acontecer de isso não ter muita importância. Entretanto, pode-se reconhecer o pensamento sugerido por não ser nunca preconcebido; ele nasce à medida que se escreve, e muitas vezes é contrário à idéia prévia que havia se formado; pode até mesmo estar fora dos conhecimentos e das capacidades do médium.

O médium mecânico é como se fosse uma máquina; o médium intuitivo age como o faria um intérprete, porque, de fato, para transmitir o pensamento, deve compreendê-lo, apropriar-se dele de certo modo, a fim de traduzi-lo fielmente; no entanto, esse pensamento não é o seu: ele apenas atravessa seu cérebro. Tal é exatamente o papel do médium intuitivo.

MÉDIUNS SEMIMECÂNICOS

181 No médium puramente mecânico, o movimento da mão é independente de sua vontade. No médium intuitivo, o movimento é voluntário e facultativo. O médium semimecânico participa dos dois; ele sente um impulso dado à sua mão, independente de sua vontade, mas ao mesmo tempo tem consciência do que escreve, à medida que as palavras se formam. No primeiro, o pensamento segue o ato da escrita; no segundo, ele o precede; no médium semimecânico, ele o acompanha. Esses médiuns são os mais numerosos.

MÉDIUNS INSPIRADOS

182 Toda pessoa que, no estado normal ou no estado de êxtase, recebe, por pensamento, comunicações estranhas às suas concepções pode ser classificada na categoria dos médiuns inspirados; é, como vemos, uma variedade da mediunidade intuitiva, com a diferença de que a intervenção de um poder oculto é aí ainda menos perceptível, porque, no inspirado, fica mais difícil distinguir o pensamento próprio do que lhe é sugerido. O que caracteriza este último é a espontaneidade. A inspiração nos vem dos Espíritos que nos influenciam para o bem ou para o mal, mas ela é de fato daqueles que nos querem bem, cujos conselhos, infelizmente, na maioria das vezes não seguimos. A inspiração se aplica a todas as circunstâncias da vida, nas resoluções que devemos tomar; em relação a isso, pode-se dizer que todas as pessoas são médiuns, pois não há ninguém que não tenha seus Espíritos protetores e familiares que fazem todos os esforços para sugerir a seus protegidos pensamentos salutares. Se todos estivessem bem compenetrados dessa verdade, ninguém mais deixaria de recorrer à inspiração de seu anjo guardião nos momentos em que não se sabe o que dizer ou fazer. Que cada um o invoque com *fervor* e *confiança* em caso de necessidade e muito freqüentemente se admirará das idéias que surgirão como por encantamento, quer se trate de uma resolução a tomar, quer se tenha alguma coisa a compor. Se nenhuma idéia surge, é porque é preciso esperar. A prova de que a idéia que sobrevém é bastante estranha à concepção que se tem é que, se tal idéia tivesse existido na mente, essa pessoa a conheceria, e não haveria razão para que não a manifestasse à vontade. Aquele que não é cego nada mais precisa fazer a não ser abrir os olhos para ver quando quiser; da mesma forma, aquele que tem idéias próprias sempre as tem à disposição; se elas não lhe vêm quando as quer, é porque precisa buscá-las em outros lugares que não seja no seu íntimo.

Podemos ainda incluir nessa categoria as pessoas que, sem serem dotadas de uma inteligência fora do comum e sem saírem do estado normal, possuem lampejos de uma lucidez intelectual que lhes dá momentaneamente uma facilidade desabitual de concepção e de elocução e, em certos casos, o pressentimento de coisas futuras. Nesses momentos, que são chamados justamente de inspiração, as idéias jorram, seguem-se, encandeiam-se, por assim dizer, delas mesmas, por um impulso involuntário e quase febril; parece-nos que uma inteligência superior vem nos ajudar e que nosso Espírito se desembaraçou de um fardo.

183 Os homens de gênio, artistas, sábios, literatos, são, sem dúvida, Espíritos avançados, capazes de compreender por si mesmos e de conceberem grandes coisas; acontece que é precisamente pelo fato de os julgarem capazes que os Espíritos que querem o cumprimento de certos trabalhos lhes sugerem as idéias necessárias, e é assim que eles são, na maioria das vezes, *médiuns sem o saberem*. Eles têm, no entanto, a vaga intuição de uma assistência estranha, pois aquele que faz o apelo à inspiração não faz outra coisa a não ser uma evocação; se não esperasse ser ouvido, por que exclamaria tão freqüentemente: meu bom gênio, venha em meu auxílio!

As respostas a seguir confirmam essa afirmação:

183 a Qual é a causa primária da inspiração?

"O Espírito que se comunica pelo pensamento."

183 b A inspiração tem por objeto apenas a revelação de grandes coisas?

"Não, ela freqüentemente tem relação com as circunstâncias mais comuns da vida. Por exemplo, queres ir a um lugar e uma voz secreta te diz para não ir, porque há perigo para ti; pois bem, ela te diz para fazer uma coisa na qual não pensas; é inspiração. Há poucas pessoas que nunca tenham sido mais ou menos inspiradas em certos momentos."

183 c Um autor, um pintor, um músico, por exemplo, nos momentos de inspiração, poderiam ser considerados médiuns?

"Sim, porque nesses momentos sua alma está mais livre e como que desprendida da matéria; ela recobra uma parte de suas faculdades de Espírito e recebe mais facilmente as comunicações dos outros Espíritos que a inspiram."

MÉDIUNS DE PRESSENTIMENTOS

184 O pressentimento é uma intuição vaga das coisas futuras. Certas pessoas têm essa faculdade mais ou menos desenvolvida, que pode ser causada por uma espécie de dupla vista e lhes permite entrever as conseqüências das coisas presentes e o desencadear dos acontecimentos; porém, muitas vezes também é o resultado de comunicações ocultas, e é nesse caso, principalmente, que podemos dar àqueles que são dotados dela o nome de *médiuns de pressentimentos*, que são uma variedade dos *médiuns inspirados*.

16

MÉDIUNS ESPECIAIS

Aptidões especiais dos médiuns –
Quadro sinótico das diferentes variedades de médiuns

185 Além das categorias de médiuns que acabamos de enumerar, a mediunidade apresenta uma variedade infinita de nuanças, que constituem os médiuns especiais, com aptidões particulares ainda não muito definidas, consideradas à parte das qualidades e dos conhecimentos do Espírito que por meio deles se manifesta.

A natureza das comunicações é sempre relativa à natureza do Espírito, e traz o cunho de sua elevação ou inferioridade, de seu saber ou ignorância; mas, ainda que seja do mesmo grau, sob o ponto de vista hierárquico, o Espírito expressa incontestavelmente uma propensão para se ocupar mais com uma coisa do que com outra. Os Espíritos batedores, por exemplo, só fazem manifestações físicas. Outros que dão comunicações inteligentes podem ser poetas, músicos, desenhistas, moralistas, sábios, médicos etc. Falamos de Espíritos de uma ordem mediana, porque, quando atingem um certo grau, as aptidões se confundem na unidade da perfeição. Porém, ao lado da aptidão do Espírito, há de se levar em conta também a do médium, que é, para o Espírito, um instrumento mais ou menos apropriado, mais ou menos flexível, e no qual o Espírito descobre qualidades imprescindíveis que não podemos apreciar.

Façamos uma comparação: um excelente músico tem à mão diversos violinos que parecem ser instrumentos muito bons, mas um artista experiente nota entre eles uma grande diferença; descobre nuanças de extrema delicadeza, que o farão selecionar uns e rejeitar outros; essas delicadas diferenças ele percebe por intuição, visto que não as pode definir. O mesmo acontece em relação aos médiuns; em igualdade de condições quanto às características mediúnicas, o Espírito dará preferência a um ou a outro, de acordo com o gênero de comunicação que quer fazer. Assim, por exemplo, vemos pessoas escrever, como médiuns, admiráveis poesias, mas que em condições normais jamais poderiam ou saberiam fazer dois versos; outras, ao contrário, que são poetas e que, como médiuns, nunca puderam escrever senão prosa, apesar de desejarem escrever poesia. O mesmo acontece com o desenho, com a música etc. Há médiuns que, sem ter conhecimentos científicos, têm uma aptidão especial para receber comunicações eruditas; outros, para os estudos históricos; outros servem mais facilmente de intérpretes de Espíritos moralistas. Numa palavra, seja qual for a maleabilidade do médium, as comunicações que ele recebe com maior facilidade têm uma tendência marcante; há até mesmo alguns que não saem de um certo círculo de idéias e, quando saem, têm apenas comunicações incompletas, lacônicas e muitas vezes falsas. Além da aptidão, os Espíritos se comunicam ainda mais ou menos voluntariamente por este ou aquele médium, de acordo com suas simpatias; assim, em perfeita igualdade de condições, o mesmo Espírito será muito mais explícito com determinados médiuns, unicamente porque eles lhe convêm melhor.

186 Estaria, portanto, errado quem, simplesmente por dispor de um bom médium, pensasse obter por ele comunicações de qualquer gênero. A primeira condição é, sem dúvida, assegurar-se da fonte de onde elas provêem, ou seja, das qualidades do Espírito que as transmite; porém, não é menos necessário ter em vista as qualidades do instrumento oferecido ao Espírito; é preciso estudar a natureza do médium como se estuda a natureza do Espírito, porque os dois elementos são essenciais para se obter um resultado satisfatório. Há ainda um terceiro, que desempenha um papel igualmente importante, que é a intenção, o pensamento íntimo, o sentimento mais ou menos louvável de quem o interroga, e isso se compreende: *para que uma comunicação seja boa, é preciso que ela emane de um Espírito bom; para que esse bom Espírito POSSA transmiti-la, é preciso para ele um bom instrumento; para que ele QUEIRA transmiti-la, é preciso que o objetivo visado lhe convenha.* O Espírito lê o pensamento e julga se a questão que lhe é proposta merece uma resposta séria e se a pessoa que a faz é digna de recebê-la; caso contrário, não perde seu tempo a semear bons grãos sobre as pedras, e é, então, que os Espíritos levianos e zombeteiros entram em ação, porquanto, pouco lhes importando a verdade, não a encaram de muito perto, e são geralmente bem pouco escrupulosos em relação ao fim e aos meios.

Resumimos aqui os principais gêneros de médiuns a fim de apresentarmos, de algum modo, o quadro sinótico, incluindo os que já descrevemos nos capítulos anteriores e indicando os números onde tratamos de cada um com detalhes.

Agrupamos as diferentes variedades de médiuns por semelhanças de causas e efeitos, sem que essa classificação tenha nada de absoluto. Algumas são muito comuns; outras, ao contrário, são raras e até mesmo excepcionais, o que teremos o cuidado de mencionar. Essas indicações foram todas fornecidas pelos Espíritos, que, aliás, examinaram esse quadro com um cuidado todo particular e o completaram com numerosas observações e novas categorias, de tal modo que é, por assim dizer, uma obra completamente deles. Indicamos com aspas suas observações textuais que nos pareceu conveniente destacar. São, na sua maioria, de *Erasto* e de *Sócrates*.

187 Podemos dividir os médiuns em duas grandes categorias:

Médiuns de efeitos físicos: são os que têm o poder de provocar efeitos materiais ou manifestações ostensivas (Veja a questão nº 160).

Médiuns de efeitos intelectuais: são os mais especialmente apropriados para receber e transmitir comunicações inteligentes (Veja as questões nos 65 e seguintes).

Todas as demais variedades se incluem diretamente numa ou noutra dessas duas categorias; algumas em ambas. Se analisarmos os diferentes fenômenos produzidos sob a influência mediúnica, veremos que, em todos, há um efeito físico, e que aos efeitos físicos alia-se quase sempre um efeito inteligente. O limite entre os dois é algumas vezes difícil de estabelecer, mas isso não é relevante. Compreendemos sob a denominação de *médiuns de efeitos intelectuais* os que podem mais especialmente servir de intermediários para as comunicações regulares e seguidas (Veja a questão nº 133).

188 *Variedades comuns a todos os gêneros de mediunidade*

Médiuns sensitivos: pessoas suscetíveis de sentir a presença de Espíritos por uma sensação geral ou local, indefinida ou explícita. A maioria distingue os bons dos maus pela natureza dessa sensação (Veja a questão nº 164).

"Os médiuns delicados e muito impressionáveis devem se abster de comunicações com Espíritos violentos ou com sensações densas, pesadas, por causa da fadiga que disso resulta."

Médiuns naturais ou *inconscientes*: são os que produzem os fenômenos espontaneamente, sem nenhuma participação de sua vontade, e, na maioria das vezes, à sua revelia (Veja a questão nº 161).

Médiuns facultativos ou *voluntários*: são os que têm o poder de provocar os fenômenos por um ato de sua vontade (Veja a questão nº 160).

"Seja qual for essa vontade, eles nada podem se os Espíritos se recusarem, o que prova a intervenção de um poder estranho."

189 *Variedades especiais para os efeitos físicos*

Médiuns tiptólogos*: produzem os ruídos e as pancadas, com ou sem a sua vontade. Variedade bastante comum.

---

* **Tiptólogo**: (do grego *tiptô*, eu bato). Variedade dos médiuns aptos à tiptologia. *Médium tiptólogo* (N.E.).

Médiuns motores: produzem o movimento dos corpos inertes. Também bastante comuns (Veja a questão nº 61).

Médiuns de translações e de suspensões: produzem a translação aérea e a suspensão de corpos inertes no espaço sem um ponto de apoio. Há alguns que podem elevar a si mesmos. Mais ou menos raros, de acordo com o desenvolvimento do fenômeno; muito raros no último caso (Veja as questões nᵒˢ 75 e seguintes; e nº 80).

Médiuns de efeitos musicais: provocam a execução de músicas em certos instrumentos sem o contato. Muito raros (Veja a questão nº 74, item nº 24).

Médiuns de aparições: podem provocar aparições fluídicas ou tangíveis, visíveis para os assistentes. Muito excepcionais (Veja a questão nº 100, item nº 27; e a nº 104).

Médiuns de transporte: podem servir de auxiliares aos Espíritos para o transporte de objetos materiais. Variedade dos médiuns motores e de translações. Excepcionais (Veja a questão nº 96).

Médiuns noturnos: obtêm apenas alguns efeitos físicos na obscuridade. Eis a resposta de um Espírito à pergunta que fizemos sobre se esses médiuns poderiam ser considerados uma variedade.

"Pode-se certamente fazer disso uma especialidade, mas isso se deve mais às condições ambientes do que à natureza do médium ou dos Espíritos; devo acrescentar que alguns escapam dessa influência do meio e que a maioria dos médiuns noturnos poderia chegar, pelo exercício, a agir tão bem na luz quanto na obscuridade. Essa variedade de médiuns é pouco numerosa, e é preciso que fique bem claro que é graças a essa condição que se apresentam todas as facilidades para a realização dos truques, da ventriloquia e dos tubos acústicos, pelos quais os charlatões têm freqüentemente abusado da credulidade, fazendo-se passar por médiuns, a fim de ganhar dinheiro. Mas que importa? Os farsantes de salão, como os da praça pública, serão cruelmente desmascarados, e os Espíritos lhe provarão que agem mal intrometendo-se na obra deles. Sim, repetimos, certos charlatões receberão, de modo bastante rude, o desagradável castigo de todos os falsos médiuns. Aliás, tudo isso não durará muito."

Erasto

Médiuns pneumatógrafos: obtêm a escrita direta. Fenômeno bastante raro, porém fácil de ser imitado por trapaceiros (Veja a questão nº 177).

✦ *Os Espíritos insistiram, contra nossa opinião, em incluir a escrita direta entre os fenômenos de ordem física, pela razão, disseram eles,* que: *"Os efeitos inteligentes são aqueles de que o Espírito se serve dos materiais cerebrais do médium, o que não se dá na escrita direta; a ação do médium é aqui totalmente material, enquanto no médium escrevente, ainda que completamente mecânico, o cérebro tem sempre um papel ativo".*

Médiuns curadores: têm o poder de curar ou de aliviar o doente pela imposição das mãos ou pela prece.

"Essa faculdade não é essencialmente mediúnica; todos os que têm fé a possuem, sejam médiuns ou não; ela não passa de uma exaltação do poder magnético, fortificado, em caso de necessidade, pelo auxílio de bons Espíritos (Veja a questão nº 175)."

Médiuns excitadores: pessoas que têm o poder de desenvolver nos outros, pela sua influência, a faculdade de escrever.

"Aqui há mais um efeito magnético do que um fato de mediunidade propriamente dita, porque nada prova a intervenção de um Espírito. Em todo caso, pertence à categoria dos efeitos físicos" (Veja o capítulo 17, "Formação dos médiuns")

190 *Médiuns especiais para os efeitos intelectuais*
Aptidões diversas.

Médiuns auditivos: ouvem os Espíritos. Bastante comuns (Veja a questão nº 165).

"Há muitos que imaginam ouvir aquilo que não é nada mais do que a imaginação."

Médiuns falantes: falam sob a influência dos Espíritos. Bastante comuns (Veja a questão nº 166).

Médiuns videntes: vêem os Espíritos no estado de vigília. A visão acidental e eventual de um Espírito, numa circunstância particular, é muito freqüente, mas a visão habitual a qualquer momento dos Espíritos, sem distinção, é excepcional (Veja a questão nº 167).

"É uma aptidão à qual se opõe o estado atual dos órgãos visuais; é por isso que é bom nem sempre acreditar na palavra dos que dizem ver os Espíritos."

Médiuns inspirados: aqueles a quem pensamentos são sugeridos pelos Espíritos, quase sempre sem disso terem noção, seja para atos comuns da vida, seja para grandes trabalhos de inteligência (Veja a questão nº 182).

Médiuns de pressentimentos: pessoas que, em certas circunstâncias, possuem uma vaga intuição das coisas comuns do futuro (Veja a questão nº 184).

Médiuns proféticos: variedade dos médiuns inspirados ou de pressentimentos; recebem, com a permissão de Deus e com mais precisão do que os médiuns de pressentimentos, a revelação de coisas futuras de interesse geral e são encarregados de fazer com que os homens as conheçam para se instruírem.

"Se existem verdadeiros profetas, há ainda muito mais falsos profetas, que tomam os sonhos de sua imaginação como revelações, quando não são embusteiros que agem assim por ambição" (Veja em *O Livro dos Espíritos*, questão nº 624).

Médiuns sonâmbulos: aqueles que, no estado de sonambulismo, são assistidos por Espíritos (Veja a questão nº 172).

Médiuns extáticos: aqueles que, no estado de êxtase, recebem revelações da parte dos Espíritos.

"Muitos extáticos são joguetes de sua própria imaginação e de Espíritos zombeteiros, que se aproveitam de sua exaltação. Os que merecem inteira confiança são bastante raros."

Médiuns pintores e desenhistas: pintam ou desenham sob a influência dos Espíritos. Falamos dos que obtêm coisas sérias, porque não se pode dar esse nome a certos médiuns que Espíritos zombeteiros levam a fazer coisas grotescas, que desabonariam o mais atrasado estudante.

Os Espíritos levianos são imitadores. Na época em que apareceram os notáveis desenhos de Júpiter, surgiu um grande número de pretensos médiuns desenhistas, com os quais os Espíritos zombeteiros se divertiram, fazendo-os desenhar as coisas mais ridículas. Um deles, entre outros, querendo eclipsar os desenhos de Júpiter, ao menos nas dimensões, quando não fosse na qualidade, fez com que um médium desenhasse um monumento que exigiu muitas folhas de papel para mostrar a altura de dois andares. Muitos outros se divertiram, fazendo com que os médiuns pintassem supostos retratos, que eram verdadeiras caricaturas (*Revista Espírita*, agosto de 1858).

Médiuns músicos: executam, compõem ou escrevem músicas sob a influência dos Espíritos. Há médiuns músicos mecânicos, semimecânicos, intuitivos e inspirados, assim como os há para as comunicações literárias. (Veja a questão nº 189, "Médiuns de efeitos musicais".)

Variedades de médiuns escreventes

191 1º) *Conforme o modo de execução*

Médiuns escreventes ou psicógrafos: possuem a faculdade de escrever por si mesmos sob a influência dos Espíritos.

Médiuns escreventes mecânicos: aqueles cuja mão recebe um impulso involuntário e que não têm nenhuma consciência do que escrevem. Muito raros (Veja a questão nº 179).

Médiuns semimecânicos: aqueles cuja mão se move involuntaria-mente, mas que têm consciência instantânea das palavras ou das frases, à medida que escrevem. Os mais comuns (Veja a questão nº 181).

Médiuns intuitivos: aqueles com quem os Espíritos se comunicam pelo pensamento, mas que escrevem por sua vontade. Diferem dos médiuns inspirados, porque estes últimos não precisam escrever, en-quanto os médiuns intuitivos escrevem o pensamento que lhes é suge-rido instantaneamente sobre um assunto determinado e provocado (Veja a questão nº 180).

"São muito comuns, porém também estão bastante sujeitos ao erro, porque, muitas vezes, não podem discernir entre o que vem dos Espíritos e de si mesmos."

Médiuns polígrafos: aqueles cuja escrita muda conforme o Espírito que se comunica ou que são aptos a reproduzir a escrita que o Espírito tinha quando vivo. O primeiro caso é bastante comum; o segundo, o da identi-dade da escrita, é mais raro (Veja a questão nº 219).

Médiuns poliglotas: aqueles que têm a faculdade de falar ou escrever em línguas que lhes são desconhecidas. Muito raros.

Médiuns iletrados: aqueles que escrevem, como médiuns, sem saber ler nem escrever no estado normal.

"Mais raros do que os anteriores, pois há uma dificuldade material muito maior a ser vencida."

192 2º) *Conforme o desenvolvimento da faculdade*

Médiuns novatos: aqueles cujas faculdades ainda não estão comple-tamente desenvolvidas e que não têm a experiência necessária.

Médiuns improdutivos: os que não chegam a obter mais do que coisas insignificantes, monossílabos, traços ou letras sem conexão (Veja o capí-tulo 17, "Formação dos médiuns").

Médiuns feitos ou *formados*: aqueles cujas faculdades mediúnicas estão completamente desenvolvidas, que transmitem as comunicações com facilidade, presteza e sem hesitação. Concebe-se que esse resultado pode ser obtido apenas com o tempo, porque com os *médiuns novatos* as comunicações são lentas e difíceis.

Médiuns lacônicos: aqueles cujas comunicações, embora recebidas com facilidade, são breves e sem desenvolvimento.

Médiuns explícitos: as comunicações que eles obtêm possuem toda a amplitude e a extensão que se pode esperar de um escritor consumado.

"Essa aptidão resulta da expansão e da facilidade de combinação dos fluidos; os Espíritos os procuram para tratar de assuntos que envolvem grandes desenvolvimentos."

Médiuns experimentados: a facilidade de execução é uma questão de hábito, e, muitas vezes, se adquire em pouco tempo, enquanto a experiência é o resultado de um estudo sério de todas as dificuldades que se apresentam na prática do Espiritismo. A experiência dá ao médium o tato necessário para apreciar a natureza dos Espíritos que se manifestam, para julgar suas qualidades boas ou más pelos sinais mais minuciosos e para discernir o embuste dos Espíritos enganadores, que se acobertam com as aparências da verdade. Compreende-se facilmente a importância dessa qualidade, sem a qual todas as outras não têm a menor utilidade. O mal é que muitos médiuns confundem a experiência, fruto do estudo, com a aptidão, que apenas depende do organismo. Julgam ser mestres por escreverem facilmente, repudiam todos os conselhos e tornam-se presas de Espíritos mentirosos e hipócritas, que os seduzem, exaltando-lhes o orgulho (Veja o capítulo 23, "Obsessão").

Médiuns maleáveis: aqueles cuja faculdade se presta mais facilmente aos diversos gêneros de comunicação, e pelos quais todos os Espíritos, ou quase todos, podem se manifestar, espontaneamente ou por evocação.

"Essa variedade de médiuns se aproxima muito da dos médiuns sensitivos."

Médiuns exclusivos: pelos quais um Espírito se manifesta de preferência, e até mesmo com exclusão de todos os outros, e ele mesmo responde por todos aqueles que são chamados por intervenção do médium.

"Isso resulta sempre da falta de maleabilidade; quando o Espírito é bom, pode ligar-se ao médium por simpatia ou por um objetivo louvável. quando é mau, é sempre com a intenção de colocar o médium sob sua dependência. É mais um defeito do que uma qualidade; é bastante próximo da obsessão" (Veja o capítulo 23, "Obsessão").

Médiuns de evocações: os médiuns maleáveis são naturalmente os mais próprios para as evocações e para responder ao que se pode propor aos Espíritos. Há, por isso, médiuns inteiramente especiais.

"Suas respostas se limitam geralmente a um quadro restrito, incompatível para o desenvolvimento de assuntos gerais."

Médiuns para ditados espontâneos: eles recebem de preferência comunicações espontâneas da parte de Espíritos que se apresentam sem ser chamados. Quando essa faculdade é especial em um médium, fica difícil, algumas vezes até impossível, fazer uma evocação por seu intermédio.

"Estes são mais bem aparelhados do que os da classe anterior. Compreendei que por aparelhagem entende-se os materiais do cérebro, porque muitas vezes é preciso, eu direi até mesmo que é sempre preciso, uma soma muito maior de inteligência para os ditados espontâneos do que para as evocações, quando eles merecem verdadeiramente aquele nome e não são algumas frases incompletas ou alguns pensamentos banais, que se encontram em todos os escritos humanos."

193 3º) *Conforme o gênero e a especialidade das comunicações*

Médiuns versejadores: eles obtêm, mais facilmente do que os outros, comunicações em versos. Bastante comuns para os maus versos; bastante raros para os bons.

Médiuns poéticos: sem ser versejadores, as comunicações que recebem têm algo de sutil, de sentimental; nada que mostre rudeza; eles são, mais do que qualquer outro, próprios para a expressão dos sentimentos ternos e afetuosos. Tudo nas suas comunicações é vago, e seria inútil pedir-lhes idéias precisas. Bastante comuns.

Médiuns positivos: suas comunicações têm, geralmente, um caráter de nitidez e precisão que se presta muito ao detalhes circunstanciais, às informações exatas. Bastante raros.

Médiuns literários: não possuem nem o que há de vago nos médiuns poéticos nem a precisão dos médiuns positivos; mas dissertam com desembaraço; seu estilo é correto, elegante e, muitas vezes, de uma notável eloqüência.

Médiuns incorretos: podem obter coisas muito boas, pensamentos de uma moralidade inatacável, mas seu estilo é difuso, incorreto, sobrecarregado de repetições e de termos impróprios.

"A incorreção material do estilo decorre geralmente da falta de cultura intelectual do médium, que nesse caso não é, para o Espírito, um bom instrumento. O Espírito dá pouca importância a isso; para ele, o pensamento é a coisa mais essencial, e vos deixa livre para dar-lhe a forma que convenha. O mesmo já não acontece com as idéias falsas e ilógicas que uma comunicação pode conter; elas sempre são um indício da inferioridade do Espírito que se manifesta."

Médiuns historiadores: aqueles que têm uma aptidão especial para os relatos históricos. Essa faculdade, assim como todas as outras, é independente dos conhecimentos do médium, pois vemos pessoas sem instrução, e até mesmo crianças, tratarem de assuntos bem acima de seu alcance. Variedade rara de médiuns positivos.

Médiuns científicos: não dizemos *sábios*, porque podem ser muito ignorantes; apesar disso, mostram-se mais especialmente apropriados às comunicações relativas às ciências.

Médiuns receitistas: sua qualidade é de servir mais facilmente de intérpretes aos Espíritos para as prescrições médicas. Não devemos confundi-los com os *médiuns curadores*, porque eles não fazem nada mais do que transmitir o pensamento do Espírito e não exercem por si mesmos nenhuma influência. Bastante comuns.

Médiuns religiosos: recebem mais especialmente comunicações de caráter religioso ou que tratam de questões de religião, independentemente de suas crenças ou de seus hábitos.

Médiuns filósofos e moralistas: suas comunicações têm geralmente por objeto as questões da moral e da alta filosofia. Bastante comuns para as questões da moral.

"Todas essas nuanças são variedades de aptidões dos bons médiuns. Quanto aos que têm uma aptidão especial para certas comunicações científicas, históricas, médicas ou outras, fora do alcance de sua capacidade atual, ficai certos de que eles possuíram esses conhecimentos em uma outra existência e de que esses conhecimentos permaneceram neles no estado latente e fazem parte dos materiais cerebrais necessários ao Espírito que se manifesta. São esses elementos que facilitam ao Espírito o caminho para comunicar suas próprias idéias, pois esses médiuns são para ele instrumentos mais inteligentes e mais maleáveis do que um que não os tem."

Erasto

Médiuns de comunicações triviais e obscenas: estas palavras indicam o gênero de comunicação que certos médiuns recebem habitualmente e a natureza dos Espíritos que as dão. Qualquer pessoa que estudou o mundo espírita em todos os graus da escala sabe que há Espíritos cuja perversidade é igual à dos homens mais depravados e que se comprazem em exprimir seus pensamentos nos termos mais grosseiros. Outros, menos perversos, contentam-se com expressões triviais. Compreendemos que esses médiuns tenham o desejo de se ver livres dessa preferência e que desejam ser como os que, nas comunicações que recebem, jamais escreveram uma palavra inconveniente. Seria preciso uma estranha aberração de idéias, uma total falta de bom senso, para acreditar que semelhante linguagem possa ser usada por bons Espíritos.

194 4º) *Conforme as qualidades físicas do médium*

Médiuns calmos: eles sempre escrevem com uma certa lentidão e sem a menor agitação.

Médiuns velozes: eles escrevem com uma rapidez maior do que poderiam fazer voluntariamente, no estado normal. Os Espíritos se comunicam por meio deles com a rapidez de um relâmpago; pode-se dizer que há neles uma superabundância de fluido, que lhes permite identificar-se instantaneamente com o Espírito. Essa qualidade tem, algumas vezes, seu inconveniente: a rapidez da escrita a torna muito difícil de ser lida por outra pessoa que não o médium.

"Ela é de fato bastante fatigante, porque desprende muito fluido inutilmente."

Médiuns convulsivos: ficam em estado de sobreexcitação quase febril; a mão e, algumas vezes, todo corpo ficam agitados, num tremor impossível de dominar. A causa primeira está, sem dúvida, no organismo, mas também depende muito da natureza dos Espíritos que por eles se comunicam. Os Espíritos bons e benevolentes sempre causam uma impressão doce e agradável; os maus, pelo contrário, causam uma impressão desagradável.

"Esses médiuns só raramente devem exercitar a sua faculdade mediúnica; o uso muito freqüente poderá lhes afetar o sistema nervoso." (Veja o capítulo 24, "Identidade dos Espíritos", item "Distinção entre os bons e os maus Espíritos").

195 5º) *Conforme as qualidades morais do médium*

Nós as mencionamos sumariamente e de memória, apenas para completar o quadro, visto que serão desenvolvidas adiante, nos capítulos: 20, 23 e 24, "A influência moral dos médiuns", "Obsessão", "A identidade dos Espíritos" respectivamente, e outros, para os quais chamamos a atenção em particular. Veremos a influência que as qualidades e os defeitos dos médiuns podem exercer quanto à segurança das comunicações e quais são os que podemos, com razão, considerar *médiuns imperfeitos* ou *bons médiuns*.

196 Médiuns imperfeitos

Médiuns obsidiados: os que não podem se desligar dos Espíritos inoportunos e enganadores, mas não enganam a si próprios.

Médiuns fascinados: são iludidos por Espíritos enganadores e se iludem em relação à natureza das comunicações que recebem.

Médiuns subjugados: sofrem uma dominação moral e freqüentemente material por parte de maus Espíritos.

Médiuns levianos: não tomam a sério suas faculdades e só se servem delas para divertimento ou coisas fúteis.

Médiuns indiferentes: não tiram nenhum proveito moral das instruções que recebem e não modificam em nada sua conduta e seus hábitos.

Médiuns presunçosos: Têm a pretensão de se acharem os únicos em comunicação só com Espíritos superiores. Eles acreditam ser infalíveis e consideram inferior e errôneo tudo aquilo que não vem deles.

Médiuns orgulhosos: os que se envaidecem das comunicações que recebem; acreditam não ter nada a aprender com o Espiritismo e não tomam para si as lições que recebem freqüentemente da parte dos Espíritos. Eles não se contentam com as faculdades que possuem: querem outras.

Médiuns suscetíveis: variedade dos médiuns orgulhosos; melindram-se com as críticas que se possam fazer às suas comunicações, aborrecem-se com a menor contradição e, se mostram o que obtêm, é para que seja admirado, e não admitem sobre isso opiniões. Geralmente, tomam aversão às pessoas que não os aplaudem sem restrições e fogem das reuniões onde não podem se impor e dominar.

"Deixai que se vão pavonear em outros lugares e procurar ouvidos mais complacentes ou que se isolem; as reuniões que não têm sua presença nada perdem."

Erasto

Médiuns mercenários: os que exploram sua faculdade.

Médiuns ambiciosos: os que, embora não coloquem preço na sua faculdade, esperam tirar dela algumas vantagens.

Médiuns de má-fé: os que, tendo algumas faculdades, simulam outras que não têm, para se darem importância. Não podemos dar o título de médium às pessoas que, não tendo nenhuma faculdade mediúnica, produzem apenas fenômenos falsos, por meio da charlatanice.

Médiuns egoístas: os que se servem de sua faculdade apenas para uso pessoal e guardam para si as comunicações que recebem.

Médiuns invejosos: os que vêem com despeito outros médiuns mais apreciados e que lhes são superiores.

Todas essas más qualidades têm necessariamente seu oposto no bem.

197 Bons médiuns

Médiuns sérios: os que se servem de sua faculdade apenas para o bem e para coisas verdadeiramente úteis. Acreditam profaná-las utilizando-se delas para satisfação de curiosos e de indiferentes ou para futilidades.

Médiuns modestos: os que não atribuem a si nenhum mérito pelas comunicações que recebem, por mais belas que sejam; consideram-se estranhos a elas e não se julgam isentos das mistificações. Longe de evitarem as opiniões desinteressadas, eles as solicitam.

Médiuns devotados: compreendem que o verdadeiro médium tem uma missão para cumprir e deve, quando for necessário, sacrificar seus gostos, hábitos, prazeres, tempo e até mesmo seus interesses materiais pelo bem dos outros.

Médiuns seguros: os que, além da facilidade de execução, merecem mais confiança, por seu próprio caráter e pela natureza elevada dos Espíritos que os assistem, e que são menos expostos a enganos. Veremos mais tarde que essa segurança não depende dos nomes mais ou menos respeitáveis com que os Espíritos se nomeiam.

"É incontestável, bem o sentis, que, mostrando assim as qualidades e os defeitos dos médiuns, isso suscitará contrariedades e até mesmo animosidades em alguns; mas que importa? A mediunidade se espalha cada vez mais, e o médium que levasse a mal essas reflexões provaria apenas uma coisa: que não é bom médium, ou seja, que é assistido por maus Espíritos. De resto, como já disse, tudo isso será passageiro, e os maus médiuns, que abusam ou usam mal suas faculdades, sofrerão tristes conseqüências, conforme já aconteceu com alguns; eles aprenderão a duras custas o que dá usar em proveito de suas paixões terrenas um dom que Deus lhes deu apenas para o adiantamento moral deles. Se não puderdes reconduzi-los ao bom caminho, lamentai-os, porque, posso dizer: Deus os reprova."

Erasto

"Esse quadro é de grande importância não apenas para os médiuns sinceros que procurarão de boa-fé, ao lê-lo, preservar-se dos perigos a que estão expostos, mas também para todos os que se servem dos médiuns, porque lhes dará a medida do que podem racionalmente esperar. Ele deveria estar constantemente sob as vistas de todo aquele que se ocupa de manifestações, do mesmo modo que a *Escala Espírita*, da qual é o complemento. Esses dois quadros resumem todos os princípios da Doutrina e contribuirão, mais do que acreditais, para fazer entrar o Espiritismo no verdadeiro caminho."

Sócrates

198 Todas essas variedades mediúnicas apresentam graus infinitos em sua intensidade; algumas constituem, propriamente falando, apenas nuanças, mas nem por isso deixam de ser efeito de aptidões especiais. É de se compreender que é muito raro que a faculdade de um médium seja rigorosamente restrita a um só gênero; o mesmo médium pode, sem dúvida, ter diversas aptidões, mas sempre há uma que domina, e é a essa que ele deve se aplicar, se for útil. É um erro grave querer forçar de todo modo o desenvolvimento de uma faculdade que não se possui; é preciso desenvolver as que se possua em germe; porém, procurar outras é de início perda de tempo, e em segundo lugar perder talvez, enfraquecer com certeza, as de que se é dotado.

"Quando existe o princípio, o germe de uma faculdade, esta se manifesta por sinais inequívocos. Limitando-se à sua especialidade, o médium pode tornar-se excelente e obter coisas grandes e belas; ao ocupar-se de tudo, não obterá nada de bom. Notai, de passagem, que o desejo de ampliar indefinidamente o círculo de suas faculdades é uma pretensão orgulhosa, que os Espíritos nunca deixam impune. Os bons Espíritos abandonam sempre os presunçosos, que se tornam, assim, joguete dos mentirosos. Infelizmente, não é raro ver médiuns não se contentarem com os dons que receberam e aspirarem, por amor-próprio ou por ambição, faculdades excepcionais, capazes de os tornar famosos; essa pretensão lhes tira a qualidade mais preciosa: a dos *médiuns seguros*."

Sócrates

199 O estudo da especialidade dos médiuns é necessário não apenas para eles, mas ainda mais para o evocador. Conforme a natureza do Espírito que se deseja chamar e as perguntas que se lhe quer dirigir, convém escolher o médium mais apto; dirigir-se ao primeiro que apareça é expor-se a respostas incompletas ou errôneas. Façamos uma comparação com fatos comuns. Não confiaríamos uma redação, até mesmo uma simples cópia, ao primeiro que aparecesse só porque sabe escrever. Um músico quer que seja executado um trecho de um canto de sua autoria; ele tem à sua disposição diversos cantores, todos hábeis; entretanto, não tomará qualquer um ao acaso; ele escolherá para ser seu intérprete aquele cuja voz, expressão e todas as qualidades correspondam, em uma palavra, à natureza do trecho musical. Os Espíritos fazem o mesmo em relação aos médiuns, e devemos fazer o mesmo em relação aos Espíritos.

É preciso, além disso, notar que as distinções que a mediunidade apresenta, e às quais poderíamos ainda acrescentar outras, nem sempre estão relacionadas com o caráter do médium; assim, por exemplo, um médium naturalmente alegre e jovial pode ter habitualmente comunicações sérias, até mesmo severas, e vice-versa. Isso é ainda uma prova evidente de que ele age sob o impulso de uma influência estranha. Voltaremos a esse assunto no capítulo 20 que trata da influência moral do médium.

17

FORMAÇÃO DOS MÉDIUNS

Desenvolvimento da mediunidade –
Mudança de caligrafia –
Perda e suspensão da mediunidade

DESENVOLVIMENTO DA MEDIUNIDADE

200 Neste capítulo examinaremos especialmente os médiuns escreventes, porque é a mediunidade mais comum e, ao mesmo tempo, a mais simples e cômoda, que dá os resultados mais satisfatórios e mais completos; é também a que todas as pessoas ambicionam. Não há, infelizmente, até o momento presente, nenhuma maneira de diagnosticar, ainda que aproximadamente, se alguém possui essa faculdade. Os sinais físicos, em que algumas pessoas julgam ver indícios, não devem ser considerados. Ela se manifesta nas crianças, nos velhos, nos homens e nas mulheres, seja quais forem seu temperamento, estado de saúde ou o grau de desenvolvimento intelectual e moral. Há apenas um meio de lhe constatar a existência: experimentar.

Pode-se obter a escrita, como vimos, por meio de cestas e pranchetas ou diretamente pela mão, sendo este último o meio mais fácil e pode-se dizer o único hoje utilizado, é o que recomendamos preferencialmente. O processo é simples: consiste unicamente em pegar um lápis e papel e se colocar na posição de uma pessoa que escreve, sem nenhuma outra preparação; porém, para que haja êxito, diversas recomendações são indispensáveis.

201 Quanto à questão material, recomendamos evitar tudo o que possa atrapalhar o movimento livre da mão; é até mesmo preferível que esta não descanse no papel. A ponta do lápis deve ficar em contato o suficiente para traçar, mas não a ponto de oferecer resistência. Todas essas precauções tornam-se inúteis uma vez que se conseguiu escrever correntemente, porque, então, nenhum obstáculo detém a mão. Essas recomendações são apenas as preliminares para o aprendiz.

202 É indiferente usar caneta ou lápis; certos médiuns preferem a caneta, mas ela só pode servir melhor aos que escrevem pausadamente; há os que escrevem com tal velocidade que o uso da caneta é difícil ou pelo menos muito incômodo; o mesmo acontece quando a escrita é brusca e irregular ou quando se manifestam Espíritos violentos, que batem com a ponta do lápis e a quebram, rasgando o papel.

203 O desejo de todo aspirante a médium é naturalmente poder comunicar-se com o Espírito de pessoas que lhe são queridas, porém ele deve moderar sua impaciência, porque a comunicação com determinado Espírito oferece, muitas vezes, dificuldades materiais que a tornam impossível para o principiante. Para que um Espírito possa se comunicar, é preciso que haja entre ele e o médium relações fluídicas que nem sempre se estabelecem facilmente; só à medida que a faculdade se desenvolve é que o médium vai adquirindo pouco a pouco a aptidão necessária para entrar em comunicação com o Espírito que se apresente. Pode acontecer, então, que aquele com o qual deseja se comunicar não esteja em condições apropriadas para fazê-lo, *embora se ache presente*, como também pode acontecer que não tenha possibilidade nem permissão para atender ao chamado que lhe é dirigido. Eis porque convém, no início, não insistir em chamar um determinado Espírito, com exclusão de qualquer outro, pois muitas vezes acontece de não ser com esse que as relações fluídicas podem se estabelecer mais facilmente, por maior que seja a simpatia que se tenha por ele. Antes, então, de pensar em obter comunicações deste ou daquele Espírito, é preciso que o aspirante aprimore e desenvolva a faculdade, e para isso é preciso fazer um apelo geral e se dirigir, principalmente, ao seu anjo guardião.

Não há aqui, de modo algum, nenhuma fórmula; qualquer pessoa que pretenda indicar uma pode ser tachada, sem receio, de impostor, porque, para os Espíritos, a forma não é nada. Entretanto, a evocação deve sempre ser feita em nome de Deus; pode-se fazê-la nos termos seguintes ou em outros equivalentes: *rogo a Deus todo-poderoso que permita que um bom Espírito comunique-se comigo e que me faça escrever; rogo também ao meu anjo guardião que se digne de me assistir e que afaste os maus Espíritos*. Espera-se então que um Espírito se manifeste, fazendo escrever alguma coisa. Pode ser que seja aquele que se desejou, como também pode ser um Espírito desconhecido ou o anjo guardião; em todos os casos, geralmente ele se faz conhecer ao escrever seu nome; mas, então, apresenta-se a questão da *identidade*, uma das que exigem mais experiência, visto que são poucos os principiantes que não correm o risco de serem enganados.

Trataremos dessa questão adiante, num capítulo especial.

Quando se quer chamar determinados Espíritos, é essencial, no início, dirigir-se apenas aos que sabemos serem bons e simpáticos e que podem ter um motivo para atender, como parentes ou amigos. Nesse caso, a evocação pode ser assim formulada: *em nome de Deus todo-poderoso, peço que tal Espírito se comunique comigo*; ou então: *peço a Deus todo-poderoso que permita que tal Espírito se comunique comigo*, ou qualquer outra manifestação que corresponda ao mesmo pensamento. Não é menos necessário que as primeiras perguntas sejam feitas de tal modo que as respostas sejam simplesmente *sim* ou *não*, como por exemplo: *Estás aí?, Queres responder-me?, Podes fazer-me escrever?* etc. Mais tarde, essa precaução torna-se desnecessária; no princípio, é só para estabelecer a relação; o importante é que a pergunta não seja fútil, que não diga respeito a coisas particulares e, principalmente, que seja a expressão de um sentimento benevolente e simpático para com o Espírito a quem se dirige (Veja o capítulo 25, "Evocações").

204 Uma particularidade ainda mais importante a ser observada do que o modo de evocação é a calma e o recolhimento unidos a um desejo ardente e a uma firme vontade de atingir o objetivo, e por vontade não podemos entender aqui uma vontade passageira, que age por impulsos e que é a cada minuto interrompida por outras preocupações; mas, sim, uma vontade séria, perseverante, contínua, *sem impaciência nem ansiedade*. O recolhimento se alcança pela concentração, pelo silêncio e pelo afastamento de tudo o que pode causar distrações; então, só há uma coisa a fazer: renovar todos os dias suas tentativas durante dez minutos, no máximo, de cada vez, e isso durante quinze dias, um mês, dois meses ou mais, se for necessário; conhecemos médiuns que só obtiveram comunicação após seis meses de exercício, enquanto outros escrevem correntemente logo na primeira vez.

205 Para evitar tentativas inúteis, pode-se interrogar, por um outro médium, um Espírito sério e avançado; mas é preciso notar que, quando alguém pergunta aos Espíritos se é médium ou não, eles respondem quase sempre afirmativamente, o que não impede que os ensaios resultem infrutíferos. Isso se explica naturalmente. Se uma pessoa faz ao Espírito uma pergunta geral, ele responde de uma maneira geral; acontece que, como se sabe, nada é mais elástico do que a faculdade mediúnica, uma vez que ela pode se apresentar sob as formas mais variadas e sob os mais diferentes graus. Pode-se, portanto, ser médium sem se aperceber disso e num sentido diferente daquele que se imagina. A esta pergunta vaga: sou médium? O Espírito responde que sim; a esta outra mais precisa: sou médium escrevente? Ele pode responder que não. É preciso também levar em conta a natureza do Espírito a quem é feita a pergunta; há alguns tão levianos e tão ignorantes que respondem levianamente a torto e a direito. Por isso aconselhamos dirigir-se a Espíritos esclarecidos, que geralmente respondem a essas perguntas e indicam o melhor caminho a seguir, desde que haja possibilidade de bom êxito.

206 Um meio que muito freqüentemente dá bons resultados consiste em empregar como auxiliar para a prática um bom médium escrevente experiente, já desenvolvido. Se ele coloca a mão ou seus dedos sobre a mão que deve escrever, raramente esta última não o faz imediatamente; compreende-se o que se passa nessa circunstância: a mão que segura o lápis torna-se, de certo modo, um apêndice da mão do médium, como o seria uma cesta ou uma prancheta; isso não impede que esse exercício seja muito útil quando se pode fazê-lo, uma vez que, regularmente repetido, ajuda a vencer o obstáculo material e provoca o desenvolvimento da faculdade. Algumas vezes, basta magnetizar fortemente, com essa intenção, o braço e a mão daquele que quer escrever; ou então o magnetizador limita-se a colocar sua mão sobre o ombro, como já vimos, e o médium começa a escrever prontamente sob essa influência. O mesmo efeito pode igualmente se produzir sem nenhum contato, apenas pelo ato da vontade. Compreende-se facilmente que a confiança do magnetizador em seu próprio poder para produzir esse resultado exerce aqui um grande papel e que um magnetizador incrédulo exercerá pouca, senão nenhuma, ação.

A participação de um médium experimentado é, além disso, algumas vezes bastante útil para que o principiante possa observar uma série de pequenas precauções que ele freqüentemente despreza, em prejuízo da rapidez dos seus progressos. É muito útil especialmente para esclarecê-lo sobre a natureza das primeiras perguntas e a maneira de propô-las. Seu papel é o de um professor, que o aprendiz dispensará logo que esteja bem habilitado.

207 Um outro meio que também pode contribuir decisivamente para o desenvolvimento da faculdade consiste em reunir um certo número de pessoas, todas animadas pelo mesmo desejo e pela mesma comunhão de intenção; feito isso, todas simultaneamente, em silêncio absoluto e num recolhimento religioso, tentam escrever, fazendo cada uma um apelo a seu anjo guardião ou a um Espírito simpático qualquer. Uma delas pode igualmente fazer, sem designação especial e por todos os membros da reunião, um apelo geral aos bons Espíritos, dizendo, por exemplo: *em nome de Deus todo-poderoso, pedimos aos bons Espíritos que se dignem de se comunicar por intermédio das pessoas aqui presentes*. É raro que entre estas não haja algumas que dêem prontos sinais de mediunidade ou até mesmo que escrevam correntemente em pouco tempo.

Compreende-se facilmente o que se passa nessa circunstância. As pessoas unidas por um objetivo comum formam um todo coletivo, cujo poder e sensibilidade se encontram acrescidos por uma espécie de influência magnética, que ajuda no desenvolvimento da faculdade. Entre os Espíritos atraídos por esse objetivo, há aqueles que percebem nos assistentes o instrumento que lhes convém; se não for um, será outro, e eles se aproveitarão deste.

Esse meio deve ser empregado nos grupos espíritas que não possuem muitos médiuns ou que não os têm em número suficiente.

208 Têm-se procurado processos para a formação dos médiuns, como se têm procurado diagnosticar por sinais a mediunidade; mas, até hoje, não conhecemos nenhum mais eficaz do que aqueles que indicamos. Julgando que o obstáculo ao desenvolvimento da faculdade é uma resistência totalmente material, certas pessoas pretendem vencê-la por uma espécie de ginástica, que mais se presta a deslocar o braço e a cabeça. Não descreveremos esse processo que vem do outro lado do Atlântico não apenas porque não temos nenhuma prova de sua eficácia, mas também pela convicção que nutrimos de que pode oferecer perigo para os de constituição física delicada, pelo abalo do sistema nervoso. Se os rudimentos da faculdade não existem, nada poderá produzi-los, nem mesmo a eletrização, que foi empregada sem sucesso com o mesmo objetivo.

209 No médium iniciante, a fé não é uma condição rigorosa; sem dúvida, ela auxilia nos esforços, mas não é indispensável. A pureza da intenção, o desejo e a boa vontade bastam. Têm-se visto pessoas perfeitamente incrédulas ficarem espantadas de escrever sem que o queiram, enquanto crentes sinceros não o conseguem, o que prova que essa faculdade está ligada a uma predisposição orgânica.

210 O primeiro indício de uma disposição para escrever é um formigamento no braço e na mão; pouco a pouco, a mão é arrastada por um impulso que ela não pode dominar. Muitas vezes, traça inicialmente riscos insignificantes; depois, os caracteres se desenham cada vez mais claramente, até que a escrita acaba por adquirir a rapidez da escrita corrente. Em todos os casos, é preciso soltar a mão ao seu movimento natural e não oferecer resistência nem impulsão.

Certos médiuns escrevem correntemente e com facilidade desde o início, às vezes desde a primeira sessão, o que é bastante raro; outros fazem, durante muito tempo, riscos e verdadeiros exercícios caligráficos; os Espíritos dizem que é para lhes soltar a mão. Se esses exercícios se prolongarem muito ou se degenerarem em sinais ridículos, não há dúvida de que é um Espírito que se diverte, porque os bons Espíritos não fazem nada inútil; nesse caso, é preciso redobrar o fervor no apelo à assistência dos bons Espíritos. Se, apesar disso, não houver mudança, o médium deve parar, uma vez que reconheça que não obtém nada de sério. Pode-se recomeçar a tentativa a cada dia, mas convém cessar aos primeiros sinais equivocados, para não dar abertura aos Espíritos zombeteiros.

A essas observações, um Espírito acrescenta: "Há médiuns cuja faculdade não pode ir além desses sinais; quando, ao final de alguns meses, obtêm apenas coisas insignificantes, como *sim* ou *não* ou letras sem seqüência, é inútil persistir em gastar papel numa pura perda de tempo; são médiuns, mas *médiuns improdutivos*. De resto, as primeiras comunicações obtidas devem ser consideradas apenas exercícios que se confiam aos Espíritos secundários; é por isso que se lhes deve dar pouca importância, porque elas são, por assim dizer, treinos de escrita para exercitar o médium iniciante. Não acrediteis jamais que Espíritos elevados treinem o médium fazendo exercícios preparatórios; acontece somente que, se o médium não tem um objetivo sério, aqueles Espíritos acabam por ficar ligados a ele. Quase todos os médiuns passaram por essa fase para se desenvolver; cabe a eles fazer o que é necessário para conseguir a simpatia dos Espíritos verdadeiramente superiores".

211 A maior dificuldade para os médiuns iniciantes é ter de fazer contato com Espíritos inferiores, e ainda bem quando estes são apenas Espíritos levianos. Toda a sua atenção deve ser para não se deixar dominar, porque, uma vez fixados, nem sempre é fácil se desembaraçar deles. É uma questão tão fundamental, especificamente no início, que sem as precauções necessárias pode-se perder o fruto das mais belas faculdades.

A primeira condição consiste no médium se colocar com uma fé sincera sob a proteção de Deus e pedir a assistência de seu anjo guardião, que é sempre bom, enquanto os Espíritos familiares, simpatizantes com as boas ou as más qualidades do médium, podem ser levianos ou até mesmo maus.

A segunda condição do médium é se dedicar com um cuidado escrupuloso a reconhecer, por todos os indícios obtidos pela experiência, a natureza dos primeiros Espíritos que se comunicam e dos quais é sempre prudente desconfiar. Se esses indícios são suspeitos, é preciso fazer um apelo fervoroso ao seu anjo guardião e repelir com todas as suas forças os maus Espíritos, provando-lhes que não se engana, a fim de desencorajá-los. Por isso o estudo prévio da teoria é indispensável, para evitar os inconvenientes inevitáveis da falta de experiência; sobre esse assunto, instruções muito desenvolvidas podem ser encontradas nos capítulos da obsessão e da identidade dos Espíritos. Nós nos limitaremos a dizer aqui que, além da linguagem, pode-se considerar provas *infalíveis* da inferioridade dos Espíritos: todos os sinais, figuras, emblemas inúteis ou pueris; toda escrita bizarra, entrecortada, de intenção truncada, de dimensão exagerada ou que possua formas ridículas e inusitadas. A escrita pode ser muito ruim, até mesmo pouco legível, o que se deve mais ao médium do que ao Espírito, sem ter nada de anormal. Vimos médiuns de tal modo iludidos que mediam a superioridade dos Espíritos pela quantidade de palavras e que davam grande importância a letras moldadas como caracteres de imprensa, infantilidade evidentemente incompatível com uma superioridade real.

212 Se é importante não cair, sem querer, na dependência dos maus Espíritos, é ainda mais importante não cair voluntariamente, e é preciso apenas para isso um desejo imoderado de escrever, acreditando que é indiferente se dirigir ao primeiro que chegue e que poderá se desembaraçar dele mais tarde, se não mais convier, porque não se pede assistência impunemente, para o que quer que seja, a um mau Espírito que não se acabe por pagar caro pelos seus serviços.

Algumas pessoas, impacientes em ver desenvolver a sua mediunidade, muito lenta, em sua opinião, tiveram a idéia de chamar em sua ajuda um Espírito qualquer, *mesmo que fosse mau*, contando dispensá-lo em seguida. Muitos foram servidos como queriam e escreveram imediatamente; mas o Espírito, não se importando de ter sido chamado no pior dos casos, foi menos dócil para ir do que para vir. Muitos foram punidos por sua presunção de se julgarem fortes para afastá-los quando quisessem com anos de obsessões de toda natureza, com as mais ridículas mistificações, com uma fascinação tenaz e mesmo com prejuízos *materiais* e com as mais cruéis decepções. Primeiramente, o Espírito se mostrou abertamente mau, depois hipócrita, a fim de fazer acreditar ou na sua conversão ou no pretendido poder do médium para o mandar embora conforme a sua vontade.

213 A escrita mediúnica é, algumas vezes, bem legível, com as palavras e as letras perfeitamente destacadas; mas, com alguns médiuns, é difícil de decifrar a não ser aquele que a escreveu; é preciso adquirir o hábito disso. Muitas vezes, é formada com traços grandes; os Espíritos são pouco econômicos com papel. Quando uma palavra ou frase é pouco legível, pede-se ao Espírito o favor de recomeçar, o que ele faz geralmente de boa vontade. Quando a escrita é repetidamente ilegível, mesmo para o médium, este chega, quase sempre, a obter uma maior nitidez por exercícios freqüentes e contínuos, *empregando uma forte vontade* e pedindo com ardor para o Espírito ser mais correto. Muitas vezes, alguns Espíritos adotam sinais convencionais que passam a ser usados nas reuniões habituais. Para marcar uma questão que lhes desagrade e que não querem responder, farão, por exemplo, um longo traço ou algo equivalente.

Quando o Espírito acabou o que tinha a dizer ou não quer mais responder, a mão permanece imóvel, e o médium, quaisquer que sejam seu poder e sua vontade, não pode obter uma palavra a mais. Ao contrário, enquanto o Espírito não tiver acabado, o lápis prossegue sem que seja possível à mão parar. Se ele quer dizer alguma coisa espontaneamente, a mão agarra convulsivamente o lápis e começa a escrever sem que possa se opor a isso. Aliás, o médium quase sempre sente nele alguma coisa que lhe indica se houve apenas uma parada ou se o Espírito terminou, e é raro que não sinta quando ele partiu.

Essas são as explicações mais essenciais que tínhamos a dar em relação ao desenvolvimento da psicografia; a experiência fará conhecer, na prática, alguns detalhes que seria inútil relatar aqui e para os quais os princípios gerais servirão de guia. Que muitos tentem e surgirão mais médiuns do que se pensa.

214 Tudo o que acabamos de dizer se aplica à escrita mecânica; é a que todos os médiuns desejam obter, e com razão; mas o seu exercício puro é muito raro e freqüentemente se mistura mais ou menos com a intuição. O médium, tendo a consciência do que escreve, é naturalmente levado a duvidar de sua faculdade; ele não sabe se isso vem dele ou de um Espírito estranho. Não tem nada com que se inquietar e deve prosseguir assim mesmo; que observe com cuidado e reconhecerá facilmente no que escreve uma porção de coisas que não estavam em seu pensamento e até mesmo que lhe são contrárias; prova evidente que não vêm dele. Que continue e a dúvida se dissipará com a experiência.

215 Se o médium não puder ser exclusivamente mecânico, todas as tentativas para obter esse resultado serão infrutíferas; entretanto, estaria errado em se crer desfavorecido, porque, se tiver apenas a mediunidade intuitiva, é preciso que com ela se contente, e ela não deixará de lhe prestar grandes serviços, se souber aproveitá-la e se não a repelir.

Após tentativas inúteis durante algum tempo, se nenhum indício do movimento involuntário se produz ou se os movimentos são muito fracos para dar resultados, não se deve hesitar em escrever o primeiro pensamento que lhe for sugerido, sem preocupação se vem dele ou de uma fonte estranha; a experiência lhe ensinará a fazer a distinção. Aliás, ocorre às vezes que o movimento mecânico se desenvolve muito depois.

Dissemos, anteriormente, que há casos em que é indiferente saber se o pensamento vem do médium ou de um Espírito; é principalmente quando um médium puramente intuitivo ou inspirado faz um trabalho de imaginação por ele mesmo; pouco importa que atribua a si um pensamento que lhe foi sugerido; se lhe vêm boas idéias, que agradeça ao seu bom gênio e lhe serão sugeridas outras. Assim é a inspiração dos poetas, dos filósofos e dos sábios.

216 Suponhamos agora a faculdade mediúnica completamente desenvolvida; que o médium escreva com facilidade; que seja, numa palavra, o que se chama de médium pronto; seria um grande erro de sua parte se julgar dispensado de qualquer outra instrução; venceu apenas uma resistência material, mas é então que começam para ele as verdadeiras dificuldades e que tem mais necessidade dos conselhos da prudência e da experiência, se não quiser cair nas mil armadilhas que lhe vão ser preparadas. Se quiser voar muito depressa com suas próprias asas, não tardará a ser enganado pelos Espíritos mentirosos, que procuram explorar sua presunção.

217 Uma vez desenvolvida a faculdade, é essencial que o médium não abuse dela. A satisfação que causa em alguns principiantes excita neles um entusiasmo que é importante moderar. Devem pensar que a faculdade lhes é dada para o bem, e não para satisfazer uma vã curiosidade; é por isso que é útil se servir dela somente nos momentos oportunos, e não a cada instante. Os Espíritos não podem estar constantemente a seu dispor, e por isso correm o risco de ser joguetes dos enganadores. É bom adotar dias e horas determinadas para a prática mediúnica, pois isso proporciona condições de maior recolhimento, e os Espíritos que quiserem se comunicar encontram o ambiente ideal e, em conseqüência, podem prestar melhor auxílio.

218 Se, apesar de todas as tentativas, a mediunidade não se revelar de nenhum modo, será preciso renunciar a ela, como se renuncia ao canto quando não se tem voz. Quem não sabe uma língua serve-se de um tradutor; é preciso fazer o mesmo, ou seja, recorrer a um outro médium. Na falta do médium, não é necessário acreditar estar privado da assistência dos Espíritos. A mediunidade é para eles um meio de se expressarem, mas não o único para os atrair. Os que nos dedicam afeição estão sempre perto de nós, sejamos ou não médiuns; um pai não abandona seu filho porque é surdo e cego, e nem por não poder vê-lo, nem ouvi-lo; ele cerca-o com sua solicitude, como o fazem os bons Espíritos conosco; se eles não podem nos transmitir materialmente seu pensamento, eles nos ajudam inspirando-nos.

MUDANÇA DE CALIGRAFIA

219 Um fenômeno muito comum entre os médiuns escreventes é a mudança na caligrafia conforme os Espíritos que se comunicam, e o que há de mais notável é que a mesma caligrafia se reproduz constantemente com o mesmo Espírito e algumas vezes é idêntica a que ele tinha quando vivo; veremos mais tarde as conseqüências que disso se pode tirar quanto à identidade dos Espíritos. A mudança de caligrafia acontece apenas com os médiuns mecânicos ou semimecânicos, porque para eles o movimento da mão é involuntário e dirigido pelo Espírito; isso não acontece com os médiuns intuitivos, tendo em vista que nesse caso o Espírito atua unicamente sobre o pensamento e a mão é dirigida pela vontade, quando se escreve normalmente; mas a uniformidade da caligrafia, mesmo num médium mecânico, não prova nada contra sua faculdade, porque a variação não é condição absoluta ou única na manifestação dos Espíritos: ela é uma aptidão especial de que os médiuns, muito particularmente os mecânicos, nem sempre são dotados. Designaremos os que possuem essa aptidão de *médiuns polígrafos*.

PERDA E SUSPENSÃO DA MEDIUNIDADE

220 A faculdade mediúnica é sujeita a interrupções e suspensões temporárias, tanto as manifestações físicas quanto a escrita. Eis as respostas dos Espíritos a algumas questões sobre esse assunto.

1. Os médiuns podem perder sua mediunidade?

"Isso acontece algumas vezes, qualquer que ela seja; mas pode também ser apenas uma interrupção momentânea que cessa com a causa que a produziu".

2. A perda da mediunidade é causada pelo enfraquecimento do fluido?

"Qualquer que seja a faculdade do médium, ele não pode nada sem a cooperação benevolente dos Espíritos; quando não obtém mais nada, nem sempre é a faculdade que lhe falta; muitas vezes são os Espíritos que não querem mais ou não podem mais se servir dele."

3. O que é que pode causar o abandono do médium por parte dos Espíritos?

"O uso que ele faz de sua mediunidade é o que mais influi sobre os Espíritos. Podemos abandoná-lo quando se serve dela para coisas fúteis ou ambiciosas; quando recusa a transmitir nossa palavra ou a nossa realidade aos encarnados que lhe pedem ou que têm necessidade de ver para se convencerem. Esse dom de Deus não é dado ao médium para o seu mero prazer, e ainda menos para servir à sua ambição, mas para o seu próprio melhoramento e para fazer conhecer a verdade aos homens. Se o Espírito vê que o médium não corresponde mais ao objetivo em vista e não aproveita as instruções e as advertências que lhe dá, ele se retira para procurar um protegido, um médium mais digno."

4. O Espírito que se retira não pode ser substituído por outro e, nesse caso, não se constatar a suspensão da mediunidade?

"Não faltam Espíritos que pedem para se comunicar e que estão sempre prontos para substituir os que se retiram; mas, quando é um bom Espírito que abandona o médium, ele pode muito bem deixá-lo apenas momentaneamente e privá-lo por algum tempo de qualquer comunicação, para que isso lhe sirva de lição e lhe prove que sua mediunidade *não depende dele* e que não deve se envaidecer dela. Essa suspensão temporária também é para dar ao médium a prova de que escreve sob uma influência estranha, pois de outro modo não aconteceria a interrupção."

"Além disso, a interrupção da mediunidade nem sempre é uma punição; ela é, algumas vezes, a preocupação carinhosa do Espírito para com o médium, a quem se afeiçoa, para lhe dar um repouso material que julga necessário; nesse caso, ele não permite que outros Espíritos o substituam."

5. Entretanto, vêem-se médiuns muito dignos, moralmente falando, que, embora não sintam nenhuma necessidade de repouso, são contrariados com interrupções cujo objetivo não compreendem.

"É a fim de colocar sua paciência à prova e de julgar sua perseverança; é por isso que os Espíritos não marcam um fim para essa suspensão; eles querem ver se o médium desanima. Muitas vezes, também é para lhe dar tempo de meditar sobre as instruções que lhes deram, e é nessa meditação de nossos ensinamentos que conhecemos os espíritas verdadeiramente sérios; não podemos dar esse nome àqueles que, na realidade, apenas gostam das comunicações."

6. É necessário, nesse caso, que o médium continue suas tentativas para escrever?

"Se o Espírito lhe aconselha, sim; se lhe diz para se abster, deve obedecer-lhe."

7. Haveria um modo de abreviar essa prova?

"A resignação e a prece. De resto, basta fazer cada dia uma tentativa de alguns minutos, visto que seria inútil perder tempo com tentativas infrutíferas; a tentativa é só para se assegurar se a faculdade está recuperada."

8. A suspensão implica o afastamento dos Espíritos que se comunicam habitualmente?

"De jeito nenhum; o médium fica na situação de uma pessoa que perdeu momentaneamente a visão; por isso, não deixa de estar rodeado por seus amigos, embora não possa vê-los. O médium pode, e realmente deve, continuar a se ligar pelo pensamento com seus Espíritos familiares e estar persuadido de que é ouvido por eles. Se a suspensão da mediunidade impede as comunicações materiais com alguns Espíritos, não o priva da inspiração moral."

9. Assim, a interrupção da faculdade mediúnica não implica sempre uma censura da parte dos Espíritos?

"Não, sem dúvida, uma vez que pode ser uma prova de benevolência."

10. Como pode se reconhecer uma censura nessa interrupção?

"Que o médium interrogue sua consciência e que se pergunte que uso fez de sua faculdade, o bem que resultou para os outros, *o proveito que retirou dos conselhos que lhe foram dados* e ele terá a resposta."

11. O médium que não pode mais escrever não pode recorrer a um outro médium?

"Isso depende da causa da interrupção; muitas vezes, tem a finalidade de vos deixar algum tempo sem comunicação depois de terem dado conselhos, a fim de que vos habitueis a fazer coisas por vós mesmos; nesse caso, não ficará mais satisfeito ao se servir de um outro médium, e isso ainda tem o objetivo de vos provar que os Espíritos são livres e que não depende de vós fazê-los submissos à vossa vontade. É também por essa razão que aqueles que não são médiuns nem sempre têm todas as comunicações que desejam."

✦ *É importante observar que aquele que recorre a um terceiro para obter comunicações, apesar da qualidade do médium, muitas vezes não obtém nada de satisfatório, enquanto em outras ocasiões as respostas são muito explícitas. Isso depende de tal modo da vontade do Espírito que não adianta nada mudar de médium; os próprios Espíritos estão de acordo a esse respeito, porque o que não se obtém de um não se obterá de nenhum outro. É preciso, então, evitar insistir e se impacientar, para não ser enganado pelos Espíritos mentirosos, mistificadores, que responderão aos que insistem, e os bons os deixarão fazer isso, para os punir pela teimosia.*

12. Com que objetivo a Providência dotou alguns indivíduos da mediunidade de uma maneira marcante?

"É uma missão da qual são encarregados; são os intérpretes entre os Espíritos e os homens."

13. Entretanto, há médiuns que a empregam com má vontade?

"São médiuns imperfeitos; não conhecem o valor da graça que lhes foi concedida."

14. Se é uma missão, porque não é privilégio dos homens de bem e porque é dada às vezes a pessoas que não merecem nenhuma estima e que podem abusar dela?

"Ela lhes é dada porque precisam dela para o seu próprio melhoramento, a fim de que estejam em condições de receber bons ensinamentos; se não a aproveitar, sofrerão as conseqüências. Jesus falava de preferência aos pecadores, porque, dizia, era preciso dar àqueles que não têm."

15. As pessoas que possuem um grande desejo de escrever mediunicamente e não conseguem podem concluir disso alguma coisa contra elas no que concerne à benevolência dos Espíritos a seu respeito?

"Não, porque Deus pode lhes ter recusado essa faculdade, como pode lhes ter recusado o dom da poesia ou da música; mas, se não desfrutam desse favor, podem desfrutar de outros."

16. Como um homem pode se aperfeiçoar pelo ensinamento dos Espíritos quando não tem nem por si mesmo nem por outros médiuns os meios de receber esse ensinamento direto?

"Não tem os livros, como o cristão tem o Evangelho? Para praticar a moral de Jesus, o cristão não tem necessidade de ter ouvido as palavras de sua boca."

18

INCONVENIENTES E PERIGOS DA MEDIUNIDADE

Influência do exercício da mediunidade sobre a saúde,
sobre o cérebro e sobre as crianças

221 1. A faculdade mediúnica é indício de um estado patológico*
qualquer ou simplesmente anormal?

"Algumas vezes, anormal, mas não patológico; há médiuns com uma
saúde vigorosa; os que são doentes o são por outras causas."

2. O exercício da faculdade mediúnica pode ocasionar fadiga?

"O exercício muito prolongado de toda e qualquer faculdade ocasiona
fadiga; acontece o mesmo com a mediunidade; ela ocasiona necessariamente um gasto de fluido que provoca a fadiga, mas que se repara pelo
repouso."

**3. O exercício da mediunidade pode ter inconvenientes do ponto
de vista da saúde, abstração feita do abuso?**

"Há casos em que é prudente, e mesmo necessário, abster-se ou
pelo menos moderar o seu exercício; isso depende dos estados físico e
moral do médium. Aliás, o médium geralmente percebe, e, quando se
sente fatigado, deve abster-se dela."

**4. Há pessoas para as quais esse exercício tenha mais inconvenientes
do que para outras?**

"Disse que isso depende dos estados físico e moral do médium. Há
pessoas a quem é necessário evitar qualquer causa de sobreexcitação, e
a prática mediúnica é uma delas" (Veja as questões nᵒˢ 188 e 194).

5. A mediunidade poderia produzir a loucura?

"Não mais do que qualquer outra atividade quando não há predisposição pela fraqueza do cérebro. A mediunidade não produzirá a loucura
quando o princípio não existe; mas, se o princípio existe, o que é fácil de se
reconhecer no estado moral, o bom senso diz que é preciso usar a cautela
sob todos os aspectos; qualquer causa de agitação pode ser prejudicial."

6. Há inconvenientes em desenvolver a mediunidade nas crianças?

---

* **Patológico:** sintoma de doença. Doença neste caso: a mediunidade é uma doença? (N.E.)

"Certamente, e asseguro que é muito perigoso, porque seus organismos frágeis e delicados seriam muito abalados, e sua imaginação jovem, muito excitada. Além disso, os pais prudentemente devem afastá-las dessas idéias ou pelo menos lhes falar apenas do ponto de vista das conseqüências morais."

7. **Entretanto, há crianças que são médiuns naturalmente, seja de efeitos físicos, de escrita ou de visões; isso tem o mesmo inconveniente?**

"Não; quando a faculdade é espontânea numa criança, é porque está na sua natureza e sua constituição física se presta a ela; não ocorre o mesmo quando é provocada e excitada. Notai que a criança que tem visões se impressiona pouco com isso; parecem-lhe uma coisa muito natural, a que presta pouca atenção e que muitas vezes esquece; mais tarde o fato lhe vem à memória, e o entenderá facilmente se conhecer o Espiritismo."

8. **Com que idade se pode, sem inconveniente, praticar a mediunidade?**

"Não há uma idade precisa; isso depende inteiramente do desenvolvimento físico e ainda mais do desenvolvimento moral; há crianças com doza anos que são mais aptas do que pessoas adultas. Falo da mediunidade em geral, mas a de efeitos físicos é mais fatigante corporalmente; a da escrita tem um outro inconveniente que se relaciona à inexperiência da criança, e também no caso em que quisesse se ocupar dela sozinha e brincar com ela."

222 A prática do Espiritismo, como veremos à frente, exige muito tato para afastar a astúcia dos Espíritos enganadores; se os adultos podem se tornar seus joguetes, as crianças e os jovens estão ainda mais expostos, pela sua inexperiência. Por outro lado, sabe-se que o recolhimento é uma condição sem a qual não se pode ter relações com Espíritos sérios; as evocações feitas com imprudência e com gracejo são uma verdadeira profanação que abre fácil acesso aos Espíritos zombeteiros ou malfazejos; como não se pode esperar que uma criança compreenda a importância de um ato semelhante, seria de temer que fizesse dele uma brincadeira se ficasse entregue a si mesma. Mesmo nas condições mais favoráveis, deve-se cuidar para que a criança dotada da faculdade mediúnica a exerça apenas sob a orientação de pessoas experientes, que lhe ensinarão, pelo exemplo, o respeito que se deve às almas dos que viveram. Vê-se, além disso, que a questão da idade é subordinada às condições do seu desenvolvimento, tanto do temperamento quanto do caráter. Todavia, o que sobressai claramente das respostas acima é que não se deve incentivar o desenvolvimento da mediunidade em crianças quando esta não é espontânea e que, em todo caso, é preciso ser extremamente cuidadoso; que não se deve nem excitá-lo nem encorajá-lo nas pessoas débeis. É preciso afastar também, por todos os meios possíveis, os que tenham manifestado os menores sintomas de excentricidade nas idéias ou de enfraquecimento das faculdades mentais, porque há neles predisposição evidente à loucura, que qualquer causa superexcitante pode desencadear. As idéias espíritas não têm, em relação à loucura, nenhuma influência, mas, se a loucura viesse a se constatar, tomaria um caráter religioso, caso a pessoa se entregasse, com excesso, às práticas de devoção, e o Espiritismo seria responsabilizado por isso. O que há de melhor a fazer com todo indivíduo que mostra uma tendência a idéias fixas é dirigir suas preocupações para um outro campo e proporcionar repouso aos seus órgãos enfraquecidos.

Chamaremos, em relação a isso, a atenção de nossos leitores para o item nº12 da Introdução de *O Livro dos Espíritos*.

19

PAPEL DO MÉDIUM NAS COMUNICAÇÕES ESPÍRITAS

Influência do Espírito pessoal do médium – Sistema dos médiuns inertes – Aptidão de alguns médiuns para as coisas que não conhecem: línguas, música, desenho – Dissertação de um Espírito sobre o papel dos médiuns

223 1. O médium, no momento em que exerce a mediunidade, está em um estado perfeitamente normal?

"Algumas vezes, está num estado de crise mais ou menos perceptível que lhe causa fadiga, e é por isso que tem necessidade de repouso; porém, muitas vezes não difere do seu estado normal, especialmente em relação aos médiuns escreventes."

2. As comunicações escritas ou verbais também podem provir do próprio Espírito encarnado no médium?

"A alma do médium pode se comunicar como a de qualquer outro; se desfruta de um certo grau de liberdade, recobra suas qualidades de Espírito. Tendes a prova disso na alma das pessoas vivas que vêm vos visitar e se comunicam convosco pela escrita, muitas vezes sem ser chamadas, porque ficai sabendo que, entre os Espíritos que evocais, há os que estão encarnados na Terra; então, *vos falam como Espíritos, e não como homens*. Não há, portanto, razão para que não possa ocorrer o mesmo com o do médium."

2 a. Essa explicação não parece confirmar a opinião dos que acreditam que todas as comunicações são do Espírito do médium, e não de Espíritos estranhos?

"Estão errados apenas porque a consideram única, absoluta; porque é certo que o Espírito do médium pode agir por si mesmo; mas não é uma razão para que outros não ajam igualmente por seu intermédio."

3. Como distinguir se o Espírito que responde é o do médium ou um Espírito estranho?

"Pela natureza das comunicações. Estudai as circunstâncias e a linguagem e distinguireis. É principalmente no estado de sonambulismo ou de êxtase que o Espírito do médium se manifesta, porque então está mais livre. No estado normal, é mais difícil. Aliás, há respostas que é impossível lhe serem atribuídas; é por isso que vos digo para estudar e observar."

✦ *Quando uma pessoa nos fala, distinguimos facilmente o que vem dela e o que é apenas eco; acontece o mesmo com os médiuns.*

4. Já que o Espírito do médium pôde adquirir, nas existências anteriores, conhecimentos que esquece sob seu envoltório corporal, mas dos quais se lembra como Espírito, não pode ir buscar do fundo dessas lembranças as idéias que parecem ultrapassar a capacidade de sua instrução?

"Isso acontece muitas vezes no estado de crise sonambúlica ou extática; mas ainda uma vez mais repetimos: há circunstâncias que não permitem dúvida; *estudai profundamente e meditai*."

5. As comunicações provenientes do Espírito do médium são sempre inferiores às que poderiam ser feitas pelos Espíritos estranhos?

"Nem sempre, porque o Espírito comunicante pode ser de uma ordem inferior à do médium e então falar menos sensatamente. Vê-se isso no sonambulismo, porque é geralmente aí que o Espírito do sonâmbulo se manifesta e diz algumas vezes coisas muito boas."

6. O Espírito que se comunica pelo médium transmite diretamente seu pensamento ou faz de seu intermediário o Espírito encarnado no médium?

"É o Espírito do médium que o interpreta; para isso está ligado ao corpo, que serve para falar; é preciso um elo entre vós e os Espíritos que se comunicam, como no telégrafo elétrico é necessário um fio elétrico para transmitir uma notícia a distância e, na ponta do fio, uma pessoa inteligente, que a receba e a interprete."

7. O Espírito encarnado no médium exerce uma influência sobre as comunicações que deve transmitir e que são provenientes de Espíritos estranhos?

"Sim, porque, se não há afinidade entre ambos, ele pode alterar suas respostas e impregná-las de suas próprias idéias e de suas inclinações, *mas não influencia os próprios Espíritos*, os autores das respostas; ele é apenas um mau intérprete."

8. Essa é a causa da preferência dos Espíritos por certos médiuns?

"Sim. Procuram o intérprete com que melhor sintonizam e que transmita mais exatamente seu pensamento. Se não há afinidade, sintonia, entre eles, o Espírito do médium é um antagonista, que oferece uma certa resistência e que se torna um intérprete de má qualidade e muitas vezes infiel à mensagem. Acontece o mesmo entre vós quando o ensinamento de um sábio é transmitido pelas palavras de um leviano ou de um homem de má-fé."

9. Compreende-se que seja assim com os médiuns intuitivos, mas não com os mecânicos.

"Vós não vos dais conta do papel que exerce o médium; existe uma lei que ainda não compreendeis. Lembrai-vos de que, para provocar o movimento de um corpo inerte, o Espírito tem necessidade de uma porção de fluido animalizado que tira do médium para animar momentaneamente a mesa, a fim de que esta obedeça à sua vontade; pois bem! Compreendei também: para uma comunicação inteligente, há necessidade de um intermediário inteligente, e esse intermediário é o Espírito do médium."

9 a. Isso não parece aplicável ao que se chama mesas falantes; porque, quando objetos inertes, como mesas, pranchetas e cestas, dão respostas inteligentes, parece-nos que o Espírito do médium é desnecessário, não serve para nada.

"É um erro; o Espírito pode dar ao corpo inerte uma vida factícia, momentânea, mas nunca inteligência; nunca um corpo inerte será inteligente. É, portanto, o Espírito do médium que recebe o pensamento, embora sem ter noção disso, e o transmite pouco a pouco, com a ajuda de diversos intermediários."

10. Parece resultar dessas explicações que o Espírito do médium nunca está completamente passivo.

"É passivo quando não mistura suas próprias idéias com as do Espírito comunicante, mas nunca é absolutamente nulo; sua participação sempre é necessária como intermediário, mesmo para os que chamais de médiuns mecânicos."

11. Então há mais garantia de independência ou de fidelidade no médium mecânico do que no médium intuitivo?

"Sem dúvida, e para algumas comunicações é preferível um médium mecânico; mas, quando se conhece as faculdades de um médium intuitivo, isso se torna indiferente, conforme as circunstâncias; quero dizer que há comunicações que não exigem tanta precisão."

12. Entre os diferentes sistemas que foram idealizados para explicar os fenômenos espíritas, há um que concebia que a verdadeira mediunidade está no corpo completamente inerte, na cesta ou no papelão, por exemplo, que serve de instrumento; que o Espírito comunicante se

identifica com esses objetos e os torna não somente vivos, mas inteligentes; daí o nome de *médiuns inertes* dado a esses objetos; que pensais disso?

"Há apenas uma palavra a dizer sobre isso: se o Espírito tivesse transmitido a inteligência ao papelão, ao mesmo tempo que a vida, o papelão escreveria sozinho, sem a participação do médium. Seria extraordinário que o homem inteligente se tornasse máquina e que um objeto inerte se tornasse inteligente. É um dos numerosos sistemas nascidos de uma idéia preconcebida que caem, como tantos outros, diante da experiência e da observação."

13. **Um fenômeno bem conhecido poderia comprovar a opinião de que há nos corpos inertes animados, mais do que vida, a inteligência, como é o caso das mesas, cestas etc., que exprimem por seus movimentos a cólera ou a afeição?**

"Quando um homem agita um bastão com cólera, não é o bastão que está colérico, nem mesmo a mão que o segura, mas sim o pensamento que dirige a mão. As mesas e as cestas não são mais inteligentes que o bastão; não há nelas nenhum sentimento inteligente; elas apenas obedecem a uma inteligência. Numa palavra, não é o Espírito que se transforma em cesta, nem mesmo entra nela como se fosse um abrigo."

14. **Se não é racional atribuir inteligência a esses objetos, pode-se considerá-los uma variedade de médiuns, ao designá-los sob o nome de *médiuns inertes*?**

"É uma questão de palavras que pouco nos importa, contanto que entendais. Sois livres para chamar a uma marionete de homem."

15. **Os Espíritos possuem apenas a linguagem do pensamento; não possuem a linguagem articulada; desse modo, há para eles apenas uma única língua. Assim, um Espírito poderia se exprimir por meio mediúnico em uma língua que nunca falou quando vivo? E, nesse caso, de onde tira as palavras de que se serve?**

"Vós mesmos respondestes à questão, ao dizer que os Espíritos têm uma única língua, que é a do pensamento; essa língua é compreendida por todos, tanto pelos homens quanto pelos Espíritos. O Espírito que quer se comunicar, ao se dirigir ao Espírito encarnado no médium, não lhe fala nem em francês, nem em português ou em inglês, mas na língua universal que é a do pensamento. Para traduzir suas idéias em uma linguagem articulada, transmissível, ele utiliza as palavras do vocabulário do médium."

16. Se é assim, o Espírito deveria poder se exprimir apenas na língua do médium, enquanto vemo-lo escrever em línguas desconhecidas deste último; não há aí uma contradição?

"Observai primeiramente que não são todos os médiuns que têm aptidão para esse gênero de exercício e, em seguida, que os Espíritos se prestam apenas acidentalmente a isso, quando julgam que pode ser útil; mas, para as comunicações usuais e de certa extensão, preferem se servir de uma língua familiar ao médium, pois lhe apresenta menos dificuldade material a vencer."

17. A aptidão de certos médiuns para escrever numa língua que lhes é estranha não se dá pelo fato de que essa língua lhe foi familiar em uma outra existência e que conservou a intuição dela?

"Isso pode acontecer, mas não é uma regra. O Espírito pode com alguns esforços superar, momentaneamente, a resistência material que encontra; é o que acontece quando o médium escreve, na sua própria língua, palavras que não conhece."

18. Uma pessoa que não sabe escrever poderia escrever como médium?

"Sim, mas compreende-se que nesse caso há ainda uma grande dificuldade mecânica a vencer; isso porque a mão não tem o hábito do movimento necessário para formar letras. Acontece o mesmo com os médiuns desenhistas que não sabem desenhar."

19. Um médium pouco inteligente poderia transmitir comunicações de uma ordem elevada?

"Sim, pela mesma razão que um médium pode escrever numa língua que não conhece. A mediunidade propriamente dita é independente da inteligência, assim como das qualidades morais, e, na falta de um melhor instrumento, o Espírito pode se servir do que tem à mão; mas é natural que, para as comunicações de uma certa ordem, ele prefira o médium que lhe oferece menos obstáculos materiais. Há ainda uma outra consideração: o idiota* muitas vezes é idiota apenas pela imperfeição de seus órgãos, mas seu Espírito pode ser mais avançado do que acreditais; tendes a prova em certas evocações de idiotas, mortos ou vivos."

✦ *É um fato constatado pela experiência; evocamos muitas vezes idiotas vivos que deram provas patentes de sua identidade e responderam de modo muito sensato e até mesmo superior. Esse estado é uma punição para o Espírito, que sofre com o constrangimento em que se encontra.*

---

* **Idiota, idiotia:** débil mental, deficiente mental; atraso intelectual profundo (N.E.).

Um médium idiota pode, algumas vezes, oferecer ao Espírito que quer se manifestar mais recursos do que se acredita. (Veja a Revista Espírita, julho de 1860, artigo sobre a frenologia e a fisiognomia.)

20. De onde vem a aptidão de alguns médiuns para escrever em verso, apesar de desconhecerem a métrica da poesia?

"A poesia é uma linguagem; podem escrever em verso, como podem escrever numa língua que não conhecem; além disso, podem ter sido poetas numa outra existência, e, como já vos disse, os conhecimentos adquiridos nunca são perdidos para o Espírito, que deve chegar à perfeição em todas as coisas. Então o que conheceram lhes dá, sem que o saibam, uma facilidade que não possuem no estado comum."

21. Acontece o mesmo com os que têm aptidão especial para o desenho e a música?

"Sim; o desenho e a música também são modos de expressar o pensamento; os Espíritos se servem dos instrumentos que lhes oferecem mais facilidade."

22. A expressão do pensamento pela poesia, desenho ou música depende unicamente da aptidão especial do médium ou da do Espírito que se comunica?

"Algumas vezes da aptidão do médium, outras da do Espírito. Só os Espíritos superiores possuem todas as aptidões; os Espíritos inferiores possuem conhecimentos limitados."

23. Por que o homem dotado de um grande talento em uma existência não o tem mais numa existência seguintes?

"Nem sempre é assim, porque muitas vezes aperfeiçoa numa existência o que começou na precedente; mas pode acontecer de uma faculdade importante adormecer durante um certo tempo para deixar que uma outra se desenvolva. É um germe latente que mais tarde voltará a germinar, mas do qual sempre ficam alguns traços ou pelo menos uma vaga intuição."

224 O Espírito que deseja se comunicar compreende, sem dúvida, todas as línguas, uma vez que as línguas são a expressão do pensamento e o Espírito compreende pelo pensamento; mas, para exprimir esse pensamento, é preciso um instrumento: o médium. A alma do médium que recebe a comunicação do Espírito pode transmiti-la apenas pelos órgãos de seu corpo; acontece que esses órgãos não podem ter para uma língua desconhecida a flexibilidade que têm para a que lhe é familiar. Por exemplo, um médium que sabe apenas falar português poderá, acidentalmente, dar uma resposta em inglês, se o Espírito quiser fazê-lo; mas os Espíritos acham a linguagem humana muito lenta em relação à rapidez do pensamento, por isso a abreviam tanto quanto podem, se impacientam com a resistência mecânica do processo e por esse motivo não o fazem sempre. É também a razão por que um médium principiante, que escreve com dificuldade e vagarosamente, mesmo em sua própria língua, obtém em geral apenas respostas breves, sem muito aprofundamento; os Espíritos também recomendam que por esses médiuns se façam perguntas simples. Para as de uma categoria de alcance maior, é preciso um médium mais experiente, que não ofereça nenhuma dificuldade mecânica ao Espírito. Não se daria um discurso para ler a alguém que apenas soletre. Um bom obreiro não gosta de se servir de más ferramentas. Acrescentamos uma outra consideração, de grande importância, no que diz respeito às línguas estrangeiras. As tentativas nesse campo são sempre feitas com um objetivo de curiosidade e de experimentação; acontece que nada é mais antipático aos Espíritos do que as provas desse gênero a que se tenta submetê-los. Os Espíritos superiores nunca se prestam a isso e se recusam a servir a esses propósitos. Assim como se comprazem com as coisas úteis e sérias, repugnam se ocupar com as fúteis e sem objetivo. Sendo para nos convencer, dirão os incrédulos, qualquer objetivo é útil, uma vez que pode ganhar adeptos para a causa dos Espíritos. A isso os Espíritos respondem: "Nossa causa não tem necessidade dos que têm o orgulho extremo de se acreditar indispensáveis; chamamos a nós *os que queremos*, e muitas vezes são os simples, os mais humildes. Jesus fez os milagres que lhe pediram os escribas? E de que homens se serviu para revolucionar o mundo? Se quereis vos convencer, tendes outros meios que não a força; primeiramente, começai por vos submeter; não é correto que o escolar imponha sua vontade ao seu mestre".

Resulta disso que, salvo algumas exceções, o médium exprime o pensamento dos Espíritos por meios mecânicos que estão à sua disposição e que a expressão desse pensamento pode, e até mesmo deve, muitas vezes, se ressentir da imperfeição desses meios; assim, o homem rude, o camponês, poderá dizer as mais belas coisas, exprimir os pensamentos mais elevados, os mais filosóficos, ao falar como um camponês; porque, como se sabe, para os Espíritos, o pensamento domina tudo. Isso responde à objeção de alguns críticos a respeito das incorreções de estilo e ortografia que se podem atribuir aos Espíritos, mas que podem tanto ser deles quanto do médium. É uma futilidade se ligar a semelhantes coisas. Não é menos pueril interessar-se em reproduzir essas incorreções com uma minuciosa exatidão, como temos visto fazerem algumas vezes. Deve-se corrigi-las sem nenhum escrúpulo, a menos que sejam características do Espírito que se comunica, em cujo caso é útil conservá-las como prova de identidade. É assim, por exemplo, que vimos um Espírito escrever constantemente Jule (sem o s) ao falar de seu neto, porque, quando vivo, escrevia desse modo, embora seu neto, que servia de médium, soubesse escrever perfeitamente seu nome.

225 A dissertação seguinte, dada espontaneamente por um Espírito superior que se revelou por comunicações da ordem mais elevada, resume de maneira clara e completa a questão do papel dos médiuns:

"Qualquer que seja a natureza dos médiuns escreventes, sejam mecânicos, semimecânicos ou simplesmente intuitivos, nosso procedimento para a comunicação com eles não varia essencialmente. De fato, nós nos comunicamos com os Espíritos encarnados como com os Espíritos propriamente ditos unicamente pela irradiação de nosso pensamento.

"Nossos pensamentos não têm necessidade da vestimenta da palavra para serem compreendidos pelos Espíritos, e todos os Espíritos percebem o pensamento que desejamos lhes comunicar somente pelo fato de dirigirmos esse pensamento para eles, e isso em razão de suas faculdades intelectuais; ou seja, determinado pensamento pode ser compreendido por alguns, de acordo com seu adiantamento, enquanto para outros esse pensamento não revelará nenhuma lembrança, nenhum conhecimento no fundo de seu coração ou de seu cérebro, e por isso não será perceptível para eles. Nesse caso, o Espírito encarnado que nos serve de médium está mais apropriado para transmitir nosso pensamento aos outros encarnados, ainda que não o compreenda, do que um Espírito desencarnado mas pouco avançado; se fôssemos obrigados a recorrer a ele para ser nosso intermediário. Isso porque o ser terrestre coloca seu corpo como instrumento, à nossa disposição, o que o Espírito comunicante não pode fazer.

"Assim, quando encontramos um médium com o cérebro cheio de conhecimentos adquiridos em sua vida atual e o Espírito rico de conhecimentos anteriores latentes, próprios para facilitar nossas comunicações, nós nos servimos dele de preferência, porque com ele o fenômeno da comunicação nos é muito mais fácil do que com um médium de inteligência limitada e com escassos conhecimentos anteriores. Nós nos faremos compreender com algumas explicações claras e precisas.

"Com um médium cuja inteligência atual ou anterior se encontra desenvolvida, nosso pensamento se comunica instantaneamente de Espírito a Espírito por uma faculdade inerente à essência do próprio Espírito. Nesse caso, encontramos no cérebro do médium os elementos próprios para dar ao nosso pensamento a vestimenta da palavra que corresponda a esse pensamento, quer o médium seja intuitivo, semimecânico ou mecânico puro.

É por isso que, qualquer que seja a diversidade dos Espíritos que se comunicam com um médium, os ditados obtidos por ele, todos procedendo de Espíritos diversos, trazem um cunho de forma e de cor pessoal desse médium. Porque, ainda que o pensamento lhe seja totalmente estranho, ainda que o assunto saia do padrão no qual ele se move habitualmente, ainda que queiramos dizer que não provenha de nenhum modo dele, ele não deixa de exercer, quanto à forma, a sua influencia pelas qualidades e propriedades próprias da sua individualidade. É exatamente como quando olhais diferentes pontos com óculos coloridos, verdes, brancos ou azuis; ainda que os lugares ou objetos observados sejam totalmente opostos e totalmente independentes uns dos outros, vós os vereis conforme a cor dos óculos. Ou melhor, comparemos os médiuns a esses frascos cheios de líquidos coloridos e transparentes que se vêem na vitrine das farmácias; pois bem! Somos como luzes que clareiam certos pontos de vista morais, filosóficos e internos através de médiuns azuis, verdes ou vermelhos, de tal modo que nossos raios luminosos, obrigados a passar por vidros mais ou menos bem lapidados, mais ou menos transparentes, ou seja, por médiuns mais ou menos inteligentes, chegam aos objetos que queremos esclarecer, tomando a coloração, ou melhor, a forma própria e particular de dizer desses médiuns. Enfim, para terminar, uma última comparação: nós, Espíritos, somos como compositores de música que querem compor ou improvisar uma música e têm à mão apenas um destes instrumentos: um piano, um violino, uma flauta, um baixo ou uma gaita barata. É incontestável que com o piano, a flauta ou o violino executaremos nosso trecho de modo muito compreensível para nossos ouvintes; ainda que os sons que provenham do piano, da flauta ou do violino sejam essencialmente diferentes uns dos outros, nossa composição será basicamente a mesma, salvo os matizes do som. Mas, se temos à nossa disposição apenas uma gaita barata, aí está para nós a dificuldade.

"De fato, quando somos obrigados a nos servir de médiuns pouco adiantados, nosso trabalho se torna bem mais longo e difícil, pois somos obrigados a recorrer a formas incompletas, o que é uma complicação para nós; pois, então, somos forçados a decompor nossos pensamentos e ditar palavra por palavra, letra por letra, o que é um aborrecimento e uma fadiga para nós, além de um entrave real à rapidez e ao desenvolvimento de nossas manifestações.

"Por isso ficamos felizes quando encontramos médiuns bem apropriados, bem equipados, munidos de materiais prontos para funcionar, numa palavra: bons instrumentos, porque então nosso perispírito, agindo sobre o perispírito daquele que mediunizamos, não tem que dar mais a impulsão da mão que nos serve de porta-lápis; enquanto com os médiuns insuficientes somos obrigados a fazer um trabalho semelhante àquele que fazemos quando nos comunicamos por meio de pancadas, ou seja, a designar letra por letra, palavra por palavra, cada uma das frases que formam os pensamentos que queremos comunicar.

"É por essa razão que nos dirigimos de preferência às classes esclarecidas e instruídas para a divulgação do Espiritismo e o desenvolvimento da mediunidade escrevente, embora seja nessas classes que se encontram os indivíduos mais incrédulos, os mais rebeldes e os mais imorais. É que, do mesmo modo que deixamos hoje aos Espíritos zombeteiros e pouco avançados o exercício das comunicações tangíveis das pancadas e dos transportes, os homens pouco sérios entre vós preferem o espetáculo dos fenômenos que enchem seus olhos e seus ouvidos aos fenômenos puramente espirituais, puramente psicológicos.

"Quando queremos transmitir ditados espontâneos, agimos sobre o cérebro, sobre os arquivos do médium, e juntamos nossos materiais aos elementos que ele nos fornece, e isso com seu inteiro desconhecimento; é como se tivéssemos acesso ao dinheiro que possa ter na sua bolsa e dispuséssemos as diferentes moedas numa seqüência somatória que nos parecesse a mais útil.

"Mas, quando o próprio médium quer nos interrogar sobre qualquer assunto, é bom que reflita seriamente sobre isso, a fim de nos questionar de modo metódico, facilitando assim nosso trabalho de responder. Porque, como vos foi dito em instrução precedente, vosso cérebro está muitas vezes numa desordem tão medonha que nos é tão lento quanto difícil nos mover no labirinto de vossos pensamentos. Quando as perguntas forem feitas por terceiros, é bom e útil que a série de questões seja comunicada com antecedência ao médium, para que ele se identifique com o Espírito do interrogante e se impregne por assim dizer de seu intento, porque nós temos mais facilidade para responder pela afinidade que existe entre nosso perispírito e o do médium que nos serve de intérprete.

"Certamente, podemos falar sobre matemática servindo-nos de um médium a quem esta parece totalmente estranha; mas, muitas vezes, o Espírito desse médium possui esse conhecimento no estado latente, ou seja, ele é conhecido por seu ser fluídico, e não por seu ser encarnado, por ser seu corpo atual um instrumento rebelde ou contrário a esse conhecimento. Acontece o mesmo com a astronomia, a poesia, a medicina e as línguas diversas, assim como com todos os outros conhecimentos particulares à espécie humana. E, finalmente, temos o sistema de elaboração difícil quando com médiuns completamente estranhos em relação ao assunto tratado; nesses casos, temos de juntar as letras e as palavras, como em tipografia.

"Como já dissemos, os Espíritos não têm necessidade de revestir seu pensamento com palavras; eles percebem e comunicam os pensamentos só pelo fato de eles existirem neles. Os seres encarnados, ao contrário, só podem perceber o pensamento quando revestido da palavra. Enquanto a letra, a palavra, o substantivo, o verbo, a frase, enfim, vos são necessários até mesmo para a percepção mental, nenhuma forma visível ou tangível é necessária para nós".

Erasto e Timóteo

✦ *Essa análise do papel dos médiuns e dos procedimentos que os Espíritos utilizam para se comunicar é tão clara quanto lógica. Decorre desse princípio que o Espírito toma não suas idéias, mas os materiais necessários para exprimi-las no cérebro do médium e que, quanto mais esse cérebro é rico em materiais, mais a comunicação é fácil. Quando o Espírito se exprime na linguagem familiar ao médium, encontra nele palavras formadas para revestir a idéia; se é numa língua que lhe é estranha, não encontra as palavras, mas simplesmente as letras; é por isso que o Espírito é obrigado a ditar, por assim dizer, letra por letra, exatamente como se quiséssemos fazer escrever em alemão quem não sabe desse idioma nenhuma palavra. Se o médium não sabe ler nem escrever, não possui no seu cérebro nem mesmo as letras; é preciso lhe conduzir a mão como se faz a uma criança que está sendo alfabetizada, e isso é uma dificuldade ainda maior a ser vencida. Esses fenômenos são possíveis, e deles há numerosos exemplos; mas compreende-se que esse modo de proceder não se presta para a extensão e a rapidez das comunicações e que os Espíritos preferiram os instrumentos mais fáceis ou, como eles dizem, os médiuns bem aparelhados do seu ponto de vista.*

Se os que desejam ver esses fenômenos como meio de se convencerem tivessem estudado previamente a teoria, saberiam em que condições excepcionais eles se produzem.

20

INFLUÊNCIA MORAL DO MÉDIUM

Questões diversas –
Dissertação de um Espírito sobre a influência moral

226 1. O desenvolvimento da mediunidade é proporcional ao desenvolvimento moral do médium?

"Não; a faculdade propriamente dita relaciona-se ao organismo; é independente da moral; não acontece o mesmo com o seu uso, que pode ser bom ou mau, conforme as qualidades do médium."

2. Sempre foi dito que a mediunidade é um dom de Deus, uma graça, um favor; por que, então, não é privilégio dos homens de bem e por que se vêem pessoas indignas que são dotadas dela no mais alto grau e a usam para o mal?

"Todas as faculdades são favores pelos quais se devem render graças a Deus, uma vez que há homens que são privados delas. Poderíeis também perguntar por que Deus concede uma boa visão aos malfeitores, habilidade aos gatunos, eloqüência aos que se servem dela para dizer coisas más. Acontece o mesmo com a mediunidade; pessoas indignas são dotadas dela porque têm mais necessidade que os outros de melhorar. Pensais que Deus recusa os meios de salvação aos culpados? Ele os multiplica nos seus caminhos, *coloca-os nas mãos deles*, para que tirem proveito. Judas, o traidor, não fez milagres e curou os doentes como apóstolo? Deus permitiu que tivesse esse dom para tornar aos seus próprios olhos sua traição mais odiosa."

3. Os médiuns que fazem mau uso de suas faculdades, que não se servem dela para o bem ou que não tiram proveito delas para sua instrução sofrerão as conseqüências disso?

"Se as usam mal, serão duplamente punidos, porque lhes é dado um meio a mais para se esclarecerem e não o utilizam convenientemente. Aquele que vê claramente e tropeça é mais censurável do que o cego que cai no fosso."

4. Há médiuns a quem são dadas espontaneamente, e quase constantemente, comunicações sobre um mesmo assunto, sobre certas questões morais, por exemplo, sobre determinados vícios morais; há nisso um objetivo?

"Sim, e esse objetivo é de esclarecê-los sobre um assunto muitas vezes repetido ou de corrigi-los de certos erros; por isso a uns falarão do orgulho, a um outro, da caridade; só a insistência pode lhes abrir os olhos. Não há médium que empregue mal a sua faculdade, pela ambição ou pelo interesse ou por um defeito, como o orgulho, o egoísmo, a leviandade etc., que não receba de tempos em tempos alguns conselhos da parte dos Espíritos; o mal é que na maioria das vezes não os tomam para si."

✦ *Muitas vezes, os Espíritos agem sempre com muita precaução em suas lições, eles as passam de uma maneira indireta para deixar o mérito àquele que sabe aplicar para si e aproveitar os ensinamentos; mas a cegueira e o orgulho são tais para algumas pessoas que não se reconhecem no quadro que se lhes coloca sob os olhos. Quando o Espírito lhes dá a entender que é delas que se trata, irritam-se e o qualificam de mentiroso ou de maledicente. Isso só prova que o Espírito tem razão.*

5. Quando o médium recebe lições gerais e sem aplicação pessoal, não atua nesse caso como um instrumento passivo para servir à instrução de outros?

"Muitas vezes, esses avisos e esses conselhos não são dirigidos a ele pessoalmente, mas a outros, aos quais podemos nos dirigir somente por intermédio do médium, mas eles servem também para ele, se não estiver cego pelo amor-próprio.

"Não acrediteis que a faculdade mediúnica tenha sido dada para corrigir somente uma ou duas pessoas; não; objetivo é muito maior: trata-se da humanidade. Um médium é um instrumento muito pouco importante como indivíduo; por isso, quando damos instruções que interessam a todos, nós nos servimos do que possui as facilidades necessárias. Mas ficai certos de que chegará o tempo em que os bons médiuns serão bastante comuns, de modo que os bons Espíritos não necessitarão de se servir de maus instrumentos."

6. Uma vez que as qualidades morais do médium afastam os Espíritos imperfeitos, como é que um médium dotado de boas qualidades transmite respostas falsas ou grosseiras?

"Conheceis todos os recantos de sua alma? Aliás, sem ser vicioso, pode ser leviano e fútil; além disso, algumas vezes ele tem necessidade de uma lição, a fim de que se mantenha alerta."

7. Por que os Espíritos superiores permitem que pessoas dotadas de um grande poder, como os médiuns, e que poderiam fazer muito de bom, sejam instrumentos do erro?

"Os Espíritos superiores esforçam-se para influenciá-las; mas, quando se deixam arrastar para um mau caminho, eles as deixam ir. É por isso que se servem delas com cautela, pois *a verdade não pode ser interpretada pela mentira.*"

8. É absolutamente impossível ter boas comunicações por um médium imperfeito?

"Algumas vezes, um médium imperfeito pode obter boas coisas, porque, se tiver uma bela faculdade, bons Espíritos podem se servir dele na falta de outro ou numa circunstância particular; mas sempre momentaneamente, porque, desde que encontrem um que lhes convenha melhor, eles lhe dão a preferência."

✦ *Devemos observar que, quando bons Espíritos julgam que um médium pára de ser bem assistido e torna-se, pelas suas imperfeições, presa dos Espíritos enganadores, eles fazem surgir quase sempre circunstâncias que revelam suas manias e o afastam das pessoas sérias e bem-intencionadas, de cuja boa-fé poderiam abusar. Nesse caso, quaisquer que sejam suas faculdades, não há nada a lamentar.*

9. Qual seria o médium que se poderia chamar de perfeito?

"Perfeito! Sabeis bem que a perfeição não está sobre a Terra; de outro modo, não estaríeis nela; dizei, somente, bom médium, e já é muito, pois são raros. O médium perfeito seria aquele contra quem os maus Espíritos nunca se atreveriam a fazer uma tentativa para enganá-lo. O melhor é aquele que, simpatizando apenas com os bons Espíritos, foi enganado o menos possível."

10. Se simpatiza, se tem afinidade, apenas com bons Espíritos, como permitem que seja enganado?

"Os bons Espíritos permitem algumas vezes que os melhores médiuns sejam enganados para aperfeiçoar o seu julgamento e lhes ensinar a discernir o verdadeiro do falso; depois, por melhor que seja o médium, ele nunca é tão perfeito que não seja vulnerável em algum lado fraco; isso deve lhe servir de lição. As falsas comunicações que recebe de tempos em tempos são advertências para que não se julgue infalível e não se envaideça; porque um médium que obtém coisas notáveis não tem que se vangloriar disso mais do que um tocador do realejo que obtém belas canções ao girar a manivela de seu instrumento."

11. Quais são as condições necessárias para que a palavra dos Espíritos superiores chegue até nós pura de qualquer alteração?

"Querer o bem e libertar-se do *egoísmo* e do *orgulho*. Ambas as condições são necessárias."

12. O fato de a palavra pura dos Espíritos superiores chegar até nós apenas em condições difíceis de se encontrar não é um obstáculo para a propagação da verdade?

"Não, porque a luz chega sempre ao que quer recebê-la. Todo aquele que quer se iluminar deve evitar as trevas, e as trevas estão na impureza do coração.

"Os Espíritos que considerais a personificação do bem não atendem voluntariamente ao chamado dos que têm o coração manchado pelo orgulho, pela ganância e pela falta de caridade.

"Que aqueles que querem se esclarecer se despojem de toda vaidade humana e humilhem sua razão diante do poder infinito do Criador; isso será a melhor prova de sua sinceridade; essa é a condição, que todos podem cumprir."

227 Se o médium do ponto de vista da execução é apenas um instrumento, sob o aspecto moral exerce uma grande influência. Uma vez que, para se comunicar, o Espírito desencarnado se identifica com o Espírito do médium, essa identificação pode acontecer somente quando há simpatia entre eles e, se assim se pode dizer, afinidade. A alma exerce sobre o Espírito uma espécie de atração ou de repulsão, de acordo com o grau de sua semelhança ou de sua falta de semelhança; acontece que os bons têm afinidade com os bons, e os maus, com os maus, de onde se segue que as qualidades morais do médium têm uma influência capital sobre a natureza dos Espíritos que se comunicam por seu intermédio. Se o médium é moralmente inferior, os Espíritos inferiores se agrupam ao redor dele, e estão sempre prontos a tomar o lugar dos bons Espíritos que forem solicitados. As qualidades que atraem, de preferência, os bons Espíritos são: a bondade, a benevolência, a simplicidade do coração, o amor ao próximo, o desligamento das coisas materiais. Os defeitos que os afastam são: o orgulho, o egoísmo, a inveja, o ciúme, o ódio, a ganância, a sensualidade e todas as paixões pelas quais o homem se apega à matéria.

228 Todas as imperfeições morais são portas abertas aos maus Espíritos. Mas a que exploram com mais habilidade é o orgulho, porque é o que a criatura reconhece menos em si mesma; o orgulho perdeu numerosos médiuns dotados das mais belas faculdades e que, não fosse por isso, teriam podido se tornar médiuns notáveis e muito úteis; transformados em presa dos Espíritos mentirosos, suas faculdades são primeiramente pervertidas, depois aniquiladas, e mais de um se viu humilhado pelas mais severas decepções.

O orgulho se manifesta nos médiuns por sinais inequívocos sobre os quais é necessário chamar a atenção, porque é um dos caprichos que mais devem despertar desconfiança sobre a veracidade de suas comunicações. É, primeiramente, uma confiança cega na superioridade dessas comunicações e na infalibilidade do Espírito que as dá; daí um certo desdém por tudo o que não vêm deles, pois acreditam ter o privilégio da verdade. O prestígio dos grandes nomes com que se adornam os Espíritos que dizem ser seus protetores os fascina e, como seu amor-próprio sofreria em confessar que são enganados, recusam toda espécie de conselhos; eles mesmos os evitam, ao se afastar de seus amigos e de todo aquele que poderia abrir-lhes os olhos; se cedem a escutá-los, não levam em consideração suas advertências, pois duvidar da superioridade de seu Espírito protetor é quase uma profanação, uma irreverência. Eles se melindram com a menor contrariedade, com uma simples observação crítica, e algumas vezes chegam até a sentir ódio das pessoas que lhe prestaram esse favor. Graças a esse isolamento provocado pelos Espíritos que não querem ter contraditores, esses mesmos Espíritos se comprazem em entretê-los em suas ilusões, como também os fazem facilmente tomar os maiores absurdos por coisas sublimes. Assim, confiança absoluta na superioridade do que obtêm, desprezo daquilo que não vêm deles, importância irrefletida ligada aos grandes nomes, recusa de conselhos, tomar a mal qualquer crítica, afastamento daqueles que podem dar conselhos desinteressados, crença em sua habilidade, apesar de sua falta de experiência, essas são as características dos médiuns orgulhosos.

Também é preciso convir que o orgulho, muitas vezes, é instigado no médium pelos que o rodeiam. Se possui faculdades um pouco fora do comum, é procurado e louvado; acredita-se indispensável, e logo toma ares de vaidade e de desdém quando presta sua participação. Mais de uma vez lamentamos os elogios que demos a alguns médiuns com o objetivo de encorajá-los.

229 Ao lado disso, mostramos o quadro do médium verdadeiramente bom, em que se pode confiar. Primeiramente, deve ter uma facilidade de execução muito grande para permitir aos Espíritos se comunicarem livremente e sem encontrar nenhuma dificuldade material. Depois disso, o que mais importa considerar é a natureza dos Espíritos que o assistem habitualmente, e para isso não é ao nome que devemos nos referir, mas à linguagem. Ele nunca deve se esquecer de que as simpatias que desfruta entre os bons Espíritos estarão em razão do que fará para afastar os maus. Persuadido de que sua faculdade é um dom que lhe é concedido para o bem, nunca procura se prevalecer dela e não a apresenta como um mérito seu. Aceita as boas comunicações, que lhe são transmitidas como uma graça, devendo se esforçar para se tornar digno delas por sua bondade, benevolência e modéstia. O outro se orgulha de suas relações com os Espíritos superiores, enquanto esse se humilha, porque se considera sempre abaixo desse favor.

230 A instrução seguinte sobre esse assunto nos foi dada por um Espírito de quem já relatamos muitas comunicações:

"Já dissemos: os médiuns, na qualidade de médiuns, desempenham apenas uma influência secundária nas comunicações dos Espírito; sua tarefa é a de um telégrafo, que transmite os despachos telegráficos de um ponto a outro ponto afastado da Terra. Assim, quando queremos ditar uma comunicação, agimos sobre o médium como o empregado do telégrafo age sobre seu aparelho; ou seja, assim como o tique-tique do telégrafo vai escrevendo, a milhares de léguas, sobre uma tira de papel, sinais reprodutores do despacho, do mesmo modo comunicamos através de distâncias incomensuráveis, que separam o mundo visível do mundo invisível, o mundo imaterial do mundo encarnado, o que queremos vos ensinar por meio do aparelho mediúnico. Mas, do mesmo modo que as influências atmosféricas agem e perturbam muitas vezes as transmissões do telégrafo elétrico, a influência moral do médium algumas vezes age e perturba a transmissão de nossas mensagens do além-túmulo, porque somos obrigados a fazê-los passar por um meio que lhes é contrário. Entretanto, muitas vezes essa influência é anulada pela nossa energia e vontade, e não há perturbação alguma. De fato, ditados de uma alta importância filosófica, comunicações de perfeita moralidade são transmitidas algumas vezes por médiuns pouco apropriados a esses ensinamentos superiores; enquanto, por outro lado, comunicações pouco edificantes chegam, algumas vezes, por médiuns que se envergonham de lhes terem servido de intérpretes.

"Em tese geral, pode-se afirmar que os Espíritos atraem Espíritos que lhes são semelhantes e que raramente os Espíritos das esferas elevadas se comunicam por aparelhos maus condutores quando têm à mão bons aparelhos mediúnicos, numa palavra, bons médiuns.

"Os médiuns levianos e pouco sérios atraem para si Espíritos da mesma natureza; é por isso que suas comunicações são marcadas por banalidades, frivolidades, idéias sem seqüência e muitas vezes heterodoxas*, espiritualmente falando. Certamente podem dizer, e algumas vezes dizem, boas coisas; mas é nesse caso principalmente que é preciso fazer um exame sério e escrupuloso; porque, de permeio de boas coisas, alguns Espíritos hipócritas insinuam com habilidade e com uma

---

* **Heterodoxo:** neste caso, opiniões ou ensinamentos contrários ao Espiritismo (N.E.).

calculada perversidade fatos controvertidos, asserções mentirosas, a fim de enganar a boa-fé dos que lhes dão atenção. Deve-se, então, cortar sem piedade qualquer palavra, qualquer frase equivocada e conservar do ditado apenas o que a lógica aceita ou o que a Doutrina Espírita já ensinou. As comunicações dessa natureza são perigosas só para os espíritas individualistas, isolados, e para os grupos recentes ou pouco esclarecidos, visto que, nas reuniões onde os adeptos são mais avançados e adquiriram experiência, a gralha que se enfeita com plumas de pavão sempre é implacavelmente desmascarada.

"Não falarei dos médiuns que se comprazem em solicitar e escutar comunicações indecentes; deixemos que se comprazam na sociedade dos Espíritos cínicos. Aliás, os autores de comunicações dessa natureza procuram a solidão e o isolamento, porque só causariam desdém e repulsa entre os membros dos grupos filosóficos e sérios. Mas a influência moral do médium se faz realmente sentir quando ele sobrepõe suas idéias pessoais e as substitui pelas que os Espíritos se esforçam por lhe sugerir; é então que tira da sua imaginação teorias fantásticas que ele acredita, de boa-fé, resultar de uma comunicação intuitiva. Há, nesses casos, mil possibilidades contra uma de que isso seja apenas o reflexo do Espírito pessoal do médium, e acontece mesmo o fato curioso de a mão do médium se mover, algumas vezes, quase mecanicamente, impelida que é por um Espírito secundário e zombeteiro. É contra essa pedra de toque que vêm se quebrar as imaginações ardentes; pois, arrastados pelo entusiasmo de suas próprias idéias, pelo brilho de seus conhecimentos literários, os médiuns desprezam o modesto ditado de um Espírito sábio e, abandonando a presa pela sombra, substituem-no por uma linguagem pomposa. É contra esse temível obstáculo que vêm igualmente se chocar as personalidades ambiciosas, que, na falta de boas comunicações que os bons Espíritos lhes recusam, apresentam suas próprias obras como desses Espíritos. Eis por que é preciso que os dirigentes dos grupos espíritas estejam munidos de um tato apurado e de uma rara sagacidade para discernir as comunicações autênticas das que não o são e para não ferir os que iludem a si mesmos.

"Na dúvida, abstém-te, diz um de vossos antigos provérbios. Não admitais, portanto, o que não for para vós de uma evidência certa. Desde que uma opinião nova se apresenta, por pouco que vos pareça duvidosa, passai-a pelo crivo da razão e da lógica; o que a razão e o bom senso reprovam, rejeitai-o com firmeza. *Melhor repelir dez verdades do que admitir uma única mentira*, uma única teoria falsa. De fato, bre essa teoria poderíeis edificar todo um sistema, que desmoronaria ao primeiro sopro da verdade, como um monumento construído sobre areia movediça; enquanto, se rejeitais hoje algumas verdades, porque não vos são demonstradas lógica e claramente, logo um fato normal, natural, ou uma demonstração irrefutável virá vos afirmar a autenticidade disso.

"Lembrai-vos, contudo, ó espíritas, que não existe o impossível para Deus e para os bons Espíritos, a não ser a injustiça e a maldade.

"Agora o Espiritismo está bastante difundido entre os homens e tem moralizado suficientemente os seguidores sinceros de sua santa doutrina para que os Espíritos não sejam obrigados a empregar as más ferramentas, os médiuns imperfeitos. Se agora, portanto, um médium, pela sua conduta ou seus hábitos, por seu orgulho, por sua falta de amor e caridade, der um motivo legítimo de suspeita, repeli, repeli suas comunicações, porque há uma serpente escondida no meio das flores. Eis minha conclusão sobre a influência moral dos médiuns".

Erasto

INFLUÊNCIA DO MEIO

231 1. O meio em que o médium se encontra exerce influência sobre as manifestações?

"Todos os Espíritos que rodeiam o médium o ajudam para o bem ou para o mal."

2. Os Espíritos superiores não podem se impor à má vontade do Espírito encarnado que lhes serve de intérprete e à daqueles que o rodeiam?

"Sim, quando o julgam útil e conforme a intenção da pessoa que se dirige a eles. Nós já dissemos: os Espíritos mais elevados podem, algumas vezes, se comunicar por uma distinção especial, apesar da imperfeição do médium e do meio, mas nesse caso o meio e o médium lhes são completamente indiferentes."

3. Os Espíritos superiores procuram conduzir as reuniões fúteis a idéias mais sérias?

"Os Espíritos superiores não vão a reuniões onde sabem que sua presença é inútil. Aos meios pouco instruídos onde há sinceridade, vamos voluntariamente, mesmo quando encontramos apenas médiuns comuns, simples; mas, aos meios instruídos onde a ironia domina, não vamos. Nesses meios, é preciso falar aos olhos e aos ouvidos: é o papel dos Espíritos batedores e zombeteiros. É bom que pessoas que se vangloriam de sua ciência sejam humilhadas pelos Espíritos menos instruídos e menos avançados."

4. O acesso às reuniões sérias é proibido aos Espíritos inferiores?

"Não. Algumas vezes assistem para aproveitar os ensinamentos que vos são dados; mas ficam em silêncio, *como atordoados, em assembléia de homens sábios*."

232 Seria um erro acreditar que é preciso ser médium para atrair para si os Espíritos. O espaço é povoado deles; nós os temos sem parar ao nosso redor, ao nosso lado; eles nos vêem, nos observam, se misturam em nossas reuniões, nos seguem ou nos evitam, conforme os atraímos ou repelimos. A faculdade mediúnica não influi em nada para isso; ela é apenas um meio de comunicação. Conforme o que vimos sobre as causas da simpatia ou da antipatia dos Espíritos, compreende-se facilmente que devemos estar rodeados dos que têm afinidade com o nosso próprio Espírito, conforme seu grau de elevação ou inferioridade. Consideremos agora o estado moral de nosso globo e se compreenderá de que gênero são os Espíritos errantes. Se tomarmos cada povo em particular, poderemos julgar, pela característica dominante dos seus habitantes, pelas suas preocupações, seus sentimentos mais ou menos morais e *humanitários*, as ordens de Espíritos que de preferência se unem a ele.

Partindo desse princípio, suponhamos uma reunião de homens levianos, inconseqüentes, ocupados com seus prazeres; quais serão os Espíritos que de preferência estarão entre eles? Certamente, não serão os Espíritos superiores, do mesmo modo que nossos sábios e nossos filósofos não iriam passar seu tempo num lugar desses. Assim, todas as vezes que os homens se reúnem têm com eles uma assembléia oculta que simpatiza com suas qualidades ou seus defeitos, e isso *sem se pensar em evocação*. Admitamos agora que tenham a possibilidade de se comunicar com os seres do mundo espiritual por meio de um intérprete, ou seja, de um médium; quais serão os que vão responder ao seu chamado? Evidentemente os que estão lá, todos prontos, e que procuram apenas uma oportunidade para se comunicar. Se, numa assembléia de futilidades, evocamos um Espírito superior, ele poderá vir, e até proferir algumas palavras sensatas, como um bom pastor vai ao meio de suas ovelhas desgarradas. Mas, a partir do momento em que não se vê compreendido nem escutado, ele se vai, como faríeis vós mesmos em seu lugar, e outros têm então o campo livre.

233 Nem sempre basta que uma assembléia seja séria para receber comunicações de ordem elevada; há pessoas que nunca riem e cujo coração não é por essa razão mais puro; acontece que é especialmente o coração que atrai os bons Espíritos. Nenhuma condição moral exclui as comunicações espíritas, mas os que estão em más condições conversam com os seus semelhantes, que não hesitam em enganar e, muitas vezes, bajular preconceitos.

Vê-se por aí a enorme influência do meio sobre a natureza das manifestações inteligentes; mas essa influência não se exerce como pretenderam algumas pessoas quando não se conhecia ainda o mundo dos Espíritos como se conhece hoje e antes que as experiências mais concludentes viessem esclarecer as dúvidas. Quando as comunicações concordam com a opinião dos assistentes, não é porque essa opinião se reflete no Espírito do médium como se fosse um espelho; é porque os Espíritos que vos são simpáticos para o bem ou para o mal e que são muitos participam das mesmas idéias. A prova disso é que, se puderem atrair outros Espíritos além daqueles que os rodeiam, o mesmo médium usará de uma linguagem totalmente diferente e dirá coisas muito além de seus pensamentos e convicções. Em resumo, as condições do meio serão tanto melhores quanto mais houver homogeneidade para o bem, mais sentimentos puros e elevados, mais desejo sincero de aprender sem idéias preconcebidas.

22

MEDIUNIDADE ENTRE OS ANIMAIS

Dissertação de um Espírito sobre essa questão

234 Os animais podem ser médiuns? Essa questão tem sido levantada com freqüência, e alguns fatos parecem responder a ela de modo afirmativo. O que, especialmente, deu crédito a essa opinião foram os sinais notáveis de inteligência de alguns pássaros adestrados, que parecem adivinhar o pensamento e tiram de um maço de cartas as que têm a resposta exata a uma questão proposta. Observamos essas experiências com um cuidado todo particular, e o que mais temos admirado é a arte que foi necessário desenvolver para a instrução desses pássaros. Não se lhes pode, sem dúvida, negar uma certa dose de inteligência relativa, mas seria preciso convir que, em certas circunstâncias, sua perspicácia ultrapassaria muito a do homem, porque não há ninguém que possa se gabar de fazer o que eles fazem; seria preciso mesmo para algumas experiências lhes supor um dom de segunda vista superior ao dos sonâmbulos mais clarividentes. De fato, sabe-se que a lucidez é essencialmente variável e está sujeita a freqüentes intermitências, enquanto entre esses pássaros seria permanente e funcionaria no momento apropriado, com uma regularidade e uma precisão que não se vêem em nenhum sonâmbulo; numa palavra, ela nunca lhes faltaria. A maioria das experiências que vimos são da mesma natureza dos ilusionistas, e não nos deixaram dúvidas sobre o emprego de alguns de seus meios, notadamente o das cartas marcadas. A arte da presdigitação, do ilusionismo, consiste em dissimular, disfarçar, esses truques, sem o que não teria graça. O fenômeno, mesmo reduzido a essa proporção, não é menos interessante, e resta sempre para se admirar o talento do instrutor, assim como a inteligência do aluno, porque a dificuldade a vencer é bem maior do que se o pássaro agisse somente por si mesmo; acontece que, levá-lo a fazer coisas que superam o limite do possível para a inteligência humana, é provar, só por isso, o emprego de um procedimento secreto. Há, aliás, um fato constante: esses pássaros chegam a esse grau de habilidade depois de um certo tempo, de cuidados particulares e perseverantes, o que não seria necessário se sua inteligência fizesse sozinha todas aquelas coisas. Não é mais extraordinário ensiná-los a tirar cartas do que habituá-los a repetir músicas ou palavras.

Aconteceu o mesmo quando os ilusionistas quiseram imitar a segunda vista; fazia-se levar o sujeito ao extremo, para que a ilusão fosse de longa duração. Desde a primeira vez que assistimos a uma sessão desse gênero, vimos apenas uma imitação muito imperfeita do sonambulismo, revelando a ignorância das condições mais essenciais dessa faculdade.

235 Quaisquer que sejam as experiências que acabamos de comentar, a questão principal permanece intacta em relação a um outro ponto de vista; visto que a imitação do sonambulismo não impede a faculdade de existir, a imitação da mediunidade dos pássaros não prova nada contra a possibilidade de uma faculdade semelhante entre eles ou entre outros animais. Trata-se, portanto, de saber se os animais estão aptos, como os homens, para servir de intermediários aos Espíritos para suas comunicações inteligentes. Parece mesmo muito lógico supor que um ser vivo, dotado de uma certa dose de inteligência, seja mais apropriado a esse efeito do que um corpo inerte, sem vitalidade, como uma mesa, por exemplo; entretanto, não é o que acontece.

236 A questão da mediunidade dos animais se encontra completamente resolvida na dissertação seguinte, dada por um Espírito de quem já pudemos apreciar a profundeza e a inteligência em outras citações que já tivemos a oportunidade de fazer. Para compreender bem o valor de sua demonstração, é essencial nos reportarmos à explicação que ele dá sobre o papel do médium nas comunicações e que reproduzimos anteriormente (Veja a questão nº 225).

Essa comunicação foi dada em seguida a uma discussão sobre esse assunto na Sociedade Parisiense de Estudos Espíritas.

"Hoje abordo a questão da mediunidade dos animais, levantada e sustentada por um dos vossos adeptos mais fervorosos. Ele defende, em virtude deste axioma*: *Quem pode o mais pode o menos*, que podemos mediunizar os pássaros e os outros animais e nos servir deles em nossas comunicações com a espécie humana. É o que se chama em filosofia, ou antes em lógica, pura e simplesmente de sofisma, isto é, de um falso argumento. 'Vós podeis animar', diz ele, 'a matéria inerte, ou seja, a mesa, a cadeira, o piano; antes de tudo, devereis poder animar a matéria já animada e naturalmente os pássaros'. Pois bem! Pelas leis do Espiritismo, isso não acontece, isso não pode acontecer.

"Primeiramente, entendamo-nos bem acerca dos fatos. O que é um médium? É o ser, é o indivíduo que serve de intermediário aos Espíritos, para que estes possam se comunicar com facilidade com os homens, os

---

* **Axioma:** proposição que se admite como verdadeira (N.E.).

Espíritos encarnados. Por conseguinte, sem médium, não há comunicações tangíveis, mentais, escritas, físicas, nem de qualquer outra natureza.

"Há um princípio que, estou certo, é admitido por todos os espíritas: os semelhantes agem com seus semelhantes e como seus semelhantes. À vista disso, quem são os semelhantes dos Espíritos senão os Espíritos encarnados ou não? Será que é preciso vos repetir isso sem parar? Pois bem! Eu vos direi também: vosso perispírito e o nosso são tirados do mesmo meio, são de natureza idêntica, são, numa palavra, semelhantes. Possuem uma propriedade de assimilação mais ou menos desenvolvida, de imantação mais ou menos vigorosa, que permite, Espíritos e encarnados, nos colocarmos muito pronta e facilmente em comunicação. Enfim, o que é atributo dos médiuns, o que é da própria essência de sua individualidade, é uma afinidade especial e ao mesmo tempo uma força de expansão particular que anulam neles toda a refratariedade e estabelecem entre eles e nós uma espécie de corrente, uma espécie de fusão, que facilita nossas comunicações. É, aliás, essa refratariedade da matéria que se opõe ao desenvolvimento da mediunidade na maioria dos que não são médiuns.

"Os homens sempre têm propensão a exagerar tudo, e não falo aqui dos materialistas; uns recusam uma alma aos animais, outros querem lhes dar uma, semelhante à nossa. Por que pretender confundir assim a perfeição com a imperfeição? Não, não. Ficai convencidos disso: a centelha que anima os irracionais, o sopro que os faz agir, mover-se e falar em sua linguagem própria, não tem, no momento, nenhuma aptidão para se misturar, unir-se, fundir-se com o sopro divino, a alma etérea, o Espírito numa palavra, que anima o ser essencialmente perfectível: o homem, esse rei da criação. Não é exatamente a superioridade da espécie humana sobre as outras espécies terrestres que lhe dá a condição essencial do perfeccionismo? Pois bem! Reconhecei, então, que não se pode assimilar ao homem, único perfectível em si mesmo e em suas obras, nenhum indivíduo de outra espécie viva sobre a Terra.

"O cão, pela sua inteligência superior entre os animais, tornou-se amigo e hóspede do homem; ele é perfectível por si mesmo e por sua iniciativa pessoal? Ninguém ousaria afirmar isso, porque o cão não faz progredir o cão, e o que dentre eles é mais bem adestrado é sempre adestrado por seu dono. Desde que o mundo é mundo, a lontra constrói seu abrigo sobre as águas, segundo as mesmas proporções e seguindo uma regra invariável; os rouxinóis e as andorinhas nunca constroem seus ninhos de maneira diferente da dos seus pais. Um ninho de pardais de antes do dilúvio e um ninho de pardais da época moderna é sempre um ninho de pardais, edificado nas mesmas condições e com o mesmo sistema de entrelaçamento das palhinhas, das ervas e dos resíduos recolhidos na primavera, na época dos amores. As abelhas e as formigas, nas suas pequenas repúblicas caseiras, nunca variaram em seus hábitos de abastecimento, seu comportamento, seus costumes, sua maneira de produzir. Enfim, a aranha sempre tece sua teia da mesma maneira.

"Por outro lado, se procurais as cabanas de folhagem e as tendas das primeiras idades da Terra, encontrareis em seu lugar palácios e castelos da civilização moderna; às vestimentas de pele bruta sucederam os tecidos de ouro e de seda; enfim, a cada passo encontrareis a prova dessa marcha incessante da humanidade, sempre em progresso.

"Desse progresso constante, invencível, irrecusável da espécie humana e desse estacionamento indefinido das outras espécies animadas, deveis concluir comigo que, se existem princípios comuns ao que vive e ao que se move sobre a Terra: o sopro e a matéria, não é menos verdade que dentre todos eles só vós, Espíritos encarnados, estais submissos a essa inevitável lei do progresso, que vos impele fatalmente adiante e sempre adiante. Deus colocou os animais ao vosso lado como auxiliares, para vos alimentar, vos vestir, vos ajudar. Ele lhes deu uma certa dose de inteligência, porque, para vos ajudar, seria preciso compreenderem, e proporcionou sua inteligência aos serviços que são chamados a fazer; mas, em sua sabedoria, não quis que estivessem submetidos à mesma lei do progresso; tais como foram criados permanecem e permanecerão até a extinção de suas espécies.

"Foi dito: os Espíritos mediunizam e fazem mover a matéria inerte, cadeiras, mesas, pianos; fazem mover, sim, mas mediunizam, não! Portanto, mais uma vez dizemos, sem médium, nenhum desses fenômenos pode se produzir. O que há de extraordinário no fato de fazermos, com a ajuda de um ou vários médiuns, mover a matéria inerte, passiva, que justamente em razão de sua passividade, de sua inércia, é apropriada para executar os movimentos e os impulsos que desejamos lhe imprimir? Para isso, temos necessidade de médiuns, é certo; mas não é necessário que o médium esteja presente, ou seja, *consciente*, porque podemos agir com os elementos que ele nos fornece sem que ele o saiba e sem a sua presença, especialmente nos fenômenos da tangibilidade e de transporte. Nosso envoltório fluídico, mais imponderável e mais sutil que o mais sutil e o mais imponderável dos vossos gases, une-se, casa-se, combina-se com o envoltório fluídico, mas animalizado, do médium, cuja propriedade de expansão e de penetrabilidade é incompreensível para os vossos sentidos grosseiros e quase inexplicável para vós; isso nos permite mover os móveis e mesmo quebrá-los em aposentos desabitados.

"Certamente, os Espíritos podem se tornar visíveis e tangíveis para os animais, e muitas vezes o pavor súbito de que são tomados e que não vos parece motivado é causado por uma visão de um ou de vários Espíritos mal-intencionados para com os indivíduos presentes ou para com os donos desses animais. Muito freqüentemente avistais cavalos que não querem nem avançar nem recuar ou que se empinam diante de um obstáculo imaginário; pois bem! Tende como certo que o obstáculo imaginário é muitas vezes um Espírito ou um grupo de Espíritos que se comprazem em impedi-los de avançar. Lembrai-vos da mula de Balaão[1], que, vendo um anjo diante dela e temendo sua espada flamejante, obstinava-se em não se mover; isso porque, antes de se manifestar visivelmente a Balaão, o anjo quis se tornar visível apenas para o animal; mas eu o repito: nós não mediunizamos diretamente nem os animais nem a matéria inerte; sempre nos é preciso a participação *consciente* ou *inconsciente* de um médium humano, porque nos é preciso a união de fluidos semelhantes, o que não encontramos nem nos animais nem na matéria bruta.

"O senhor T..., conforme disse, magnetizou seu cão; o que aconteceu? Ele o matou; o infeliz animal morreu após ter caído numa espécie de atonia, de languidez, conseqüência de sua magnetização. De fato, ao inundá-lo de um fluido tirado de uma essência superior à essência especial de sua natureza de cão, esse fluido o esmagou e agiu sobre ele, ainda que lentamente, com a potência de um raio. Portanto, como não há nenhuma assimilação possível entre nosso perispírito e o envoltório fluídico dos animais propriamente ditos, nós os esmagaríamos instantaneamente se os mediunizássemos.

"Isso estabelecido, reconheço perfeitamente que existem nos animais aptidões diversas; que alguns sentimentos e algumas paixões idênticos às paixões e aos sentimentos humanos, se desenvolvem neles; que são sensíveis e reconhecidos, vingativos e rancorosos, conforme se aja bem ou mal com eles. É que Deus, que não faz nada incompleto, deu aos animais companheiros ou servidores do homem qualidades de sociabilidade que faltam inteiramente aos animais selvagens que habitam as solidões. Mas daí a poderem servir de intermediários para a transmissão do pensamento dos Espíritos há um abismo: a diferença das naturezas.

"Sabeis que tiramos do cérebro do médium os elementos necessários para dar ao nosso pensamento uma forma sensível e compreensível para vós; é com a ajuda dos materiais que possui que o médium traduz nosso

---

1 - **Mula de Balaão:** trata-se de um episódio narrado na Bíblia (Números, capítulo 22), em que um anjo aparece ao patriarca israelita que montava uma burrica (N.E.).

pensamento para a linguagem vulgar; pois bem! Que elementos encontraríamos no cérebro de um animal? Há nele palavras, números, letras ou quaisquer sinais semelhantes aos que existem nos homens, mesmo no menos inteligente✐? Entretanto, direis, os animais compreendem o pensamento do homem, até mesmo o adivinham: sim, os animais adestrados compreendem certos pensamentos, mas já os vistes reproduzi-los? Não. Deveis então concluir que os animais não podem nos servir de intérpretes.

"Para resumir: os fatos mediúnicos não podem se produzir sem a participação consciente ou inconsciente dos médiuns, e é somente entre os encarnados, Espíritos como nós, que podemos encontrar aqueles que podem nos servir de médiuns. Quanto ao adestramento de cães, pássaros ou outros animais, para fazer estes ou aqueles exercícios, é vosso trabalho, não nosso."

Erasto

♦ *Na* Revista Espírita *de setembro de 1861 é encontrado em detalhe o processo utilizado pelos adestradores de pássaros habilidosos para lhes fazer tirar de um maço as cartas desejadas.*

✐ - Consulte Nota Explicativa no final do livro (N.E.).

OBSESSÃO

Obsessão simples – Fascinação – Subjugação –
Causas da obsessão – Meios de combatê-la

237 Entre as muitas dificuldades que a prática do Espiritismo apresenta, é preciso colocar em primeira linha a *obsessão*, ou seja, o domínio que alguns Espíritos podem exercer sobre certas pessoas. Só é praticada pelos Espíritos inferiores, que procuram dominar. Os bons Espíritos não impõem nenhum constrangimento; eles aconselham, combatem a influência dos maus e, se não são ouvidos, se retiram. Os maus, ao contrário, se prendem àqueles com que têm simpatia e, quando chegam ao domínio sobre alguém, identificam-se com o seu Espírito e o conduzem como uma verdadeira criança.

A obsessão apresenta características diversas, que é necessário distinguir e que resultam do grau de constrangimento e da natureza dos efeitos que produz. A palavra *obsessão* é, de algum modo, um termo genérico, abrangente, que designa esse conjunto de fenômeno cujas principais variedades são: a *obsessão simples*, a *fascinação* e a *subjugação*.

238 A obsessão simples acontece quando um Espírito malfazejo se impõe a um médium, intromete-se, a seu mau grado, nas comunicações que recebe, impedindo-o de se comunicar com outros Espíritos e se fazendo passar pelos que são evocados.

Não se está obsidiado só porque se é enganado por um Espírito mentiroso; o melhor médium está sujeito a isso, principalmente no começo, quando ainda lhe falta a experiência necessária, do mesmo modo que, entre nós, as pessoas mais honestas podem ser enganadas por espertalhões. Pode-se, portanto, ser enganado sem estar obsidiado; a obsessão consiste na ligação constante com o Espírito do qual não se consegue desembaraçar.

Na obsessão simples, o médium sabe muito bem que está sob a influência de um Espírito enganador, e este não esconde isso, não disfarça de modo algum suas más intenções e seu desejo de contrariar. O médium reconhece facilmente a fraude e, como se mantém alerta, raramente é enganado. Essa forma de obsessão é simplesmente desagradável e não tem outro inconveniente senão o de opor um obstáculo às comunicações que se gostaria de ter de Espíritos sérios ou daqueles a quem se tem afeição.

Pode-se incluir nessa categoria os casos de *obsessão física*, que consiste nas manifestações ruidosas e obstinadas de certos Espíritos que fazem ouvir espontaneamente pancadas ou outros ruídos. Recomendamos ler a respeito desse fenômeno o capítulo 5, "Manifestações físicas espontâneas" (Veja a questão nº 82).

239 A *fascinação* tem conseqüências muito mais sérias. É uma ilusão produzida pela ação direta do Espírito sobre o pensamento do médium que paralisa de algum modo sua capacidade de julgar as comunicações. O médium fascinado não acredita ser enganado: o Espírito tem a arte de lhe inspirar uma confiança cega, que o impede de ver a fraude e de compreender o absurdo do que escreve, mesmo quando salta aos olhos de todos. A ilusão pode até lhe fazer ver o sublime na linguagem mais ridícula. É um erro se acreditar que esse tipo de obsessão pode atingir somente as pessoas simples, ignorantes e desprovidas de julgamento; os homens de mais entendimento, os mais instruídos e os mais inteligentes sob outros aspectos não estão isentos disso, o que prova que essa aberração é o efeito de uma causa estranha da qual sofrem a influência.

Dissemos que as conseqüências da fascinação são muito mais sérias. De fato, graças à ilusão que é a conseqüência dela, o Espírito conduz a criatura que veio a dominar como o faria com um cego, e pode lhe fazer aceitar as doutrinas mais absurdas, as teorias mais falsas como a única expressão da verdade. E mais, pode expô-la a situações ridículas, comprometedoras e mesmo perigosas.

Compreende-se facilmente a diferença entre a obsessão simples e a fascinação; compreende-se também que os Espíritos que produzem esses dois fenômenos devem diferir quanto ao caráter. Na primeira, o Espírito que atormenta a pessoa é apenas um inoportuno por sua insistência e do qual se deseja sinceramente se livrar. Na segunda, é outra coisa; para chegar a tais fins, é preciso um Espírito hábil, astuto e profundamente hipócrita, pois não pode enganar e se fazer aceitar senão com a ajuda da máscara com que se cobre e da falsa aparência da virtude; as grandes palavras de caridade, humildade e amor a Deus são para ele credenciais; mas, mesmo assim, deixa transparecer sinais de inferioridade que é preciso estar *fascinado* para não perceber. Também receia acima de tudo as pessoas que vêem muito claro. É por isso que sua tática é quase sempre inspirar o seu intérprete a se distanciar de todo aquele que possa lhe abrir os olhos. Assim, evitando toda contradição, está certo de ter sempre razão.

240 A *subjugação* é uma atormentação que paralisa a vontade daquele que a sofre e o faz agir fora da sua normalidade. Está, numa palavra, sob um verdadeiro *jugo*.

A subjugação pode ser *moral* ou *corporal*. No primeiro caso, o subjugado é induzido a tomar decisões muitas vezes absurdas e comprometedoras, que, por uma espécie de ilusão, acredita serem sensatas; é uma espécie de fascinação. No segundo caso, o Espírito age sobre os órgãos materiais e provoca movimentos involuntários. Ela se manifesta no médium escrevente por uma necessidade incessante de escrever, mesmo nos momentos mais inoportunos. Chega a acontecer de, na falta de uma caneta ou lápis, como já vimos, simularem escrever com o dedo, em qualquer lugar que se encontrem, mesmo nas ruas, nas portas e nos muros.

A subjugação corporal vai algumas vezes mais longe; ela pode levar aos atos mais ridículos. Conhecemos um homem que não era nem jovem nem bonito, mas, dominado por uma obsessão dessa natureza, via-se obrigado por uma força irresistível a se ajoelhar diante de qualquer jovem, que nunca tinha visto, e pedi-la em casamento. Outras vezes, sentia nas costas e nas pernas uma pressão tão grande que o forçava, apesar da sua resistência, a se ajoelhar e beijar a terra nos lugares públicos diante da multidão. Esse homem passava por louco entre seus conhecidos, mas nós estamos convencidos de que não era um caso de loucura, porque tinha plena consciência do ridículo que fazia contra a sua vontade e sofria horrivelmente com isso.

241 Dá-se vulgarmente o nome de *possessão* ao domínio exercido pelos maus Espíritos quando sua influência se faz sentir na anormalidade do uso das faculdades. A possessão corresponde para nós à subjugação. Se não adotamos esse termo, é por dois motivos: primeiro, porque implica a crença em seres criados para o mal e perpetuamente voltados para o mal, enquanto há apenas seres mais ou menos imperfeitos, mas todos passíveis de melhorar. O segundo implica a idéia de tomada de posse do corpo por um Espírito estranho, uma espécie de coabitação, quando há apenas constrangimento. A palavra *subjugação* exprime perfeitamente a idéia. Assim, para nós, não há *possuídos*, no sentido comum da palavra; há apenas *obsidiados*, *subjugados* e *fascinados*.

242 A obsessão, como já dissemos, é um dos maiores entraves à mediunidade; é também um dos mais freqüentes. Por isso, nunca serão demasiados todos os cuidados que tenhamos em combatê-la, porque, além dos inconvenientes pessoais que acarreta, é um obstáculo incontestável à pureza e à veracidade das comunicações. A obsessão, em qualquer grau, é sempre o efeito de um constrangimento, e esse constrangimento, não podendo jamais ser exercido por um bom Espírito, resulta no fato de toda comunicação dada por um médium obsidiado ser de origem suspeita e não merecer nenhuma confiança. Se, por vezes, nela se encontra algo de bom, é preciso separar isso e rejeitar tudo o que é simplesmente duvidoso.

243 Reconhece-se a obsessão pelas seguintes características:

1º) persistência de um Espírito em se comunicar, queira ou não o médium, pela escrita, audição, tiptologia etc., opondo-se a que outros Espíritos o façam;

2º) ilusão que, não obstante a inteligência do médium, o impede de reconhecer a falsidade e o ridículo das comunicações que recebe;

3º) crença na infalibilidade e na identidade absoluta dos Espíritos que se comunicam e que, sob nomes respeitáveis e venerados, dizem coisas falsas e absurdas;

4º) confiança do médium nos elogios que lhe fazem os Espíritos que se comunicam por ele;

5º) tendência a se afastar das pessoas que podem lhe fazer advertências úteis;

6º) levar a mal a crítica sobre as comunicações que recebe;

7º) necessidade incessante e inoportuna de escrever;

8º) qualquer constrangimento físico que lhe domina a vontade e o força a agir ou falar contra a sua vontade, e

9º) ruídos e desordens constantes ao redor do médium, que é sua causa ou objeto.

244 Na presença do perigo da obsessão, pergunta-se se não é uma coisa deplorável ser médium, se não é essa faculdade que a provoca, ou seja, se não está aí uma prova dos inconvenientes das comunicações espíritas. Nossa resposta é fácil, e rogamos meditá-la com cuidado.

Não foram nem os médiuns nem os espíritas que criaram os Espíritos, e sim os Espíritos que fizeram com que houvesse espíritas e médiuns; uma vez que os Espíritos não são outra coisa além da alma dos homens, está claro que há Espíritos desde que há homens e, por conseguinte, que eles têm durante todo o tempo exercido sua influência salutar ou perniciosa sobre a humanidade. A faculdade mediúnica é para eles apenas um meio de se manifestarem; na falta dessa faculdade, eles o fazem de mil outras maneiras mais ou menos ocultas. Seria um erro acreditar que os Espíritos exercem sua influência apenas por meio de suas comunicações escritas ou verbais; essa influência é de todos os instantes, e mesmo os que não dão atenção aos Espíritos, ou não acreditam neles, estão expostos a isso como qualquer outro, e mais ainda do que os outros, porque não sabem como lidar com eles. A mediunidade é para o Espírito um meio de se fazer conhecer. Se é mau, ele se trai sempre, por mais hipócrita que seja; pode-se dizer que a mediunidade permite ver o inimigo face a face, se assim se pode dizer, e enfrentá-lo com suas próprias armas. Se não for por meio dessa faculdade, age na sombra e, graças à sua invisibilidade, pode fazer, e faz realmente, muito mal. A quantos atos não é o homem impelido para a infelicidade e que teria evitado se tivesse um meio de se esclarecer. Os incrédulos não acreditam dizer tanta verdade quando dizem de um homem que se satisfaz no erro: "É seu mau gênio que o empurra para a desgraça". Assim, o conhecimento do Espiritismo, em vez de facilitar o domínio aos maus Espíritos, deve ter por resultado, em um tempo mais ou menos próximo e quando for difundido, *destruir esse domínio*, ao dar a cada um os meios de se colocar em guarda contra suas sugestões, e aquele que sucumbir, desanimar, não poderá queixar-se senão de si mesmo.

Regra geral: todo aquele que recebe más comunicações espíritas, escritas ou verbais, está sob uma má influência; essa influência se exerce sobre ele escreva ou não escreva, isto é, seja ou não médium, acredite ou não acredite. A escrita nos fornece um meio de nos assegurarmos da natureza dos Espíritos que agem sobre o médium e de combatê-los, se são maus, o que se faz ainda com mais sucesso quando conhecemos o motivo que os faz agir. Se é bastante cego para não compreendê-lo, outros podem lhe abrir os olhos.

Em resumo, o perigo não está no Espiritismo em si, uma vez que ele pode, ao contrário, servir de controle e nos preservar do perigo que corremos constantemente e sem o nosso conhecimento. O perigo está na orgulhosa propensão de certos médiuns, que acreditam ser, levianamente, instrumentos exclusivos dos Espíritos superiores, e na espécie de fascinação que não lhes permite compreender as bobagens de que são intérpretes. Mesmo os que não são médiuns podem se deixar fascinar. Citemos uma comparação. Um homem tem um inimigo secreto que não conhece e que espalha contra ele, ocultamente, a calúnia e tudo o que a maldade pode inventar. Esse homem vê sua fortuna se perder, seus amigos se afastarem, sua felicidade interior ser perturbada; ele não pode se defender e sucumbe; mas um dia esse inimigo secreto lhe escreve e, apesar de sua astúcia, trai-se. Eis seu inimigo descoberto, e pode então desmascará-lo e se reabilitar. É essa a ação dos maus Espíritos, que o Espiritismo nos dá a possibilidade de conhecer e desmascarar.

245 Os motivos da obsessão variam conforme o caráter do Espírito; algumas vezes é uma vingança que ele exerce sobre um indivíduo contra quem tem algo a se queixar durante sua vida ou em uma outra existência; muitas vezes também não há outra razão senão o desejo de fazer o mal; como sofre, quer fazer os outros sofrerem; sente prazer em atormentá-los, em molestá-los; a impaciência das suas vítimas o excita, porque vê atingido o seu objetivo, enquanto a paciência delas o faz desistir, porque a vítima, ao se irritar e ao mostrar despeito, faz precisamente aquilo que ele quer. Esses Espíritos agem por vezes por ódio e por inveja do bem; é por isso que atormentam as pessoas mais honestas. Um deles se agarrou como uma sarna a uma honorável família de amigos nossos, mas não teve a satisfação de enganar; interrogado sobre o motivo de ter atacado antes pessoas boas do que homens maus como ele, respondeu: "Estes não me causam inveja". Outros são guiados por um sentimento de covardia que os leva a se aproveitar da fraqueza moral de certos indivíduos que sabem incapazes de lhes resistir. Um desses, que subjugava um jovem de inteligência muito limitada, interrogado sobre os motivos dessa escolha, respondeu-nos: "Tenho uma necessidade muito grande de atormentar alguém; uma pessoa racional me repeliria; agarro-me a um idiota que não me opõe nenhuma resistência".

246 Há Espíritos obsessores sem maldade, que têm mesmo algo de bom, mas que têm o orgulho do falso saber. Têm suas idéias, seus sistemas sobre as ciências, a economia social, a moral, a religião, a filosofia e querem fazer prevalecer sua opinião; para isso, procuram médiuns muito crédulos que os aceitam de olhos fechados, a quem fascinam para impedi-los de discernir o verdadeiro do falso. Esses são os mais perigosos, porque sabem enganar e podem fazer acreditar nas suas utopias, ou seja, criam argumentos aparentemente válidos nas fantasias mais ridículas. Conhecedores que são do prestígio dos grandes nomes, não têm nenhum escrúpulo em se fazer passar por um nome conhecido e diante do qual todos se inclinam. Não recuam nem mesmo diante do sacrilégio de se dizerem Jesus, a Virgem Maria ou um santo venerado. Procuram deslumbrar por uma linguagem pomposa, mais pretensiosa do que profunda, cheia de termos técnicos e enfeitada de grandes palavras de caridade e de moral; evitam dar um mau conselho porque sabem bem que seriam dispensados. Aqueles de quem abusam os defendem a todo custo, dizendo: "Vejam bem que não dizem nada de mau". Mas a moral é para eles apenas um passaporte, é a menor de suas preocupações; o que querem, antes de tudo, é dominar e impor suas idéias, por mais insensatas que sejam.

247 Os Espíritos que gostam de ditar sistemas são geralmente escrevinhadores e procuram os médiuns que escrevem com facilidade, os quais fazem instrumentos dóceis e principalmente entusiastas, fascinando-os. São quase sempre excessivos no palavreado, muito longos, procurando compensar a qualidade pela quantidade. Comprazem-se em ditar aos seus intérpretes volumosos escritos indigestos e muitas vezes pouco inteligíveis, que, felizmente, têm por antídoto natural a impossibilidade material de serem lidos pelas massas. Os Espíritos verdadeiramente superiores são comedidos em palavras; dizem muita coisa com poucas frases. Portanto, uma fecundidade prodigiosa é sempre suspeita.

É preciso ser extremamente prudente quando se trata de publicar semelhantes escritos; as fantasias e as excentricidades, que são neles abundantes e que chocam o bom senso, produzem uma deplorável impressão nas pessoas que se iniciam na Doutrina Espírita, ao lhes dar uma idéia falsa do Espiritismo, sem contar que são armas de que os inimigos se servem para torná-la ridícula. Entre essas publicações, há as que, sem serem más e sem provirem de uma obsessão, podem ser consideradas imprudentes, *intempestivas* ou desastradas.

248 Muitas vezes ocorre de um médium poder se comunicar apenas com um único Espírito, que se liga a ele e responde pelos que são chamados por seu intermédio. Nem sempre é uma obsessão. Pode ser falta de esclarecimento do médium, uma afinidade especial de sua parte por esse ou aquele Espírito. Há obsessão propriamente dita apenas quando o Espírito se impõe e afasta os outros por sua vontade, o que um bom Espírito nunca faz. Geralmente, o Espírito que se apodera do médium visando dominá-lo não suporta o exame crítico de suas comunicações; se vê que não são aceitas e que são contestadas, ele não se retira, mas inspira ao médium o pensamento de se isolar, e muitas vezes até mesmo o induz a isso. Todo médium que se ofende com as críticas às comunicações que obtém faz-se porta-voz do Espírito que o domina, e esse Espírito não pode ser bom se lhe inspira um pensamento ilógico: o de se recusar ao exame. O isolamento do médium é sempre uma coisa prejudicial para ele, porque não há nenhum senso avaliatório para suas comunicações. Ele não somente deve se esclarecer pelas opiniões de terceiros, mas lhe é necessário estudar todos os gêneros de comunicação para compará-los. Ao se limitar às que obtém, por muito boas que lhes pareçam, expõe-se a iludir-se sobre seu valor, sem contar que ninguém sabe tudo e que essas comunicações giram quase sempre num mesmo círculo de idéias (Veja a questão nº 192, "Médiuns exclusivos").

249 Os meios de combater a obsessão variam conforme o caráter com que ela se reveste. O perigo não existe realmente quando é um médium bem esclarecido que identifica as suas relações com um Espírito mentiroso, como acontece na obsessão simples; isso é para ele apenas um fato desagradável. Mas o fato de isso lhe ser desagradável é uma razão a mais para o Espírito obstinar-se e tentar fazê-lo passar por um vexame. Duas coisas essenciais a se fazer nesse caso: provar ao Espírito que não se é iludido e que lhe é impossível enganar; em segundo lugar, cansar-lhe a paciência ao se mostrar mais paciente do que ele. Quando estiver convencido de que perde seu tempo, acabará por se retirar, como fazem os importunos a quem não se dá ouvidos.

Às vezes isso nem sempre é suficiente e pode ser demorado, porque há os que são teimosos e, para eles, meses e anos nada significam. O médium deve, de outra forma, fazer um apelo fervoroso ao seu bom protetor, assim como aos bons Espíritos que lhe são simpáticos, e rogar-lhes para assisti-lo. Com respeito ao Espírito obsessor, por mais mau que seja, é preciso tratá-lo com firmeza, mas com benevolência, e vencê-lo por bons procedimentos, ao orar por ele. Se é realmente perverso, a princípio zombará disso, mas, mostrando-lhe o caminho da moral, acabará por se emendar. É uma tarefa de conversão a empreender, muitas vezes difícil, ingrata, mas cujo mérito está na dificuldade, e, se é bem realizada, dá sempre a satisfação de ter cumprido um dever de caridade e muitas vezes de ter conduzido ao bom caminho uma alma perdida.

Também é preciso interromper toda comunicação escrita quando se reconhece procedente de um mau Espírito, que não atende a nenhuma razão, a fim de não lhe dar o prazer de ser escutado. Em alguns casos, pode ser útil até mesmo parar de escrever por um tempo, procedendo de acordo com as circunstâncias. O médium escrevente pode evitar essas conversações abstendo-se de escrever, porém não ocorre o mesmo com o médium audiente, que o Espírito obsessor persegue por vezes a todo instante com seus propósitos grosseiros e obscenos e que não pode contar nem mesmo com o recurso de tapar os ouvidos. De resto, é preciso reconhecer que certas pessoas gostam da linguagem trivial desse gênero de Espíritos, que encorajam e provocam ao rirem de suas bobagens, em vez de lhes impor silêncio e moralizá-los. Esses nossos conselhos não podem se aplicar àqueles que querem se arruinar.

250 Há apenas dissabor, e não perigo, para todo médium que não se deixa iludir, pois não pode ser enganado. Mas acontece de modo diferente com a *fascinação*, porque então o domínio que o Espírito exerce sobre a sua vítima não tem limites. A única coisa a fazer é convencer a pessoa de que está enganada e conduzir sua obsessão para o caso simples; mas isso nem sempre é fácil, e algumas vezes é até impossível. A ascendência do Espírito pode ser tal que torna o fascinado surdo a qualquer raciocínio, e pode chegar até a fazê-lo duvidar do acerto da ciência quando o Espírito comete alguma heresia científica séria. Como já dissemos, o fascinado acolhe geralmente muito mal os conselhos; a crítica o melindra, o irrita e o faz teimar com aqueles que não partilham da sua admiração. Suspeitar de seu Espírito é quase uma profanação aos seus olhos, e é tudo o que o Espírito quer, pois o que deseja é que se ajoelhem diante de sua palavra. Um deles exercia sobre uma pessoa que conhecemos uma fascinação extraordinária; nós o evocamos e, depois de algumas charlatanices, vendo que não podia nos enganar quanto à sua identidade, acabou por confessar a falsidade. Quando lhe perguntamos porque abusava assim dessa pessoa, respondeu estas palavras, que denotam claramente o caráter dessa espécie de Espíritos: "Procurava um homem que eu pudesse conduzir; encontrei-o e aqui permanecerei." "Mas, se o esclarecermos, ele vos expulsará". "É o que nós veremos!" Como não há pior cego do que aquele que não quer ver, quando se reconhece a inutilidade de qualquer tentativa para abrir os olhos do fascinado, o que há de melhor a fazer é deixá-lo às suas ilusões. Ninguém pode curar um doente que se obstina em conservar sua doença e nela se compraz.

251 A subjugação corporal muitas vezes tira do obsidiado a energia necessária para dominar o mau Espírito obsessor; é por isso que é preciso a intervenção de uma terceira pessoa, agindo seja pelo magnetismo, seja pela imposição de sua vontade. Não podendo contar com a participação do obsidiado, essa pessoa deve tomar ascendência sobre o Espírito; mas, como essa ascendência pode ser apenas moral, só um ser moralmente superior ao Espírito pode exercê-la, e seu poder será tanto maior quanto maior for a sua superioridade moral, porque se impõe ao Espírito, que fica forçado a se inclinar diante dele; é por isso que Jesus tinha um poder tão grande para expulsar o que se chamava, então, de demônios, ou seja, os maus Espíritos obsessores.

Podemos dar aqui apenas conselhos gerais, porque não há nenhum procedimento material, nenhuma fórmula e, principalmente, nenhuma palavra sacramental que tenha o poder de expulsar os Espíritos obsessores. O que falta algumas vezes ao obsidiado é força fluídica suficiente; nesse caso, a ação magnética de um bom magnetizador pode ajudá-lo. Além disso, é sempre bom procurar um médium de confiança e seguir os conselhos de um Espírito superior ou de seu anjo guardião.

252 As imperfeições morais do obsidiado são muitas vezes um obstáculo para a sua libertação. Eis aqui um exemplo ilustrativo que pode servir para a instrução de todos.

Havia umas irmãs (Veja o capítulo 5, "Manifestações físicas espontâneas", questão nº 89) que por muitos anos foram vítimas de depredações muito desagradáveis. Seus vestidos eram espalhados constantemente por todos os cantos da casa, e até pelos telhados, cortados, rasgados e picotados, por mais cuidado que tomassem em guardá-los à chave. Essas senhoras viviam numa pequena localidade interiorana; nunca tinham ouvido falar do Espiritismo. Seu primeiro pensamento, naturalmente, foi de acreditar que eram alvo de gracejadores de mau gosto, mas a persistência dos fatos e as precauções que tomavam lhes afastaram essa idéia. Só depois de muito tempo que, por algumas indicações, julgaram dever se dirigir a nós, para conhecer a causa desses estragos e os meios de os remediar, se fosse possível. Sobre a causa não havia dúvidas; o remédio era mais difícil. O Espírito que se manifestava era evidentemente malévolo. Ele se mostrou, na evocação, de uma grande perversidade e inacessível a qualquer bom sentimento. Contudo, a prece pareceu exercer sobre ele uma influência salutar; mas, depois de algum tempo de descanso, as depredações recomeçaram. Eis, a esse respeito, o conselho que deu um Espírito superior:

"O que essas damas têm de melhor a fazer é orar para seus Espíritos protetores não abandoná-las, e não tenho melhor conselho a lhes dar do que fazer um exame de sua consciência para se confessar a si mesmas e examinar se sempre praticaram o amor ao próximo e a caridade; não digo a caridade que dá e distribui, mas a caridade da língua; infelizmente, elas não sabem dominar a sua e não justificam, com atos piedosos, o desejo que têm de se verem livres do que as atormenta. Gostam muito de maldizer o seu próximo, e o Espírito que as obsidia o faz por revanche, pois foi seu burro de carga quando vivo. Elas têm apenas que procurar em sua memória e verão logo quem ele é.

"Entretanto, se chegarem a melhorar, seus anjos guardiães se reaproximarão delas, e somente sua presença bastará para afastar o Espírito mau que se agarrou a uma delas especialmente, porque seu anjo guardião precisou se afastar diante de seus atos repreensíveis e de seus pensamentos maus. O que precisam é fazer preces fervorosas para aqueles que sofrem e, principalmente, praticar as virtudes impostas por Deus a cada um segundo sua condição".

Observando que estas palavras nos pareciam um tanto severas e que seria preciso suavizá-las para transmiti-las, o Espírito acrescentou:

"Devo dizer o que disse e da forma como disse, porque as pessoas em questão têm o costume de acreditar que não fazem o mal com a língua, entretanto o fazem, e muito. Eis por que é preciso ferir seu Espírito de modo que seja para elas uma advertência séria".

Ressalta disso um ensinamento de grande importância: as imperfeições morais dão lugar aos Espíritos obsessores, e o meio mais seguro de se desembaraçar dessa obsessão é atraindo os bons pela prática do bem. Os bons Espíritos têm, sem dúvida, mais poder do que os maus, e sua vontade é suficiente para afastar os maus; mas assistem apenas aqueles que os merecem pelos esforços que fazem para melhorar; de outro modo, afastam-se e deixam o campo livre aos maus Espíritos, que se tornam assim, em alguns casos, instrumentos de punição, pois os bons os deixam agir com esse objetivo.

253 É preciso, além disso, se guardar de atribuir à ação direta dos Espíritos todos os dissabores que podem acontecer; muitas vezes eles são a conseqüência da negligência ou da imprevidência. Um fazendeiro nos escreveu que, havia doze anos, toda espécie de infelicidade lhe atingia em relação aos seus animais; ora eram suas vacas que morriam ou não davam mais leite, ora eram seus cavalos, seus carneiros e seus porcos. Fez muitas novenas que não remediaram o mal, assim como as missas que fez rezar e os exorcismos que fez praticar. Então, segundo a crença dos camponeses, persuadiu-se de que fora lançado um feitiço sobre seus animais. Creditando-nos sem dúvida um poder conjurador maior do que o do padre de sua cidade, pediu nosso parecer. Eis a resposta que obtivemos:

"A mortalidade ou a doença dos animais desse homem provém do fato de suas estrebarias estarem infectadas e de ele não fazer nada para as reparar, pois isso *custa dinheiro*".

254 Terminaremos este capítulo com respostas dadas pelos Espíritos a algumas questões, em apoio ao que dissemos.

1. Por que alguns médiuns não podem se desembaraçar dos Espíritos maus que se ligam a eles e como os bons Espíritos que chamam não são poderosos o suficiente para afastar os outros e se comunicar diretamente?

"Não é o poder que falta ao bom Espírito; muitas vezes é o médium que não é forte o bastante para possibilitar esse auxílio; sua natureza se presta melhor a algumas relações; seu fluido se identifica antes com um Espírito do que com um outro; é o que dá um grande domínio àqueles que querem abusar disso."

2. Entretanto, nos parece que há pessoas muito merecedoras, de uma moralidade irrepreensível, que não conseguem se comunicar com os bons Espíritos.

"Isso é uma prova, e quem vos diz, aliás, que não tem o coração maculado por um pouco de mal? Que o orgulho não domina um pouco a aparência da bondade? Essas provas, ao mostrar ao obsidiado sua fraqueza, devem fazê-lo inclinar-se para a humildade.

"Haverá alguém sobre a Terra que possa se dizer perfeito? Aquele que tem todas as aparências da virtude pode ainda ter defeitos ocultos, uma velha levedura de imperfeição. Assim, por exemplo, dizeis de quem não faz mal, de quem é leal em suas relações sociais: é um homem valoroso e digno; mas sabeis se suas boas qualidades não são manchadas pelo orgulho? Se não é avarento, rancoroso, maldizente e muitas outras coisas que não percebeis, visto que as vossas relações com ele não vos dá ensejo de as revelar? O meio mais poderoso de combater a influência dos maus Espíritos é aproximar-se o mais possível da natureza dos bons."

3. A obsessão que impede um médium de obter as comunicações que deseja é sempre um sinal de indignidade de sua parte?

"Não disse que é um sinal de indignidade, mas que há obstáculos a algumas comunicações; é para retirar os obstáculos que tem nele que deve se empenhar; sem isso, suas preces, suas súplicas não farão nada. Não basta a um doente dizer ao seu médico: dai-me saúde; eu quero passar bem; o médico não pode nada se o doente não faz o que é necessário."

4. A impossibilidade de se comunicar com alguns Espíritos seria assim uma espécie de punição?

"Em alguns casos, isso pode ser uma verdadeira punição, como a oportunidade de se comunicar com eles é uma recompensa que deveis vos esforçar por merecer." (Veja o capítulo 17, questão nº 220, "Perda e suspensão da mediunidade").

5. Não se pode combater também a influência dos maus Espíritos moralizando-os?

"Sim, mas é o que não se faz e o que não se pode deixar de fazer, porque muitas vezes é uma tarefa que vos é dada e que deveis realizar caridosa e religiosamente. Por meio de sábios conselhos, pode-se encaminhá-los ao arrependimento e apressar seu adiantamento."

5 a. Como um homem pode ter sob esse aspecto mais influência do que têm os próprios Espíritos?

"Os Espíritos perversos se aproximam mais dos homens, a quem procuram atormentar, do que dos Espíritos, dos quais se afastam o mais possível. Nessa aproximação com os humanos, quando encontram os que os moralizam, primeiramente eles não os escutam e riem deles; depois, se souber cativá-los, acabam se sentindo tocados. Os Espíritos elevados podem lhes falar apenas em nome de Deus, e isso os assusta. O homem, embora não tenha mais poder do que os Espíritos superiores, usa uma linguagem que se identifica melhor com a natureza deles e, ao ver o ascendente que ele pode exercer sobre os Espíritos inferiores, compreende melhor a solidariedade que existe entre o céu e a terra.

"Além disso, essa ascendência que o homem pode exercer sobre os Espíritos está em razão de sua superioridade moral. O homem não tem domínio sobre os Espíritos superiores, nem mesmo sobre os que, sem serem superiores, são bons e benevolentes, mas pode dominar os Espíritos que lhe são inferiores em moralidade" (Veja a questão nº 279).

6. A subjugação corporal num certo grau pode ter como conseqüência a loucura?

"Sim, a uma espécie de loucura cuja causa é desconhecida do mundo, mas que não tem relação com a loucura comum. Entre aqueles que são tratados por loucos, há muitos que são subjugados: seria preciso fazer com eles um tratamento moral, enquanto os tornam loucos verdadeiros com os tratamentos corporais. Quando os médicos conhecerem bem o Espiritismo, saberão fazer essa distinção e curarão mais doentes do que curam com as duchas" (Veja a questão nº 221).

7. O que se deve pensar daqueles que vêem um perigo qualquer no Espiritismo e acreditam que o meio de preveni-lo é proibir as comunicações espíritas?

"Ainda que possam proibir algumas pessoas de se comunicarem com os Espíritos, não podem impedir as manifestações espontâneas feitas a essas mesmas pessoas, pois não podem suprimir os Espíritos nem impedir sua influência oculta. Eles se parecem com as crianças que tapam os olhos e acreditam que ninguém as vê. Seria loucura querer suprimir uma coisa que oferece grandes vantagens só porque há imprudentes que abusam disso; o meio de prevenir esses inconvenientes, ao contrário, é fazer conhecer o Espiritismo a fundo."

IDENTIDADE DOS ESPÍRITOS

Provas possíveis de identidade –
Distinção entre os bons e os maus Espíritos –
Questões sobre a natureza e a identidade dos Espíritos

PROVAS POSSÍVEIS DE IDENTIDADE

255 A questão da identidade dos Espíritos é uma das mais controvertidas, mesmo para os espíritas; é que, de fato, os Espíritos não carregam um documento de identidade, e sabe-se com que facilidade alguns tomam nomes emprestados. Assim, depois da obsessão, é uma das maiores dificuldades do Espiritismo prático; além disso, em muitos casos, a identidade perfeita é secundária e sem importância.

A identidade dos Espíritos das pessoas antigas é mais difícil de constatar, muitas vezes é impossível, e se reduz a uma apreciação puramente moral. Julgam-se os Espíritos, como os homens, pela sua linguagem; se um Espírito se apresenta sob o nome de Fénelon[1], por exemplo, dizendo trivialidade ou tolices, é bem certo que não pode ser ele; mas, se diz apenas coisas dignas do caráter de Fénelon e que este não reprovaria, há, senão uma prova material, pelo menos toda a probabilidade moral de ser ele. É nesse caso, principalmente, que a identidade real é uma questão acessória; uma vez que o Espírito diz apenas coisas boas, pouco importa o nome que o identifica.

Podem dizer, sem dúvida, que o Espírito que toma um nome suposto, mesmo para falar apenas do bem, está cometendo uma fraude e, assim sendo, não pode ser um bom Espírito. É aqui que há delicadas nuanças difíceis de apreender e que temos que explicar.

256 À medida que os Espíritos se purificam e se elevam na hierarquia, as características distintivas de sua personalidade convergem e se expressam de algum modo numa só uniformidade da perfeição, entretanto conservam sua individualidade; é o que acontece com os Espíritos superiores e os Espíritos puros. Nessa posição, o nome que tinham na Terra, numa das muitas existências corporais *passageiras* que tiveram, é fato

---

1 - **Fénelon**: François de Salignac de la Mothe Fénelon (1651-1715): escritor, clérigo e teólogo liberal francês ((N.E.).

completamente insignificante. Lembremos ainda que os Espíritos se atraem pela semelhança de suas qualidades e formam assim grupos ou famílias simpáticas. Por outro lado, se considerarmos o número imenso de Espíritos que, desde a origem dos tempos, devem ter alcançado as primeiras categorias e o compararmos com o número tão restrito de homens que deixaram um grande nome na Terra, compreenderemos que, entre os Espíritos superiores que podem se comunicar, a maior parte não deve ter para nós nome, mas, para fixarmos nossas idéias, eles podem tomar o de uma pessoa conhecida, cuja natureza se identifica melhor com a deles. É assim que nossos anjos guardiães se fazem conhecer na maioria das vezes pelo nome de um dos santos que veneramos, e geralmente pelo daquele que temos mais simpatia. Assim, se o anjo guardião de uma pessoa se disser São Pedro, por exemplo, não há nenhuma prova material que seja precisamente o apóstolo; pode ser ele ou um Espírito totalmente desconhecido, pertencente à família de Espíritos de São Pedro; por isso, qualquer que seja o nome com que a pessoa invoque o seu anjo guardião, ele virá ao chamado que lhe é feito, pois é atraído pelo pensamento, e o nome lhe é indiferente.

Acontece o mesmo todas as vezes que um Espírito superior se comunica espontaneamente sob o nome de um personagem conhecido. Nada prova que seja precisamente o Espírito dessa pessoa; mas, se não disser nada que desminta a elevação do caráter do mencionado, conclui-se que seja ele, e em todos os casos pode-se dizer que, se não for ele, deve ser um Espírito do mesmo grau ou talvez um enviado por ele. Em resumo, a questão do nome é secundária; ele pode ser considerado um simples indício da classe que ocupa o Espírito na *Escala Espírita*.

A questão é diferente quando um Espírito de uma ordem inferior se adorna de um nome respeitável para dar crédito às suas palavras, e esse caso é de tal modo freqüente que toda a precaução com essa espécie de substituição nunca é demais, porque é graças a esses nomes emprestados e com a ajuda principalmente da fascinação que alguns Espíritos sistemáticos, mais orgulhosos do que sábios, procuram impor as mais ridículas idéias.

A questão da identidade é, como dissemos, quase indiferente quando se trata de instruções gerais, uma vez que os melhores Espíritos e os mais evoluídos podem substituir uns aos outros sem maiores conseqüências. Os Espíritos superiores formam, por assim dizer, um todo coletivo, cujas individualidades nos são, com poucas exceções, completamente desconhecidas. O que nos interessa não é sua pessoa, mas seu ensinamento; acontece que, a partir do momento que esse ensinamento é bom, pouco importa que aquele que o dá se chame Pedro ou Paulo; julga-se a sua qualidade, e não o seu nome. Se um vinho é ruim, não é a etiqueta que o tornará melhor. Mas é diferente com as comunicações pessoais, pois é o indivíduo, sua própria pessoa, que nos interessa, e é com razão que, em algumas circunstâncias, deve-se assegurar se o Espírito que vem ao nosso chamado é realmente aquele que se deseja.

257 A identidade é muito mais fácil de constatar quando se trata de Espíritos contemporâneos, de quem se conhece o caráter e os costumes, porque são precisamente esses costumes, de que ainda não tiveram tempo de se despojar, que os fazem reconhecer, e conseqüentemente dizemos que está mesmo aí um dos sinais mais seguros de identidade. O Espírito pode, sem dúvida, dar as provas disso atendendo ao pedido que lhe é feito, mas ele atende se lhe convém, e geralmente esse pedido o fere; é por isso que se deve evitá-lo. Ao deixar seu corpo, o Espírito não se liberta da sua suscetibilidade, isto é, ele se melindra com qualquer questão que o ponha à prova. *A questão é que não ousariam fazer-lhe essas perguntas se ele se apresentasse vivo*, por medo de faltar com a educação; por que, então, teriam menos consideração com ele após sua morte? Se um homem se apresenta num salão declinando seu nome, irá alguém pedir-lhe à queima-roupa para provar que é ele mesmo exibindo seus títulos, sob o pretexto de que há impostores? Esse homem certamente teria o direito de chamar o interpelador às regras de civilidade. É o que fazem os Espíritos não respondendo ou se retirando. Tomemos um exemplo para comparação. Suponhamos que o astrônomo Arago, quando vivo, se fizesse presente numa casa onde não fosse conhecido e o recebessem assim: dizeis que sois Arago, mas, como não vos conhecemos, dignai-vos de nos provar isso ao responder às seguintes perguntas; resolvei tal problema de astronomia; dizeis-nos vosso nome, prenome, o de vossos filhos, o que fazíeis tal dia, a tal hora etc. O que teria ele respondido? Pois bem! Como Espírito, fará o que teria feito quando vivo, e os outros Espíritos fazem o mesmo.

258 Enquanto os Espíritos se recusam a responder a perguntas tolas e absurdas, que teríamos escrúpulo em dirigir à sua pessoa se fosse viva, muitas vezes eles mesmos dão espontaneamente provas irrecusáveis de sua identidade, pelo caráter que revelam em sua linguagem, pelo emprego de palavras que lhes eram familiares, pela citação de certos fatos, de particularidades de sua vida, algumas vezes desconhecidas do público e cuja exatidão pode ser verificada. As provas de identidade ressaltam ainda de uma série de circunstâncias imprevistas que não se apresentam sempre num primeiro momento, mas na seqüência da conversação. Convêm, portanto, esperá-las, sem as provocar, observando com cuidado todas as que podem se notar na natureza das comunicações (Veja a questão n° 70).

259 Um meio que se emprega algumas vezes com sucesso para se assegurar da identidade quando o Espírito que se comunica é suspeito consiste em lhe fazer afirmar, *em nome de Deus todo-poderoso*, que ele é quem diz ser. Muitas vezes, acontece de o que se apossou de um nome falso recue diante desse sacrilégio e, depois de ter começado a escrever: afirmo em nome de..., deter-se e traçar com cólera riscos insignificantes ou quebrar o lápis; se é mais hipócrita, contorna a questão por meio de uma restrição mental, ao escrever, por exemplo: eu vos certifico que digo a verdade; ou melhor ainda: atesto, em nome de Deus, que sou eu mesmo que vos falo etc. Mas há os que não são tão escrupulosos e que juram tudo o que se quer. Um deles se comunicou com um médium dizendo ser Deus, e o médium, muito honrado, de um fervor muito alto, não hesitou em acreditar nele. Evocado por nós, não ousou sustentar sua impostura, e disse: "Não sou Deus, mas sou seu filho". "Sois, pois, Jesus? Isso não é provável, pois Jesus está altamente colocado para empregar um subterfúgio. Ousais, então, afirmar, em nome de Deus, que sois o Cristo?" "Não digo que sou Jesus; digo que sou filho de Deus, pois sou uma de suas criaturas."

Deve-se concluir daí que a recusa da parte de um Espírito de afirmar sua identidade em nome de Deus é sempre uma prova incontestável que o nome com que se identificou é uma impostura, mas que a afirmação é apenas uma presunção, e não uma prova certa.

260 Pode-se também considerar como prova de identidade a semelhança da escrita e da assinatura, mas não são todos os médiuns que obtêm esse resultado, e isso nem sempre é uma garantia suficiente; há falsários no mundo dos Espíritos como neste; elas são, portanto, só uma presunção da identidade, cujo valor depende das circunstâncias que a acompanham. Ocorre o mesmo com determinados sinais materiais que algumas pessoas pensam ser talismãs inimitáveis para os Espíritos mentirosos. Para quem ousa jurar falsamente em nome de Deus ou falsificar uma assinatura não há um sinal material qualquer que possa se apresentar como um obstáculo maior. A melhor de todas as provas de identidade é a linguagem e as circunstâncias do fato mediúnico.

261 É natural, sem dúvida, que, se um Espírito pode imitar uma assinatura, também pode imitar a linguagem. Isso é verdade; vimos os que tomam, descaradamente, o nome do Cristo e, para enganar, simulam o estilo evangélico, pronunciando a torto e a direito estas palavras bem conhecidas: em verdade, em verdade, eu vos digo. Mas, quando se estuda o conteúdo racionalmente, quando se examina minuciosamente o fundo dos seus pensamentos, o alcance das expressões, quando, ao lado de belas máximas de caridade, vê-se recomendações infantis e ridículas, seria preciso estar *fascinado* para se iludir. Sim, algumas partes da forma material da linguagem podem ser imitadas, mas não o pensamento; nunca a ignorância imitará o verdadeiro saber e nunca o vício imitará a verdadeira virtude. Sempre, em alguma parte, aparecerá o verdadeiro caráter, aparecerá a "pontinha da orelha"; é então que o médium, assim como o evocador, tem necessidade de toda sua perspicácia e de todo seu julgamento para desembaraçar a verdade da mentira. Eles devem estar cientes de que os Espíritos perversos são capazes de todos os ardis e que, quanto mais o nome com que o Espírito se anuncia é elevado, mais deve inspirar desconfiança. Quantos médiuns tiveram comunicações, sem autenticidade, assinadas por Jesus, Maria ou um santo venerado!

DISTINÇÃO ENTRE OS BONS E OS MAUS ESPÍRITOS

262 Se a identidade dos Espíritos é, em alguns casos, uma questão acessória e sem importância, não acontece o mesmo com a distinção entre os bons e os maus Espíritos; sua individualidade pode nos ser indiferente, porém sua qualidade não o é jamais. Em todas as comunicações instrutivas, é sobre esse ponto que deve se concentrar toda atenção, pois somente isso pode nos dar a medida de confiança que podemos ter no Espírito que se manifesta, qualquer que seja o nome com que se apresente. O Espírito que se manifesta é bom ou mau? A que grau da *Escala Espírita* ele pertence? Aí está a questão principal (Veja em *O Livro dos Espíritos*, "Escala Espírita", questão nº 100).

263 Julgam-se os Espíritos, já dissemos, como se julgam os homens: pela sua linguagem. Suponhamos que um homem receba vinte cartas de pessoas desconhecidas; pelo estilo, pelo pensamento, por uma série de sinais, enfim, julgará se são instruídas ou ignorantes, polidas ou maleducadas, supérfluas, profundas, frívolas, orgulhosas, sérias, levianas, sentimentais etc. Acontece o mesmo com os Espíritos. Deve-se considerá-los como correspondentes que nunca vimos e procurar entender o que pensar do saber e do caráter de um homem que dissesse ou escrevesse coisas semelhantes. Pode-se colocar como regra invariável e sem exceção que a *linguagem dos Espíritos é proporcional ao grau de sua elevação*. Os Espíritos realmente superiores dizem apenas boas coisas, mas eles as dizem em termos que excluem da maneira mais absoluta toda trivialidade; por mais elevadas que sejam essas comunicações, se são manchadas por uma única expressão que lembre à baixeza, é um sinal certo de inferioridade, com mais forte razão se o conjunto da comunicação ferir a dignidade por sua grosseria. A linguagem sempre revela sua origem, seja pelo pensamento que expressa, seja pela forma; assim, mesmo que um Espírito quisesse nos enganar sobre sua pretensa superioridade, bastaria conversar algum tempo com ele para julgá-lo.

264 A bondade e a benevolência são sempre atributos essenciais dos Espíritos depurados; eles não têm ódio pelos homens nem por outros Espíritos; lamentam as fraquezas, criticam os erros, mas sempre com moderação, sem rancor e sem animosidade. Admitindo que os Espíritos verdadeiramente bons podem querer apenas o bem e dizer apenas coisas boas, conclui-se que tudo aquilo que, na linguagem dos Espíritos, revela falta de bondade e de benevolência não pode emanar de um bom Espírito.

265 A inteligência não pode ser considerada um indício certo de superioridade, visto que a inteligência e a moral não marcham sempre juntas. Um Espírito pode ser bom, benevolente e ter conhecimentos limitados, enquanto um Espírito inteligente e instruído pode ser muito inferior moralmente.

Geralmente, acredita-se que, interrogando o Espírito de um homem que foi sábio numa especialidade na Terra, irá se obter mais certamente a verdade; isso parece lógico, entretanto nem sempre é verdadeiro. A experiência demonstra que os sábios, tanto quanto os outros homens, especificamente aqueles que deixaram a Terra há pouco tempo, ainda estão sob o domínio dos preconceitos da vida corporal; não se desfazem imediatamente das suas idéias sistemáticas. Pode acontecer que, sob a influência das idéias que alimentaram enquanto vivos e que lhes deram glória, vejam as coisas menos claras do que pensamos. Não colocamos esse princípio como regra, longe disso; dizemos somente que isso pode ocorrer e, por conseguinte, que a sabedoria humana nem sempre é uma prova de sua infalibilidade como Espíritos.

266 Ao submeter todas as comunicações a um exame cuidadoso, ao investigar e analisar o pensamento e as expressões como se faz quando se trata de julgar uma obra literária, rejeitando *sem hesitar* tudo o que peca pela lógica e pelo bom senso, tudo o que desmente o caráter do Espírito que se comunica, os Espíritos enganadores desanimam e acabam por se retirar, convencidos de que não podem nos iludir. Nós repetimos: esse é o único meio, mas é infalível, pois não há comunicação má que possa resistir a uma crítica rigorosa. Os bons Espíritos nunca se ofendem com esse procedimento, uma vez que eles mesmos o aconselham, e não têm nada a temer com o exame; somente os maus se melindram e procuram evitá-lo, porque têm tudo a perder, e assim provam o que são.

Eis, a esse respeito, o conselho dado por São Luís:

"Qualquer que seja a mais legítima confiança que vos inspiram os Espíritos que presidem vossos trabalhos, há uma recomendação que nunca é demais repetir e que deveríeis sempre ter presente no pensamento quando vos entregais aos vossos estudos: pesar e amadurecer, submeter ao controle da razão mais severa todas as comunicações que recebeis; desde que um ponto vos pareça suspeito, duvidoso ou obscuro, nunca deixais de pedir explicações necessárias para formar um julgamento, uma opinião".

267 Pode-se resumir os meios de reconhecer a qualidade dos Espíritos nos seguintes princípios:

1º) não há outro critério para avaliar o valor dos Espíritos senão o bom senso. Qualquer outra fórmula dada a esse respeito pelos próprios Espíritos é absurda e não pode emanar de Espíritos superiores;

2º) julgam-se os Espíritos pela sua linguagem e suas ações. As ações dos Espíritos são os sentimentos que eles inspiram e os conselhos que dão;

3º) admitido que os bons Espíritos dizem e fazem apenas o bem, tudo o que é mau não pode vir de um bom Espírito;

4º) os Espíritos superiores sempre têm uma linguagem digna, nobre, elevada, sem mistura de nenhuma trivialidade; dizem tudo com simplicidade e modéstia, nunca se vangloriam, nunca fazem ostentação de seu saber nem de sua posição entre os outros. A dos Espíritos inferiores ou vulgares sempre tem algum reflexo das paixões humanas; toda expressão que indique baixeza, presunção, arrogância, charlatanice, rancor é um indício característico de inferioridade ou de fraude, se o Espírito se apresenta sob um nome respeitado e venerado;

5º) não se deve julgar os Espíritos pelo lado material e pela correção de seu estilo, mas, ao sondar o sentimento íntimo, deve-se analisar suas palavras, pesá-las fria e maduramente sem prevenção. Todo desvio de lógica, razão e sabedoria não deixa dúvida sobre sua origem, qualquer que seja o nome do Espírito (Veja a questão nº 224);

6º) a linguagem dos Espíritos elevados é sempre idêntica, senão pela forma, pelo menos pelo conteúdo. Os pensamentos são os mesmos, quaisquer que sejam o tempo e o lugar; podem ser mais ou menos desenvolvidos, segundo as circunstâncias, as necessidades e as facilidades de se comunicar, mas não são contraditórios. Se duas comunicações com o mesmo nome estão em contradição, uma das duas é evidentemente apócrifa, isto é, falsa, e a verdadeira será a que em nada desmente o caráter conhecido da pessoa. Entre duas comunicações assinadas, por exemplo, por Vicente de Paulo, na qual uma prega a união e a caridade e a outra tende a semear a discórdia, não há pessoa sensata que possa se enganar;

7º) os bons Espíritos dizem apenas o que sabem; calam-se ou confessam sua ignorância quando não sabem. Os maus falam de tudo com segurança, sem se importar com a verdade. Toda heresia científica notória, todo princípio que choca o bom senso demonstra fraude, se o Espírito se diz um Espírito esclarecido;

8º) reconhecem-se ainda os Espíritos levianos pela facilidade com que predizem o futuro e prevêem fatos materiais que não nos é dado conhecer. Os bons Espíritos podem nos fazer pressentir coisas futuras quando esse conhecimento pode ser útil, mas nunca determinam as datas; todo anúncio de um acontecimento dessa natureza é indício de mistificação;

9º) os Espíritos superiores se exprimem de maneira simples, sem prolixidade; sem ser cansativo, seu estilo é objetivo, sem excluir a beleza das idéias e das expressões, claro, inteligível para todos e não exige esforço para ser compreendido; possuem a arte de dizer muitas coisas em poucas palavras, porque dão a cada palavra o seu exato sentido. Os Espíritos inferiores, ou falsos sábios, escondem sob a presunção e a ênfase o vazio de seus pensamentos. Sua linguagem é muitas vezes pretensiosa, ridícula ou obscura por querer parecer profunda;

10º) os bons Espíritos nunca ordenam, não se impõem; eles aconselham e, se não são ouvidos, se retiram. Os maus são impetuosos, dão ordens, querem ser obedecidos e permanecem em qualquer circunstância. Todo Espírito que se impõe trai sua origem. Eles são exclusivistas e absolutos em suas opiniões e pretendem ser os únicos a ter o privilégio da verdade. Exigem crença cega e não fazem apelo à razão, pois sabem que a razão iria desmascará-los;

11º) os bons Espíritos não lisonjeiam; aprovam quando se faz o bem, mas sempre com reserva. Os maus fazem exagerados elogios, estimulam o orgulho e a vaidade, ainda que falem da humildade e procuram *exaltar a importância pessoal* daqueles que desejam dominar;

12º) os Espíritos superiores estão, *em todas as coisas*, acima das puerilidades* da forma. Somente os Espíritos vulgares podem dar importância

---

* **Puerilidade:** qualidade de pueril. Ato, dito ou modos de crianças; criancice, infantilidade. Futilidade, frivolidade, banalidade; parvoíce, parvulez (N.E.).

a detalhes mesquinhos, incompatíveis com idéias verdadeiramente elevadas. *Toda prescrição meticulosa* é sinal certo de inferioridade e de mistificação, enganação, da parte de um Espírito que toma um nome imponente;

13º) é preciso desconfiar dos nomes pomposos, esquisitos e ridículos que tomam alguns Espíritos que querem impor a credulidade; seria um grande absurdo levar esses nomes a sério;

14º) é preciso desconfiar igualmente dos Espíritos que se apresentam muito facilmente sob nomes extremamente venerados; suas palavras devem ser aceitas com a maior das reservas. É especificamente nesses casos que um controle severo é indispensável, pois muitas vezes é uma máscara que tomam para fazer acreditar em pretensas relações íntimas com Espíritos sublimes. É dessa forma que desenvolvem e alimentam a vaidade do médium e se aproveitam dela para induzi-lo muitas vezes a atitudes lamentáveis ou ridículas;

15º) os bons Espíritos são muito escrupulosos em relação ao que podem aconselhar; não têm jamais, em todos os casos, senão um objetivo *sério e eminentemente útil*. Deve-se, portanto, olhar com suspeitas todas as comunicações que não tiveram esse caráter ou que não resistam à razão e refletir maduramente antes de executá-las, para não se expor a mistificações desagradáveis;

16º) reconhecem-se também os bons Espíritos pela sua prudente reserva sobre todas as coisas que envolvem perigos ou suspeitas; repugna-lhes revelar o mal. Os Espíritos levianos ou malevolentes se comprazem em o fazer sobressair. Enquanto os bons procuram suavizar os erros e pregam a indulgência, os maus os exageram e provocam a discórdia por meio de insinuações enganadoras, falsas;

17º) os bons Espíritos prescrevem apenas o bem. Todo ensinamento ou conselho que não está estritamente conforme a *pura caridade evangélica* não pode ser obra dos bons Espíritos;

18º) os bons Espíritos só aconselham coisas perfeitamente racionais; toda recomendação que se afasta da linha reta do bom senso ou das leis imutáveis da natureza indica um Espírito atrasado e por conseguinte pouco digno de confiança;

19º) os Espíritos maus ou simplesmente imperfeitos se traem ainda por sinais materiais que não deixam dúvidas. Sua ação sobre o médium é algumas vezes violenta, provocando movimentos bruscos e entrecortados, uma agitação febril e convulsiva, o que é incompatível com a calma e a doçura dos bons Espíritos;

20º) os Espíritos imperfeitos muitas vezes se aproveitam dos meios de comunicação de que dispõem para dar conselhos maus e traiçoeiros;

insuflam a desconfiança e a animosidade contra aqueles que lhes são antipáticos; principalmente os que podem desmascarar suas imposturas são objeto de sua repreensão. Visam as pessoas fracas para induzi-las ao mal. Empregando alternadamente argumentos falsos, sarcasmos, injúrias e até demonstrações materiais de seu poder oculto para melhor convencer, procuram desviá-las da senda da verdade;

21º) o Espírito dos homens que na Terra tiveram uma preocupação única, material ou moral, se não conseguirem se libertar dessa influência da matéria, permanecem sob o domínio das idéias terrestres e carregam consigo uma parte dos preconceitos, das predileções e *mesmo das manias* que tinham na Terra, o que é fácil de reconhecer pela sua linguagem;

22º) os conhecimentos com que certos Espíritos se enfeitam, muitas vezes com ostentação, não são sinal de sua superioridade. A inalterável pureza dos seus sentimentos morais é, a esse respeito, a verdadeira pedra de toque; ou seja, o melhor meio de os avaliar;

23º) não basta interrogar um Espírito para conhecer a verdade. É preciso antes de tudo saber a quem nos dirigimos, porque os Espíritos inferiores, até mesmo os ignorantes, tratam levianamente as questões mais sérias. Também não basta que um Espírito tenha sido um grande homem na Terra para ter no mundo espírita a suprema ciência. Somente a virtude pode, ao purificá-lo, aproximá-lo de Deus e ampliar os seus conhecimentos;

24º) Da parte dos Espíritos superiores, o humor é muitas vezes fino e gracioso, mas nunca trivial. Para os Espíritos gracejadores, quando não são grosseiros, a sátira mordaz é muitas vezes oportuna;

25º) Estudando com cuidado o caráter dos Espíritos que se apresentam, principalmente do ponto de vista moral, se reconhecerá sua natureza e o grau de confiança que se lhes pode conceder. O bom senso não nos enganará;

26º) Para julgar os Espíritos, como para julgar os homens, primeiramente é preciso saber julgar-se a si mesmo. Infelizmente, há muitas pessoas que tomam sua opinião pessoal como medida exclusiva do bom e do mau, do verdadeiro e do falso. Tudo o que contradiz sua maneira de ver, suas idéias, o sistema que conceberam ou adotaram é mau aos seus olhos. A tais pessoas falta, evidentemente, a primeira qualidade para uma sã apreciação: a retidão do julgamento; mas não suspeitam disso. É o defeito que mais ilude as pessoas.

Todas essas instruções decorrem da experiência e do ensinamento dado pelos Espíritos; nós as completamos com as respostas dadas por eles sobre os pontos mais importantes.

268 *Questões sobre a natureza e a identidade dos Espíritos*

1. Por meio de que sinais se pode reconhecer a superioridade ou a inferioridade dos Espíritos?

"Pela sua linguagem, como distinguis um tolo de um homem sensato. Já dissemos: os Espíritos superiores nunca se contradizem e dizem apenas coisas boas; querem apenas o bem; é sua preocupação.

"Os Espíritos inferiores estão ainda sob o domínio das idéias materiais; seus conhecimentos refletem sua ignorância e sua imperfeição. É dado apenas aos Espíritos superiores conhecer todas as coisas e julgá-las sem paixão."

2. A ciência, num Espírito, é sempre um sinal demonstrativo de sua elevação?

"Não, pois, se ainda está sob a influência da matéria, pode ter vossos vícios e preconceitos. Há pessoas que são neste mundo excessivamente ciumentas e orgulhosas; acreditais que, ao deixá-lo, o seu Espírito perde esses defeitos? Esses defeitos permanecem após a sua partida da Terra, principalmente para os que tiveram paixões bem acentuadas; nesse caso, uma espécie de atmosfera os envolve e lhes conserva todas essas coisas más.

"Esses Espíritos semi-imperfeitos devem ser mais temidos do que os maus, porque a maior parte alia astúcia e orgulho à inteligência. Por meio do seu pretenso saber, impõem-se às pessoas simples e aos ignorantes, que aceitam sem controle suas teorias absurdas e mentirosas; embora essas teorias não possam prevalecer diante da verdade, não deixam de fazer um mal momentâneo, pois entravam a marcha do Espiritismo, e os médiuns se fazem cegos voluntariamente quanto ao mérito do que lhes é comunicado. Essa é uma questão que exige um grande estudo da parte dos espíritas esclarecidos e dos médiuns; para distinguir o verdadeiro do falso é preciso dedicar toda a atenção."

3. Muitos Espíritos protetores se designam sob nomes de santos ou de pessoas conhecidas; o que se deve pensar a esse respeito?

"Todos os nomes de santos e de pessoas conhecidas não bastariam para fornecer um protetor a cada homem; entre os Espíritos, poucos há que tenham um nome conhecido na Terra; é por isso que, muitas vezes, não o dão; mas quase sempre exigis um nome; então, para vos satisfazer, tomam o de um homem que conheceis e que respeitais."

4. Esse nome emprestado não pode ser considerado uma fraude?

"Seria uma fraude da parte de um mau Espírito que quisesse mistificar, enganar; mas, quando é para o bem, Deus permite que seja assim entre os Espíritos da mesma ordem, porque há entre eles solidariedade e semelhança de pensamentos."

5. Assim, quando um Espírito protetor diz ser São Paulo, por exemplo, não é certo que seja o próprio Espírito do apóstolo com esse nome?

"Exatamente, porque encontrais milhares de pessoas que dizem que seu anjo guardião é São Paulo ou qualquer outro; mas o que vos importa se o Espírito que vos protege é tão elevado quanto São Paulo? Eu já vos disse: como precisais de um nome, eles tomam um para se fazer chamar e reconhecer, como tomais nomes de batismo para vos distinguir dos outros membros de vossa família. Eles podem também tomar o dos arcanjos Rafael, Miguel etc., sem que isso tenha alguma conseqüência.

"Além disso, quanto mais um Espírito é elevado, mais se dilata a sua irradiação. Por isso um Espírito protetor de uma ordem superior pode ter sob sua tutela centenas de encarnados. Se vós, na Terra, tendes tabeliões e contadores que se encarregam dos negócios de cem e duzentas famílias, por que quereríeis que fôssemos, espiritualmente falando, menos aptos para a direção moral dos homens do que aqueles o são para a direção material de seus interesses?"

6. Por que os Espíritos que se comunicam tomam, muitas vezes, o nome de santos?

"Eles se identificam com os costumes daqueles a quem falam e tomam nomes que devem causar ao homem a melhor impressão em razão de suas crenças."

7. Os Espíritos superiores vêm sempre em pessoa ou, como acreditam alguns, enviam mandatários encarregados de transmitir seu pensamento?

"Por que não viriam em pessoa, se o podem? Mas, se o Espírito não puder, virá forçosamente um mandatário."

8. O mandatário é sempre suficientemente esclarecido para responder como o faria o Espírito que o envia?

"Os Espíritos superiores sabem a quem confiar a missão de substituí-los. Aliás, quanto mais os Espíritos são elevados, mais se confundem numa comunhão de pensamento, de tal modo que, para eles, a personalidade é uma coisa indiferente, e deveria ocorrer o mesmo para vós; acreditais, pois, que há no mundo dos Espíritos superiores apenas aqueles que conhecestes na Terra capazes de vos instruir? Sois de tal modo levados a vos considerar como protótipos do universo que acreditais sempre que fora de vosso mundo não há mais nada. Pareceis verdadeiramente com esses selvagens que nunca saíram de sua ilha e acreditam que o mundo não vai além dela."

9. **Compreendemos que seja assim quando se trata de um ensinamento sério; mas porque Espíritos elevados permitem a Espíritos inferiores se apresentar com nomes respeitosos para induzir ao erro por meio de ensinamentos muitas vezes perversos?**

"Não é com sua permissão que o fazem; isso não acontece também entre vós? Aqueles que enganam assim serão punidos, ficai certos disso, e sua punição será proporcional à gravidade da impostura. Aliás, se não fôsseis imperfeitos, teríeis ao redor de vós apenas bons Espíritos, e, se sois enganados, deveis atribuir isso apenas a vós mesmos. Deus permite que seja assim para provar vossa perseverança e vosso julgamento e para vos ensinar a distinguir a verdade do erro; se não o fazeis, é porque não sois bastante elevados e ainda tendes necessidade das lições da experiência."

10. **Os Espíritos pouco evoluídos, mas animados de boas intenções e do desejo de progredir, não são algumas vezes encarregados de substituir um Espírito superior, a fim de que tenham oportunidade de se exercitar no ensinamento?**

"Nunca nos bons Centros, quero dizer nos Centros Espíritas sérios, e quando é para um ensinamento geral. Aqueles que se apresentam o fazem sempre por sua vontade e, como dizeis, para se exercitarem; é por isso que suas comunicações, embora boas, sempre têm traços de sua inferioridade. Quando vêm como enviados, é apenas para as comunicações pouco importantes ou pessoais."

11. **As comunicações espirituais ridículas são algumas vezes intercaladas de bons ensinamentos; como conciliar essa anomalia que parece indicar a presença simultânea de bons e maus Espíritos?**

"Os Espíritos maus ou levianos se colocam também a fazer sentenças sem se preocuparem com a importância ou a significação. Todos aqueles que fazem a mesma coisa entre vós são homens superiores? Não. Os bons e os maus Espíritos não convivem juntos. Só pela uniformidade constante das boas comunicações é que reconhecereis a presença dos bons Espíritos."

12. **Os Espíritos que induzem ao erro o fazem sempre conscientemente?**

"Não; há Espíritos bons mas ignorantes que podem se enganar de boa-fé; quando têm consciência de sua insuficiência, conformam-se com ela e dizem apenas o que sabem."

13. Quando um Espírito faz uma falsa comunicação, ele a faz sempre com uma intenção malévola?

"Não; se é um Espírito leviano, ele se diverte mistificando e não tem outro objetivo."

14. Uma vez que certos Espíritos podem enganar por meio da sua linguagem, podem também, aos olhos de um médium vidente, tomar uma falsa aparência?

"Podem, porém mais dificilmente. Quando isso ocorre é com um objetivo que os próprios maus Espíritos não conhecem, isto é, servem de instrumento para dar uma lição ao médium. O médium vidente pode ver Espíritos levianos e mentirosos como outros médiuns os ouvem ou escrevem sob sua influência. Os Espíritos levianos podem aproveitar-se dessa disposição para abusar e enganar por meio de falsas aparências; isso vai depender das qualidades do médium."

15. Para não ser enganado, basta ter boas intenções? E os homens perfeitamente sérios, que não misturam aos seus estudos nenhum sentimento de vã curiosidade, podem também ser enganados?

"Menos do que os outros; mas o homem tem sempre alguns defeitos que atraem os Espíritos zombeteiros. O homem se acredita forte e muitas vezes não o é. Deve, portanto, desconfiar da fraqueza que nasce do orgulho e dos preconceitos. Não se dá atenção a essas duas causas das quais os Espíritos se aproveitam; ao lisonjear as manias esses Espíritos estão seguros de triunfar."

16. Por que Deus permite que os maus Espíritos se comuniquem e digam coisas más?

"Mesmo no que há de pior há ensinamento; cabe a vós saber tirar proveito disso. É preciso que haja comunicações de todas as espécies para vos ensinar a distinguir os bons Espíritos dos maus e para servir de espelho a vós mesmos."

17. Os Espíritos podem, por meio de comunicações escritas, inspirar desconfianças injustas contra certas pessoas e indispor amigos?

"Os Espíritos perversos e invejosos podem fazer no campo do mal tudo o que fazem os homens; é por isso que é preciso tomar cuidado. Os Espíritos superiores são sempre prudentes e reservados quando têm que censurar; eles não dizem nada de mal; advertem com cautela. Se querem que, em seu interesse, duas pessoas deixem de se ver, fazem nascer incidentes que as separam de uma maneira natural. Uma linguagem com o propósito de semear discórdia e desconfiança é sempre ato de um mau Espírito, qualquer que seja o nome com que se apresente. Assim, tende muito bom ouvido com o mal que um Espírito pode dizer de alguém, principalmente quando um bom Espírito vos haja dito o bem, e desconfiai também de vós mesmos e de vossas próprias prevenções. Nas comunicações dos Espíritos, tomai apenas o que há de belo, de grande, de racional e o que vossa consciência aprova."

18. **Pela facilidade com que os maus Espíritos se intrometem nas comunicações, parece que nunca se pode estar certo de ter a verdade.**

"Sim, mas vós tendes um julgamento para apreciá-las. Pela leitura de uma carta, sabeis bem reconhecer se é malcriado ou um homem bem educado, um ignorante ou um sábio quem vos escreve; por que não fazer o mesmo quando são os Espíritos que vos escrevem? Quando recebeis a carta de um amigo afastado, quem vos prova que é realmente dele? Sua escrita, direis; mas não há falsários que imitam todas as escritas, fraudadores que podem conhecer vossos negócios? Entretanto, há sinais sobre os quais não podeis vos enganar; acontece o mesmo com relação aos Espíritos. Imaginais, portanto, que é um amigo quem vos escreve ou que ledes a obra de um escritor e julgais pelos mesmos meios."

19. **Os Espíritos superiores poderiam impedir os maus Espíritos de tomarem falsos nomes?**

"Certamente que sim; mas, quanto mais os Espíritos são maus, mais são obstinados, e muitas vezes fazem o que querem. É preciso também ter em mente que há pessoas pelas quais os Espíritos superiores se interessam mais do que por outras e, quando julgam necessário, sabem preservá-las da ação da mentira. Contra essas pessoas, os Espíritos enganadores são impotentes."

20. **Qual é o motivo dessa parcialidade?**

"Não há nisso parcialidade, há justiça. Os bons Espíritos se interessam por aqueles que aproveitam seus conselhos e trabalham seriamente para seu melhoramento; esses são seus preferidos e os ajudam; mas não se interessam por aqueles que perdem seu tempo com palavras inúteis."

21. **Por que Deus permite aos Espíritos cometerem o sacrilégio de tomarem falsamente nomes venerados?**

"Poderíeis perguntar também por que Deus permite aos homens mentir e blasfemar. Os Espíritos, assim como os homens, têm seu livre-arbítrio tanto para o bem quanto para o mal; mas nem uns nem outros escaparão da justiça de Deus."

22. **Há fórmulas eficazes para expulsar os Espíritos enganadores?**

"Fórmula é matéria. Um bom pensamento para Deus vale mais."

23. Alguns Espíritos disseram ter sinais gráficos inimitáveis, espécies de emblemas que podem fazê-los reconhecer e comprovar sua identidade; isso é verdade?

"Os Espíritos superiores não possuem outros sinais para se fazerem reconhecer senão a superioridade de suas idéias e de sua linguagem. Todos os Espíritos podem imitar um sinal material. Quanto aos Espíritos inferiores, eles se traem de tantas maneiras que é preciso ser cego para se deixar enganar."

24. Os Espíritos enganadores não podem também imitar o pensamento?

"Eles imitam o pensamento como os cenários num teatro imitam a natureza."

25. Desse modo, parece que é sempre fácil descobrir a fraude por meio de um estudo atento?

"Não duvideis disso; os Espíritos enganam apenas os que se deixam enganar. Mas é preciso ter olhos de mercador de diamantes para distinguir a verdadeira pedra da falsa. Acontece que aquele que não sabe distinguir a pedra fina da falsa se dirige ao lapidário."

26. Há pessoas que se deixam seduzir por uma linguagem enfática, que se contentam mais com palavras do que com idéias, que realmente tomam idéias falsas e vulgares por sublimes; como é que essas pessoas, que não estão aptas para julgar a obra dos homens, podem julgar a dos Espíritos?

"Quando essas pessoas têm bastante modéstia para reconhecer sua incapacidade, não confiam em si mesmas; quando por orgulho acreditam ser mais capazes do que são, elas carregam a pena de sua tola vaidade. Os Espíritos enganadores sabem bem a quem se dirigem; há pessoas simples e pouco instruídas mais difíceis de enganar do que outras que têm talento e saber. Ao lisonjear-lhe as paixões, fazem do homem tudo o que querem."

27. Na escrita, os maus Espíritos se traem algumas vezes por sinais materiais involuntários?

"Os hábeis não o fazem; os desajeitados se traem. Todo sinal inútil e pueril é indício certo de inferioridade; os Espíritos elevados não fazem nada inútil."

28. Muitos médiuns reconhecem os bons e os maus Espíritos pela impressão agradável ou desagradável que sentem com a sua aproximação. Perguntamos se a impressão desagradável, a agitação

convulsiva, o mal-estar, são sempre indícios da má natureza dos Espíritos que se manifestam.

"O médium experimenta as sensações do estado em que se encontra o Espírito que vem até ele. Quando o Espírito é feliz, é tranqüilo, leve, sereno. Quando é infeliz, é agitado, febril, e essa agitação passa naturalmente para o sistema nervoso do médium. Acontece o mesmo com o homem aqui na Terra: o bom é calmo e tranqüilo; o mau é sempre agitado."

✦ *Há médiuns de uma maior ou menor impressionabilidade nervosa; é por isso que a agitação não pode ser vista como uma regra absoluta; é preciso aqui, como em todas as coisas, levar em conta as circunstâncias. O caráter agradável ou desagradável da impressão é um efeito de contraste, porque ocorre que, se o Espírito do médium simpatiza com o mau Espírito que se manifesta, será pouco ou nada afetado. Além disso, também não se deve confundir a rapidez da escrita, que se prende ao bom preparo de alguns médiuns, com a agitação convulsiva que os médiuns mais lentos podem experimentar ao contato com os Espíritos imperfeitos.*

25

EVOCAÇÕES

Considerações gerais – Espíritos que podem ser evocados –
A linguagem que se deve usar com os Espíritos –
Utilidade das evocações particulares –
Questões sobre as evocações – Evocações dos animais –
Evocações das pessoas vivas – Telegrafia humana

CONSIDERAÇÕES GERAIS

269 Os Espíritos podem se comunicar espontaneamente ou vir ao nosso chamado, ou seja, atender a uma evocação. Algumas pessoas pensam que não se deve evocar este ou aquele Espírito e que é preferível esperar que queiram se comunicar. Baseiam-se nessa opinião os que pensam que, ao se chamar um Espírito determinado, não se pode ter certeza de que seja ele que se apresenta, enquanto o que vem espontaneamente e por vontade própria prova melhor sua identidade, uma vez que assim anuncia o desejo que tem de se comunicar conosco. Em nossa opinião, é um erro; primeiramente, porque há sempre ao redor de nós Espíritos que na maioria das vezes estão em condições inferiores e que não querem outra coisa senão se comunicar; depois, não chamar nenhum em particular é abrir a porta a todos os que querem entrar. Numa assembléia, não dar a palavra a ninguém é deixá-la para todos, e sabe-se o que resulta disso. O chamado direto a um Espírito determinado é um laço entre ele e nós; nós o chamamos por nosso desejo e opomos assim uma espécie de barreira aos intrusos. Sem um chamado direto, um Espírito muitas vezes não teria nenhum motivo para vir até nós, a não ser o nosso Espírito familiar.

Essas duas maneiras de atuar têm cada uma suas vantagens, e haveria inconveniente apenas se excluíssemos qualquer uma delas. As comunicações espontâneas não têm nenhum inconveniente quando se tem o domínio sobre os Espíritos e se está certo de não permitir nenhum domínio aos maus; então, muitas vezes, é útil esperar a boa vontade dos que querem se manifestar, porque seu pensamento não sofre nenhum constrangimento e dessa maneira pode-se obter coisas admiráveis, enquanto não se pode dizer que o Espírito que é chamado esteja disposto a falar ou seja capaz de fazer o que se deseja dele. O exame meticuloso que aconselhamos é, aliás, uma garantia contra as más comunicações. Nas reuniões regulares, especificamente naquelas em que se faz um trabalho continuado, há sempre Espíritos cuja presença é habitual na reunião sem que sejam chamados, que, em razão da regularidade das sessões, estão prevenidos; eles tomam, muitas vezes, a palavra espontaneamente para tratar de um assunto qualquer, desenvolver uma proposição ou prescrever o que se deve fazer, e então são reconhecidos facilmente, seja pela forma de sua linguagem, que é sempre idêntica, seja por sua escrita ou por certos costumes que lhes são peculiares.

270 Quando se deseja comunicar com um Espírito determinado, é preciso necessariamente evocá-lo (Veja a questão nº 203). Se puder vir, geralmente obtém-se por resposta: *Sim* ou *Estou aqui*; ou ainda: *Que quereis de mim?*. Algumas vezes, entra diretamente no assunto, respondendo por antecipação às questões que se pretendia dirigir-lhe.

Quando um Espírito é evocado pela primeira vez, convém identificá-lo bem, com clareza. Nas questões que lhe são dirigidas, é preciso evitar as formas duras e autoritárias que seriam para ele um motivo de afastamento. Essas formas devem ser afetuosas ou respeitosas, conforme o Espírito, e em todos os casos devem demonstrar a benevolência do evocador.

271 Muitas vezes se é surpreendido com a prontidão com que um Espírito evocado se apresenta, mesmo na primeira vez: parece que foi prevenido; é, de fato, o que ocorre quando de antemão há um pensamento dominante para a sua evocação. Essa preocupação é uma espécie de evocação antecipada, e, como sempre temos nossos Espíritos familiares que se identificam com o nosso pensamento, eles preparam os caminhos, de tal modo que, se não houver nenhum obstáculo, o Espírito que se queria chamar já está presente. Caso contrário, o Espírito familiar do médium, do interrogado ou dos habituais do grupo vai procurá-lo, e para isso não lhe é preciso muito tempo. Se o Espírito evocado não pode vir de imediato, o mensageiro (os pagãos o chamariam de *Mercúrio*) dá um prazo, algumas vezes de cinco minutos, quinze minutos, uma hora e mesmo vários dias. Assim que ele chega, diz: *Estou aqui*, e então pode-se começar as perguntas.

O mensageiro nem sempre é um intermediário necessário, porque o chamado do evocador pode ser ouvido diretamente pelo Espírito, como está dito adiante (Veja a questão nº 282, item nº 5) sobre o modo de transmissão do pensamento.

Quando dizemos que se deve fazer a evocação em nome de Deus, entendemos que nossa recomendação deve ser levada a sério, e não de modo leviano; os que nela vêem apenas uma fórmula sem conseqüência fariam melhor se abstendo.

272 As evocações oferecem, muitas vezes, mais dificuldades aos médiuns do que quando há manifestações espontâneas, principalmente quando se deseja obter respostas precisas para determinadas perguntas. É preciso para isso médiuns especiais, ao mesmo tempo flexíveis e positivos, e já se viu (Veja a questão nº 193) que estes últimos são muito raros, porque, como já dissemos, as relações fluídicas não se estabelecem sempre instantaneamente com o primeiro Espírito que chega. Por isso é recomendável que os médiuns se entreguem às evocações detalhadas apenas após estarem assegurados do desenvolvimento de suas faculdades e da natureza dos Espíritos que lhes assistem, porque, para aqueles que são mal assistidos, as evocações não podem ter nenhum caráter de autenticidade.

273 Os médiuns geralmente são muito mais procurados para as evocações de coisas particulares do que para as de interesse geral; isso se explica pelo desejo muito natural que temos de nos comunicarmos com os seres que nos são queridos. Julgamos dever fazer, a esse respeito, várias recomendações importantes aos médiuns. Primeiramente, atender a esse desejo apenas com muita reserva quando se trata de pessoas de cuja sinceridade não estão completamente seguros e se colocar em guarda contra as armadilhas que poderão preparar-lhes as pessoas malévolas. Em segundo lugar, não se prestar sob nenhum pretexto à evocação se ela tiver como objetivo a curiosidade e o interesse, e não uma intenção séria da parte do evocador; se recusar a fazer toda pergunta inútil ou fútil fora do círculo daquelas que se pode racionalmente dirigir aos Espíritos. As perguntas devem ser formuladas com clareza, nitidez e sem idéias preconcebidas, caso se queira respostas categóricas. É preciso, portanto, recusar todas as que tenham caráter traiçoeiro, porque se sabe que os Espíritos não gostam das que têm por objetivo colocá-los à prova; insistir em perguntas dessa natureza é querer ser enganado. O evocador deve ir franca e abertamente ao objetivo, sem subterfúgio e sem meios indiretos; se teme explicar-se, é melhor abster-se.

Convém ainda fazer apenas com muita prudência evocações na ausência das pessoas que as pediram, e muitas vezes é preferível se abster completamente, porque só as pessoas que as pediram estão aptas para controlar as respostas, julgar a identidade, provocar esclarecimento, se for o caso, e fazer as perguntas conforme as circunstâncias. Além disso, sua presença é um laço que atrai o Espírito, muitas vezes pouco disposto a se comunicar com estranhos por quem não tem nenhuma simpatia.

O médium, numa palavra, deve evitar tudo o que possa transformá-lo num agente de consulta, o que, aos olhos de muitas pessoas, é sinônimo de pessoa que lê a sorte.

ESPÍRITOS QUE PODEM SER EVOCADOS

274 Pode-se evocar quaisquer Espíritos, seja qual for o grau da escala a que pertençam: os bons, os maus, os que deixaram a vida há pouco, os que viveram em tempos muito remotos, os homens ilustres, os mais desconhecidos, nossos parentes, nossos amigos, os que nos são indiferentes. Porém, isso não quer dizer que queiram ou possam sempre atender ao nosso chamado; independentemente da própria vontade ou da permissão que pode lhes ser recusada por um poder superior, podem ser impedidos por motivos que não nos é permitido conhecer. Queremos dizer que não há impedimento incondicional que se oponha às comunicações, salvo os que mencionaremos a seguir; os obstáculos que podem impedir um Espírito de se manifestar são quase sempre individuais e decorrem, muitas vezes, das circunstâncias.

275 Entre as causas que podem impedir a manifestação de um Espírito, algumas lhe são pessoais e outras lhe são estranhas. É preciso colocar entre as primeiras suas ocupações ou as missões que realiza, das quais não pode se desviar para ceder aos nossos desejos; nesse caso, sua visita é apenas adiada.

Há, ainda, a sua própria situação. Apesar de o estado de encarnação não ser um obstáculo absoluto, pode ser em certos momentos específicos um impedimento, especialmente quando a encarnação se dá em mundos inferiores e quando o próprio Espírito é pouco desmaterializado. Nos mundos superiores, onde os laços do Espírito e da matéria são mais fracos, a manifestação é tão fácil quanto no estado errante e ainda, muito mais fácil em todos os casos em que a matéria corporal é mais compacta.

As causas estranhas prendem-se, principalmente, à natureza do médium, à da pessoa que evoca, ao meio em que se faz a evocação e, enfim, ao objetivo a que se propõe. Alguns médiuns recebem mais particularmente comunicações de seus Espíritos familiares mais ou menos elevados; outros estão aptos para servir de intermediários a todos os Espíritos. Isso depende da simpatia ou da antipatia, da atração ou da repulsão que o Espírito pessoal do médium exerce sobre o Espírito que se manifesta, que pode tomá-lo por intérprete com prazer ou com repugnância. Isso depende ainda da maneira como o médium trabalha as suas qualidades íntimas e o seu desenvolvimento mediúnico. Os Espíritos vêm de boa vontade e, principalmente, são mais explícitos com um médium que não lhes ofereça nenhum obstáculo material. Aliás, em igualdade em relação às condições morais, quanto mais um médium tem facilidade para escrever ou para se exprimir, mais suas relações com o mundo espírita se tornam comuns.

276 É preciso ainda levar em conta a facilidade que decorre do costume de se comunicar com este ou aquele Espírito; com o tempo, o Espírito comunicante se identifica com o do médium e também com aquele que o chama. Simpatia à parte, estabelecem-se entre eles relações fluídicas que tornam as comunicações mais rápidas; é por isso que uma primeira conversação nem sempre é tão satisfatória quanto se poderia desejar e os próprios Espíritos, muitas vezes, pedem para ser chamados novamente. O Espírito que vem habitualmente é como se estivesse em sua casa: está familiarizado com seus ouvintes e seus intérpretes, fala e age livremente.

277 Em resumo, do que acabamos de dizer resulta: que a faculdade de evocar qualquer Espírito não implica para ele a obrigação de estar às nossas ordens; que pode se apresentar em um momento e não se apresentar em outro, com um médium ou um evocador que lhe agrade e não com outro; dizer ou não dizer o que quer sem constrangimento; ir embora quando isso lhe convém; enfim, que, por causas dependentes ou não de sua vontade, após ter se mostrado assíduo durante algum tempo, pode de repente deixar de vir.

É por todos esses motivos que, quando se deseja chamar um Espírito novo, é necessário perguntar a seu guia protetor se a evocação é possível; quando não é possível, geralmente ele dá os motivos, e então é inútil insistir.

278 Uma importante questão se apresenta aqui: a de saber se há ou não inconveniente em evocar maus Espíritos. Isso depende do objetivo a que se propõe e da ascendência que se pode ter sobre eles. Não há nenhum inconveniente quando são evocados com um objetivo sério de os instruir e melhorar. Mas há muito inconveniente, ao contrário, quando é por pura curiosidade ou para se pôr sob sua dependência, ao lhe pedir um serviço qualquer. Os bons Espíritos, nesse caso, podem muito bem lhes dar o poder de fazer o que se lhes pede, para punirem severamente mais tarde quem os invocou, que ousou servir-se deles e julgá-los mais poderosos do que Deus. É em vão comprometer-se, dali para a frente, em fazer bom uso do que se haja solicitado e em despedir o servidor depois que o serviço for realizado; esse mesmo serviço que se solicitou, por menor que seja, é um verdadeiro pacto acertado com o mau Espírito, e este não deixa a presa facilmente (Veja a questão nº 212).

279 A superioridade se exerce sobre os Espíritos inferiores apenas pela *elevação moral*. Os Espíritos perversos sentem-se dominados pelos homens de bem. E não com os que lhes opõem apenas a energia da vontade, ou força bruta, eles lutam e, freqüentemente, vencem. Caso se tentasse assim dominar um Espírito rebelde pela imposição da vontade, ele responderia: "Deixa-me tranqüilo, com teus ares de fanfarrão, tu que não vales mais do que eu; que se diria de um ladrão que prega a moral a outro ladrão?".

Espanta-se que o nome de Deus, que se invoca contra eles, seja muitas vezes impotente; São Luís deu a razão disso na seguinte resposta: "O nome de Deus tem influência sobre os Espíritos imperfeitos apenas na boca daquele que pode se servir com autoridade por suas virtudes; na boca do homem que não tem sobre o Espírito nenhuma superioridade moral, é uma palavra como outra qualquer. Acontece o mesmo com as coisas santas que se lhes opõe. A arma mais terrível é inofensiva em mãos inábeis para dela se servir ou incapazes de usá-la."

A LINGUAGEM QUE SE DEVE USAR COM OS ESPÍRITOS

280 O grau de superioridade ou de inferioridade dos Espíritos indica naturalmente o tom da linguagem que se convém ter com eles. É evidente que, quanto mais são elevados, mais têm o direito ao nosso respeito, à nossa atenção e à nossa submissão. Não devemos lhes render menor deferência do que o faríamos se fossem vivos. Na Terra, consideraríamos sua classe e sua posição social; no mundo dos Espíritos, nosso respeito é apenas pela sua superioridade moral. A própria elevação que alcançaram os coloca acima das banalidades de nossas formas bajulatórias. Não é por palavras que se pode captar sua benevolência, mas pela sinceridade dos sentimentos. Seria ridículo lhes dar títulos que nossos usos consagram para a distinção das categorias e que, em vida, lisonjeariam sua personalidade; se são realmente superiores, não somente não dão nenhum valor a isso, como também se desagradam. Um bom pensamento lhes é mais agradável do que os mais lisonjeiros títulos; se fosse de outro modo, não estariam acima da humanidade. O Espírito de um venerável eclesiástico, que foi na Terra um príncipe da Igreja, homem de bem, praticante da lei de Jesus, respondeu um dia a alguém que o evocava dando-lhe o título de monsenhor: "Deverias dizer ao menos ex-monsenhor, pois aqui o único senhor é Deus; sabei bem que aqui vejo os que, na Terra, ajoelhavam-se perante mim e diante dos quais eu mesmo agora me inclino".

Quanto aos Espíritos inferiores, seu caráter nos traça a linguagem que convém ter com eles. Entre eles há os que, embora inofensivos e até mesmo benevolentes, são levianos, ignorantes, imprudentes; tratá-los do mesmo modo que se trata os Espíritos sérios, assim como o fazem certas pessoas, valeria tanto quanto se inclinar diante de um estudante ou diante de um asno vestido com uma toga de doutor. O tom da familiaridade não deve ser descartado; isso não os ofende; ao contrário, se prestam a isso com boa vontade.

Entre os Espíritos inferiores, há os que são infelizes. Quaisquer que possam ser as faltas que expiam, seus sofrimentos são razões tanto maiores à nossa compaixão quanto é certo que ninguém pode se lisonjear de escapar desta palavra do Cristo: "Que aquele que estiver sem pecado atire a primeira pedra". A benevolência que lhes testemunhamos é um alívio para eles; na falta da simpatia, devem encontrar em nós a indulgência que gostaríamos que tivessem conosco.

Os Espíritos que revelam sua inferioridade pelo cinismo da linguagem, pelas mentiras, pela baixeza de seus sentimentos, pela perversidade de seus conselhos são seguramente menos dignos de nosso interesse do que aqueles cujas palavras atestam o arrependimento; devemos a estes ao menos a piedade que concedemos aos maiores criminosos, e o meio de reduzi-los ao silêncio é se mostrar superior a eles; abandonam apenas as pessoas que acreditam não ter nada a recear. Os Espíritos perversos reconhecem nos homens de bem e nos Espíritos elevados os seus superiores.

Em resumo, tanto seria uma grande insensatez tratar de igual para igual com os Espíritos superiores quanto seria ridículo ter a mesma consideração com todos, sem exceção. Tenhamos veneração por aqueles que a merecem, reconhecimento por aqueles que nos protegem e nos assistem; por todos os outros, tenhamos uma benevolência da qual nós mesmos um dia talvez tenhamos necessidade. Ao penetrar no mundo incorpóreo, aprendemos a conhecê-lo, e esse conhecimento deve regular as nossas relações com os que o habitam. Os antigos, em sua ignorância, os elevaram em altares; para nós, são apenas criaturas mais ou menos perfeitas, e elevamos em altares somente Deus.

UTILIDADE DAS EVOCAÇÕES PARTICULARES

281 As comunicações que se obtém dos Espíritos muito evoluídos ou daqueles que animaram os grandes personagens da Antiguidade são preciosas pelo alto ensinamento que encerram. Esses Espíritos adquiriram um grau de perfeição que lhes permite englobar uma esfera de idéias mais extensa, alcançar os mistérios que ultrapassam a importância vulgar da humanidade e por conseguinte nos iniciar melhor do que os outros em certas coisas. Não se conclui disso que as comunicações dos Espíritos de uma ordem menos elevada sejam sem utilidade; o observador pode tirar delas muita instrução. Para conhecer os costumes de um povo, é preciso estudar todos os graus da escala social. Quem o tiver visto apenas sob uma face o conhecerá mal. A história de um povo não é a dos seus reis e a das personalidades notáveis; para julgá-lo, é preciso vê-lo na vida íntima, em seus costumes particulares.

Acontece que os Espíritos superiores são os notáveis do mundo espírita; sua própria elevação os coloca de tal modo acima de nós que ficamos assustados com a distância que nos separa deles. Os Espíritos mais burgueses (que se nos permita essa expressão) nos tornam mais palpáveis as circunstâncias de sua nova existência. Para eles, a ligação entre a vida corporal e a vida espírita é mais íntima; nós a compreendemos melhor porque ela nos toca mais de perto. Aprendemos com eles em que se tornaram, o que pensam, o que experimentam os homens de todas as condições e de todos os caráteres, tanto os homens de bem como os viciosos, os grandes e os pequenos, os felizes e os infelizes do século, numa palavra: os homens que viveram entre nós, que vimos e conhecemos, de quem conhecemos a vida real, as virtudes e os defeitos; compreendemos as suas alegrias e sofrimentos, a eles nos associamos e tiramos ensinamento moral tanto mais proveitoso quanto mais próximas sejam nossas relações. Nós nos colocamos mais facilmente no lugar daquele que foi nosso igual do que no de um outro que vemos apenas através da miragem de uma glória celeste. Os Espíritos comuns nos mostram a aplicação prática das grandes e sublimes verdades das quais os Espíritos superiores nos ensinam a teoria. Aliás, no estudo de uma ciência, nada é inútil: Newton[1] encontrou a lei das forças do universo no fenômeno mais simples.

A evocação dos Espíritos comuns tem outra vantagem: a de nos colocar em relação com os Espíritos sofredores, a quem podemos aliviar e facilitar o adiantamento por meio de bons conselhos. Podemos portanto nos tornar úteis e nos instruir ao mesmo tempo; há egoísmo em procurar apenas sua própria satisfação na conversa com os Espíritos, e, se não estendemos uma mão segura àqueles que são infelizes, revelamos, ao mesmo tempo, uma prova de orgulho. De que serve para alguém obter belas recomendações dos Espíritos elevados, se isso não o torna melhor para si mesmo, mais caridoso e mais benevolente para com seu irmão deste mundo e do outro? Em que se tornariam os pobres doentes, se os médicos se recusassem a tocar suas feridas?

---

1 - **Isaac Newton:** cientista inglês. Viveu de 1642 a 1727 (N.E.).

282 *Questões sobre as evocações*

1. Podemos evocar os Espíritos sem ser médium?

"Todo mundo pode evocar os Espíritos, e, se aqueles que chamais não podem se manifestar materialmente, não deixarão de estar ao redor de vós e vos escutar."

2. O Espírito evocado atende sempre ao apelo que lhe é feito?

"Isso depende das condições em que se encontra, visto que há circunstâncias em que ele não pode atender."

3. Quais são as causas que impedem um Espírito de vir ao nosso chamado?

"Primeiramente, sua vontade; depois, seu estado corporal: pode estar encarnado, cumprindo suas missões ou ainda a permissão pode lhe ser recusada.

"Há Espíritos que nunca podem se comunicar; são os que, por sua natureza, pertencem ainda a mundos inferiores à Terra. Aqueles que estão na esfera de punição também não podem, a menos que haja permissão superior com um objetivo de utilidade geral. Para que um Espírito possa se comunicar, é preciso que ele tenha atingido o grau de adiantamento do mundo onde é chamado, caso contrário, sendo estranho às idéias desse mundo, não tem nenhum ponto de comparação para se fazer entender. Não ocorre o mesmo com os que são enviados em missão ou expiação aos mundos inferiores; esses têm as idéias necessárias para responder a esse chamado."

4. Por que motivos a permissão de se comunicar pode ser recusada a um Espírito?

"Isso pode ser uma prova ou uma punição para ele ou para aquele que o chama."

5. Como os Espíritos dispersos no espaço ou nos diferentes mundos podem ouvir de todos os pontos do universo as evocações que são feitas?

"Muitas vezes, são prevenidos pelos Espíritos familiares, que vos rodeiam e que vão procurá-los; mas se passa aqui um fenômeno difícil de vos explicar, pois ainda não podeis compreender o modo de transmissão do pensamento entre os Espíritos. O que posso vos dizer é que o Espírito que evocais, por mais afastado que esteja, recebe, por assim dizer, a repercussão do pensamento como uma espécie de vibração elétrica, que chama sua atenção para o lado de onde vem o pensamento que se dirige a ele. Pode-se dizer que ouve o pensamento, como na Terra ouvis a voz."

5 a. O fluido universal é veículo do pensamento, como o ar é do som?

"Sim, com a diferença de que o som pode se manifestar apenas num raio muito limitado, enquanto o pensamento atinge o infinito. O Espírito, no espaço, é como um viajante no meio de uma vasta planície, que, ouvindo de repente pronunciar seu nome, vira-se para o lado em que foi chamado."

6. Sabemos que as distâncias são pouca coisa para os Espíritos, entretanto é espantoso vê-los algumas vezes responder tão prontamente ao chamado, como se estivessem perto.

"É que, de fato, algumas vezes eles estão. Se a evocação é premeditada, o Espírito é advertido com antecedência e se encontra muitas vezes lá antes do momento em que é chamado."

7. O pensamento do evocador é mais ou menos ouvido, conforme certas circunstâncias?

"Sem dúvida nenhuma; o Espírito chamado por um sentimento simpático e benevolente é mais vivamente tocado: é como uma voz amiga que ele reconhece; sem isso, ocorre que, muitas vezes, a evocação não se realiza. O pensamento que brota da evocação alcança o Espírito; se é mal dirigido, perde-se no vazio. Acontece com os Espíritos o mesmo que acontece com os homens; se aquele que os chama lhes é indiferente ou antipático, podem ouvi-lo, mas muitas vezes não o atendem."

8. O Espírito evocado vem voluntariamente ou é forçado a isso?

"Ele obedece à vontade de Deus, ou seja, à lei geral que rege o universo; porém, forçado não é a palavra certa, pois julga se é útil vir: é aí que exerce o livre-arbítrio. O Espírito superior sempre vem quando chamado com um objetivo útil; recusa-se a ir apenas aos ambientes de pessoas pouco sérias e que tratam o assunto como brincadeira."

9. O Espírito evocado pode se recusar a vir ao chamado que lhe é feito?

"Perfeitamente, onde estaria o seu livre-arbítrio sem isso? Acreditais que todos os seres do universo estão à vossa vontade? E vós mesmos? Acreditais-vos obrigados a responder a todos os que vos chamam? Quando digo que pode se recusar, refiro-me à solicitação do evocador, pois um Espírito inferior pode ser obrigado a vir em lugar de um Espírito superior."

10. Há para o evocador um meio de obrigar um Espírito a vir contra sua vontade?

"Nenhum; se esse Espírito lhe é igual ou superior em moralidade – digo em *moralidade*, e não em inteligência –, nesse caso, o evocador não tem sobre ele nenhuma autoridade; se lhe é inferior, sim, poderá, se é para o seu bem, porque então outros Espíritos irão ajudá-lo" (Veja a questão nº 279).

11. Há inconveniente em evocar Espíritos inferiores e há o perigo de, ao chamá-los, ficar sob sua dominação?

"Eles dominam apenas os que se deixam dominar. Aquele que é assistido por bons Espíritos não tem nada a temer; ele se impõe aos Espíritos inferiores, e não estes a ele. Individualmente, os médiuns, especificamente quando iniciantes, devem se abster dessas evocações" (Veja a questão nº 278).

12. É necessário ter algumas disposições particulares nas evocações?

"A mais essencial de todas as disposições é o recolhimento, quando se quer ter relações com Espíritos sérios. Com a fé e o desejo do bem, tem-se maior poder para evocar os Espíritos superiores. Elevando a alma por alguns instantes de recolhimento no momento da evocação, identifica-se com os bons Espíritos e os dispõe a vir."

13. A fé é necessária para as evocações?

"A fé em Deus, sim; a fé virá para o resto se quereis o bem e se tendes o desejo de vos instruir."

14. Os homens reunidos em uma comunidade de pensamentos e de intenções têm mais poder para evocar os Espíritos?

"Quando todos estão reunidos pela caridade e para o bem obtêm grandes resultados. Nada é mais prejudicial ao resultado das evocações do que a divergência de pensamentos."

15. A precaução de se fazer a cadeia, ao se dar as mãos durante alguns minutos no início das reuniões, é útil?

"A cadeia é um meio material que não estabelece a união entre vós se ela não existe no pensamento; o que é mais útil que tudo isso é se unir em um pensamento comum, ao chamar cada um ao seu lado os bons Espíritos. Não imaginais o quanto se poderia obter numa reunião séria na qual estivesse banido todo sentimento de orgulho e de personalismo e onde reinasse um perfeito sentimento de mútua cordialidade."

16. As evocações com dias e horas determinados são preferíveis?

"Sim e, se for possível, no mesmo lugar: os Espíritos vêm mais prazerosamente; é o desejo constante que tendes que ajuda os Espíritos a comunicarem-se convosco. Os Espíritos têm suas ocupações, que não podem deixar de *improviso* para atender à vossa satisfação pessoal. Digo no mesmo lugar, mas não acrediteis que isso seja uma obrigação absoluta, porque os Espíritos vão a todos os lugares; quero dizer que um lugar consagrado a isso é preferível, porque aí o recolhimento é mais perfeito."

17. Certos objetos, tais como medalhas e talismãs, têm a propriedade de atrair ou de repelir os Espíritos, como dizem alguns?

"Essa é uma pergunta inútil, porque sabeis bem que a matéria não tem nenhuma ação sobre os Espíritos. Ficai bem certos de que nunca um bom Espírito aconselhará semelhantes absurdos; o poder dos talismãs, de qualquer natureza que sejam, existe apenas na imaginação das pessoas crédulas."

18. O que pensar dos Espíritos que marcam encontros em lugares sombrios e em horas indevidas?

"Esses Espíritos se divertem à custa daqueles que os escutam. É sempre inútil e, muitas vezes, perigoso ceder a tais sugestões: inútil porque não se ganha absolutamente nada, a não ser iludir-se, e perigoso não pelo mal que podem fazer os Espíritos, mas pela influência que isso pode exercer sobre os cérebros fracos."

19. Há dias e horas mais propícias para as evocações?

"Para os Espíritos, isso é completamente indiferente, como tudo o que é material, e seria superstição acreditar na influência dos dias e das horas. Os momentos mais propícios são aqueles em que o evocador está mais livre de suas ocupações habituais: quando seu corpo e seu Espírito estão mais calmos."

20. A evocação para os Espíritos é agradável ou difícil? Eles vêm voluntariamente quando são chamados?

"Isso depende de seu caráter e do motivo do chamado. Quando o objetivo é louvável e o meio é simpático, a evocação é agradável e mesmo atraente; os Espíritos sentem-se felizes com a afeição que lhes dedicamos. Para alguns, é uma grande felicidade se comunicar com os homens, e sofrem quando são esquecidos. Mas, como já disse, isso depende igualmente de seu caráter; entre os Espíritos, há também os misantropos, que não gostam de ser incomodados e cujas respostas revelam o seu mau humor, especificamente quando são chamados por pessoas indiferentes por quem não se interessam. Muitas vezes, um Espírito não tem nenhum motivo para atender ao chamado de um desconhecido que lhe é indiferente; quase sempre é movido pela curiosidade; quando vem, em geral, faz curtas comunicações, a menos que haja um objetivo sério e instrutivo na evocação."

✦ *Há pessoas que evocam seus parentes apenas para lhes perguntar coisas vulgares da vida material; por exemplo, para saber se vão alugar ou vender sua casa, para conhecer o proveito que tirarão de sua mercadoria, onde há dinheiro escondido, se tal negócio será ou não vantajoso. Nossos parentes do além-túmulo se interessam por nós apenas em razão da afeição que temos por eles. Se todo nosso pensamento se limita a transformá-los em feiticeiros ou adivinhos, se pensamos neles apenas para lhes pedir informações, eles não podem ter por nós grande simpatia, e não é surpresa a pouca benevolência que demonstram.*

21. Há diferença entre os bons e os maus Espíritos em atender ao nosso apelo?

"Há muita diferença. Os maus Espíritos vêm voluntariamente apenas quando pretendem dominar e enganar; mas passam por grande contrariedade quando são forçados a vir para reconhecerem seus erros e só pedem para ir embora, como um estudante que se chama para uma corrigenda. Podem ser constrangidos a isso pelos Espíritos superiores como punição e para instrução dos encarnados. A evocação é difícil para os bons Espíritos quando chamados inutilmente, para futilidades; então não vêm ou se retiram.

"Podeis considerar em princípio: os Espíritos, quaisquer que sejam, não gostam, como vós, de servir de distração para os curiosos. Muitas vezes, não tendes outro objetivo ao evocar um Espírito do que ver o que ele vos dirá ou de interrogá-lo sobre as particularidades de sua vida, como se fosse obrigado a vos fazer confidências; acreditais que ele vai se colocar no banco dos réus para o vosso prazer? Desiludi-vos; o que não faria enquanto vivo, não fará como Espírito."

✦ *A experiência prova, de fato, que a evocação é sempre agradável aos Espíritos quando há um objetivo sério e útil; os bons vêm com prazer nos instruir. Os sofredores encontram consolação na simpatia que lhes dispensamos. Os que conhecemos ficam satisfeitos por serem lembrados. Os Espíritos levianos gostam de ser evocados por pessoas fúteis, porque isso lhes fornece ocasião de se divertirem à custa delas; eles não se sentem à vontade com pessoas sérias.*

22. Os Espíritos para se manifestar sempre têm necessidade de serem evocados?

"Não, eles se apresentam, muitas vezes, sem serem chamados, e isso prova que vêm voluntariamente."

23. Quando um Espírito se apresenta por si mesmo, pode-se estar mais certo de sua identidade?

"De nenhum modo. Os Espíritos enganadores empregam muitas vezes esse meio para melhor enganar."

24. Quando se evoca pelo pensamento o Espírito de uma pessoa, esse Espírito pode vir até nós, mesmo quando não há manifestação pela escrita ou de outro modo?

"A escrita é um meio material para o Espírito atestar sua presença, mas é o pensamento que o atrai, e não o fato da escrita."

25. Quando um Espírito inferior se manifesta, pode-se obrigá-lo a se retirar?

"Sim, basta não lhe dar atenção. Mas como quereis que se retire quando gostais de suas perversidades? Os Espíritos inferiores se ligam aos que os escutam com complacência, como procedem os tolos entre vós."

26. A evocação feita em nome de Deus é uma garantia contra a intromissão dos maus Espíritos?

"O nome de Deus não é um freio para todos os Espíritos perversos, mas os retém muito; por esse meio, vós afastais sempre alguns, e os afastareis muito mais se for feita do fundo do coração, e não como uma fórmula banal."

27. Seria possível evocar nominalmente vários Espíritos ao mesmo tempo?

"Não há nenhuma dificuldade para isso; se tivésseis três ou quatro mãos para escrever, três ou quatro Espíritos vos responderiam ao mesmo tempo; é o que acontece quando se têm vários médiuns."

28. Quando vários Espíritos são evocados simultaneamente e há apenas um único médium, qual é o que responde?

"Um deles responde por todos e exprime o pensamento coletivo."

29. O mesmo Espírito poderia se comunicar ao mesmo tempo, durante a mesma sessão, por dois médiuns diferentes?

"Tão facilmente quanto os homens que ditam várias cartas ao mesmo tempo."

✦ *Vimos um Espírito responder ao mesmo tempo por dois médiuns às perguntas que lhe eram dirigidas, por um em inglês e por outro em francês, e as respostas eram idênticas pelo sentido; algumas eram até a tradução literal uma das outras.*

Dois Espíritos evocados simultaneamente por dois médiuns podem estabelecer entre eles uma conversação, sem que esse modo de comunicação lhes seja necessário, uma vez que lêem reciprocamente seu pensamento; entretanto, a isso se prestam algumas vezes para nossa instrução.

Se são Espíritos inferiores, como ainda estão impregnados das paixões terrestres e das idéias corporais, pode ocorrer de disputarem e se agredirem com palavras grosseiras, censurarem mutuamente seus erros e atirarem lápis, cestas, pranchetas etc. um contra o outro.

30. O Espírito evocado ao mesmo tempo em vários pontos pode responder simultaneamente às perguntas que lhe são dirigidas?

"Sim, se for um Espírito elevado."

30 a. Nesse caso, o Espírito se divide ou tem o dom da ubiqüidade*?

"O Sol é um e, entretanto, irradia ao seu redor, levando longe seus raios sem se subdividir; acontece o mesmo com os Espíritos. O pensamento do Espírito é como uma centelha que projeta ao longe sua claridade e pode ser percebida de todos os pontos do horizonte. Quanto mais o Espírito é puro, mais seu pensamento se *irradia* e se estende como a luz. Os Espíritos inferiores são muito materiais; podem responder apenas a uma única pessoa por vez e não podem vir se são chamados em outros lugares.

"Um Espírito superior chamado ao mesmo tempo em dois pontos diferentes responderá às duas evocações se ambas forem sérias e fervorosas; caso contrário, dará preferência à mais séria."

✦ *Acontece o mesmo com um homem que, sem mudar de lugar, pode transmitir seu pensamento por meio de sinais vistos de diferentes lados.*

Em uma sessão da Sociedade Parisiense de Estudos Espíritas onde a questão da ubiqüidade tinha sido discutida, um Espírito ditou espontaneamente a seguinte comunicação:

"Perguntáveis esta noite qual era a hierarquia dos Espíritos quanto à ubiqüidade. Comparai-vos a um balão que se eleva pouco a pouco no ar. Quando rente ao solo, um pequeno círculo pode percebê-lo; à medida que se eleva, o círculo se alarga e, quando alcança uma certa altura, um número infinito de pessoas pode vê-lo. Assim acontece convosco: um mau Espírito que ainda está ligado à Terra permanece num círculo estreito, no meio das pessoas que o vêem. Cresça em graça, melhore-se e poderá conversar com várias pessoas; quando tornar-se um Espírito superior, poderá iluminar como a luz do Sol, mostrar-se a várias pessoas e em vários lugares ao mesmo tempo."

Channing[2]

---

* **Ubiqüidade:** capacidade de estar em vários lugares ao mesmo tempo. É um atributo de espíritos de grande evolução (N.E.).
2 - **William E. Channing (1780-1824):** escritor, teólogo e pastor norte-americano de grande destaque pelas idéias universalistas que defendia. Lutou contra a escravidão no seu país (N.E.).

31. Pode-se evocar os Espíritos puros, aqueles que terminaram a série de suas encarnações?

"Sim, mas muito raramente. Eles se comunicam apenas com aqueles que têm o coração puro e sincero, e não com os *orgulhosos* e *egoístas*; por isso é preciso desconfiar dos Espíritos inferiores que tomam essa qualidade para se dar mais importância aos vossos olhos."

32. Como é que o Espírito dos homens mais ilustres vem tão facilmente e tão familiarmente ao chamado dos homens mais comuns?

"Os homens julgam os Espíritos por si mesmos, o que é um erro. Após a morte do corpo, as posições sociais não existem mais; há distinção apenas na bondade, e aqueles que são bons vão para todos os lugares onde há o bem para se fazer."

33. Quanto tempo depois da morte se pode evocar um Espírito?

"Pode-se fazê-lo no próprio instante da morte; mas, como nesse momento o Espírito ainda está em perturbação, apenas responde imperfeitamente."

✦ *A duração da perturbação é muito variável e por isso não pode haver um prazo fixo para se fazer a evocação; é raro, entretanto, que, passados oito dias, o Espírito não se reconheça o bastante para poder responder; pode, algumas vezes, fazê-lo dois ou três dias após a morte; pode-se, em todo o caso, tentar com cautela.*

34. A evocação no instante da morte é mais difícil para o Espírito do que o seria mais tarde?

"Algumas vezes, sim. É como se vos arrancassem do sono antes que estivésseis completamente acordados. Há, entretanto, os que com isso não ficam nada contrariados; isso até os ajuda a sair da perturbação."

35. Como o Espírito de uma criança morta muito pequena pode responder com conhecimento de causa, se, quando em sua vida, ainda não tinha consciência de si mesma?

"A alma da criança é um Espírito por um tempo envolvido nas faixas da matéria; mas, liberto da matéria, ele desfruta de suas faculdades de Espírito, porque os Espíritos não têm idade, o que prova que o Espírito da criança já viveu. Entretanto, até que esteja completamente liberto, pode conservar na sua linguagem alguns traços do caráter de criança."

✦ *A influência corporal que se faz sentir por um tempo mais ou menos longo sobre o Espírito da criança se faz igualmente algumas vezes notar sobre o Espírito daqueles que morreram no estado de loucura. O Espírito, por si mesmo, não é louco, mas se sabe que alguns Espíritos acreditam durante algum tempo ainda estarem neste mundo; não é, pois, de se admirar que, para o louco, o Espírito sinta os entraves que, durante sua vida, se opunham à sua livre manifestação até que esteja completamente liberto. Esse efeito varia conforme as causas da loucura, pois há os que recuperam toda a lucidez de suas idéias imediatamente após sua morte.*

283 *Evocações dos animais*

36. Pode-se evocar o Espírito de um animal?

"Após a morte do animal, o princípio inteligente que havia nele permanece em um estado latente e é imediatamente utilizado pelos Espíritos encarregados desse cuidado para animar novos seres, nos quais ele continua a obra de sua elaboração. Assim, no mundo dos Espíritos, não há Espíritos errantes de animais, mas somente Espíritos humanos. Isso responde à vossa questão."

36 a. Então, como explicar o fato de certas pessoas, tendo evocado animais, obterem respostas?

"Evocai um rochedo e ele vos responderá. Há sempre uma multidão de Espíritos prontos para tomarem a palavra para tudo."

✦ *É pela mesma razão que, ao se evocar um mito ou um personagem alegórico, imaginário, ele responderá, isto é, responderão por ele, e o Espírito que se apresentar tomará seu caráter e suas maneiras. Alguém teve um dia a idéia de evocar Tartufo[3], e Tartufo veio imediatamente. E mais ainda: falou de Orgon, de Elmira, de Dâmide e de Valéria, de quem deu notícias. Quanto a ele, imitou o hipócrita com muita arte, como se Tartufo tivesse existido. Disse mais tarde ser o Espírito de um ator que tinha representado o personagem. Os Espíritos levianos sempre se aproveitam da inexperiência dos interrogadores, mas evitam se dirigir aos que são bastante esclarecidos para descobrir suas imposturas e que não acreditariam nas suas histórias. Acontece o mesmo entre os homens.*

Um senhor tinha em seu jardim um ninho de pintassilgos pelo qual se interessava muito; um dia o ninho desapareceu; estando certo de que ninguém da casa era culpado do delito, como era médium, teve a idéia de evocar a mãe dos filhotes; ela veio e lhe disse em bom francês: "Não acuses ninguém e sossega quanto à sorte de meus filhotes; foi o gato que, saltando, derrubou o ninho; tu o encontrarás no meio da grama, assim como os filhotes, que não foram comidos". Verificação feita, a coisa foi

---

3 - **Tartufo:** comédia teatral do genial Jean B. P. Molière (1622-1673), poeta e teatrólogo francês. Tartufo é o personagem da peça, símbolo da hipocrisia e do falso devotamento. Molière retratou em muitas das suas obras a vileza humana, em críticas severas ao clero, à nobreza e à sociedade francesa de sua época, no reinado de Luís XIV. Orgon, Elmira, Dâmide e Valéria são também personagens da mesma comédia (N.E.).

constatada exata. É preciso concluir disso que foi o pássaro que res-
pondeu? Não, seguramente; mas simplesmente um Espírito que conhecia
a história. Isso prova o quanto é preciso desconfiar das aparências e o
quanto é justa a resposta acima: *"Evocai um rochedo e ele vos responderá"*
(Veja o capítulo 22, "Mediunidade entre os animais", questão nº 234).

284 Evocações das pessoas vivas

37. A encarnação do Espírito é um obstáculo absoluto à sua evo-cação?

"Não, mas é preciso que o estado do corpo permita ao Espírito
desprender-se no momento da evocação. O Espírito encarnado vem
mais facilmente quando o mundo onde se encontra é de uma ordem
mais elevada, pois aí os corpos são menos materiais."

38. Pode-se evocar o Espírito de uma pessoa viva?

"Sim, uma vez que se pode evocar um Espírito encarnado. O Espírito
de um vivo pode também, nos momentos de liberdade, se apresentar
sem ser evocado; isso depende de sua simpatia para com as pessoas
com quem se comunica." (Veja a questão nº 116, a história do homem
da tabaqueira.)

39. Em que estado está o corpo da pessoa cujo Espírito se evoca?

"Dorme ou cochila; é então que o Espírito está livre."

**39 a. O corpo poderia despertar enquanto o Espírito estivesse
ausente?**

"Não; o Espírito é forçado a *entrar nele*; se, nesse momento, se
entretém convosco, ele vos deixa, e muitas vezes vos diz o motivo disso."

**40. Como o Espírito ausente do corpo é advertido da necessidade
de sua presença?**

"O Espírito de um corpo vivo nunca está completamente separado
do corpo; a qualquer distância que se transporte, a ele se prende por um
laço fluídico que serve para chamá-lo quando isso é necessário; esse
laço é rompido apenas com a morte."

✦ *Esse laço fluídico foi, muitas vezes, percebido por médiuns videntes.
É uma espécie de cordão fosforescente que se perde no espaço e na
direção do corpo. Alguns Espíritos disseram que é por isso que reconhecem aqueles que ainda pertencem ao mundo corporal.*

**41. O que aconteceria se, durante o sono e na ausência do Espírito,
o corpo fosse ferido mortalmente?**

"O Espírito seria advertido e voltaria antes que a morte fosse con-
sumada."

41 a. Assim, não poderia acontecer de o corpo morrer na ausência do Espírito e este, por sua vez, não conseguir entrar?

"Não; isso seria contrário à lei que rege a união da alma e do corpo."

41 b. Mas e se o corpo fosse ferido subitamente e de improviso?

"O Espírito seria prevenido antes que o golpe mortal fosse dado."

✦ *O Espírito de um vivo interrogado sobre esse fato respondeu: "Se o corpo pudesse morrer na ausência do Espírito, isso seria um meio muito cômodo de cometer suicídios hipócritas".*

42. O Espírito de uma pessoa evocada durante o sono é tão livre para se comunicar quanto o de uma pessoa morta?

"Não; a matéria o influencia sempre mais ou menos."

✦ *Uma pessoa nesse estado, à qual se dirigiu essa questão, respondeu: "Estou sempre ligada a algemas que arrasto atrás de mim".*

42 a. Nesse estado, o Espírito poderia ser impedido de vir porque está em outros lugares?

"Sim, pode acontecer de o Espírito estar em um lugar que lhe interessa, e então não atende à evocação, principalmente quando é feita por alguém que não o interessa."

43. É absolutamente impossível evocar o Espírito de uma pessoa acordada?

"Embora difícil, isso não é absolutamente impossível, porque, se a evocação atinge o alvo, pode acontecer de a pessoa adormecer; mas o Espírito pode se comunicar, como Espírito, apenas no momento em que a sua presença não é necessária à atividade inteligente do corpo."

✦ *A experiência prova que a evocação feita durante o estado de vigília pode provocar o sono ou pelo menos um torpor semelhante ao sono, mas esse efeito pode acontecer apenas por uma vontade muito enérgica e se houver laços de simpatia entre as duas pessoas; caso contrário, a evocação não acontece. Mesmo no caso em que a evocação poderia provocar o sono, se o momento é inoportuno, a pessoa, não querendo dormir, oporá resistência e, se sucumbir, seu Espírito estará perturbado e dificilmente responderá. Disso resulta que o momento mais favorável para a evocação de uma pessoa viva é durante o seu sono natural, porque seu Espírito, estando livre, pode vir até aquele que o chama tão bem como poderia ir para outros lugares.*

Quando a evocação é feita com o consentimento da pessoa e esta procura dormir para esse efeito, pode acontecer de essa preocupação retardar o sono e perturbar o Espírito; é por isso que o sono natural é preferível.

44. Uma pessoa encarnada evocada tem consciência disso quando desperta?

"Não. Isso acontece convosco mais freqüentemente do que pensais. Somente o Espírito o sabe e algumas vezes pode deixar uma vaga impressão do fato, como se fosse um sonho."

44 a. Quem pode nos evocar se somos seres comuns?

"Em outras existências, podeis haver sido pessoas conhecidas neste mundo ou em outros. Podem fazer isso vossos parentes e vossos amigos igualmente neste mundo ou em outros. Suponhamos que vosso Espírito tenha animado o corpo do pai de uma outra pessoa; é vosso Espírito que será evocado e responderá."

45. O Espírito evocado de uma pessoa viva responde como Espírito ou com as idéias do estado de vigília?

"Isso depende de sua elevação, mas julga mais sabiamente e tem menos preconceitos, exatamente como os sonâmbulos; é um estado quase semelhante."

46. Se o Espírito de um sonâmbulo no estado de sono magnético fosse evocado, seria mais lúcido do que o de qualquer outra pessoa?

"Ele responderia sem dúvida mais facilmente, porque está mais liberto; tudo depende do grau de independência do Espírito e do corpo."

46 a. O Espírito de um sonâmbulo poderia responder a uma pessoa que o evocasse a distância e ao mesmo tempo responder verbalmente a uma outra pessoa?

"A faculdade de se comunicar simultaneamente em dois pontos diferentes pertence apenas aos Espíritos completamente libertos da matéria."

47. Seria possível modificar as idéias de uma pessoa no estado de vigília ao agir sobre seu Espírito durante o sono?

"Sim, algumas vezes. O Espírito nesse caso não está tão preso à matéria por laços tão íntimos; eis por que se torna mais acessível às impressões morais, e essas impressões podem influir sobre sua maneira de ver no estado comum. Infelizmente, acontece muitas vezes de, ao despertar, a natureza corpórea o dominar e o fazer esquecer as boas resoluções que poderia tomar."

48. O Espírito de uma pessoa encarnada é livre para dizer ou não o que quer?

"Ele tem suas faculdades de Espírito e por conseguinte seu livre-arbítrio; além disso, como tem mais poder de observação, é mesmo mais ponderado do que no estado de vigília."

49. Seria possível obrigar uma pessoa, evocando-a, a dizer o que não gostaria de falar?

"Disse que o Espírito tem seu livre-arbítrio; mas pode acontecer de, como Espírito, dar menos importância a certas coisas que no estado comum; sua consciência pode falar mais livremente. Aliás, se ele não quer falar, pode sempre escapar às importunações retirando-se, pois não se pode reter o Espírito como se retém o corpo."

50. O Espírito de uma pessoa viva não poderia ser obrigado por um outro Espírito a vir e falar, assim como ocorre com os Espíritos errantes?

"Entre os Espíritos, estejam encarnados ou desencarnados, há supremacia apenas pela superioridade moral, e deveis acreditar bastante que um Espírito superior jamais prestaria apoio a uma covarde indiscrição."

✦ *Esse abuso de confiança seria, de fato, uma má ação, mas não produziria nenhum resultado, uma vez que não se pode arrancar um segredo que o Espírito quer guardar, a menos que, dominado por um sentimento de justiça, confesse o que calaria em outras circunstâncias.*

Uma pessoa quis saber, por esse modo, de um de seus parentes se seu testamento era a seu favor. O Espírito respondeu: "Sim, minha querida sobrinha, e logo tereis a prova disso". A coisa era, de fato, real; porém, poucos dias depois o parente destruiu seu testamento e teve a malícia de fazer com que a pessoa ficasse sabendo disso, sem que, entretanto, soubesse que tinha sido evocado. Um sentimento instintivo o levou, sem dúvida, a executar a resolução que seu Espírito tinha tomado de acordo com a pergunta que lhe tinha sido feita. Há covardia em perguntar ao Espírito de um morto ou de um vivo o que não se ousaria perguntar frente a frente, e essa covardia nem mesmo tem por compensação o resultado que se pretende.

51. Pode-se evocar um Espírito cujo corpo ainda está no ventre de sua mãe?

"Não; bem sabeis que, nesse momento, o Espírito está em completa perturbação."

✦ *A encarnação torna-se definitiva apenas no momento em que a criança respira; mas, desde a concepção, o Espírito designado para animá-la é tomado de uma perturbação que aumenta com a aproximação do nascimento e que lhe tira a consciência de si mesmo e, conseqüentemente, a faculdade de responder* (Veja em *O Livro dos Espíritos* a questão nº 344).

52. Um Espírito enganador poderia tomar o lugar do Espírito de uma pessoa viva que se evocasse?

"Sem dúvida que sim, e isso acontece muito freqüentemente, principalmente quando a intenção do evocador não é pura. Aliás, a evocação das pessoas vivas tem apenas interesse como estudo psicológico; convém abster-se disso todas as vezes que não se pretenda ter um resultado instrutivo."

✦ *Se a evocação dos Espíritos errantes nem sempre dá resultado, para nos servirmos de sua expressão, isso é bem mais freqüente com aqueles que estão encarnados; é então que Espíritos enganadores tomam seu lugar.*

53. A evocação de uma pessoa encarnada possui inconvenientes?

"Ela nem sempre é sem perigo; isso depende das condições em que se acha a pessoa, pois, se estiver doente, pode-se aumentar seus sofrimentos."

54. Quais os casos em que a evocação de uma pessoa encarnada pode ter mais inconvenientes?

"Deve-se abster-se de evocar as crianças de tenra idade, as pessoas gravemente doentes, os velhos enfermos; numa palavra, pode ter inconvenientes todas as vezes que o corpo estiver muito enfraquecido."

✦ *A brusca suspensão das qualidades intelectuais durante o estado de vigília também pode oferecer perigo, se a pessoa nesse momento precisar de toda a sua presença de espírito.*

55. Durante a evocação de uma pessoa viva, seu corpo experimenta fadiga por conseqüência do trabalho a que se entrega seu Espírito, ainda que esteja ausente?

Uma pessoa nesse estado, e que dizia que seu corpo se fatigava, respondeu a essa questão:

"Meu Espírito é como um balão cativo preso a um poste; meu corpo é o poste que é sacudido pelas oscilações do balão."

56. Uma vez que a evocação das pessoas vivas pode ter inconvenientes quando feita sem precaução, o perigo não existe quando se evoca um Espírito que não sabe que está encarnado e que poderia não se encontrar em condições favoráveis?

"Não, as circunstâncias não são as mesmas; ele só virá se estiver em condições de fazê-lo; aliás, já não vos disse para perguntardes, antes de fazerdes uma evocação, se ela é possível?"

57. Quando experimentamos, nos momentos mais inoportunos, uma irresistível vontade de dormir, isso aconteceria por estarmos sendo evocados em alguma parte?

"Isso pode, sem dúvida, acontecer, porém o mais comum é um efeito físico, seja porque o corpo tem necessidade de repouso, seja porque o Espírito tem necessidade de liberdade."

✦ *Uma senhora que conhecemos, médium, teve um dia a idéia de evocar o Espírito de seu neto, que dormia no mesmo quarto. A identidade foi constatada pela linguagem, pelas expressões familiares à criança e pela narração bastante exata de diversas coisas que lhe tinham acontecido no colégio; mas uma circunstância veio confirmá-la. De repente, a mão do médium parou no meio de uma frase, sem que fosse possível obter mais nada; nesse momento, a criança, semi-desperta, fez diversos movimentos na sua cama; após alguns instantes, tendo novamente adormecido, a mão começou a mover-se outra vez, continuando a conversa interrompida. A evocação de pessoas vivas, feita em boas condições, prova de maneira incontestável a ação distinta do Espírito e do corpo e, conseqüentemente, a existência de um princípio inteligente independente da matéria* (Veja na *Revista Espírita*, edição de 1860, páginas 11 e 81, diversos exemplos notáveis de evocação de pessoas vivas).

285 Telegrafia humana

58. **Duas pessoas, ao se evocarem reciprocamente, poderiam transmitir seus pensamentos e se corresponderem?**

"Sim, e essa *telegrafia humana será um dia um meio universal de correspondência.*"

58 a. **Por que não pode ser praticada desde já?**

"Ela é praticada por certas pessoas, mas não por todas; é preciso que os homens se *purifiquem* para que seu Espírito se desprenda da matéria, e é ainda uma razão para fazer a evocação em nome de Deus. Até lá, ela está circunscrita às *almas* mais esclarecidas e desmaterializadas, o que raramente se encontra no estado atual dos habitantes da Terra."

26

PERGUNTAS QUE PODEM SER FEITAS AOS ESPÍRITOS

Observações preliminares – Perguntas simpáticas ou antipáticas – Sobre o futuro – Sobre as existências passadas e futuras – Sobre os interesses morais e materiais – Sobre a sorte dos Espíritos – Sobre a saúde – Sobre as invenções e descobertas – Sobre os tesouros ocultos – Sobre os outros mundos

OBSERVAÇÕES PRELIMINARES

286 Deve-se dar a maior importância à maneira de formular as perguntas e mais ainda à sua natureza. Duas coisas devem ser consideradas nas perguntas aos Espíritos: a forma e a essência. Em relação à forma, elas devem ser claras e precisas, evitando as questões complexas. Porém, há um outro ponto, não menos importante, que é a ordem em que devem ser feitas. Quando um assunto requer uma série de perguntas, é essencial que elas se encadeiem com método, de modo a decorrerem naturalmente umas das outras; os Espíritos respondem muito mais fácil e claramente dessa maneira do que quando as perguntas são formuladas ao acaso, passando desordenadamente de um assunto para outro. É por essa razão que é sempre útil prepará-las antecipadamente e eventualmente, durante a sessão, intercalar aquelas que as circunstâncias tornem necessárias. Além da redação, que deve ser a melhor, feita com toda reflexão, esse trabalho preparatório é, como já dissemos, uma espécie de evocação antecipada, à qual o Espírito pode ter assistido e que se dispõe a responder. Nota-se que muito freqüentemente o Espírito responde por antecipação a certas perguntas, o que prova que ele já as conhecia.

A essência da questão exige atenção ainda mais séria, porque muitas vezes é a natureza da pergunta que provoca uma resposta exata ou falsa; há algumas a que os Espíritos não podem ou não devem responder, por motivos que nos são desconhecidos; portanto, é inútil insistir; mas o que se deve evitar, acima de tudo, são as perguntas feitas com o objetivo de colocar sua inteligência à prova. Quando uma coisa existe, dizem, eles a devem saber; acontece que é exatamente porque a conhecemos ou possuímos os meios de verificá-la por nós mesmos que eles não se dão ao trabalho de responder; essa suspeita os magoa, e nada se obtém de satisfatório. Não temos todos os dias exemplos semelhantes entre nós? Homens superiores, e que têm consciência de seu valor, gostariam de responder a todas as perguntas tolas que objetivassem submetê-los a um exame, como se fossem estudantes? O desejo de fazer de qualquer pessoa um espírita não constitui para os Espíritos motivo de satisfazerem uma vã curiosidade; eles sabem que a convicção chegará cedo ou tarde, e os meios que empregam para isso nem sempre são os que pensamos ser os melhores.

Imaginai um homem sério, ocupado com coisas úteis e importantes, incessantemente importunado por perguntas de uma criança e tereis idéia do que os Espíritos superiores devem pensar sobre todas as tolices que se lhes perguntam. Não devemos concluir disso que não se pode obter da parte dos Espíritos esclarecimentos úteis e, principalmente, bons conselhos, mas eles respondem mais ou menos bem de acordo com os conhecimentos que possuem, o interesse que merecemos de sua parte, o afeto que nos dedicam e, enfim, o objetivo a que nos propomos e a utilidade que vêem no que lhes pedimos. Porém, se todo o nosso pensamento limita-se a julgá-los mais capazes do que outros para nos esclarecer sobre as coisas deste mundo, eles não poderão ter por nós grande simpatia; nesse caso, só fazem aparições bem rápidas e, muitas vezes, conforme o grau de sua evolução, manifestam seu mau humor por terem sido incomodados inutilmente.

287 Certas pessoas pensam que é preferível abster-se de fazer perguntas e que convém esperar o ensinamento dos Espíritos sem o solicitar; isso é um erro. Os Espíritos dão, sem dúvida, instruções espontâneas de grande alcance que não devemos desprezar; mas há explicações que freqüentemente teríamos que esperar muito tempo se não fossem solicitadas. Sem as perguntas que propusemos, *O Livro dos Espíritos* e *O Livro dos Médiuns* ainda estariam por fazer ou, pelo menos, estariam muito incompletos, e uma imensidão de problemas de grande importância ainda haveria de ser resolvida. As perguntas, longe de terem qualquer inconveniente, são de grande utilidade sob o ponto de vista da instrução, quando quem as propõe sabe enquadrá-las nos devidos limites. E ainda têm um outra vantagem: ajudam a desmascarar os Espíritos mistificadores, enganadores, que, mais pretensiosos do que sábios, raramente suportam a prova das perguntas feitas com uma lógica cerrada, por meio das quais são levados aos seus últimos redutos. Como os Espíritos verdadeiramente superiores não têm nada o que temer em semelhante questionário, são os primeiros a dar explicações sobre os pontos de difícil entendimento;

os outros, pelo contrário, receando enfrentar adversários mais fortes, têm grande cuidado em evitá-lo; em geral, estes também recomendam aos médiuns que querem dominar e fazer aceitar suas ilusões que se abstenham de toda controvérsia em relação a seus ensinos.

Quem compreendeu bem o que dissemos até aqui, nesta obra, já pode ter uma idéia do círculo em que convém fazer as perguntas aos Espíritos; entretanto, para maior segurança, damos a seguir as respostas que eles mesmos deram acerca dos principais assuntos sobre os quais as pessoas pouco experientes se mostram em geral propensas a interrogá-los.

288 *Perguntas simpáticas ou antipáticas aos Espíritos*

1. Os Espíritos respondem de boa vontade às perguntas que lhes são dirigidas?

"Depende das perguntas. Os Espíritos sérios sempre respondem com prazer àquelas que têm por objetivo o bem e os meios de vos fazer avançar. Eles não ouvem as perguntas fúteis."

2. Basta que uma pergunta seja séria para se obter uma resposta séria?

"Não, isso depende do Espírito que responde."

2 a. Mas uma pergunta séria não afasta os Espíritos levianos?

"Não é a pergunta que afasta os Espíritos levianos, e *sim o caráter daquele que a faz*."

3. Quais são as perguntas particularmente antipáticas aos bons Espíritos?

"Todas as que são inúteis ou que são feitas com objetivo de curiosidade e para experimentá-los; nesses casos, eles não as respondem e se afastam."

3 a. Para os Espíritos imperfeitos, há perguntas antipáticas?

"Sim; há aquelas que podem fazer descobrir sua ignorância e sua fraude, quando eles procuram enganar; a não ser isso, respondem a tudo, sem se preocuparem com a verdade."

4. O que pensar das pessoas que só vêem nas comunicações espíritas uma distração e um passatempo ou um meio de obter revelações sobre o que lhes interessa?

"Essas pessoas agradam muito aos Espíritos inferiores que, como elas, querem se divertir; ambos os lados ficam contentes: mistificadores e mistificados."

5. Quando os Espíritos não respondem a certas perguntas, é por sua vontade ou porque um poder superior se opõe a certas revelações?

"Tanto um quanto o outro; há coisas que não podem ser reveladas e outras que o próprio Espírito não conhece."

5 a. Insistindo energicamente, o Espírito acabaria respondendo?

"Não; quando o Espírito não quer responder, sempre tem facilidade de ir embora. Por isso é necessário esperar quando é dito para esperardes e, principalmente, não teimar em querer forçar-nos a responder. Insistir para obter uma resposta que não se quer dar é um meio certo de ser enganado."

6. Todos os Espíritos são aptos a compreender as perguntas que se lhes façam?

"Não; os Espíritos inferiores são incapazes de compreender certas perguntas, o que não os impede de responder bem ou mal, como acontece entre vós."

✦ *Em certos casos, e quando é uma questão útil, acontece de um Espírito mais esclarecido vir ajudar o Espírito que não sabe e lhe soprar a resposta. Isso é reconhecido facilmente pelo contraste de certas respostas e, além disso, porque o Espírito diz. Isso apenas acontece com os Espíritos de boa-fé mas de limitado saber; nunca acontece com aqueles que fazem alarde de falsa sabedoria.*

289 *Perguntas sobre o futuro*

7. Os Espíritos podem nos fazer conhecer o futuro?

"Se o homem conhecesse o futuro, negligenciaria o presente.

"Esse é ainda um ponto sobre o qual sempre insistis para ter uma resposta precisa; nisso há um grande erro, porque a manifestação dos Espíritos não é um meio de adivinhação. Se fizerdes questão absoluta de uma resposta, ela vos será dada por um Espírito leviano e irresponsável; dizemos isso a todo instante" (Veja em *O Livro dos Espíritos* a questão nº 868)

8. É certo, entretanto, que, às vezes, acontecimentos futuros e verídicos são anunciados espontaneamente pelos Espíritos.

"Pode acontecer que o Espírito preveja coisas que julgue útil vos fazer conhecer ou que tem a missão de vos fazer conhecer. Mas, devemos desconfiar sempre dos Espíritos enganadores, que se divertem fazendo predições. É apenas o conjunto das circunstâncias que pode fazer com que se aprecie o grau de confiança que elas merecem."

9. De que gênero de predições mais devemos desconfiar?

"De todas as que não têm um objetivo útil *geral*. As predições pessoais podem quase sempre ser consideradas apócrifas, isto é, sem autenticidade."

10. Qual é o objetivo dos Espíritos que anunciam espontaneamente acontecimentos que não se realizam?

"Eles fazem isso na maioria das vezes para se divertir com a credulidade, com o terror ou com a alegria que provocam; depois, riem do desapontamento. Essas predições mentirosas trazem, no entanto, algumas vezes, um objetivo sério, que é o de pôr à prova aquele a quem são feitas, a fim de ver a maneira como recebe o que lhe é dito e a natureza dos sentimentos, bons ou maus, que despertam nele."

✦ *Seria o caso, por exemplo, de anunciar o que pode lisonjear a vaidade ou a ambição, como a morte de uma pessoa, a perspectiva de uma herança etc.*

11. Por que os Espíritos sérios, quando fazem pressentir um acontecimento, não determinam uma data? Será porque não podem fazê-lo ou não querem?

"Por ambas as razões. Eles podem, em certos casos, fazer com que um acontecimento seja *pressentido*; nesse caso, é um aviso que vos dão. Quanto ao precisar a época do acontecimento, muitas vezes eles não devem fazer isso; outras, também não o podem, por nem mesmo o saberem. O Espírito pode prever que uma coisa acontecerá, mas o momento preciso pode depender dos acontecimentos que ainda não se cumpriram e que apenas Deus conhece. Os Espíritos levianos, que não têm o menor escrúpulo de vos enganar, vos indicam os dias e as horas, sem se preocuparem se o fato vai ou não ocorrer. É por isso que toda predição pormenorizada vos deve ser suspeita.

"Ainda uma vez: nossa missão é vos fazer progredir; para isso, vos auxiliamos o tanto quanto podemos. Aquele que pede aos Espíritos superiores a sabedoria nunca será enganado; não acrediteis, porém, que perderemos o nosso tempo ouvindo vossas futilidades e vos predizendo a sorte; deixamos isso aos Espíritos levianos, que se divertem com isso, assim como crianças travessas.

"A Providência pôs limites às revelações que podem ser feitas ao homem. Os Espíritos sérios guardam silêncio sobre tudo o que lhes é proibido revelar. Aquele que insistir em ter uma resposta irá se expor aos embustes dos Espíritos inferiores, sempre prontos a se aproveitar das ocasiões que têm para estender armadilhas à vossa credulidade."

✦ *Os Espíritos vêem, ou pressentem, por indução os acontecimentos futuros; eles os vêem se cumprirem num tempo que não medem como nós; para determinar a época, seria preciso que eles se identificassem com nossa maneira de calcular a duração, o que nem sempre julgam necessário; daí, muitas vezes, haver uma causa de erros aparentes.*

12. Há pessoas dotadas de uma faculdade especial que lhes faz entrever o futuro?

"Sim, aqueles cuja alma se desprende da matéria; é então o Espírito que vê; quando é útil, Deus lhes permite revelar certas coisas para o bem; mas há muito mais impostores e charlatães. Essa faculdade será mais comum no futuro."

13. O que pensar dos Espíritos que se divertem predizendo a alguém sua morte em dia e hora determinados?

"São Espíritos de mau gosto e muito maldosos que não têm outro objetivo senão se divertir com o medo que causam. Não há que se preocupar com isso."

14. Como é que certas pessoas são alertadas por pressentimento para época de sua morte?

"É, na maioria das vezes, seu próprio Espírito que acaba sabendo disso nos momentos em que desfruta de liberdade e que conserva a intuição do fato ao despertar. Eis porque certas pessoas, por estarem preparadas para isso, não se amedrontam nem se emocionam. Elas vêem nessa separação do corpo e da alma apenas uma mudança de situação ou, se preferirdes e para usarmos uma linguagem mais simples, a troca de uma roupa de pano grosseiro por uma roupa de seda. O temor da morte diminuirá à medida que forem divulgadas as crenças espíritas."

290 *Perguntas sobre as existências passadas e futuras*

15. Os Espíritos podem nos fazer conhecer nossas existências passadas?

"Algumas vezes Deus permite que sejam reveladas, conforme o objetivo; se for para vossa edificação e vossa instrução, elas serão verdadeiras; nesse caso, a revelação é quase sempre feita espontaneamente e de uma maneira inteiramente imprevista; mas nunca permite isso para satisfazer uma curiosidade vã."

15 a. Por que certos Espíritos nunca se recusam a fazer essa espécie de revelação?

"São Espíritos brincalhões, que se divertem à vossa custa. Em geral, deveis considerar falsas, ou pelo menos suspeitas, todas as revelações dessa natureza que não tenham um objetivo eminentemente sério e útil. Os Espíritos zombeteiros se divertem lisonjeando o amor-próprio por meio de nobres origens. Há médiuns e crentes que aceitam como certo o que lhes é dito a esse respeito e que não percebem que o estado natural de seu Espírito não justifica em nada a posição que pretendem ter ocupado; pequena vaidade que serve de divertimento tanto aos Espíritos brincalhões quanto aos homens. Seria mais lógico e estaria mais de acordo com a marcha progressiva dos seres que tais pessoas tivessem subido em vez de descido, o que, sem dúvida, seria mais honroso para elas. Para que se possa dar crédito a essa espécie de revelação, seria preciso que fosse feita espontaneamente por diversos médiuns estranhos uns aos outros e a quem tivesse sido revelada anteriormente; então, sim, haveria razão evidente para crer."

15 b. Se não podemos conhecer a individualidade anterior, o mesmo acontece em relação ao gênero de existência que tivemos, à posição social que ocupamos e às qualidades e aos defeitos que predominaram em nós?

"Não, isso pode ser revelado, porque podeis tirar proveito para vosso melhoramento; porém, além disso, estudando vosso presente, podeis deduzir por vós mesmos vosso passado" (Veja em *O Livro dos Espíritos* a questão nº 392.)

16. Pode nos ser revelada alguma coisa sobre nossas existências futuras?

"Não; tudo o que certos Espíritos irão vos dizer sobre esse assunto não passa de uma brincadeira, e isso é compreensível: vossa existência futura não pode ser determinada de antemão, uma vez que será de acordo com a vossa conduta na Terra e com as resoluções que devereis tomar quando fordes Espírito. Quanto menos tiverdes a expiar, mais feliz ela será; porém, saber onde e como será essa existência, voltamos a dizer, é impossível, salvo o caso especial e raro dos Espíritos que estão na Terra apenas para cumprirem uma missão importante, porque, então, sua rota se encontra de certo modo já traçada anteriormente."

291 *Perguntas sobre os interesses morais e materiais*

17. Pode-se pedir conselhos aos Espíritos?

"Certamente, sim; os bons Espíritos nunca se recusam a ajudar os que os evocam com confiança, principalmente no que diz respeito à alma; mas repelem os hipócritas, *aqueles que simulam pedir a luz e se comprazem nas trevas.*"

18. Os Espíritos podem dar conselhos sobre as coisas de interesse pessoal?

"Algumas vezes, sim, conforme o motivo. Isso também depende daqueles a quem pedem. Os conselhos sobre a vida particular são dados com mais exatidão pelos Espíritos familiares, mais ligados à pessoa e que se interessam pelo que lhe diz respeito: é o amigo, o confidente de vossos pensamentos mais secretos; porém, muitas vezes os cansais com perguntas tão banais que eles vos deixam. Também seria absurdo perguntar coisas íntimas a Espíritos que vos são estranhos, assim como seria se vos dirigirdes ao primeiro indivíduo que encontrásseis na rua. Não deveríeis nunca vos esquecer de que a infantilidade das perguntas é incompatível com a superioridade dos Espíritos. Também é preciso se dar conta das qualidades do Espírito familiar, que pode ser bom ou mau, de acordo com suas simpatias pela pessoa a quem se liga. O Espírito familiar de um homem mau é um Espírito mau, cujos conselhos podem ser perigosos; mas ele se afastará, cedendo lugar a um Espírito melhor, se o próprio homem melhorar. Os semelhantes se atraem."

19. Os Espíritos familiares podem favorecer os interesses materiais por meio de revelações?

"Podem e o fazem algumas vezes, de acordo com as circunstâncias; mas ficais certos de que nunca os bons Espíritos se prestam a servir à cobiça. Os maus fazem brilhar diante dos vossos olhos mil atrativos a fim de vos estimular e para em seguida vos iludirem pela decepção. Ficais também sabendo que, se vossa prova é sofrer numa situação, vossos Espíritos protetores podem vos ajudar a suportar com mais resignação, e até mesmo poderão suavizá-la; porém, no próprio interesse de vosso futuro, não lhes é permitido isentar-vos dela. Um bom pai não concede ao filho tudo o que este deseja."

✦ *Nossos Espíritos protetores podem, em muitas circunstâncias, indicar-nos qual o melhor caminho sem, entretanto, conduzir-nos pela mão, porque, se assim fizessem, perderíamos toda iniciativa e não ousaríamos dar um passo sem a eles recorrer, com prejuízo ao nosso próprio aperfeiçoamento. Para progredir, o homem tem freqüentemente necessidade de adquirir experiência à sua custa; é por isso que os Espíritos sábios, sempre nos aconselhando, deixam-nos muitas vezes entregues às nossas próprias forças, assim como faz um educador hábil com seus alunos. Nas circunstâncias comuns da vida, eles nos aconselham pela inspiração e também nos deixam todo o mérito pelo bem, assim como nos deixam toda a responsabilidade pela escolha do mal.*

Seria abusar da paciência dos Espíritos familiares e equivocar-se quanto à missão que lhes cabe interrogá-los a cada instante sobre as coisas mais banais, assim como o fazem certos médiuns. Há alguns que, por um sim ou por um não, pegam o lápis e pedem um conselho para a mais simples ação. Essa mania denota pequenez nas idéias; ao mesmo tempo, há presunção em crer que temos sempre um Espírito servidor às nossas ordens, que não tem outra coisa a fazer senão se ocupar conosco e com nossos pequenos interesses. Além disso, isso aniquila a capacidade da pessoa de julgar e a reduz a um papel passivo e, sem proveito para a vida presente e seguramente prejudicial ao adiantamento futuro. Se há infantilidade em interrogar os Espíritos por coisas fúteis, não há menos frivolidade da parte dos Espíritos que se ocupam espontaneamente com o que se pode chamar de negócios caseiros; eles podem ser bons, mas certamente ainda são muito apegados às coisas materiais.

20. Se uma pessoa deixa, ao morrer, negócios inacabados, pode-se pedir ao seu Espírito para ajudar a resolvê-los? Pode-se também interrogá-lo sobre o patrimônio que ele deixou de real, no caso de não se conhecer esses bens, desde que isso seja do interesse da justiça?

"Esqueceis que a morte é uma libertação dos cuidados terrenos; acreditais que o Espírito que está feliz com sua liberdade vem de boa vontade retomar sua cadeia e se ocupar de coisas que não o interessam mais, para satisfazer à cobiça de seus herdeiros que talvez estejam alegres com sua morte, na esperança de que ela lhes possa trazer benefícios? Falais de justiça; mas a justiça para esses herdeiros está na decepção de sua ambição; é o início das punições que Deus lhes reserva à avidez dos bens da Terra. Além disso, as dificuldades decorrentes da morte de uma pessoa fazem parte das provas da vida, e não está no poder de nenhum Espírito vos libertar delas, porque estão nos decretos de Deus."

◆ *A resposta acima desapontará, sem dúvida, os que imaginam que os Espíritos não têm nada melhor a fazer do que servirem de auxiliares clarividentes para nos guiar não em direção ao céu, mas na Terra. Uma outra consideração vem em apoio a essa resposta. Se um homem deixou durante sua vida seus negócios em desordem por imprudência, não é de crer que, depois de sua morte, tenha mais cuidados em relação a eles, porque deve sentir-se feliz por estar livre dos aborrecimentos que lhe causavam e, por pouco elevado que seja, irá lhes dar menos importância como Espírito do que como homem. Quanto aos bens ignorados que tenha deixado, não há nenhuma razão para ele se interessar pelos herdeiros ávidos, que, provavelmente, não pensariam mais nele se não esperassem tirar disso alguma vantagem, e, se ainda estiver imbuído das paixões humanas, poderá encontrar um malicioso prazer no desapontamento de quem deseja a sua herança.*

Se, no interesse da justiça e das pessoas de quem ele gosta, um Espírito julgar conveniente fazer revelações desse gênero, ele as fará espontaneamente, e não há para isso necessidade de ser médium nem de recorrer a um médium; ele fará com que as coisas apareçam pelas circunstâncias fortuitas, mas nunca pelos pedidos que se lhe façam, visto que tais pedidos não podem mudar a natureza das provas pelas quais devem passar os encarnados. Isso seria ainda um meio de agravá-las, pois quase sempre são um indício de ambição egoísta, e prova ao Espírito que se lembram dele por interesse (Veja a questão nº 295).

292 Perguntas sobre a sorte dos Espíritos

21. Pode-se pedir aos Espíritos esclarecimentos sobre sua situação no mundo dos Espíritos?

"Sim, e eles os dão de boa vontade quando o pedido é baseado na simpatia ou no desejo de lhes ser útil, e não na curiosidade."

22. Os Espíritos podem descrever a natureza de seus sofrimentos ou de sua felicidade?

"Perfeitamente, e essas revelações são um grande ensinamento para vós, porque vos iniciam no conhecimento da verdadeira natureza das penalidades e das recompensas futuras; ao destruir as idéias falsas que fazeis a esse respeito, essas revelações tendem a reanimar a fé e a confiança na bondade de Deus. Os bons Espíritos ficam felizes ao vos descrever a felicidade dos eleitos; os maus podem ser constrangidos a descrever seus sofrimentos, a fim de propiciar neles o seu próprio arrependimento. Eles encontram nisso, algumas vezes, uma espécie de alívio: é o infeliz que se lamenta na esperança de obter compaixão.

"Não esqueçais que o objetivo essencial, exclusivo, do Espiritismo é a vossa melhora, e é para a alcançardes que é permitido aos Espíritos vos iniciar na vida futura, oferecendo-vos exemplos que podeis aproveitar. Quanto mais vos identificardes com o mundo que vos espera, menos saudades sentireis deste de agora. Eis, em suma, o objetivo atual da revelação.

23. Ao evocarmos uma pessoa de quem não temos notícia, podemos saber dela mesma se ainda existe, se está viva?

"Sim, desde que a incerteza de sua morte não seja uma *necessidade* ou uma prova para aqueles que têm interesse em sabê-lo."

23 a. Se ela está morta, pode fazer conhecer as circunstâncias de sua morte de maneira que possa ser confirmada?

"Se der a isso alguma importância, sim; caso contrário, não se importará com isso."

✦ *A experiência prova que, nesse caso, o Espírito não está de nenhum modo empolgado pelos motivos do interesse que se pode ter em conhecer as circunstâncias de sua morte; se tiver de revelá-las, fará isso por si mesmo, seja mediunicamente, seja por visões ou aparições, e poderá* então dar as mais precisas indicações; caso contrário, um Espírito mistificador, enganador, pode perfeitamente enganar quem pergunta e divertir-se, provocando pesquisas inúteis.

Acontece freqüentemente de o desaparecimento de uma pessoa cuja morte não pode ser oficialmente constatada trazer embaraços naturais aos negócios da família. É apenas nesses casos bastante raros e excepcionais que vimos os Espíritos indicarem a pista da verdade, atendendo ao pedido que lhes foi feito. Se quisessem fazer isso, eles o poderiam, sem dúvida, mas freqüentemente isso não lhes é permitido, se esses embaraços representam provas para os que estão interessados em se livrar deles.

Querer por esse meio retomar heranças das quais a única certeza é o dinheiro que se gasta para esse fim, é, portanto, alimentar falsas esperanças.

Não faltam Espíritos dispostos a alimentar semelhantes esperanças que não têm o menor escrúpulo em induzir a buscas das quais, freqüentemente, deve-se dar por muito feliz quando se sai só com um pouco de ridículo.

293 Perguntas sobre a saúde

24. Os Espíritos podem dar conselhos relativos à saúde?

"A saúde é uma condição necessária para o trabalho que se deve cumprir na Terra, e eis porque eles se ocupam disso com boa vontade; porém, como há ignorantes e sábios entre eles, não convém, como para qualquer outra coisa, se dirigir ao primeiro que apareça."

25. Ao se dirigir ao Espírito de uma celebridade médica, é mais certo obter um bom conselho?

"As celebridades terrestres não são infalíveis e, muitas vezes, têm idéias sistemáticas nem sempre justas, das quais não se libertam imediatamente após a morte. A ciência terrestre é muito pouca coisa ao lado da ciência celeste; apenas os Espíritos superiores possuem esta última. Sem nomes conhecidos entre vós, eles podem saber muito mais que vossos sábios sobre todas as coisas. Não é só ciência que faz dos Espíritos superiores, e ficaríeis muito admirados da posição que certos Espíritos que julgais sábios ocupam entre nós. Portanto, o Espírito de um sábio pode não saber mais do que quando estava na Terra, se não progrediu como Espírito."

26. O sábio, quando se torna Espírito, reconhece seus erros científicos?

"Se alcança um grau suficientemente elevado para se desvencilhar de sua vaidade e compreende que seu desenvolvimento não está completo, ele os reconhece e os confessa sem nenhuma vergonha; mas, se ele ainda não estiver desmaterializado o suficiente, pode conservar alguns dos preconceitos de que estava imbuído quando na Terra."

27. **Um médico poderia, evocando os Espíritos de seus doentes que estão mortos, obter deles esclarecimentos sobre a causa de suas mortes, sobre os erros que possa ter cometido no tratamento, e adquirir assim uma experiência maior?**

"Pode, e isso seria muito útil, principalmente se ele se fizesse assistir por Espíritos esclarecidos, que supririam a falta de conhecimento em relação a seus doentes. Mas, para isso, seria necessário promover esse estudo de maneira séria, assídua, com um objetivo humanitário, e não como meio de adquirir, sem esforço, saber e fortuna."

294 _Perguntas sobre as invenções e descobertas_

28. **Os Espíritos podem guiar os homens nas pesquisas científicas e nas descobertas?**

"A ciência é obra do gênio; ela só pode ser adquirida pelo trabalho, pois é apenas pelo trabalho que o homem progride em seu caminho. Que mérito teria se tivesse apenas que interrogar Espíritos para saber de tudo? Todo imbecil poderia tornar-se um sábio a esse preço. O mesmo acontece com as invenções e com as descobertas da indústria. Depois, há uma outra consideração: cada coisa deve vir a seu tempo e quando as idéias estiverem maduras para recebê-la. Se o homem dispusesse desse poder, transtornaria a ordem das coisas, fazendo crescer os frutos antes da estação.

"Deus disse ao homem: tirarás teu alimento da terra e com o suor de teu rosto; admirável figura que pinta a condição na qual está neste mundo; deve progredir em tudo pelo esforço do trabalho; se as coisas lhes fossem dadas todas prontas, de que lhe serviria sua inteligência? Seria como o estudante que tem os deveres feitos por um outro."

29. **O sábio e o inventor nunca são assistidos pelos Espíritos em suas pesquisas?**

"Oh! Isso é bem diferente. Quanto é chegado o tempo de uma descoberta, os Espíritos encarregados de dirigir a marcha procuram o homem capaz de conduzi-la a bom final e lhe inspiram as idéias necessárias, de maneira a deixar-lhe todo o mérito, pois é preciso que ele elabore e ponha em ação essas idéias. O mesmo acontece com todos os grandes trabalhos da inteligência humana. Os Espíritos deixam cada homem em sua esfera; de um capacitado apenas para cavar a terra não farão o depositário dos segredos de Deus, mas saberão tirar da obscuridade o homem capaz de auxiliar nos Seus desígnios. Não vos deixeis, pois, arrastar pela curiosidade ou pela ambição para um caminho que não é o objetivo do Espiritismo e que resultaria para vós nas mais ridículas mistificações."

✦ *O conhecimento mais esclarecido do Espiritismo acalmou a febre das descobertas que, no princípio, muitos pretendiam fazer por esse meio. Chegou-se até a pedir aos Espíritos receitas para tingir e fazer crescer os cabelos, curar os calos dos pés etc. Vimos muitas pessoas que acreditaram que fariam fortuna e recolheram apenas procedimentos mais ou menos ridículos. O mesmo acontece quando se quer, com a ajuda dos Espíritos, penetrar os mistérios da origem das coisas. Certos Espíritos têm, sobre essas matérias, seus sistemas, que, muitas vezes, não valem mais do que os dos homens e que é prudente acolher apenas com a maior reserva.*

295 *Perguntas sobre os tesouros ocultos*

30. Os Espíritos podem fazer descobrir os tesouros ocultos?

"Os Espíritos superiores não se ocupam dessas coisas; porém, os zombeteiros indicam freqüentemente tesouros que não existem ou indicam um em certo lugar quando está no oposto; isso tem sua utilidade, uma vez que mostra que a verdadeira fortuna está no trabalho. Se a Providência destina riquezas ocultas a uma pessoa, ela as encontrará naturalmente; não de outro modo."

31. O que pensar da crença nos Espíritos guardiães de tesouros ocultos?

"Os Espíritos que ainda não estão desmaterializados apegam-se à matéria. Os avaros que esconderam seus tesouros podem vigiá-los e os guardar após a morte, e o temor que sentem de que alguém os venha roubar é um de seus castigos, até que compreendam a inutilidade disso para eles. Há também Espíritos da Terra encarregados de dirigir-lhe transformações interiores, e dos quais, por alegoria, se fizeram os guardiães das riquezas naturais."

✦ *A questão dos tesouros ocultos está na mesma categoria da questão das heranças desconhecidas: seria bem louco aquele que levasse em conta as pretensas revelações que podem lhe ser feitas pelos brincalhões do mundo invisível. Dissemos que, quando os Espíritos querem ou podem fazer semelhantes revelações, eles as fazem espontaneamente, e não têm necessidade de médiuns para isso. Eis um exemplo disso:*

Uma senhora acabara de perder seu marido após trinta anos de vida conjugal e se encontrava a ponto de ser expulsa de seu domicílio, sem nenhum recurso, por seus enteados, junto aos quais tinha feito o papel de mãe. Seu desespero estava no auge quando então numa noite seu marido lhe apareceu e lhe disse para segui-lo até seu escritório; lá, ele lhe mostrou sua escrivaninha, que ainda estava com os lacres judiciais, e, por um efeito de segunda vista, fez com que ela visse seu interior, e indicando-lhe uma gaveta secreta que ela não conhecia e da qual explicou-lhe o mecanismo; ele acrescentou: "Previ o que está acontecendo e quis assegurar teu futuro; nesta gaveta estão minhas últimas disposições: está assegurado o usufruto para ti desta casa e de uma renda mensal"; depois disso desapareceu. No dia da abertura do testamento, ninguém podia abrir a gaveta; a senhora então contou o que lhe havia acontecido. Ela abriu-a, seguindo as indicações de seu marido, e encontrou o testamento, conforme o que lhe havia sido anunciado.

296 *Perguntas sobre os outros mundos*

32. Qual o grau de confiança que se pode ter nas descrições que os Espíritos fazem dos diferentes mundos?

"Isso depende do grau de adiantamento *real* dos Espíritos que dão essas descrições, pois deveis compreender que Espíritos fúteis são tão incapazes de vos informar a esse respeito quanto um ignorante entre vós em vos descrever todos os países da Terra. Muitas vezes fazeis sobre esses mundos perguntas científicas que os Espíritos não podem responder. Se são de boa fé, falam deles segundo suas idéias pessoais; se são Espíritos levianos, divertem-se ao vos dar explicações bizarras e fantásticas; visto que esses Espíritos não são mais desprovidos de imaginação na erraticidade do que o eram na Terra, valem-se dessa faculdade para a narrativa de muitas coisas que não têm nada de real. Entretanto, não há impossibilidade absoluta de se obter sobre esses mundos alguns esclarecimentos; os bons Espíritos se comprazem em vos descrever aqueles em que habitam, para vos servir de ensino, para a vossa melhoria e para vos estimular a seguir o caminho que pode vos conduzir a esses mundos. É um meio de fixar vossas idéias sobre o futuro e de não vos deixar no vazio, na incerteza."

32 a. Que controle se pode ter sobre a exatidão dessas descrições?

"O melhor controle é a concordância que pode haver entre elas; porém, lembrai-vos de que essas descrições têm por objetivo vossa melhoria moral e que, por conseguinte, é sobre o estado moral dos habitantes de lá que podeis ter as melhores notícias, e não sobre o estado físico ou geológico desses globos. Com vossos conhecimentos atuais, nem mesmo poderíeis compreendê-los; esse estudo não serviria para o vosso progresso aqui na Terra, e tereis toda possibilidade de fazê-lo, quando neles estiverdes."

✦ *As perguntas sobre a constituição física e os elementos astronômicos dos mundos entram na ordem das pesquisas científicas, das quais os Espíritos não devem nos poupar esforços da pesquisa; caso contrário, um astrônomo acharia muito cômodo pedir aos Espíritos determinados cálculos e depois, sem dúvida, dizer serem seus. Se os Espíritos pudessem, por meio da revelação, poupar o trabalho de uma descoberta, provavelmente fariam isso por um sábio bastante modesto para reconhecer-lhe abertamente a fonte, ou seja, os Espíritos, e não por orgulhosos, que os renegam e aos quais eles freqüentemente poupam, ao contrário, decepções do amor-próprio.*

27

CONTRADIÇÕES E MISTIFICAÇÕES

CONTRADIÇÕES

297 Os adversários do Espiritismo não deixam de proclamar que os espíritas não estão de acordo entre si; que nem todos partilham das mesmas crenças; numa palavra, que se contradizem. Se o ensinamento vos é dado pelos Espíritos, dizem esses críticos, por que então não é idêntico? Apenas um estudo sério e aprofundado da ciência pode reduzir esse argumento ao seu justo valor.

Apressemo-nos em dizer, antes de tudo, que essas contradições, de que certas pessoas fazem grande alarde, são em geral mais aparentes do que reais; prendem-se mais à superfície do que ao fundo da questão e, por conseguinte, não têm importância. As contradições provêm de duas fontes: dos homens e dos Espíritos.

298 As contradições de origem humana foram suficientemente explicadas no capítulo 4, Parte Primeira, sobre os *sistemas*, questão nº 36, ao qual nos reportamos. Todos compreenderão que no início, quando as observações ainda eram incompletas, surgiram opiniões diferentes sobre as causas e as conseqüências dos fenômenos espíritas, opiniões que já caíram diante de um estudo mais sério e mais aprofundado. Com poucas exceções, e à parte algumas pessoas que não desistem facilmente das idéias que acariciaram ou conceberam, pode-se dizer que hoje há uma unidade na imensa maioria dos espíritas, pelo menos quanto aos princípios gerais, salvo em alguns detalhes insignificantes.

299 Para compreender a causa e o valor das contradições de origem espírita, é preciso estar identificado com a natureza do mundo invisível e tê-lo estudado em todas as suas faces. À primeira vista, pode parecer espantoso que os Espíritos não pensem todos da mesma maneira, mas isso não surpreende quem se inteirou do número infinito de degraus que eles devem percorrer antes de atingir o último degrau. Supor-lhes uma igual apreciação das coisas seria equiparar todos no mesmo nível; pensar que todos devem ver o que é justo seria admitir que eles atingiram a perfeição, o que não ocorre e o que não pode ser, se considerarmos que eles não são outra coisa senão a humanidade sem o corpo físico. Os Espíritos de todas as classes podem se manifestar, e disso resulta que suas comunicações revelam a condição de sua ignorância ou de sua sabedoria, de sua inferioridade ou de sua superioridade moral. É a fim de distinguir o verdadeiro do falso, o bom do mau, que devem conduzir as instruções que demos.

Não podemos esquecer que entre os Espíritos, há, assim como entre os homens, falsos sábios e semi-sábios, orgulhosos, presunçosos e sistemáticos. Como é dado apenas aos Espíritos perfeitos tudo conhecer, há para os outros, assim como para nós, mistérios que explicam à sua maneira, segundo suas idéias, e sobre os quais podem ter opiniões mais ou menos justas, que por amor-próprio fazem prevalecer e que gostam de repetir em suas comunicações. O erro está em alguns de seus intérpretes terem aceitado, muito levianamente, opiniões contrárias ao bom senso e de serem seus editores responsáveis. Assim, as contradições de origem espírita não têm outra causa senão a diversidade da inteligência, dos conhecimentos, dos julgamentos e da moralidade de certos Espíritos que ainda não estão aptos a tudo conhecer e a tudo compreender (Veja em *O Livro dos Espíritos*, Introdução, item nº 13, e Conclusão, item nº 9).

300 Para que serve o ensinamento dos Espíritos, perguntarão algumas pessoas, se não oferece mais certeza do que o ensinamento humano? A resposta é fácil. Nós não aceitamos com a mesma confiança o ensinamento de todos os homens, e entre duas doutrinas damos preferência àquela cujo autor nos parece ser o mais esclarecido, o mais capaz, o mais judicioso e o menos acessível às paixões; é preciso agir da mesma forma com os Espíritos. Se entre eles há alguns que não estão acima da humanidade, há muitos que a ultrapassam, e estes podem nos dar instruções que procuraríamos em vão nos homens mais instruídos. É a fim de distingui-los da multidão de Espíritos inferiores que é preciso se dedicar, se quisermos nos esclarecer, e é para essa distinção que conduz o conhecimento aprofundado do Espiritismo. Porém, até mesmo essas instruções têm um limite, e, se não é dado aos Espíritos tudo saber, com mais forte razão o mesmo acontece com os homens. Há, portanto, coisas sobre as quais nós os interrogaríamos em vão, seja porque lhes é proibido revelá-las, seja porque as ignoram, podendo somente nos dar sua opinião pessoal sobre elas; acontece que são essas opiniões pessoais que os Espíritos orgulhosos propõem como verdades absolutas. É, principalmente, em relação ao que deve ficar oculto, como o futuro e o princípio das coisas, que eles insistem mais, a fim de fazerem crer que estão de posse dos segredos de Deus; é justamente sobre esses pontos que há mais contradições (Veja capítulo anterior).

301 Eis as respostas dos Espíritos às perguntas relativas às contradições:

1. O mesmo Espírito que se comunica com dois Centros diferentes pode lhes transmitir, sobre o mesmo assunto, respostas contraditórias?

"Se os dois Centros diferem entre si em opiniões e em pensamentos, a resposta poderá ser diferente, porque eles estão sob a influência de diferentes grupos de Espíritos; não é a resposta que é contraditória, mas a maneira pela qual é dada."

2. Concebe-se que uma resposta possa ser alterada; mas, quando as qualidades do médium excluem toda idéia de má influência, como podemos entender que os Espíritos superiores tenham linguagem diferente e contraditória sobre o mesmo assunto, com pessoas perfeitamente sérias?

"Os Espíritos realmente superiores nunca se contradizem, e sua linguagem é sempre a mesma *com as mesmas pessoas*. Por vezes, pode ser diferente, de acordo com as pessoas e os lugares; mas é preciso prestar atenção porque a contradição, muitas vezes, é apenas aparente; está mais nas palavras do que nas idéias. Ao se refletir sobre isso, descobre-se que a idéia fundamental é a mesma. No entanto, o mesmo Espírito pode dar respostas diferentes para a mesma pergunta, de acordo com o grau de perfeição daqueles que o evocam, pois nem sempre é conveniente que todos recebam a mesma resposta, uma vez que não são igualmente avançados. É exatamente como se uma criança e um sábio te fizessem a mesma pergunta. Certamente, responderias tanto a um quanto a outro de maneira a ser compreendido e satisfazê-los; a resposta, ainda que diferente, teria o mesmo sentido."

3. Com que objetivo os Espíritos sérios parecem aceitar de certas pessoas idéias e até mesmo preconceitos que combatem junto de outras?

"É preciso que nos tornemos compreensíveis. Se alguém tem uma convicção bem firmada sobre uma doutrina, mesmo que seja falsa, é preciso que nós o desviemos dessa convicção, mas pouco a pouco; por isso nos servimos freqüentemente de *seus termos* e aparentamos nos aprofundar em suas idéias, a fim de que ele não se ofusque de repente e não pare de se instruir conosco.

"Aliás, não é bom contrariar muito bruscamente os preconceitos; esse seria um meio de não ser mais ouvido; eis porque os Espíritos falam freqüentemente no sentido da opinião dos que os escutam, a fim de pouco a pouco conduzi-los à verdade. Eles adaptam sua linguagem às pessoas, como farás se fores um orador um pouco hábil; por isso não falarão a um chinês ou a um maometano do mesmo modo como falarão com um ocidental ou com um cristão, pois têm a certeza de que serão repelidos.

"Não se deve tomar por contradição o que é, freqüentemente, apenas uma parte da elaboração da verdade. Todos os Espíritos têm sua tarefa marcada por Deus; eles a cumprem nas condições que julgam convenientes para o bem daqueles que recebem suas comunicações."

4. As contradições, mesmo aparentes, podem lançar dúvidas no Espírito de certas pessoas; qual o controle que se pode ter para conhecer a verdade?

"Para discernir o erro da verdade, é preciso aprofundar as respostas e meditar seriamente sobre elas por um bom tempo; é todo um estudo a fazer. É preciso tempo para isso, assim como para estudar todas as coisas.

"Estudai, comparai, aprofundai; nós vos dizemos sem cessar que o conhecimento e a verdade têm seu preço. Como quereis chegar até a verdade, se interpretais tudo por vossas idéias estreitas, que tomais por grandes idéias? Mas não está longe o dia em que o ensinamento dos Espíritos será por toda parte uniforme, tanto nos detalhes quanto nas coisas principais. Sua missão é destruir o erro, mas isso apenas pode vir paulatinamente."

5. Há pessoas que não têm nem o tempo nem a aptidão necessários para um estudo sério e aprofundado e que aceitam o que lhes é ensinado sem exame. Não há, para elas, o inconveniente em abonar os erros?

"Que pratiquem o bem e não façam o mal: é o essencial; para isso, não há duas doutrinas. O bem é sempre o bem, seja o bem que fazeis em nome de Alá ou de Jeová, pois há apenas um mesmo Deus para o universo."

6. Por que Espíritos que parecem desenvolvidos em inteligência podem ter idéias evidentemente falsas sobre certas coisas?

"Eles têm sua doutrina. Aqueles que não são avançados o suficiente e que acreditam sê-lo tomam suas idéias como verdades. É como entre vós."

7. O que pensar das doutrinas segundo as quais um só Espírito poderia se comunicar e que esse Espírito seria Deus ou Jesus?

"O Espírito que ensina isso é um Espírito que quer dominar, e por isso quer fazer acreditar que é o único; porém, o infeliz que ousa tomar o nome de Deus expiará duramente seu orgulho. Quanto a essas doutrinas, elas refutam a si mesmas, pois estão em contradição com os fatos mais comprovados; não merecem um exame sério, porque não possuem raízes.

"A razão vos diz que o bem procede de uma boa fonte e o mal de uma fonte má; por que quereríeis que uma boa árvore desse maus frutos? Já colhestes uva de uma macieira? A diversidade das comunicações é a prova mais patente da diversidade de sua origem. Aliás, os Espíritos que pretendem ser os únicos a se comunicar esquecem de dizer por que os outros não podem fazê-lo. Sua pretensão é a negação do que o Espiritismo tem de mais belo e mais consolador: as relações do mundo visível com o mundo invisível, dos homens com os seres que lhes são queridos e que, se não fosse assim, estariam perdidos para eles irremediavelmente. São essas relações que identificam o homem com seu futuro, que o libertam do mundo material; suprimir essas relações é mergulhá-lo de novo na dúvida que faz o seu tormento, é alimentar o seu egoísmo. Ao examinar com cuidado a doutrina desses Espíritos, reconhece-se nela, a cada passo, contradições injustificáveis, traços de sua ignorância sobre as coisas mais evidentes e, por conseguinte, sinais certos de sua inferioridade."

O Espírito de Verdade

8. De todas as contradições que se notam nas comunicações dos Espíritos, uma das mais surpreendentes é a relativa à reencarnação*. Se a reencarnação é uma necessidade da vida espírita, por que nem todos os Espíritos a ensinam?

"Não sabeis que há Espíritos cujas idéias estão limitadas ao presente, como acontece com muitos homens na Terra? Eles acreditam que a condição em que se acham deve durar para sempre; eles não vêem além do círculo de suas percepções e não se preocupam em saber nem de onde vêm nem para onde vão; assim, devem ainda aprender. A reencarnação é para eles uma necessidade na qual só pensam quando ela chega; sabem que o Espírito progride, mas de que maneira? Isso é para eles um problema. Então, se lhes perguntardes, falarão dos sete céus superpostos como andares; há até mesmo aqueles que vos falarão da esfera do fogo, da esfera das estrelas, depois da cidade das flores e da dos eleitos."

9. Concebemos que os Espíritos pouco avançados podem não compreender essa questão; mas, então, como é que Espíritos de uma inferioridade moral e intelectual evidente falam espontaneamente de suas diferentes existências e de seu desejo de reencarnar para resgatar seu passado?

"Muitas coisas que se passam no mundo dos Espíritos são difíceis de compreenderdes. Não tendes, entre vós, pessoas bastante ignorantes sobre certas coisas e esclarecidas sobre outras? Pessoas que possuem mais juízo do que instrução e outras que possuem mais conhecimento do que juízo? Não sabeis também que certos Espíritos se comprazem em

---

* **Reencarnação:** retorno do Espírito à vida corporal; pluralidade das existências (N.E.).

manter os homens na ignorância, a pretexto de instruí-los, e aproveitam-se da facilidade com que acreditam em suas palavras? Eles podem seduzir os que não vão ao fundo das coisas, mas, quando são levados para o campo do raciocínio, perdem a paciência e não sustentam por muito tempo seu papel.

"É preciso, além disso, ter em conta a prudência que, em geral, os Espíritos utilizam ao ensinar a verdade: uma luz muito viva e muito súbita deslumbra e não esclarece. Eles podem, em certos casos, julgar útil difundi-la apenas gradualmente, de acordo com o tempo, os lugares e as pessoas. Moisés não ensinou tudo o que o Cristo ensinaria, e o próprio Cristo disse muitas coisas cuja compreensão estava reservada às gerações futuras. Falais de reencarnação e vos espantais que esse princípio não tenha sido ensinado em certos países. Porém, considerais que, num país onde o preconceito da cor é muito forte, onde a escravidão está arraigada nos costumes, o Espiritismo teria sido repelido só por ensinar a reencarnação, simplesmente porque a idéia de que aquele que é senhor poder vir a tornar-se escravo, e vice-versa, pareceria monstruosa. Não é melhor fazer aceitar primeiro o princípio geral, com a condição de tirar dele, mais tarde, as conseqüências? Oh, homens! Como vossa visão é curta para julgar os desígnios de Deus! Sabei que nada é feito sem a Sua permissão e sem um objetivo que, muitas vezes, não podeis penetrar. Eu vos disse que a unidade na crença espírita se realizaria; ficai certos de que ela se fará e de que as discórdias, já menos profundas, irão se apagar pouco a pouco, à medida que os homens se esclarecerem, e desaparecerão completamente, porque é a vontade de Deus, contra a qual o erro não prevalecerá."

O Espírito de Verdade

10. As doutrinas errôneas, ensinadas por certos Espíritos, não têm por efeito retardar o progresso da verdadeira ciência?

"Quereríeis ter tudo sem esforço; sabei que não há campo onde não cresça a erva daninha, que o lavrador deva arrancar. Essas doutrinas errôneas são uma conseqüência da inferioridade de vosso mundo; se os homens fossem perfeitos, aceitariam apenas a verdade; os erros são como jóias falsas, que só um olho experimentado pode distinguir; é preciso para vós um aprendizado para distinguir o verdadeiro do falso; pois bem! As falsas doutrinas servem para vos exercitar a distinguir a verdade do erro."

10 a. Aqueles que adotam o erro não retardam o seu adiantamento?

"Se adotam o erro, é porque não estão avançados o suficiente para compreender a verdade."

302 Enquanto aguarda que a unidade se estabeleça, cada um acredita ter a verdade para si e sustenta ser verdadeiro só o que ele sabe, ilusão alimentada pelos Espíritos enganadores; sobre o que o homem imparcial e desinteressado pode se basear para fazer um julgamento?

"A luz mais pura não é obscurecida por nenhuma nuvem; o diamante sem mancha é o que tem mais valor; julgai, então, os Espíritos pela pureza de seu ensinamento. A unidade irá se fazer do lado em que o bem jamais tenha se misturado ao mal; é desse lado que os homens se reunirão pela força das coisas, pois julgarão que aí está a verdade. Notai, aliás, que os princípios fundamentais são os mesmos em todas as partes e devem vos unir num pensamento comum: o amor de Deus e a prática do bem. Seja qual for o modo de progressão que se suponha para as almas, o objetivo final é o mesmo, e o meio de alcançá-lo também é o mesmo: fazer o bem; acontece que não há duas maneiras de fazê-lo. Portanto, ao se levantarem discordâncias cruciais quanto ao princípio da Doutrina, tendes uma regra certa para apreciá-las, e essa regra é esta: a melhor doutrina é aquela que melhor satisfaz o coração e a razão e que tem mais elementos para conduzir os homens ao bem. Essa é, eu vos garanto, a que prevalecerá."

O Espírito de Verdade

✦ *As contradições que se apresentam nas comunicações espíritas derivam das seguintes causas: da ignorância de certos Espíritos; das trapaças dos Espíritos inferiores que, por malícia ou maldade, dizem o contrário do que disse, em outra oportunidade, o Espírito de quem usurpam o nome; da vontade do Espírito, que fala de acordo com o tempo, os lugares e as pessoas e pode julgar útil não dizer tudo a todos; da insuficiência da linguagem humana para exprimir as coisas do mundo incorpóreo; da insuficiência dos meios de comunicação, que nem sempre permitem ao Espírito expor todo seu pensamento; enfim, da interpretação que cada um pode dar para uma palavra ou para uma explicação, de acordo com suas idéias, seus preconceitos ou o ponto de vista sob o qual considera a questão. Só o estudo, a observação, a experiência e a abnegação de todo sentimento de vaidade podem ensinar a distinguir essas diversas nuanças.*

MISTIFICAÇÕES

303 Se é desagradável ser enganado, mais ainda é ser mistificado; mas esse é um dos inconvenientes mais fáceis de se livrar. Os meios para afastar os ardis dos Espíritos enganadores ressaltam de todas as instruções anteriores; por isso, falaremos pouca coisa sobre eles. Eis as respostas dos Espíritos sobre esse assunto:

1. As mistificações representam um dos entraves mais desagradáveis do Espiritismo prático; há um meio de se preservar contra isso?

"Parece-me que podeis encontrar a resposta em tudo o que vos foi ensinado. Sim, certamente há para isso um meio simples, que é não pedir ao Espiritismo senão o que ele pode vos dar; seu objetivo é o aperfeiçoamento moral da humanidade; se não vos afastardes dessa diretriz, jamais sereis enganados, pois não há duas maneiras de compreender a verdadeira moral, aquela que pode ser admitida por todo homem de bom senso.

"Os Espíritos vêm vos instruir e vos guiar no caminho do bem, e não no das honras e da fortuna; eles também não vêm para servir às vossas mesquinhas paixões. Se não lhes pedissem nada de fútil ou que está fora de suas atribuições, não se daria nenhuma oportunidade aos Espíritos enganadores; disso deveis concluir que quem é mistificado tem apenas o que merece.

"O papel dos Espíritos não é o de vos ensinar sobre as coisas deste mundo, mas o de vos guiar certamente no que pode vos ser útil para o outro. Quando vos falam das coisas da Terra, é porque o julgam necessário, e não a vosso pedido. Se vedes nos Espíritos os substitutos dos feiticeiros e dos mágicos, então certamente sereis enganados.

"Se aos homens bastasse interrogar os Espíritos para tudo saber, não teriam mais seu livre-arbítrio e se desviariam do caminho traçado por Deus para a humanidade. O homem deve agir por si mesmo; Deus não envia os Espíritos para lhes aplainar a rota material da vida, e sim para lhes preparar a rota do futuro."

1 a. Mas há pessoas que não os interrogam sobre nada e que são indignadamente enganadas por Espíritos que vêm espontaneamente sem que sejam chamados?

"Se não perguntam nada, elas se comprazem em ouvir, o que é a mesma coisa. Se acolhessem com reserva e desconfiança tudo o que se afasta do objetivo essencial do Espiritismo, os Espíritos levianos não as fariam de joguete tão facilmente."

2. Por que Deus permite que pessoas sinceras e que aceitam o Espiritismo de boa-fé sejam mistificadas? Isso não resultaria no inconveniente de abalar sua crença?

"Se isso lhes abalasse a crença, é porque sua fé não era muito sólida; as que renunciassem ao Espiritismo por um simples desapontamento provariam que não o compreendem e que não se apegam à parte séria. Deus permite as mistificações para provar a perseverança dos verdadeiros espíritas e punir aqueles que fazem dele um objeto de diversão."

O Espírito de Verdade

✦ *A astúcia dos Espíritos mistificadores excede, algumas vezes, tudo o que se pode imaginar. A arte com que dirigem suas ações e combinam os meios de persuadir seria uma coisa curiosa se não fosse além de inocentes brincadeiras; mas essas mistificações podem ter conseqüências desagradáveis para os que não se mantêm em guarda. Somos bastante felizes por termos aberto, a tempo, os olhos de várias pessoas que solicitaram nosso conselho e por as termos poupado de ações ridículas e comprometedoras. Entre os meios que esses Espíritos empregam, destacam-se em primeira linha, como os mais freqüentes, os que têm por objetivo aguçar a cobiça, como a revelação de pretensos tesouros ocultos, o anúncio de heranças ou outras formas de fortuna. Deve-se, além disso, considerar como suspeitas, em princípio, as predições com datas determinadas, assim como quaisquer outras indicações precisas relacionadas aos interesses materiais. Deve-se também evitar qualquer ação prescrita ou aconselhada pelos Espíritos, quando o objetivo não é eminentemente racional; nunca se deixar deslumbrar pelos nomes com que os Espíritos se apresentam para dar uma aparência de verdade às suas palavras, e desconfiar das teorias e dos sistemas científicos arrojados e de tudo o que se afasta do objetivo moral das manifestações. Encheríamos um volume, dos mais curiosos, se contássemos a história de todas as mistificações que chegaram ao nosso conhecimento.*

28

CHARLATANISMO E TRAPAÇA

Médiuns interesseiros – Fraudes espíritas

MÉDIUNS INTERESSEIROS

304 Como tudo pode tornar-se objeto de exploração, não há nada de surpreendente em se querer também explorar os Espíritos; resta saber como eles receberiam isso, caso se tentasse fazê-lo. Diremos inicialmente que nada se prestaria mais ao charlatanismo e à trapaça que uma exploração dessas. Se o número dos falsos sonâmbulos é imenso, bem maior deve ser o dos falsos médiuns, e só esse fato já é um motivo fundado de desconfiança. O desinteresse pecuniário, entretanto, é a resposta mais clara e incontestável que se pode dar àqueles que vêem nos fatos espíritas apenas uma hábil manobra. Não existe charlatanismo desinteressado; qual seria, então, o objetivo de pessoas que usam a fraude sem proveito e com mais forte razão quando sua notória honorabilidade as coloca acima de qualquer suspeita?

Se o ganho que um médium obtém de sua faculdade pode ser um motivo de suspeita, isso não é de modo algum uma prova de que essa suspeita seja fundada. Esse médium pode ter uma aptidão real e agir de muita boa-fé fazendo-se pagar; vejamos se, nesse caso, pode-se razoavelmente esperar dele um resultado satisfatório.

305 Se foi bem compreendido o que dissemos sobre as condições necessárias para servir de intérprete aos bons Espíritos; sobre as circunstâncias independentes de sua vontade, que são freqüentemente um obstáculo às suas manifestações; enfim, sobre todas as condições *morais* que podem exercer influência sobre a natureza das comunicações, como se poderia supor que um Espírito, por menos elevado que fosse, a qualquer hora do dia, ficasse às ordens de um negociante de sessões e se submetesse às suas exigências para satisfazer a curiosidade do primeiro que chegar? Sabe-se da aversão dos Espíritos por tudo o que cheira cobiça, egoísmo, e o pouco caso que fazem das coisas materiais. Como admitir então que se prestem a ajudar quem quer negociar com sua presença? Isso repugna ao pensamento, e seria preciso conhecer bem pouco a natureza do mundo espírita para acreditar numa coisa dessas. Mas, como os Espíritos levianos não têm escrúpulos e procuram apenas uma oportunidade para se divertir à nossa custa, disso resulta que, se não se é mistificado por um falso médium, tem-se a chance de o ser por alguns desses Espíritos. Somente essas reflexões dão a medida do grau de confiança que se deve conceder às comunicações dessa espécie. De resto, para que serve hoje os médiuns pagos, uma vez que, se não se tem em si mesmo a mediunidade, pode-se encontrá-la na família, entre amigos ou conhecidos?

306 Os médiuns interesseiros não são unicamente os que exigem pagamento; o interesse nem sempre se traduz pelo ganho material; ele se traduz também pelas intenções ambiciosas de toda espécie e pelas quais podem usufruir vantagens pessoais. Esse é um ponto que os Espíritos zombeteiros sabem trabalhar muito bem e o aproveitam com uma habilidade e uma astúcia verdadeiramente notáveis, embalando com enganosas ilusões os que se colocam sob sua dependência. Em resumo, a mediunidade é uma faculdade dada para o bem, e os bons Espíritos se afastam de qualquer pessoa que pretenda fazer dela um degrau para alcançar o que quer que seja que não corresponda aos objetivos da Providência. O egoísmo é a chaga da sociedade; os bons Espíritos o combatem; não se pode admitir que venham a seu serviço. Isso é tão racional que seria inútil insistir mais sobre esse ponto.

307 Os médiuns de efeitos físicos não estão na mesma categoria; esses efeitos são geralmente produzidos por Espíritos inferiores menos escrupulosos. Não dizemos que esses Espíritos são necessariamente maus: pode-se ser um simples carregador e ser um homem muito honesto. Um médium de efeitos físicos que quisesse explorar essa faculdade encontraria muitos Espíritos que o assistiriam sem muita repugnância; mas aí se apresenta outro inconveniente. O médium de efeitos físicos, como o de comunicações inteligentes, não recebeu sua faculdade para seu prazer: ela foi lhe dada com a condição de fazer dela um bom uso; assim, se dela abusa, ela pode lhe ser retirada ou causar-lhe algum mal, pois, definitivamente, os Espíritos inferiores estão sob as ordens dos Espíritos superiores.

Os Espíritos inferiores gostam de mistificar, mas não de serem mistificados; prestam-se de boa vontade à brincadeira, às coisas de curiosidade, porque gostam de se divertir, mas não gostam mais do que os outros de ser explorados nem de ser comparsas para melhorar a renda, e eles provam a cada instante que têm sua própria vontade, que agem quando e como bem lhes pareça, o que faz com que o médium de efeitos físicos esteja ainda menos certo da regularidade das manifestações do que o médium escrevente. Pretender produzi-las em dias e horas determinados é dar prova da mais profunda ignorância. O que fazer, então, para ganhar dinheiro? Simular os fenômenos; é o que acontece não apenas com os que fazem disso uma profissão declarada, mas até mesmo com pessoas simples que encontram nisso um meio mais fácil e mais cômodo do que trabalhar. Se o Espírito não atende, eles o inventam: a imaginação é muito fecunda quando se trata de ganhar dinheiro! Onde houver interesse há motivo legítimo de suspeita, o que dá direito a um exame rigoroso com o qual não se devem ofender sem justificar a suspeita. Mas tanto a suspeita é legítima nesse caso quanto o é ofensiva, quando se trata de pessoas distintas e desinteressadas.

308 A faculdade mediúnica, mesmo limitada às manifestações físicas, não foi dada para ser exibida sobre os palcos, e qualquer pessoa que pretenda ter às suas ordens Espíritos para exibi-los em público pode com razão ser suspeita de charlatanismo ou de ilusionismo mais ou menos hábil. Que assim se considere todas as vezes que se vejam anúncios de pretensas sessões de *espiritismo* ou *espiritualismo* a tanto por lugar e que se lembre do que se está comprando ao entrar.

De tudo o que precede, concluímos que o desinteresse mais absoluto é a melhor garantia contra o charlatanismo; se nem sempre assegura a excelência das comunicações inteligentes, priva os maus de um poderoso meio de ação e fecha a boca dos difamadores.

309 Resta o que se poderia chamar de trapaça de amadores, ou seja, as fraudes inocentes de alguns gracejadores de mau gosto. É possível, sem dúvida, praticá-las à conta de passatempo em reuniões levianas e frívolas, mas não em assembléias sérias, onde se admitem apenas pessoas sérias. Pode muito bem uma pessoa se dar ao prazer de uma mistificação momentânea, mas seria preciso ser dotado de uma singular paciência para representar esse papel durante meses e anos, e a cada vez durante horas consecutivas. Somente um interesse pode alimentar essa perseverança, e o interesse, repetimos, dá sempre oportunidade para que se suspeite de tudo.

310 Poderão pensar, talvez, que um médium que dedica seu tempo ao público no interesse da causa não pode fazê-lo por nada; afinal ele precisa viver. Mas é no interesse da causa ou no seu que o faz? Não é antes porque entrevê na mediunidade um meio lucrativo? Sempre se encontrará pessoas dispostas a isso por qualquer preço. Elas têm apenas esse comércio à sua disposição? Não nos esqueçamos de que os Espíritos, seja qual for sua superioridade ou sua inferioridade, são as almas dos mortos e, quando a moral e a religião prescrevem como um dever respeitar os seus restos mortais, a obrigação de respeitar o Espírito é ainda maior.

O que diriam de quem retirasse um corpo do túmulo e o exibisse por dinheiro, por esse corpo provocar a curiosidade? É menos desrespeitoso exibir o Espírito em vez do corpo, sob o pretexto de que é curioso ver como age um Espírito? E notemos bem que o preço dos lugares será proporcional às variedades que ele poderá fazer e da atração do espetáculo. Certamente, se durante sua vida tivesse sido comediante, nem de longe suspeitaria que depois de sua morte encontraria um diretor que o explorasse fazendo-o representar de graça.

É preciso não se esquecer que as manifestações físicas, assim como as manifestações inteligentes, são permitidas por Deus apenas para nossa instrução.

311 Colocadas à parte essas considerações morais, não contestamos de nenhum modo que possa haver médiuns interesseiros dignos e conscienciosos, pois há pessoas honestas em todas as profissões; falamos apenas do abuso; mas, há que se convir pelos motivos que expusemos, que o abuso tem mais razão de ocorrer entre os médiuns que aceitam ser remunerados do que entre aqueles que, considerando sua faculdade um favor, empregam-na apenas para prestarem serviço.

O grau de confiança ou de desconfiança que se pode ter num médium pago depende, antes de qualquer coisa, do respeito que infundam seu caráter e sua moralidade, além das circunstâncias. O médium que, com um objetivo eminentemente sério e proveitoso, não pode trabalhar por utilizar seu tempo com a mediunidade e, por essa razão, encontra-se desempregado não pode ser confundido com o médium *especulador*, que, premeditadamente, faz de sua mediunidade um comércio. De acordo com o motivo e com o objetivo, os Espíritos podem, pois, condenar, absolver ou até mesmo favorecer; eles julgam mais a intenção do que o fato material.

312 Os sonâmbulos que utilizam sua faculdade de maneira lucrativa não estão no mesmo caso. Ainda que essa exploração esteja sujeita a abuso e o desinteresse seja a maior garantia de sinceridade, a posição é diferente, visto que é seu próprio Espírito que age; conseqüentemente, ele está sempre à sua disposição, e na realidade exploram apenas a eles mesmos, pois estão livres para dispor de sua pessoa como entenderem, ao passo que os médiuns especuladores exploram as almas dos mortos (Veja a questão nº 172).

313 Não ignoramos que nossa severidade em relação aos médiuns interesseiros faz com que se revoltem contra nós todos aqueles que exploram ou estão tentados a explorar esse novo comércio e que com isso fazemos dessas pessoas inimigos implacáveis, assim como seus amigos, que tomam naturalmente seu partido; consolamo-nos pensando que os mercadores expulsos do templo por Jesus também não o viam com bons olhos. Temos também contra nós as pessoas que não encaram a coisa com a mesma seriedade; entretanto, acreditamos estar no direito de ter uma opinião e de emiti-la; não forçamos ninguém a adotá-la. Se uma imensa maioria aderiu a ela, é porque a consideram justa; pois não vemos, de fato, como se poderia provar que não há mais chance de encontrar a fraude e o abuso na especulação do que no desinteresse. Quanto a nós, se nossos escritos contribuíram para lançar o descrédito sobre a mediunidade interesseira, acreditamos que esse é um dos maiores serviços que eles prestaram ao Espiritismo *sério*.

FRAUDES ESPÍRITAS

314 Aqueles que não admitem a realidade das manifestações físicas atribuem geralmente à fraude os efeitos produzidos. Baseiam-se no fato de que os ilusionistas hábeis fazem coisas que parecem prodígios quando não se conhece seus segredos; disso eles concluem que os médiuns são apenas ilusionistas. Já refutamos esse argumento, ou antes essa opinião, notadamente nos artigos sobre o senhor Home e nos números da *Revista* de janeiro e fevereiro de 1858; diremos sobre isso apenas algumas palavras antes de falarmos de uma questão mais séria.

É, resumindo, uma consideração que não escapará a quem reflita um pouco. Há, sem dúvida, ilusionistas de uma habilidade notável, mas são raros. Se todos os médiuns praticassem fraude, seria preciso convir que a arte do ilusionismo teria feito, em pouco tempo, progressos extraordinários e teria se tornado subitamente bem comum, uma vez que se encontraria em estado inato em pessoas que dela nem suspeitavam, até mesmo em crianças.

Pelo fato de haver charlatães que vendem falsos remédios nas praças públicas e de haver até mesmo médicos que, sem irem à praça pública, traem a confiança dos seus clientes, segue-se que todos os médicos são charlatães e que a classe médica é por isso atingida em sua consideração? Pelo fato de haver pessoas que vendem tintura por vinho, segue-se que todos os comerciantes de vinho são falsificadores e que não há vinho puro? Abusa-se de tudo, até mesmo das coisas mais respeitáveis, e pode-se dizer que a fraude também tem seu gênio. Mas a fraude sempre tem um objetivo, um interesse material qualquer; onde não há nada a ganhar não há nenhum interesse em enganar. Foi por isso que dissemos, em relação aos médiuns mercenários, que a melhor de todas as garantias é o desinteresse absoluto.

315 De todos os fenômenos espíritas, os que mais se prestam à fraude são os fenômenos físicos, por motivos que é útil considerar. Primeiramente, porque, impressionando mais aos olhos do que à inteligência, são os que o ilusionismo pode mais facilmente imitar. Em segundo lugar, aguçando, mais do que os outros, a curiosidade, são mais próprios para atraírem a multidão e, conseqüentemente, mais produtivos. Sob esse duplo ponto de vista, os charlatães têm, portanto, todo interesse em simular essas espécies de manifestações; os espectadores, na sua maioria estranhos à ciência, vão geralmente procurar nisso antes uma distração do que uma instrução séria, e sabe-se que sempre se paga melhor aquele que distrai do que aquele que instrui. Mas, à parte disso, há um outro aspecto conclusivo. Se o ilusionista pode imitar efeitos materiais, para os quais apenas é preciso a destreza, não conhecemos, até o momento presente, o dom da improvisação, que requer uma dose de inteligência pouco comum, nem o de produzir as belas e sublimes mensagens, freqüentemente tão cheias de elevada ponderação, que os Espíritos dão em suas comunicações. Isso nos lembra o fato a seguir.

Um homem de letras bastante conhecido veio um dia nos procurar; disse que era um médium escrevente *intuitivo* muito bom e que se colocava à disposição da sociedade espírita. Como temos por hábito admitir na sociedade apenas médiuns cujas faculdades nos são conhecidas, nós lhe rogamos o favor de vir antes fazer suas provas em uma reunião particular. Ele submeteu-se a isso, de fato; nessa reunião, diversos médiuns experimentados receberam mensagens ou respostas de uma notável precisão sobre questões propostas e assuntos desconhecidos por eles. Quando chegou a vez desse senhor, ele escreveu algumas palavras insignificantes, disse que estava maldisposto naquele dia e depois disso não o vimos mais; ele achou, sem dúvida, que o papel de médium de efeitos inteligentes era mais difícil de desempenhar do que supunha.

316 Em todas as coisas, as pessoas mais fáceis de serem enganadas são as que não são do ofício; o mesmo acontece com o Espiritismo; aqueles que não o conhecem são facilmente iludidos pelas aparências, enquanto um estudo prévio e atento os inicia não somente na causa dos fenômenos, mas nas condições normais em que se podem produzir, fornecendo a eles assim os meios de reconhecer a fraude, se ela existe.

317 Os médiuns trapaceiros são censurados, como o merecem, na carta a seguir que reproduzimos na *Revista* do mês de agosto de 1861.

"Paris, 21 de julho de 1861.

"Senhor,

"Pode-se estar em desacordo sobre certos pontos e estar em perfeito acordo sobre outros. Acabo de ler, na página 213 do último número de vosso jornal, reflexões sobre a fraude em matéria de experiências espiritualistas (ou espíritas), reflexões a que sou feliz em me associar com todas as minhas forças. Aí, toda dissidência em matéria de teorias e de doutrinas desaparece como por encanto.

"Não sou, talvez, tão severo quanto vós em relação aos médiuns que, sob uma forma digna e conveniente, aceitam uma remuneração como indenização pelo tempo que consagram às experiências freqüentemente longas e fatigantes; mas eu sou como vós – e não se poderia ser menos – em relação àqueles que, em semelhante caso, suprem pela falcatrua e pela fraude a ausência ou a insuficiência dos resultados prometidos e esperados (Veja a questão nº 311).

"Misturar o falso com o verdadeiro, quando se trata de fenômenos obtidos pela intervenção dos Espíritos, é certamente uma infâmia, e haveria adulteração no senso moral do médium que acreditasse poder fazê-lo sem escrúpulo. Conforme frisastes com exatidão, *é lançar o descrédito sobre a coisa no espírito dos indecisos, desde que a fraude seja reconhecida.* Acrescentaria que é comprometer da maneira mais deplorável os homens dignos que prestam aos médiuns o apoio desinteressado de seus conhecimentos e de suas luzes, que se fazem fiadores de sua boa-fé e que os patrocinam de algum modo; é cometer para com eles uma verdadeira deslealdade.

"Todo médium que fosse culpado de manobras fraudulentas, que fosse apanhado, para me servir de uma expressão pouco trivial, com a boca na botija mereceria ser banido por todos os espiritualistas ou espíritas do mundo, para os quais seria um dever rigoroso desmascará-los ou marcá-los.

"Se vos convier, senhor, insira essas poucas linhas em vosso jornal; elas estão ao vosso serviço.

"Aceitai etc.

Mateus."

318 Mesmo os fenômenos espíritas de efeitos físicos não são fáceis de imitar, e há alguns que desafiam, evidentemente, toda a habilidade do ilusionismo, notadamente o movimento dos objetos sem contato, a suspensão dos corpos pesados no espaço, as pancadas de diferentes lados, as aparições etc., salvo com o emprego de truques e de cumplicidade. Por isso dizemos que é preciso nesses casos observar atentamente as circunstâncias e, principalmente, levar em conta o caráter e a posição das pessoas, o objetivo e o interesse que elas poderiam ter em enganar: eis aí o melhor de todos os controles, porque são essas circunstâncias que levantam todo motivo de suspeita. Pensamos, em princípio, que se deve desconfiar de todo aquele que fizer desses fenômenos um espetáculo, um objeto de curiosidade ou de divertimento, e se dispor a produzi-los à vontade e no momento próprio, como já explicamos. Não será demais repetir que as inteligências ocultas que se manifestam têm suas suscetibilidades e querem nos provar que elas também têm seu livre-arbítrio e não se submetem aos nossos caprichos (Veja a questão nº 38).

Será suficiente assinalarmos alguns subterfúgios empregados ou que são possíveis de ser empregados em certos casos, para prevenir contra a fraude os observadores de boa-fé. Quanto às pessoas que se obstinam em julgar sem se aprofundarem, seria tempo perdido procurar desiludi-las.

319 Um dos fenômenos mais comuns é o das pancadas até mesmo no interior da madeira, com ou sem o movimento da mesa ou de outro objeto que se use. Esse efeito é um dos mais fáceis de ser imitados, seja pelo contato dos pés, seja provocando pequenos estalidos no móvel; mas há um pequeno estratagema especial que é fácil desvendar. Basta colocar as duas mãos espalmadas sobre a mesa e tão aproximadas que as unhas dos polegares se apóiem fortemente uma contra a outra; então, por um movimento muscular totalmente imperceptível, produz-se um atrito que dá um pequeno estalo seco, muito parecido com o da tiptologia íntima. Esse ruído repercute na madeira e produz uma completa ilusão. Nada é mais fácil do que fazer com que se ouçam tantas pancadas quanto se queiram, uma batida de tambor etc., do que responder a certas perguntas por sim ou por não, por números ou até mesmo pela indicação das letras do alfabeto.

Uma vez prevenido, o meio de se reconhecer a fraude é bem simples. Ela não é possível se as mãos ficarem afastadas uma da outra, assegurando-se de que nenhum outro contato pode produzir o ruído. As pancadas reais têm, aliás, a característica de mudarem de lugar e de timbre à vontade, o que não pode acontecer quando são produzidas da maneira que assinalamos ou de outra parecida. Que saia da mesa para se produzir sobre um móvel qualquer que ninguém toque, sobre as paredes, no teto etc., que responda, enfim, a perguntas não previstas (Veja a questão nº 41).

320 A escrita direta é ainda mais fácil de ser imitada. Sem falar dos produtos químicos bem conhecidos que fazem aparecer a escrita num tempo determinado sobre o papel branco, o que se pode desmascarar com precauções bem simples, poderia acontecer de, por um truque hábil, substituir-se um papel por outro. Também poderia ocorrer de aquele que quisesse fraudar ter a arte de desviar a atenção enquanto escrevesse rapidamente algumas palavras. Disseram-nos ainda ter visto uma escrita assim com uma pontinha de grafite escondida debaixo da unha.

321 O fenômeno de transportes não se presta menos à trapaça, e pode-se facilmente ser vítima de um ilusionista mais ou menos hábil, sem que haja necessidade de se tratar de um profissional. No parágrafo especial que publicamos anteriormente (Veja a questão nº 96), os próprios Espíritos determinaram as condições excepcionais em que o fenômeno pode se produzir, de onde se pode concluir que a obtenção *fácil* e *facultativa* deve, pelo menos, ser considerada suspeita. A escrita direta está no mesmo caso.

322 No capítulo sobre os *médiuns especiais*, mencionamos, segundo os Espíritos, as aptidões mediúnicas comuns e as raras. Convém, portanto, desconfiar dos médiuns que pretendem ter estas últimas mais facilmente ou que ambicionam a multiplicidade das faculdades, pretensão que só muito raramente se justifica.

323 As manifestações inteligentes são, de acordo com as circunstâncias, as que oferecem a maior garantia; entretanto, nem elas estão ao abrigo da imitação, pelo menos no que se refere às comunicações banais e comuns. Acredita-se ter mais segurança com os médiuns mecânicos não apenas para a independência das idéias, mas também contra as fraudes; é por essa razão que certas pessoas preferem os meios mecânicos. Pois bem! É um erro. A fraude se insinua por toda parte, e sabemos que com habilidade pode-se dirigir, à vontade, até mesmo uma cesta ou um prancheta que escreve e lhe dar todas as aparências dos movimentos espontâneos. O que tira todas as dúvidas são os pensamentos expressos, quer venham de um médium mecânico, intuitivo, auditivo, falante ou vidente. Há comunicações que estão de tal forma fora das idéias, dos conhecimentos e até mesmo da capacidade intelectual do médium que seria preciso iludir-se para atribuí-las a ele. Reconhecemos no charlatanismo uma grande habilidade e muitos recursos, mas ainda não conhecemos nele o dom de dar o saber a um ignorante ou espírito àquele que não o tem.

Em resumo, repetimos, a melhor garantia está na moralidade dos médiuns e na ausência de todas as causas de interesse material ou de vaidade, que, além de estimular neles o exercício das faculdades mediúnicas que eles possuem podem animá-los a simular as que não têm.

CAPÍTULO

29

REUNIÕES E SOCIEDADES ESPÍRITAS

Reuniões em geral – Sociedades propriamente ditas –
Assuntos de estudo – Rivalidade entre as Sociedades

REUNIÕES EM GERAL

324 As reuniões espíritas são de grande utilidade quando se prestam a esclarecer os participantes pelo intercâmbio de idéias, pelas perguntas e observações que cada um pode fazer e de que todos tiram proveito; mas, para produzirem os frutos necessários, requerem condições especiais que vamos examinar, porque seria um erro compará-las a uma reunião qualquer. Depois, como as reuniões são um todo coletivo, o que lhe diz respeito é a conseqüência natural das instruções precedentes. Elas devem observar as mesmas precauções e se preservar dos mesmos obstáculos que os indivíduos. Por isso colocamos este capítulo no final.

As reuniões espíritas têm caracteres bastante diferentes, segundo o objetivo a que se propõem e sua condição de ser; por isso mesmo também podem diferir. De acordo com sua natureza, podem ser *frívolas*, *experimentais* ou *instrutivas*.

325 As *reuniões frívolas*, fúteis, são feitas por pessoas que vêem apenas o lado divertido das manifestações, que se divertem com os gracejos dos Espíritos leviano, por seu lado muito interessados por essa espécie de assembléia, onde têm toda liberdade de se manifestar e às quais não faltam. É nessas que se perguntam todo gênero de banalidade, que se faz ler a boa sorte pelos Espíritos, que se coloca sua perspicácia à prova para fazê-los adivinhar a idade, o que se tem no bolso, desvendar pequenos segredos e mil outras coisas dessa importância.

Essas reuniões são inconseqüentes; mas, como os Espíritos leviano são por vezes muito inteligentes e geralmente de um humor fácil e jovial, acontecem freqüentemente fatos curiosos dos quais o observador pode tirar ensinamentos. Porém, aquele que tivesse visto apenas isso e que julgasse o mundo dos Espíritos conforme essa amostra, faria dele uma idéia tão falsa quanto aquele que julgasse toda a sociedade de uma grande cidade por um de seus bairros. O simples bom senso diz que os Espíritos elevados não podem ir a tais reuniões, em que os espectadores não são mais sérios do que os atores. Se queremos nos ocupar de coisas fúteis, é preciso, francamente, chamar Espíritos levianos, como se contratariam palhaços para divertirem uma festa; mas haveria profanação em convidar nomes veneráveis e misturar o sagrado com o profano.

326 As *reuniões experimentais* têm por objeto a produção das manifestações de efeitos físicos. Para muitas pessoas, é um espetáculo mais curioso do que instrutivo. Os incrédulos saem delas mais espantados do que convencidos, porque só vêem com os olhos, e todo seu pensamento gira em torno da procura de artifícios e truques, pois, não se dando conta de nada, supõem naturalmente a fraude. O mesmo não ocorre com aqueles que estudaram; eles compreendem primeiro a possibilidade, e os fatos positivos determinam ou completam a sua convicção; se houver fraude, eles mesmos irão descobri-la.

Não obstante, essas experiências têm uma utilidade que ninguém pode negar: foram elas que levaram a descobrir as leis que regem o mundo invisível e, para a maioria das pessoas, elas são, sem dúvida, um poderoso motivo de convicção. Sustentamos que elas sozinhas não podem iniciar a quem quer que seja na ciência espírita, do mesmo modo que a observação de um engenhoso mecanismo não pode fazer conhecer a sua mecânica, se não se conhecerem as suas leis. Mas, se essas experiências forem dirigidas com método e prudência, resultados muito bons serão obtidos. Voltaremos em breve a esse assunto.

327 As *reuniões instrutivas* têm um outro caráter e, como é delas que se pode absorver o verdadeiro ensinamento, insistiremos especificamente sobre as condições em que devem se realizar.

A primeira de todas é de serem sérias em toda acepção da palavra. É preciso estar bem seguro de que os Espíritos a quem se quer dirigir são de uma natureza toda especial; de que o sublime não pode se aliar ao trivial, nem o bem ao mal, de modo que, caso se queira obter coisas boas, é preciso se dirigir aos bons Espíritos; como condição expressa, é preciso estar em condições propícias para que eles *queiram vir*; acontece que Espíritos superiores não vão às assembléias de homens levianos e superficiais, como não iriam quando estavam vivos.

Uma reunião só é verdadeiramente séria quando se ocupa exclusivamente de coisas úteis; se é para obter fenômenos extraordinários por curiosidade ou passatempo, os Espíritos que os produzem poderão vir, mas os outros irão embora. Numa palavra, seja qual for o caráter de uma reunião, ela sempre contará com Espíritos dispostos a atender ao que lhes é solicitado. Uma reunião séria se afasta de seu objetivo se troca o ensinamento pelo divertimento. As manifestações de efeitos físicos, como dissemos, têm sua utilidade. Os que querem ver vão às sessões experimentais.

Os que querem compreender buscam as reuniões de estudo; é assim que tanto uns quanto outros poderão completar sua instrução espírita, assim como no estudo da medicina uns vão à sala de aula, e outros, à clínica.

328 A instrução espírita não compreende apenas o ensinamento moral dado pelos Espíritos, mas também o estudo dos fatos. Nesse estudo, temos a teoria de todos os fenômenos, a pesquisa das causas e, como conseqüência, a constatação do que é possível e do que não é; numa palavra, a observação de tudo o que pode fazer a ciência avançar. Acontece que seria um erro acreditar que os fatos estão limitados aos fenômenos extraordinários; que aqueles que impressionam mais os sentidos são os únicos dignos de atenção, visto que são encontrados, a cada passo, nas comunicações inteligentes e que os homens reunidos para o estudo não os podem negligenciar. Esses fatos, inumeráveis, surgem de uma multidão de circunstâncias fortuitas; embora mais simples, não deixam de ser do mais alto interesse para o observador, que neles encontra ou a confirmação de um princípio conhecido, ou a revelação de um princípio novo, que o faz penetrar mais adiante nos mistérios do mundo invisível. Nisso também há filosofia.

329 As reuniões de estudo são, além disso, de uma imensa utilidade para os médiuns de manifestações inteligentes e, principalmente, para aqueles que têm um desejo sério de se aperfeiçoar e que não participam delas presunçosos de sua infalibilidade, certos de que não se possam enganar. Um dos grandes obstáculos à mediunidade, como já dissemos, é a obsessão e a fascinação. Os médiuns podem, portanto, iludir-se de muita boa-fé sobre o mérito do que obtêm, e compreende-se que os Espíritos enganadores têm toda a liberdade de ação quando lidam com um médium que não quer enxergar; é por isso que esses Espíritos afastam o médium de todo exame e, se for preciso, fazem-no tomar aversão por qualquer pessoa que possa esclarecê-lo. Favorecidos pela idéia do isolamento e da fascinação, eles podem facilmente lhe fazer aceitar tudo o que querem.

Não é demais repetir: aí se encontra não apenas a dificuldade, mas também o perigo. O único meio que o médium tem de escapar disso é o controle de pessoas desinteressadas e benevolentes, que, julgando as comunicações com equilíbrio e imparcialidade, podem abrir-lhe os olhos e fazer com que perceba o que não pode ver por si mesmo. Acontece que todo médium que teme esse julgamento já está no caminho da obsessão; aquele que acredita que a luz é feita apenas para ele está completamente subjugado; se leva a mal as observações, se as repele, se com elas se irrita, não há dúvidas sobre a má natureza do Espírito que o assiste.

Já dissemos: um médium pode não ter conhecimentos necessários para compreender os erros; pode se deixar iludir por grandes palavras e por uma linguagem pretensiosa, ser seduzido por argumentos enganosos, e isso com a melhor boa-fé do mundo. Por isso é que, à falta de luzes próprias, deve modestamente recorrer às luzes dos outros, conforme esses dois adágios: quatro olhos vêem melhor do que dois e nunca se é bom juiz em causa própria. É sob esse ponto de vista que as reuniões são para o médium de grande utilidade, desde que ele seja bastante sensato para escutar os avisos, porque nelas se encontrarão pessoas mais esclarecidas do que ele, que perceberão as nuanças freqüentemente delicadas pelas quais o Espírito trai e mostra a sua inferioridade.

Todo médium que deseja sinceramente não ser joguete da mentira deve, portanto, procurar trabalhar em reuniões sérias e levar para elas o que obtém em particular; aceitar com naturalidade, até mesmo solicitar, o exame crítico das comunicações que recebe; se é alvo de Espíritos enganadores, o meio mais seguro de se desembaraçar deles é lhes provando que não podem enganá-lo. O médium, aliás, que se irrita com a crítica está fundamentado no seu amor-próprio e não está comprometido com a verdade, uma vez que o que ele transmite não é dele e que não é mais responsável pelo que diz ou escreve do que um leitor pelos versos de um mau poeta.

Insistimos sobre esse ponto porque, se aí está um entrave para os médiuns, também o está para as reuniões, nas quais não se deve conceder levianamente confiança a todos os intérpretes dos Espíritos. A contribuição mediúnica de todo médium obsidiado ou fascinado é mais nociva do que útil, razão porque não deve ser aceita. Pensamos ter desenvolvido suficientemente o assunto para que ninguém venha a iludir-se sobre os caracteres da obsessão, se o médium não pode reconhecê-la por si mesmo. Um dos mais evidentes é, sem dúvida, a pretensão de ser o único a ter razão contra todo mundo. Os médiuns obsidiados que não vêem isso assemelham-se aos doentes que se iludem sobre sua saúde e se perdem por não se submeterem a um regime salutar.

330 Uma reunião séria deve se propor a afastar os Espíritos mentirosos. Seria um erro uma reunião considerar-se livre deles, pelo seu objetivo e pela qualidade de seus médiuns; ela só alcançará isso quando tiver criado as condições favoráveis.

Para melhor compreender o que se passa nessa circunstância, pedimos ao leitor que se reporte ao que dissemos anteriormente, no capítulo 21, "Influência do meio", questão nº 231. É preciso imaginar cada indivíduo cercado por um certo número de companheiros invisíveis que se identificam com seu caráter, seus gostos e suas tendências; assim, toda pessoa que entra numa reunião traz consigo Espíritos que lhe são simpáticos. De acordo com seu número e sua natureza, esses companheiros podem exercer sobre a assembléia e sobre as comunicações uma influência boa ou má. Uma reunião perfeita seria aquela em que todos os membros, animados por um igual amor ao bem, atraíssem apenas bons Espíritos; na impossibilidade da perfeição, a melhor será aquela em que o bem se impuser sobre o mal. Isso é muito lógico para que seja necessário insistir.

331 Uma reunião é um ser coletivo cujas qualidades e propriedades são a soma de todas as qualidades e propriedades dos seus membros e formam como que um feixe; acontece que esse feixe terá tanto mais força quanto mais for homogêneo. Se foi compreendido bem o que foi dito (Veja a questão nº 282, item nº 5) sobre a maneira pela qual os Espíritos são avisados de nosso chamado, mais facilmente se compreenderá o poder da associação do pensamento dos assistentes. Se o Espírito é de algum modo atingido pelo pensamento como o somos pela voz, vinte pessoas unidas com uma mesma intenção têm necessariamente mais força do que apenas uma; porém, para que todos esses pensamentos concorram para o mesmo objetivo, é preciso que elas vibrem em uníssono, que se confundam, por assim dizer, em uma só, o que não pode acontecer sem a concentração.

Por outro lado, quando o Espírito encontra um meio completamente simpático, fica mais à vontade; encontrando aí apenas amigos, vem com boa vontade e com mais disposição para responder. Todo aquele que acompanhou com alguma atenção as manifestações espíritas inteligentes pôde se convencer dessa verdade. Se os pensamentos são divergentes, disso resulta um choque de idéias desagradável para o Espírito e conseqüentemente nocivo à manifestação. O mesmo acontece com um homem que deve falar numa assembléia; se sente que todos os pensamentos lhe são simpáticos e benevolentes, a impressão que recebe reage sobre suas próprias idéias e lhe dá mais inspiração; a unanimidade do ambiente exerce sobre ele uma ação magnética que multiplica seus meios, enquanto a indiferença ou a hostilidade o perturbam e o paralisam; é assim que os atores são eletrizados pelo aplauso; acontece que os Espíritos sentem muito mais a influência do meio.

Toda reunião espírita deve, pois, tender à maior homogeneidade possível; que fique bem entendido que falamos para quem quer atingir resultados sérios e verdadeiramente úteis; se for simplesmente para obter comunicações, sejam quais forem, sem se inquietar com a qualidade de quem as dá, é evidente que todas essas precauções não são necessárias, mas então não se devem queixar do resultado obtido.

332 Como a concentração e a comunhão dos pensamentos são as condições essenciais de toda reunião séria, compreende-se que um grande número de assistentes é um obstáculo contrário à homogeneidade. Não há, certamente, nenhum limite estabelecido para esse número, e concebe-se que cem pessoas suficientemente recolhidas e atentas estarão em melhores condições do que dez pessoas distraídas e barulhentas; mas também é evidente que, quanto maior é o número, mais essas condições são difíceis de serem alcançadas. É, aliás, um fato provado pela experiência que os pequenos grupos fraternais são sempre mais favoráveis às belas comunicações, e isso pelos motivos que explicamos.

333 Há ainda um outro ponto não menos importante, que é a regularidade das reuniões. Em todas, há sempre Espíritos que poderiam ser chamados de *freqüentadores habituais*, mas que não se entenda por isso que esses Espíritos se encontram em todos os lugares e que se intrometem em tudo; eles são ou Espíritos protetores, ou que são interrogados mais freqüentemente. Não se deve pensar que esses Espíritos não têm outra coisa a fazer senão nos escutar; eles têm suas ocupações e podem, aliás, se encontrar em condições desfavoráveis para serem evocados. Quando as reuniões acontecem em dias e horas fixos, eles se preparam de acordo, e é raro faltarem. Há até mesmo os que levam a pontualidade ao excesso; reclamam quando há qualquer atraso e, se eles mesmos marcam o momento de uma entrevista, é inútil chamá-los alguns minutos mais cedo. Acrescentamos, entretanto, que, ainda que os Espíritos prefiram a regularidade, os que são verdadeiramente superiores não são meticulosos a esse ponto. A exigência de pontualidade rigorosa é um sinal de inferioridade, como qualquer outra ingenuidade. Fora das horas determinadas, eles podem sem dúvida vir, e vêm até mesmo de boa vontade se o objetivo for útil; mas nada é mais nocivo às boas comunicações do que chamá-los a qualquer momento, quando nos dá vontade e, principalmente, sem motivo sério; como não são obrigados a se submeter aos nossos caprichos, podem não atender, e é então que outros podem tomar seu lugar e seu nome.

SOCIEDADES PROPRIAMENTE DITAS

334 Tudo o que dissemos sobre as reuniões em geral se aplica naturalmente às sociedades regularmente constituídas; estas, entretanto, têm que superar algumas dificuldades específicas decorrentes das relações entre os seus membros. Por nos terem consultado muitas vezes sobre a organização das sociedades, nós as resumiremos aqui em algumas palavras.

O Espiritismo ainda é diversamente apreciado e muito pouco compreendido em sua essência por um grande número de espíritas, de forma que não há ainda entre os seus membros o que se poderia chamar de associação ou sociedade. Essa concepção só pode existir entre os que vêem nele o objetivo moral, entre os que o compreendem e o *aplicam a si mesmos*. Para os que vêem apenas fatos mais ou menos curiosos, não há uma razão séria, porque, colocando os fatos acima dos princípios, uma simples divergência na maneira de apreciar esses fatos pode dividi-los. O mesmo não ocorre com os primeiros, porque sobre uma questão moral não pode haver duas maneiras de ver. Também há que se notar que em todos os lugares, onde quer que se encontrem, uma confiança recíproca os atrai uns para os outros; a benevolência mútua que reina entre eles afasta a presunção e o constrangimento que nascem da suscetibilidade, do orgulho que se melindra com a menor contradição, do egoísmo que reclama tudo para si. Uma sociedade em que aqueles elevados sentimentos reinassem sem divisão e que seus membros se reunissem com o objetivo de se instruir com os ensinamentos dos Espíritos, e não na esperança de verem coisas mais ou menos espetaculares, ou para fazer prevalecer o seu ponto de vista seria não apenas viável, mas também indissolúvel. A dificuldade para reunir um apreciável número de elementos homogêneos sobre esse ponto de vista nos leva a dizer que, no interesse dos estudos e para o bem da própria causa, as reuniões espíritas devem cada vez mais se multiplicar em pequenos grupos, em vez de procurar constituir grandes aglomerações. Esses grupos, correspondendo-se entre si, visitando-se, permutando as suas observações, podem desde já formar o núcleo da grande família espírita que congregará, um dia, todas as opiniões e unirá os homens em um mesmo sentimento de fraternidade fundamentado na caridade cristã.

335 Já sabemos a importância da uniformidade dos sentimentos para a obtenção de bons resultados; essa uniformidade é tanto mais difícil de se obter quanto maior for o número de pessoas. Nos pequenos grupos, todos se conhecem melhor, e há mais segurança nos elementos que os compõem; o silêncio e o recolhimento são mais fáceis e tudo se passa como em família. As grandes assembléias impossibilitam essa intimidade pela variedade dos elementos que as compõem; exigem locais especiais, recursos pecuniários e uma equipe administrativa desnecessária nos pequenos grupos. A divergência de caracteres, de idéias, de opiniões se evidencia melhor nessas assembléias e proporciona aos Espíritos perturbadores mais facilidade para promover a discórdia. Quanto mais numeroso for o grupo, mais será difícil contentar a todos;

cada um irá querer que os trabalhos sejam dirigidos de acordo com sua vontade, que sejam tratados de preferência assuntos que mais lhe interessam; alguns acreditarão que o título de sócio lhes dá o direito de impor sua maneira de ver; daí as divergências, uma causa de mal-estar que provoca, cedo ou tarde, a desunião, depois a dissolução, risco que, aliás, correm todas as sociedades, quaisquer que sejam seus objetivos. Nas pequenas reuniões não há essas complicações; a dissolução de uma grande sociedade seria um revés aparente para a causa do Espiritismo, e seus inimigos não deixariam de se prevalecer disso; a dissolução de um pequeno grupo passa despercebida; aliás, se um acaba, vinte outros se formam ao lado; acontece que vinte grupos de quinze a vinte pessoas obterão mais e farão mais pela propagação do que uma assembléia de trezentas a quatrocentas pessoas.

Dirão, sem dúvida, que os membros de uma sociedade que agem como acabamos de dizer não são verdadeiros espíritas, uma vez que o primeiro dever que a Doutrina impõe é a caridade e a benevolência. Isso é perfeitamente correto, porque os que pensam assim são espíritas mais de nome do que de fato; certamente não pertencem à terceira categoria (Veja a questão nº 28); mas quem diz que podem ser qualificados de espíritas? Aqui se apresenta uma consideração muito importante.

336 Não nos esqueçamos de que o Espiritismo tem inimigos interessados em lhe fazer frente e que vêem o seu sucesso com despeito. Os mais perigosos não são os que o atacam abertamente, mas aqueles que agem na sombra, os que o acariciam com uma mão e o difamam com a outra. Esses seres malfazejos se insinuam por toda parte, onde esperam fazer o mal; como eles sabem que a união é um poder, procuram destruí-la, lançando o germe da discórdia. Quem pode garantir que aqueles que, durante as reuniões, semeiam a perturbação e a discórdia não são agentes provocadores interessados na desordem? Com toda certeza, não são nem verdadeiros nem bons espíritas; jamais podem fazer o bem e podem fazer muito mal. Compreende-se que eles têm infinitamente mais facilidade para se insinuar nas reuniões muito concorridas do que nas pequenas sessões, onde todos se conhecem. Graças a surdas maquinações que passam despercebidas, semeiam a dúvida, a desconfiança e a inimizade; sob a aparência de um interesse hipócrita pela causa, eles criticam tudo, formam grupinhos e rodas que logo rompem a harmonia do conjunto, e é isso o que eles querem. Com gente dessa espécie, fazer um apelo aos sentimentos de caridade e de fraternidade é falar a surdos voluntários, pois seu objetivo é precisamente destruir esses sentimentos, que são o maior obstáculo às suas intrigas. Esse estado de coisas, desagradável em qualquer sociedade, é mais ainda nas sociedades espíritas, porque, se não leva à ruptura, causa uma preocupação incompatível com o recolhimento e a atenção.

337 Se a reunião está em mau caminho, perguntarão, homens sensatos e bem-intencionados não têm o direito de criticá-la? Eles devem deixar o mal se firmar sem dizer nada, aprová-lo pelo silêncio? Sem nenhuma dúvida, é direito deles denunciar isso e, além de tudo, um dever. Mas, se estiverem embuídos de boa intenção, emitem seus conselhos com conveniência e benevolência, abertamente, e não ocultamente; se não são ouvidos, eles se retiram. Porque não se conceberia que aquele que não tivesse nenhuma segunda intenção se obstinasse em permanecer numa sociedade onde se fizessem coisas que julgasse inconvenientes.

Pode-se, então, estabelecer em princípio que todo aquele que, numa reunião espírita, provoca a desordem ou a desunião, ostensiva ou astuciosamente, por quaisquer meios, é ou um agente provocador, ou pelo menos um espírita muito mau, do qual convém se desembaraçar o mais cedo possível. Ocorre que os próprios compromissos que ligam todos os membros freqüentemente representam um obstáculo. Por isso, convém evitar os compromissos indissolúveis; os homens de bem estão sempre bastante comprometidos; os mal-intencionados estão sempre muito mais.

338 Além das pessoas notoriamente malévolas que se insinuam nas reuniões, há as que, pelo seu caráter, carregam a perturbação a todos os lugares onde vão; é preciso, portanto, ter muito cuidado com os elementos novos que se admitem na reunião. Os mais desagradáveis, nesse caso, não são os ignorantes em relação à matéria nem mesmo os que não acreditam: a convicção só se adquire pela experiência, e há pessoas de boa-fé que desejam se esclarecer. É preciso se precaver especialmente contra as pessoas de sistema preconcebido, os incrédulos que duvidam de tudo, até mesmo da evidência, os orgulhosos, que pretendem ter sozinhos o privilégio da verdade, que querem impor sua opinião e que encaram com desdém todos os que não pensam como eles. Não devemos nos iludir com seu pretenso desejo de se instruir. Muitos ficam irritados se tiverem que confessar que se enganaram. Prevenir-se contra esses oradores insípidos, que querem sempre ter a última palavra, e contra os que se comprazem apenas na contradição; ambos fazem perder tempo sem proveito. Os Espíritos não gostam de palavras inúteis.

339 Ante a necessidade de evitar toda causa de perturbação e de distração, uma sociedade espírita que se organiza deve colocar toda sua atenção nas medidas apropriadas para tirar dos causadores de desordens os meios de prejudicarem e dar maior facilidades para afastá-los.

As pequenas reuniões têm necessidade de um regimento disciplinar muito simples para a ordem dos trabalhos; as sociedades regularmente constituídas exigem uma organização mais completa; melhor será aquela cujos regulamentos sejam os menos complicados. As que quiserem poderão tirar o que lhes interessar ou julgarem útil do regulamento da Sociedade Parisiense de Estudos Espíritas, que damos mais adiante.

340 As sociedades pequenas, grandes ou qualquer reunião, seja qual for a sua importância, têm que lutar contra uma outra dificuldade. Os causadores de perturbações não estão apenas no seu seio; eles estão igualmente no mundo invisível. Da mesma forma que há Espíritos protetores para as sociedades, as cidades e os povos, há Espíritos malfazejos que se ligam aos grupos, assim como aos indivíduos; atacam de início os mais fracos, os mais acessíveis, procurando usá-los como seus instrumentos, e pouco a pouco vão envolvendo o conjunto, porque seu prazer maligno é proporcional ao número dos que têm sob seu domínio. Todas as vezes que num grupo uma pessoa cai na armadilha, é preciso dizer que há um inimigo no campo, um lobo no redil, e se deve ficar em guarda, porque é mais do que provável que multiplique suas tentativas; se não for desencorajado por uma resistência enérgica, a obsessão torna-se, então, um mal contagioso, que se manifesta nos médiuns pela perturbação da mediunidade e nos demais pela hostilidade dos sentimentos, pela perversão do senso moral e pela perturbação da harmonia. Assim, o antídoto mais poderoso para esse veneno é a caridade, sentimento que eles procuram sufocar. Não é preciso esperar que o mal se torne incurável para aplicar o remédio; nem mesmo é preciso esperar os primeiros sintomas; é preciso em princípio dedicar-se a preveni-lo; para isso, há dois meios eficazes se forem bem aplicados: a prece de coração e o estudo atento dos menores sinais que revelem a presença dos Espíritos enganadores; o primeiro atrai os bons Espíritos, que assistem com firmeza somente aqueles que têm como eles confiança em Deus; o outro prova aos maus que estão tratando com pessoas bastante esclarecidas e sensatas para se deixar enganar. Se um dos membros estiver obsidiado, devem-se empregar todos os esforços desde os primeiros indícios, para lhe abrir os olhos, evitando assim que o mal se agrave, de modo a fazê-lo entender que está enganado e precisa ter vontade para se ajudar a livrar-se disso.

341 A influência do meio é conseqüência da natureza dos Espíritos e do modo como influenciam os seres vivos; dessa influência, cada um pode deduzir por si mesmo as condições mais favoráveis para uma sociedade que aspira a granjear a simpatia dos bons Espíritos e a obter apenas boas comunicações, afastando os maus Espíritos. Essas condições procedem das disposições morais dos assistentes; elas se resumem nos pontos a seguir:

Perfeita identidade de objetivos e sentimentos.

Benevolência recíproca entre todos os membros.

Ausência de todo sentimento contrário à verdadeira caridade cristã.

Desejo comum de se instruírem e se aperfeiçoarem pelo ensinamento dos bons Espíritos, aproveitando seus conselhos. Todo aquele que se persuadir de que os Espíritos superiores se manifestam com a finalidade de nos fazer progredir, e não para nosso prazer, compreenderá que eles devem se afastar dos que se limitam a admirar seu estilo, sem tirar disso nenhum proveito, e dos que se interessam pelas sessões apenas pelo maior ou menor atrativo que ofereçam, conforme seus gostos particulares.

Exclusão de tudo que, nas comunicações pedidas aos Espíritos, tenha como objetivo apenas a curiosidade.

Recolhimento e silêncio respeitosos durante as conversas com os Espíritos.

Comunhão de todos os assistentes, pelo pensamento, no chamado feito aos Espíritos que são evocados.

Participação dos médiuns da assembléia, com exclusão de todo sentimento de orgulho, vaidade e supremacia e pelo único desejo de se tornarem úteis.

Essas condições são tão difíceis de preencher que não se pode encontrá-las? Não pensamos assim. Esperamos, pelo contrário, que as sociedades verdadeiramente sérias, como já existem em diversas localidades, multipliquem-se, e não hesitamos em dizer que será a elas que o Espiritismo deverá sua mais poderosa propagação. Congregando os homens honestos e conscienciosos, elas irão impor silêncio à crítica, e, quanto mais suas intenções forem puras, mais serão respeitadas, até mesmo por seus adversários; *quando a zombaria ataca o bem, deixa de provocar risos: torna-se desprezível.* É nas reuniões desse gênero que um verdadeiro laço de simpatia e uma solidariedade mútua se estabelecerão pela força das coisas e contribuirão para o progresso geral.

342 Seria um erro pensar que as reuniões dedicadas mais especialmente às manifestações de efeitos físicos não fazem parte desse ambiente fraternal e de pensamento sério. Se elas não requerem condições tão rigorosas, não quer dizer que se possa realizá-las com leviandade, e se enganaria quem acreditasse que a contribuição dos assistentes nelas seja absolutamente nula; tem-se a prova do contrário no fato de, freqüentemente, as manifestações desse gênero, mesmo as provocadas por poderosos médiuns, não acontecerem em determinados ambientes. Para isso, concorrem influências contrárias, e essas influências podem estar apenas na divergência de ideais ou na hostilidade de sentimentos que impedem a manifestação dos Espíritos.

As manifestações de efeitos físicos, como dissemos, têm uma grande utilidade: elas abrem um vasto campo ao observador, porque é toda uma ordem de fenômenos incomuns notáveis que se desenrolam aos seus olhos e cujas conseqüências são incalculáveis. Uma reunião pode, portanto, ocupar-se disso com objetivos muito sérios e não atingir seu objetivo, seja como estudo, seja como meio de convicção, se não se conjugarem todas as condições favoráveis. A mais importante de todas é não a fé dos assistentes, mas seu desejo de se esclarecerem, sem segundas intenções, sem idéia preconcebida de rejeitar até mesmo a evidência. A segunda é restringir o número de participantes para evitar a mistura de elementos heterogêneos. Se as manifestações de efeitos físicos são produzidas geralmente pelos Espíritos menos avançados, elas não deixam de ter um objetivo providencial, e os bons Espíritos as favorecem todas as vezes que podem ter um resultado útil.

ASSUNTOS DE ESTUDO

343 Quando são evocados parentes e amigos ou alguns personagens célebres para comparar suas opiniões de além-túmulo com as que tiveram em vida, freqüentemente se torna difícil alimentar as conversas sem cair nas banalidades e futilidades. Muitas pessoas pensam, por outro lado, que *O Livro dos Espíritos* esgotou a série de perguntas relacionadas à moral e à filosofia; isso é um erro; por isso pode ser útil indicar a fonte onde se podem tirar assuntos de estudo, por assim dizer, ilimitados.

344 Se a evocação dos homens ilustres, dos Espíritos superiores, é eminentemente útil pelo ensinamento que nos dão, a dos Espíritos comuns não o é menos, ainda que sejam incapazes de resolver questões de alta importância. Eles próprios revelam sua inferioridade, e, quanto menor é a distância que os separam de nós, mais os reconhecemos em situações semelhantes à nossa, sem contar que eles nos oferecem freqüentemente traços característicos do mais alto interesse, como explicamos anteriormente na questão nº 281, quando falamos da utilidade das evocações particulares. São, portanto, uma fonte inesgotável de observação, considerando apenas os homens cuja vida apresente alguma particularidade sob o aspecto do gênero de morte, da idade, boas ou más qualidades, da posição feliz ou infeliz na Terra, dos hábitos, do estado mental etc.

Com os Espíritos elevados, o campo de estudos se amplia; além das questões psicológicas referentes à Doutrina, que têm limite, pode-se propor-lhes uma infinidade de problemas morais ilimitada sobre todas as questões da vida, sobre a melhor conduta a ser tomada em tal ou qual circunstância, sobre nossos deveres recíprocos etc. O valor da instrução que nos dão sobre um assunto moral, histórico, filosófico ou científico depende inteiramente do estado do Espírito que responde; cabe a nós julgar.

345 Além das evocações propriamente ditas, os ditados espontâneos oferecem assuntos de estudo infinitos. Basta-nos esperar o assunto que os Espíritos gostam de tratar. Diversos médiuns podem, nesse caso, trabalhar simultaneamente. Algumas vezes, pode-se evocar um Espírito determinado; o mais comum é esperar os que querem se apresentar, e eles vêm da maneira mais imprevista. Esses ditados podem, em seguida, gerar uma infinidade de perguntas cujo tema chega assim, todo preparado. Eles devem ser comentados com cuidado, para estudar todas as idéias que encerram, e julgados, para ver se apresentam um cunho de verdade. Esse exame, feito com serenidade é, como dissemos, a melhor garantia contra a invasão de Espíritos mistificadores, enganadores. Por essa razão, e como é para instrução de todos, deve-se tomar conhecimento das comunicações obtidas fora da reunião. Há aí, como se vê, uma fonte inesgotável de elementos eminentemente sérios e instrutivos.

346 Os trabalhos de cada sessão podem ser regulados como se segue:

1º) Leitura das comunicações espíritas obtidas na última sessão já passadas a limpo.

2º) *Relatórios diversos* – Correspondência – Leitura das comunicações obtidas fora das sessões – Relação de fatos que interessam ao Espiritismo.

3º) *Trabalhos de estudo* – Ditados espontâneos – Perguntas diversas e problemas morais propostos aos Espíritos – Evocações.

4º) *Conferência* – Exame crítico e analítico das diversas comunicações – Discussão sobre os diferentes pontos da ciência espírita.

347 Os grupos recém-criados se recentem, algumas vezes, em seus trabalhos da falta de médiuns. Os médiuns são certamente um dos elementos essenciais das reuniões espíritas, mas não são um elemento indispensável, e seria um erro acreditar que, na sua falta, não há nada a fazer. Sem dúvida, os que se reúnem apenas com o objetivo da experimentação não podem fazer sem médiuns mais do que os músicos em um concerto sem instrumentos; mas aqueles que têm em vista o estudo sério possuem mil motivos de ocupação tão úteis e proveitosos como os da experimentação. Aliás, os grupos que têm médiuns podem acidentalmente perdê-los, e seria desagradável que julgassem, nesse caso, não terem mais nada a fazer. Os próprios Espíritos podem, de tempos em tempos, colocá-los nessa situação, a fim de lhes ensinar a passar sem eles. Diremos mais: é necessário, para aproveitar os ensinamentos, dedicar um certo tempo para meditar sobre eles. As sociedades científicas nem sempre têm instrumentos de observação à disposição e, entretanto, não têm dificuldades em encontrar assuntos de discussão; na ausência de poetas e oradores, as sociedades literárias lêem e comentam as obras dos autores antigos e modernos; as sociedades religiosas meditam sobre as Escrituras; as sociedades espíritas devem fazer o mesmo, e tirarão um grande proveito para seu adiantamento estabelecendo palestras em que seja lido e comentado tudo o que se referir ao Espiritismo, a favor ou contra. Dessa discussão, em que cada um dá o tributo de suas reflexões, cintilam traços de luz que passam despercebidos numa leitura individual. Ao lado das obras especiais, os jornais fornecem fatos, relatos, acontecimentos, lances de virtudes ou vícios onde sobressaem graves problemas morais que apenas o Espiritismo pode resolver, e está ainda aí um meio de provar que ele se liga a todos os ramos da ordem social. Temos como certo que uma sociedade espírita que organizasse seu trabalho com esse intuito, procurando os materiais necessários, não encontraria muito tempo para se dedicar às comunicações diretas dos Espíritos. Chamamos sobre esse ponto a atenção dos grupos verdadeiramente sérios, daqueles que têm mais interesse em se instruir do que em procurar um passatempo (Veja o capítulo 17, "Formação dos médiuns", questão nº 207).

RIVALIDADE ENTRE AS SOCIEDADES

348 Os grupos que se ocupam exclusivamente das comunicações inteligentes, assim como os que se dedicam ao estudo das sessões de efeitos físicos, têm sua missão; eles não estariam no verdadeiro espírito da Doutrina se disputassem entre si, e o que atirasse a primeira pedra provaria com isso só a má influência que o domina. Todos devem concorrer, embora por caminhos diferentes, para o objetivo comum, que é a pesquisa e a propagação da verdade; essas divergências são apenas um efeito do orgulho superexcitado, fornecendo armas aos difamadores, só prejudicaria a causa que pretendem defender.

349 Estas últimas reflexões se aplicam igualmente a todos os grupos que divergem sobre alguns pontos da Doutrina. Como dissemos no capítulo 27, "Contradições e mistificações", essas divergências incidem, na maior parte das vezes, sobre minúcias, freqüentemente até mesmo sobre simples palavras. Seria pueril provocar um rompimento porque não se pensa exatamente do mesmo modo. Pior do que isso seria se os diferentes grupos ou sociedades de uma mesma cidade se olhassem com inveja.

Compreende-se a inveja entre pessoas que são concorrentes entre si e podem causar-se prejuízo material; mas, quando não há especulação, a inveja é apenas uma rivalidade mesquinha da vaidade. Como, em definitivo, não há sociedade que possa reunir em seu seio todos os espíritas, as que têm o verdadeiro propósito de propagar a verdade, cujo objetivo é unicamente moral, devem ver com prazer os grupos se multiplicar, e a concorrência deve ser para ver qual delas faz mais o bem. As sociedades que pretendem ser detentoras da verdade, com exclusão das outras, devem prová-lo tomando por divisa: *amor e caridade*, distintivo de todo verdadeiro espírita. Pretendem se vangloriar e se prevalecer da superioridade dos Espíritos que as assistem? Que o provem pela superioridade dos ensinamentos que recebem e pela aplicação que devem fazer deles para si mesmas: eis aí um critério infalível para distinguir as que estão no melhor caminho.

Certos Espíritos, mais presunçosos do que lógicos, tentam às vezes impor sistemas estranhos e impraticáveis, graças aos nomes venerados com que se apresentam. O bom senso logo faz justiça a essas fantasias, mas, por algum tempo, elas podem semear a dúvida e a incerteza entre os adeptos; essa é, freqüentemente, uma causa de divergências momentâneas. Além dos meios que demos para avaliar esses sistemas, há um outro critério que dá a medida de seu valor: o número de partidários com que contam. A razão diz que o sistema que encontra mais aceitação nas massas está mais perto da verdade do que o repelido pela maioria, que vê suas fileiras diminuírem. Tende também a certeza: os Espíritos que recusam a discussão de seu ensinamento reconhecem sua fraqueza.

350 Se o Espiritismo deve, como foi anunciado, causar a transformação da humanidade, isso só pode se dar pelo aperfeiçoamento das massas, que sucederá, gradualmente, pouco a pouco, o aperfeiçoamento dos indivíduos. Que importa acreditar na existência dos Espíritos, se essa crença não torna melhor, mais benevolente e mais indulgente para com os seus semelhantes quem a segue e não o torna mais humilde e paciente nas adversidades? De que serve ao avarento ser espírita, se continua avaro; ao orgulhoso, se é sempre cheio de si mesmo; ao invejoso, se é sempre invejoso? Todos os homens poderiam acreditar nas manifestações espíritas e ainda assim a humanidade permanecer estacionária; mas esses não são os desígnios de Deus. É para esse fim providencial que devem tender todas as sociedades espíritas sérias, agrupando ao seu redor todos os que têm os mesmos sentimentos; então, haverá entre elas união, simpatia, fraternidade, e não inúteis divergências infantis originadas das vaidades, mais de palavras do que de coisas; então, elas serão fortes e poderosas, pois se apoiarão sobre uma base inabalável: o bem de todos; então, serão respeitadas e imporão silêncio à tola zombaria, porque falarão em nome da moral evangélica por todos respeitada.

Esse é o caminho pelo qual temos nos esforçado para fazer entrar o Espiritismo. A bandeira que levantamos bem alto é a do *Espiritismo cristão e humanitário*, ao redor do qual somos felizes em ver tantos homens se congregarem em todos os lugares do mundo, porque compreendem que aí está a âncora da salvação, a salvaguarda da ordem pública, o sinal de uma nova era para a humanidade. Convidamos todas as sociedades espíritas a participar dessa grande obra; que de um lado do mundo ao outro elas estendam fraternalmente as mãos e prenderão o mal em poderosas redes.

30

REGULAMENTO DA SOCIEDADE PARISIENSE DE ESTUDOS ESPÍRITAS

Fundada em 1º de abril de 1858

E autorizada por decreto do senhor Prefeito de Polícia, na data de 13 de abril de 1858, de acordo com o aviso do excelentíssimo senhor Ministro do Interior e da Segurança Geral.

✦ *Embora este regulamento seja fruto da experiência, não o damos como norma absoluta, e sim unicamente para facilitar as sociedades que queiram se formar, que podem copiar as disposições úteis e aplicáveis às circunstâncias que lhes são próprias. Por mais simples que seja a organização, pode ser bem facilitada quando se trata não de sociedades regularmente constituídas, mas de reuniões íntimas, que apenas têm necessidade de estabelecer medidas de ordem, de precaução e de regularidade nos trabalhos.*

Nós o divulgamos igualmente para orientar as pessoas que quiserem se relacionar com a Sociedade Parisiense, seja como correspondentes, seja na qualidade de membros da sociedade.

CAPÍTULO I – *Objetivo e formação da Sociedade*

Art. 1º – A sociedade tem por objeto o estudo de todos os fenômenos relativos às manifestações espíritas e sua aplicação às ciências morais, físicas, históricas e psicológicas. As questões políticas, de controvérsia religiosa e de economia social não são comentadas.

Ela toma por denominação: Sociedade Parisiense de Estudos Espíritas.

Art. 2º – A sociedade se compõe de membros titulares, sócios livres e membros correspondentes.

Ela pode conferir o título de membro honorário às pessoas residentes na França ou em outros países que, por sua posição ou seus trabalhos, possam lhe prestar serviços assinaláveis.

Os membros honorários são eleitos ou reeleitos todos os anos.

Art. 3º – A sociedade admite apenas pessoas que simpatizam com seus princípios e com o objetivo de seus trabalhos, que já são iniciadas nos princípios fundamentais da ciência espírita ou que estão seriamente animadas por um desejo de se instruírem. Como conseqüência, exclui todo aquele que possa trazer elementos de perturbação ao seio das reuniões, seja por sentimento de hostilidade ou de oposição sistemática, seja por qualquer outra causa, fazendo assim se perder tempo com discussões inúteis.

Todos os membros se devem, reciprocamente, benevolência e bons procedimentos; devem, em todas as circunstâncias, colocar o bem geral acima das questões particulares e de amor-próprio.

Art. 4º – Para ser admitido como sócio livre, é preciso dirigir ao Presidente um pedido por escrito, apresentado por dois membros titulares, que se tornam fiadores das intenções do postulante.

A carta-pedido deve relatar sumariamente: 1º), se o postulante já possui conhecimentos do Espiritismo; 2º), o estado de suas convicções sobre os pontos fundamentais da ciência; 3º), o compromisso de se sujeitar ao regulamento.

O pedido é submetido ao comitê, que o examina e propõe, se for o caso, a admissão, o adiamento ou a rejeição.

O adiamento é de rigor para todo candidato que não possui nenhum conhecimento da ciência espírita e que não simpatiza com os princípios da sociedade.

Os sócios livres têm o direito de assistir às reuniões, de participar dos trabalhos e das discussões que tenham por objeto o estudo, mas em nenhum caso têm voto deliberativo em relação aos assuntos da sociedade.

Os sócios livres são admitidos apenas para o ano de sua admissão, e sua manutenção na sociedade deve ser ratificada ao fim desse primeiro ano.

Art. 5º – Para ser sócio titular, é preciso ter sido pelo menos durante um ano sócio livre, ter assistido a mais da metade das sessões e ter dado, durante esse tempo, provas notórias de seus conhecimentos e de suas convicções sobre o Espiritismo, de sua adesão aos princípios da Sociedade e de sua vontade de agir em todas as circunstâncias, em relação aos seus colegas, segundo os princípios da caridade e da moral espírita.

Os sócios livres que tiverem assistido regularmente durante seis meses às sessões da sociedade poderão ser admitidos como sócios titulares se, de resto, preencherem as outras condições.

A admissão é proposta ex-ofício pela comissão, com o consentimento do associado, se for apoiada por outros três membros titulares. Ela é em seguida pronunciada, se for o caso, pela sociedade, em votação secreta, após um relato verbal da comissão.

Só os membros titulares têm voto deliberativo e só eles desfrutam da faculdade concedida pelo art. 25º.

Art. 6º – A sociedade limitará, se julgar necessário, o número de sócios livres e titulares.

Art. 7º – Os sócios correspondentes são os que, mesmo não residindo em Paris, mantêm relações com a sociedade e lhe fornecem documentos úteis para seus estudos. Podem ser nomeados apenas sob a apresentação de um sócio titular.

CAPÍTULO II – *Administração*

Art. 8º – A sociedade é administrada por um Presidente-Diretor, que é assistido por membros da diretoria e de uma comissão.

Art. 9º – A diretoria se compõe de:

1 Presidente, 1 Vice-Presidente, 1 Secretário principal, 2 Secretários adjuntos e 1 Tesoureiro.

Além deste, poderão ser nomeados um ou mais Presidentes honorários.

Na falta do Presidente e do Vice-Presidente, as sessões poderão ser presididas por um dos membros da comissão.

Art. 10º – O Presidente-Diretor deve dedicar todos os seus cuidados aos interesses da sociedade e da ciência espírita. Ele tem a direção geral e a alta fiscalização da administração, assim como a conservação dos arquivos.

O Presidente é nomeado por três anos, e os outros membros da diretoria, por um ano, indefinidamente reelegíveis.

Art. 11º – A comissão é composta por membros da diretoria e por cinco outros sócios titulares escolhidos de preferência entre os que tenham participação ativa nos trabalhos da sociedade, prestado serviços à causa do Espiritismo ou dado provas de seu sentimento benevolente e conciliador. Esses cinco membros são, assim como os sócios da diretoria, nomeados por um ano e reelegíveis.

A comissão é presidida, de direito, pelo Presidente-Diretor e, na sua falta, pelo Vice-Presidente ou por aquele de seus membros que for designado para esse fim.

A comissão está encarregada do exame prévio de todas as questões e proposições administrativas e de outras a serem submetidas à sociedade; da fiscalização das receitas e despesas da sociedade e das contas do Tesoureiro; da autorização das despesas correntes, e da determinação de todas as despesas de ordem que forem julgadas necessárias.

Examina, além disso, os trabalhos e assuntos de estudo propostos pelos diferentes membros, prepara-os ela própria, a seu turno, e fixa a ordem das sessões, de acordo com o Presidente.

O Presidente pode sempre se opor ao fato de certos temas serem tratados e colocados na ordem do dia, sujeito a recorrer à sociedade, que decidirá.

A comissão se reúne regularmente antes da abertura das sessões para examinar os assuntos em pauta e, além disso, em qualquer outro momento que achar conveniente.

Os membros da diretoria e da comissão que se ausentarem sem aviso durante três meses consecutivos serão considerados desistentes de suas funções, e será providenciada sua substituição.

Art. 12º – As decisões, seja da sociedade, seja da comissão, são tomadas pela maioria absoluta dos membros presentes; em caso de empate, o voto do Presidente é preponderante.

A comissão pode deliberar desde que quatro de seus membros estejam presentes.

O voto secreto é de direito se for reclamado por cinco membros.

Art. 13º – A cada três meses, seis membros, escolhidos entre os sócios titulares ou livres, são designados para preencher as funções de *comissários*.

Os comissários são encarregados de velar pela ordem e pela boa apresentação das sessões e de verificar o direito de entrada de qualquer pessoa estranha que se apresente para assisti-las.

Para tanto, os membros designados se entenderão, de modo que um deles esteja sempre presente na abertura das sessões.

Art. 14º – O ano social começa em 1º de abril.

As nomeações da diretoria e da comissão serão feitas na primeira sessão do mês de maio. Os membros em exercício continuarão suas funções até essa época.

Art. 15º – Para prover as despesas da sociedade, é paga uma cota anual de 24 francos para os titulares e de 20 francos para os sócios livres.

Os membros titulares, na época da sua admissão, pagam de uma só vez, além disso, 10 francos como jóia de entrada.

A cota é paga integralmente para o ano em curso.

Os sócios admitidos no ano corrente terão que pagar, por esse primeiro ano, apenas os trimestres a vencer, incluindo o da sua admissão.

Quando o marido e a mulher são admitidos como sócios livres ou titulares, é exigido apenas uma cota e meia para os dois.

A cada seis meses, em 1º de abril e 1º de outubro, o Tesoureiro presta contas à comissão sobre o emprego e a situação dos fundos.

As despesas decorrentes de aluguel e de outros encargos obrigatórios estando quitadas, se houver excedente, a sociedade determinará o seu emprego.

Art. 16º – É entregue a todos os membros admitidos, sócios livres ou titulares, uma carta de admissão constatando sua categoria. Essa carta fica com o Tesoureiro, e o novo membro pode retirá-la liquidando sua cota e a jóia de entrada. O novo membro só poderá assistir às sessões após ter retirado sua carta. Se não retirá-la em um mês após sua nomeação, é considerado demissionário.

Será igualmente considerado demissionário todo sócio que não pagar sua cota anual no primeiro mês do ano social, conforme aviso que o Tesoureiro lhe enviará.

CAPÍTULO III – *Sessões*

Art. 17º – As sessões da sociedade acontecem todas às sextas-feiras, às oito horas da noite, salvo modificação, se ocorrer.

As sessões são particulares ou gerais; jamais são públicas.

Toda pessoa que faz parte da sociedade, de qualquer título, deve, a cada sessão, assinar seu nome numa lista de presença.

Art. 18º – O silêncio e o recolhimento são rigorosamente exigidos durante as sessões e principalmente durante os estudos. Ninguém pode tomar a palavra sem que a tenha obtido do Presidente.

Todas as perguntas dirigidas aos Espíritos devem ser feitas por intermédio do Presidente, que pode recusar formulá-las, de acordo com as circunstâncias.

São notadamente proibidas todas as perguntas fúteis, de interesse pessoal, de pura curiosidade ou feitas visando submeter os Espíritos à provas, assim como todas as que não tenham um objetivo de utilidade geral sob o ponto de vista dos estudos.

São igualmente proibidas todas as discussões que se afastam do objeto especial do qual se ocupa.

Art. 19º – Todo sócio tem o direito de solicitar que seja chamado à ordem aquele que se afaste das conveniências na discussão ou que perturbe as sessões de uma maneira qualquer. A questão é imediatamente colocada em votação; se for aprovada, é inscrita na ata.

Três chamadas à ordem, no espaço de um ano, acarretam, de direito, a eliminação do sócio que nelas houver incorrido, seja qual for a sua categoria.

Art. 20º – Nenhuma comunicação espírita obtida fora da sociedade pode ser lida antes de ser submetida seja ao Presidente, seja à comissão, que podem admitir ou recusar sua leitura.

Uma cópia de toda comunicação de fora cuja leitura tiver sido autorizada deve permanecer depositada nos arquivos.

Todas as comunicações obtidas durante as sessões pertencem à sociedade; os médiuns que as escreveram podem tirar cópia delas.

Art. 21º – As sessões particulares são reservadas aos membros da sociedade; elas acontecem na 1ª, na 3ª e, se for o caso, na 5ª sexta-feira de cada mês.

A sociedade reserva para as sessões particulares todas as perguntas relacionadas aos assuntos administrativos, assim como aos assuntos de estudo que exigem mais tranqüilidade e concentração ou que julgue oportuno aprofundar antes de apresentar publicamente.

Podem assistir às sessões particulares, além dos sócios titulares e livres, os membros correspondentes temporariamente em Paris e os médiuns com trabalho na sociedade.

Nenhuma pessoa estranha à sociedade pode ser admitida nas sessões particulares, a não ser em casos excepcionais e com o consentimento prévio do Presidente.

Art. 22º – As sessões gerais acontecem às 2ª, 4ª e sextas-feiras de cada mês.

Nas sessões gerais, a sociedade autoriza a admissão de assistentes estranhos que podem assisti-las temporariamente, sem fazer parte delas. Essa autorização pode ser retirada quando se julgar oportuno.

Ninguém pode assistir às sessões como ouvinte sem antes ser apresentado ao Presidente por um membro da sociedade, responsável pela sua atenção em não causar perturbação nem interrupção.

A sociedade admite como ouvintes apenas as pessoas que desejam se tornar membros, que sejam simpáticas aos seus trabalhos ou que já estejam iniciadas na ciência espírita para compreendê-los. A admissão deve ser recusada de maneira absoluta a todo o que vier atraído por motivo de curiosidade ou cujas opiniões sejam hostis.

A palavra não é permitida aos assistentes, salvo casos excepcionais, a critério do Presidente. Aquele que perturbar a ordem de uma maneira qualquer ou manifestar aversão pelos trabalhos da sociedade pode ser convidado a se retirar; em todos os casos, será feita uma menção disso na lista de admissão, e a entrada lhe será proibida no futuro.

O número de assistentes deve ser limitado ao de lugares disponíveis; aqueles que puderem assistir às sessões deverão inscrever-se antecipadamente num livro, com menção de seu endereço e da pessoa que o recomenda. Como conseqüência, todo pedido de entrada deverá ser feito dias antes da sessão ao Presidente, o único que libera as cartas de entrada até o encerramento da lista.

As cartas de entrada só podem servir para o dia indicado e para as pessoas designadas.

A entrada não pode ser concedida à mesma pessoa por mais de duas sessões, salvo com a autorização do Presidente e em casos excepcionais.

O mesmo sócio não pode apresentar mais de duas pessoas de uma vez. As entradas dadas pelo Presidente não são limitadas.

Não são admitidas pessoas após a abertura da sessão.

CAPÍTULO IV – *Disposições diversas*

Art. 23º – Todos os membros da sociedade lhe devem prestar auxílio. Como conseqüência, são convidados a recolher, em seu respectivo círculo de observações, os fatos antigos ou recentes que podem se referir ao Espiritismo e assinalá-los. Deverão, ao mesmo tempo, informar-se, tanto quanto lhes seja possível, sobre a notoriedade desses fatos.

Eles têm igualmente o dever de comunicar todas as publicações que possam ter relação mais ou menos direta com o objeto de seus trabalhos.

Art. 24º – A sociedade fará um exame crítico dos diversos trabalhos publicados sobre o Espiritismo, quando julgar necessário. Para isso, encarregará um de seus membros, sócio livre ou titular, para dar conta do que será impresso, se for o caso, na *Revista Espírita*.

Art. 25º – A sociedade criará uma biblioteca especial composta de obras que lhe forem doadas mais as que adquirir.

Os sócios titulares poderão na sede da sociedade consultar tanto a biblioteca quanto os arquivos, com dias e horas marcados.

Art. 26º – A sociedade, considerando que sua responsabilidade pode ficar moralmente comprometida pelas publicações particulares de seus membros, não autoriza ninguém a usar, em um escrito qualquer, o título de *membro da sociedade* sem, para isso, estar autorizado por ela e sem que antes ela tenha tomado conhecimento do seu conteúdo. A comissão será encarregada de fazer um relatório a esse respeito. Se a sociedade julgar o escrito incompatível com seus princípios, o autor, após ter sido ouvido, será convidado a modificá-lo, a renunciar à sua publicação ou a não se identificar como membro da sociedade. Se não se submeter à decisão que for tomada, poderá ser eliminado.

Todo escrito publicado por um membro da sociedade sob o véu do anonimato e sem nenhuma menção em que possa se reconhecer o autor entra na categoria das publicações comuns, das quais a sociedade se reserva o direito de apreciação. Todavia, sem querer cercear a livre emissão das opiniões pessoais, a sociedade convida os seus membros que tenham a intenção de fazer publicações desse gênero a pedir previamente seu parecer oficioso, no interesse da ciência.

Art. 27º – A sociedade, visando manter em seu seio a unidade de princípios e o espírito de benevolência recíproca, poderá excluir qualquer membro que seja motivo de perturbação ou que se coloque em hostilidade aberta por escritos comprometedores para a Doutrina, por opiniões subversivas ou por maneira de agir que ela não aprove. A exclusão só será pronunciada após um parecer preliminar e fica sem efeito até ser ouvido o julgado, se este achar oportuno se explicar. A decisão será tomada em votação secreta e pela maioria de três quartos dos membros presentes.

Art. 28º – Todo membro que se retira voluntariamente no correr do ano não pode reclamar a diferença das cotas pagas por ele; essa diferença será reembolsada no caso de exclusão feita pela sociedade.

Art. 29º – O regulamento presente poderá ser modificado, se for necessário. As propostas para modificação poderão ser feitas à sociedade apenas pelo seu Presidente, a quem deverão ser encaminhadas no caso de terem sido aceitas pela comissão.

A sociedade pode, sem modificar seu regulamento nos pontos essenciais, adotar todas as medidas complementares que julgar úteis.

31

Dissertações espíritas

Sobre o Espiritismo – Sobre os médiuns –
Sobre as reuniões espíritas – Comunicações apócrifas (falsas)

Reunimos neste capítulo alguns ditados espontâneos que podem completar e confirmar os princípios contidos nesta obra. Poderíamos inseri-los em maior número, mas nos limitamos aos que têm mais particularmente relação com o futuro do Espiritismo, com os médiuns e com as reuniões. Nós os damos, ao mesmo tempo, como instrução e como modelos de comunicação verdadeiramente séria. Terminamos com algumas comunicações apócrifas, seguidas de notas próprias que as identificam.

SOBRE O ESPIRITISMO

1

Tende confiança na bondade de Deus e sede bastante clarividentes para compreender os preparativos da nova vida que ele vos destina. Não vos será dado, é verdade, desfrutá-la nesta existência; mas vos sentireis felizes mesmo não reencarnando mais neste globo e vereis do alto a obra que começastes e que se desenvolverá sob vossos olhos. Armai-vos de uma fé firme e sem hesitação contra os obstáculos que parecem se levantar contra o edifício do qual lançais os fundamentos. As bases em que ele se apóia são sólidas: o Cristo colocou a primeira pedra. Coragem, arquitetos do Divino Mestre! Trabalhai, construí! Deus coroará vossa obra. Mas lembrai-vos bem que o Cristo recusa como discípulo todo aquele que tenha a caridade apenas nos lábios; não basta acreditar; é preciso, em princípio, dar o exemplo da bondade, da benevolência e do desinteresse; sem isso, vossa fé será estéril para vós.

Santo Agostinho

2

O próprio Cristo preside os trabalhos de toda natureza em vias de se cumprirem, para vos abrir a era de renovação e de aperfeiçoamento como vos anunciaram os vossos guias espirituais. Se, de fato, lançais os olhos fora das manifestações espíritas, sobre os acontecimentos contemporâneos, reconhecereis, sem nenhuma hesitação, os sinais precursores que vos provam de maneira irrecusável que os tempos preditos são chegados. As comunicações se estabelecem entre todos os povos: derrubadas as barreiras materiais, os obstáculos morais que se opõem à união, os preconceitos políticos e religiosos desaparecerão rapidamente, e o reino da fraternidade se estabelecerá enfim de maneira sólida e durável. Observai desde hoje os próprios soberanos, guiados por uma mão invisível, tomarem, coisa extraordinária para vós, a iniciativa das reformas, e as reformas que partem do alto e espontaneamente são bem mais rápidas e mais duráveis do que aquelas que partem de baixo e que são arrancadas pela força. Eu havia pressentido, apesar dos preconceitos de infância e de educação, apesar do culto das tradições, a época atual. Sou feliz por isso, e mais ainda por vir vos dizer: Irmãos, coragem! Trabalhai para vós e para o futuro dos vossos; trabalhai, principalmente, para vosso aperfeiçoamento pessoal e desfrutareis em vossa próxima existência de uma felicidade da qual é tão difícil fazerdes idéia quanto a mim de fazer com que a compreendeis.

Chateaubriand

Penso que o Espiritismo é um estudo filosófico das causas secretas, dos movimentos interiores da alma pouco ou nada definidos até agora. Ele explica, mais do que desvenda, horizontes novos. A reencarnação e as provas sofridas antes de se atingir o objetivo supremo não são revelações, e sim uma confirmação importante. Estou tocado pelas verdades que esse *meio coloca* em foco. Digo *meio* intencionalmente, pois, a meu ver, o Espiritismo é uma alavanca que derruba as barreiras da cegueira. A preocupação com as questões morais está inteiramente para ser criada; discute-se a política que examina os interesses gerais, apaixona-se pelo ataque ou defesa das personalidades; os sistemas têm seus partidários e seus difamadores; mas as verdades morais, aquelas que são o pão da alma, o pão da vida, são deixadas na poeira acumulada pelos séculos. Todos os aperfeiçoamentos são úteis aos olhos da multidão, salvo o da alma; sua educação, sua elevação são quimeras que só servem para ocupar o ócio dos padres, dos poetas, das mulheres, seja como moda ou ensinamento.

Se o *Espiritismo* ressuscita o *espiritualismo*, oferece à Sociedade o impulso que dá a uns a dignidade interior, a outros a resignação e a todos a necessidade de se elevarem até o Ser supremo esquecido e desconhecido pelas suas ingratas criaturas.

J. J. Rousseau

Se Deus envia Espíritos para instruir os homens, é a fim de esclarecê-los sobre seus deveres, de lhes mostrar o caminho para abreviar suas provas e, com isso, apressar seu adiantamento; acontece que, do mesmo modo que o fruto atinge a maturidade, o homem também atingirá a perfeição. Mas, ao lado dos bons Espíritos, que querem vosso bem, há também os Espíritos imperfeitos, que querem vosso mal; enquanto uns vos impelem para a frente, outros vos puxam para trás. É a fim de distingui-los que deveis concentrar toda vossa atenção; o meio é fácil: tentai somente compreender que nada que vem de um bom Espírito pode prejudicar quem quer que seja e que tudo que é mau pode vir somente de um mau Espírito. Se não escutais os sábios conselhos dos Espíritos que vos querem bem, se vos ofenderdes com as verdades que eles podem vos dizer, é evidente que são maus os Espíritos que vos aconselham. Só o orgulho pode vos impedir de enxergar tal como realmente sois; porém, se não o fazeis por vós mesmos, outros o vêem por vós, de modo que sois censurados pelos homens que riem de vós por trás e pelos Espíritos.

Um Espírito Familiar

Vossa Doutrina é bela e santa; a primeira estaca está plantada, e solidamente plantada. Agora, só tendes que caminhar; a estrada que está aberta é grande e majestosa. Feliz daquele que atingir o porto; quanto mais seguidores fizer, mais lhe será contado. Mas para isso não deve abraçar a Doutrina friamente; é preciso fazê-lo com ardor, e esse ardor será dobrado, pois Deus está sempre convosco quando fazeis o bem. Todos aqueles que conduzirdes serão outras tantas ovelhas que voltaram ao redil; pobres ovelhas meio extraviadas! Acreditai que o mais cético, o mais ateu, enfim, o mais incrédulo sempre tem um pequeno canto no coração que gostaria de ocultar de si mesmo. Pois bem! É esse pequeno canto que é preciso procurar, que é preciso encontrar; é esse lado vulnerável que é preciso atacar; é uma pequena brecha deixada aberta de propósito por Deus para facilitar à sua criatura o meio de entrar em seu seio.

São Benedito

Não temais certos obstáculos, certas controvérsias.

Não atormenteis ninguém com qualquer insistência; a persuasão virá aos incrédulos apenas por vosso desinteresse, por vossa tolerância e por vossa caridade para com todos, sem exceção.

Guardai-vos, especialmente, de violentar a opinião, mesmo por vossas palavras ou por demonstrações públicas. Quanto mais fordes modestos, mais chegareis a vos fazer apreciar. Que nenhum motivo pessoal vos faça agir e encontrareis em vossa consciência uma força atrativa que apenas o bem proporciona.

Os Espíritos, por ordem de Deus, trabalham para o progresso de todos sem exceção; vós, espíritas, fazei o mesmo.

São Luís

Qual a instituição humana, até mesmo divina, que não tem obstáculos a superar, cismas contra as quais é preciso lutar? Se tivésseis uma existência triste e doentia, não vos atacariam, sabendo que deveríeis sucumbir de um momento para outro; mas, como vossa vitalidade é forte e ativa, como a árvore espírita tem raízes fortes, supõem que possa viver por muito tempo e tentam derrubá-la a machadadas. O que farão esses invejosos? Abaterão, quando muito, alguns ramos que desabrocharão com uma nova seiva e serão mais fortes do que nunca.

Channing

Vou falar-vos sobre a firmeza que deveis ter em vossos trabalhos espíritas. Uma citação sobre esse assunto vos foi feita; aconselho-vos que a estudeis de coração e que lhe apliqueis o sentido a vós mesmos; pois, assim como São Paulo, sereis perseguidos, não mais em carne e osso, mas em espírito; os incrédulos, os fariseus da época vos censurarão e vos ridicularizarão; mas nada temais; essa será uma prova que vos fortificará se souberdes entregá-la a Deus, e mais tarde vereis vossos esforços coroados de sucesso; esse será um grande triunfo para vós no dia da eternidade, sem esquecer que, nesse mundo, já há uma consolação para as pessoas que perderam parentes e amigos; saber que estão felizes, que se pode comunicar com ele é uma felicidade. Marchai, pois, adiante; cumpri a missão que Deus vos dá e ela vos será contada no dia em que comparecerdes diante do Todo-Poderoso.

Channing

Venho eu, vosso salvador e vosso juiz; venho, como outrora, entre os filhos transviados de Israel; venho trazer a verdade e dissipar as trevas. Escutai-me. O Espiritismo, como outrora minha palavra, deve lembrar aos materialistas que acima deles reina uma imutável verdade: o Deus bom, o Deus grande, que faz germinar a planta e que levanta as ondas. Revelei a Doutrina Divina; como ceifeiro, uni em feixes o bem esparso na humanidade e disse: Vinde a mim todos vós que sofreis!

Mas ingratos os homens se afastaram do caminho reto e amplo que conduz ao reino de meu Pai e se perderam nos ásperos atalhos da impiedade. Meu Pai não quer aniquilar a raça humana; ele quer não mais por meio dos profetas, não mais por meio dos apóstolos, mas vos ajudando uns aos outros, mortos e vivos, ou seja, mortos segundo a carne, pois a morte não existe, vos socorreis e quer que a voz daqueles que já não existem se faça ouvir para vos gritar: Orai e acreditai! Pois a morte é a ressurreição, e a vida, a prova escolhida durante a qual vossas virtudes cultivadas devem crescer e se desenvolver como o cedro.

Acreditai nas vozes que vos respondem: são as próprias almas daqueles que evocais. Comunico-me apenas raramente; meus amigos, aqueles que me assistiram durante minha vida e minha morte são os intérpretes divinos das vontades de meu Pai.

Homens fracos, que acreditais no erro de vossas obscuras inteligências, não apagueis a tocha que a clemência divina coloca nas vossas mãos para clarear vosso caminho e vos conduzir, filhos perdidos, ao regaço de vosso Pai.

Eu vos digo, em verdade, acreditai na diversidade, na *multiplicidade* dos Espíritos que vos rodeiam. Estou muito tocado de compaixão por vossas misérias, por vossa imensa fraqueza, para não estender uma mão segura aos infelizes desviados que, vendo o céu, tombam no abismo do erro. Acreditai, amai, compreendei as verdades que vos são reveladas; não mistureis o joio com o bom grão, os sistemas com as verdades.

Espíritas! Amai-vos, eis o primeiro ensinamento; instrui-vos, eis o segundo. Todas as verdades se encontram no Cristianismo; os erros que neles se enraizaram são de origem humana; eis que do túmulo, que acreditáveis o nada, vozes vos gritam: Irmãos! Nada perece; Jesus Cristo é o vencedor do mal; sede os vencedores da impiedade.

✦ *Essa comunicação, obtida por um dos melhores médiuns da Sociedade de Paris, foi assinada por um nome que o respeito nos permite reproduzir apenas sob todas as reservas, tão grande seria o insigne favor de sua autenticidade e porque, muito freqüentemente, dele se abusa nas comunicações evidentemente apócrifas, sem autenticidade; esse nome é Jesus de Nazaré. Não duvidamos, de nenhum modo, que ele possa se manifestar; mas, se os Espíritos verdadeiramente superiores fazem isso apenas em circunstâncias excepcionais, a razão nos proíbe acreditar que o Espírito puro por excelência responda ao apelo de qualquer um; haveria, em todos os casos, profanação em lhe atribuir uma linguagem indigna dele.*

É por essas considerações que sempre nos abstivemos de publicar algo que levasse esse nome, e acreditamos que a extrema prudência nunca é demais nas publicações desse gênero, que têm autenticidade apenas para o amor-próprio e cujo menor inconveniente fornece armas aos adversários do Espiritismo.

Como dissemos, quanto mais os Espíritos são elevados na hierarquia, mais seu nome deve ser acolhido com reserva; seria preciso ser dotado de uma dose bem grande de orgulho para se vangloriar de ter o privilégio de suas comunicações e se crer digno de conversar com eles como com seus iguais. Na comunicação acima, constatamos apenas uma coisa: a superioridade incontestável da linguagem e dos pensamentos, deixando a cada um o cuidado de julgar se aquele de quem traz o nome não as desmentiria.

SOBRE OS MÉDIUNS

10

Todos os homens são médiuns, todos têm um Espírito que os dirige em direção ao bem, quando sabem ouvi-lo. Agora, que alguns se comuniquem diretamente com ele por uma mediunidade particular, que outros o escutem pela voz do coração e da inteligência, pouco importa, não deixa de ser seu Espírito familiar, que os aconselha. Chamai-lhe espírito, razão, inteligência; é sempre uma voz que responde à vossa alma e vos dita boas palavras; apenas nem sempre a compreendeis. Nem todos sabem agir segundo os conselhos da razão; não dessa razão que se arrasta e se rebaixa em vez de marchar, dessa razão que se perde no meio dos interesses materiais e grosseiros, mas da razão que eleva o homem acima de si mesmo, que o transporta para regiões desconhecidas; chama sagrada que inspira o artista e o poeta, pensamento divino que eleva o filósofo, impulso que arrebata os indivíduos e os povos, razão que a vulgaridade não pode compreender, mas que eleva o homem e o aproxima de Deus, mais do que qualquer criatura, inteligência que sabe conduzi-lo do conhecido ao desconhecido e lhe faz executar as coisas mais sublimes. Escutai essa voz interior, esse bom gênio que vos fala sem cessar e chegareis progressivamente a ouvir vosso anjo guardião que vos estende a mão do alto do céu; eu o repito, a voz íntima que fala ao coração é a dos bons Espíritos, e é sob esse ponto de vista que todos os homens são médiuns.

Channing

O dom da mediunidade é tão antigo quanto o mundo; os profetas eram médiuns; os mistérios de Elêusis estavam fundados sobre a mediunidade; os Caldeus, os Assírios tinham médiuns; Sócrates era dirigido por um Espírito que lhe inspirava os admiráveis princípios de sua filosofia; ele ouvia sua voz. Todos os povos tiveram seus médiuns, e as inspirações de Joana d'Arc eram apenas as vozes de Espíritos mentores que a dirigiam. Esse dom que se espalha agora tornou-se mais raro nos séculos medievais, mas não cessou jamais. Swedenborg e seus adeptos fizeram uma numerosa escola. A França dos últimos séculos, zombadora e adotante de uma filosofia que, querendo destruir o abuso e a intolerância religiosa, aniquilava como ridículo tudo o que era ideal, a França deveria afastar o Espiritismo que não cessava de progredir no norte. Deus havia permitido essa luta de idéias positivas contra as idéias espiritualistas porque o fanatismo havia se tornado uma arma destas últimas; agora que os progressos da indústria e das ciências desenvolveram a arte de bem viver, a tal ponto que as tendências materiais se tornaram dominantes, Deus quer que os Espíritos sejam os instrutores dos interesses da alma; Ele quer que o aperfeiçoamento moral do homem torne-se o que deve ser, ou seja, o fim e o objetivo da vida. O Espírito humano segue uma marcha necessária, imagem da escala de todos os que povoam o universo visível e o invisível; todo progresso chega na sua hora: a marcha da elevação moral chegou para a humanidade; ela não terá ainda o seu cumprimento em vossos dias; mas agradecei ao Senhor por assistirdes à aurora bendita.

Pierre Jouty (pai do médium)

12

Deus encarregou-me de cumprir uma missão junto aos crentes que favoreceu com o mediunato*. Quanto mais recebem graças do Altíssimo, mais correm perigos, e esses perigos são bem maiores porque têm origem nos próprios favores que Deus lhes concede. As faculdades das quais desfrutam os médiuns lhes atraem os elogios dos homens; as felicitações, as adulações: eis a pedra de tropeço. Esses mesmos médiuns que deveriam sempre ter presente na memória sua incapacidade primitiva a esquecem; eles fazem mais: o que devem a Deus atribuem a seu próprio mérito. O que acontece então? Os bons Espíritos os abandonam; tornam-se joguete dos maus e não têm mais a bússola para se guiarem; quanto mais se tornam capazes, mais são impelidos a atribuírem a si um mérito que não lhes pertence, até que, por enfim, Deus os pune, retirando-lhes uma faculdade que não pode mais do que lhes ser fatal.

Nunca seria demais lembrar de recomendardes ao vosso anjo guardião para que ele vos ajude a sempre estardes em guarda contra vosso inimigo mais cruel, que é o orgulho. Lembrai-vos bem, vós que tendes a felicidade de serdes os intérpretes entre os Espíritos e os homens, que sem o apoio de nosso Divino Mestre, sereis punidos mais severamente, porque fostes mais favorecidos.

Espero que esta comunicação produza seus frutos, e espero que ela possa ajudar os médiuns a se colocar em guarda contra os perigos onde viriam se destruir; esse perigo, eu vos disse, é o orgulho.

Joana d'Arc

Quando quiserdes receber comunicações de bons Espíritos, é necessário vos preparardes para essa graça pela concentração, por intenções sadias e pelo desejo de fazer o bem pelo progresso geral; lembrai-vos que o egoísmo é uma causa de retardamento de todo progresso. Lembrai-vos de que, se Deus permite a alguns dentre vós receber a inspiração de vários de seus filhos que, por sua conduta, souberam merecer a felicidade de compreender Sua bondade infinita, é porque, pela nossa solicitação e em vista de vossas boas intenções, quer vos dar os meios de avançar em seu caminho; assim, médiuns, aproveitai essa faculdade

---

* **Mediunato**: missão providencial dos médiuns. Essa palavra foi criada pelos Espíritos (N.E.).

que Deus quer vos conceder. Tende fé na mansuetude de nosso Mestre; tende a caridade sempre em prática; não deixeis jamais de exercer essa sublime virtude, assim como a tolerância. Que sempre vossas ações estejam em harmonia com vossa consciência. Esse é um meio certo de centuplicar vossa felicidade nesta vida passageira e de vos preparar uma existência mil vezes ainda mais doce.

Que o médium entre vós que não sinta a força de perseverar no ensinamento espírita se abstenha; pois, não colocando em proveito a luz que o ilumina, será menos desculpável do que um outro, e deverá expiar a sua cegueira.

Pascal

Falarei hoje do desinteresse que deve ser uma das qualidades essenciais nos médiuns, assim como a modéstia e o devotamento. Deus lhes deu essa faculdade a fim de que ajudem a propagar a verdade, e não para dela fazerem um comércio. Dentre estes não incluo somente os que querem explorá-la como o fazem com uma habilidade comum, que se fazem médiuns como se fariam dançarino ou cantor, mas também todos aqueles que pretendem dela se servir para usufruir de interesses de qualquer espécie. É racional acreditar que bons Espíritos, ou quaisquer uns menos superiores que condenam a cobiça, aceitem em se exibir em espetáculo e, como comparsas, em se colocar à disposição de um negociante de manifestações espíritas? Não é racional supor que bons Espíritos possam favorecer ações de orgulho e de ambição. Deus lhes permite se comunicar com os homens para tirar os homens do lamaçal terrestres e não para servir de instrumentos às paixões mundanas. Ele não pode, portanto, ver com satisfação aqueles que desviam de seu verdadeiro objetivo o dom que lhes deu, e vos asseguro que serão punidos, mesmo neste mundo, pelas mais amargas decepções.

Delphine de Girardin

Todos os médiuns são incontestavelmente chamados a servir à causa do Espiritismo na medida de sua faculdade, mas são bem poucos os que não se deixam prender na armadilha do amor-próprio. É uma pedra de tropeço que raramente deixa de produzir seu efeito. Assim é que, em cem médiuns, encontrareis com dificuldade um, por muito humilde que seja, que não tenha acreditado, nos primeiros tempos de sua mediunidade, que estava destinado a obter resultados superiores e predestinado a grandes missões. Aqueles que aceitam essa vaidosa esperança, e o número é grande, tornam-se presas inevitáveis de Espíritos obsessores, que não tardam em dominá-los, envaidecendo seu orgulho e prendendo-os pela sua fraqueza; quanto mais quiserem se elevar, mais sua queda será ridícula, quando não desastrosa para eles. As grandes missões são apenas confiadas aos homens de qualidade, e apenas Deus os coloca, sem que eles procurem, no lugar e na posição onde seu concurso possa ser eficaz. Nunca é demais recomendar aos médiuns inexperientes desconfiar do que certos Espíritos poderão lhes dizer em relação ao pretenso papel que são chamados a desempenhar; porque, se os levam a sério, recolherão apenas desapontamentos neste mundo e um severo castigo no outro. Que se convençam de que, na esfera modesta e obscura onde estão colocados, podem prestar grandes serviços, ajudando na conversão de incrédulos, consolando aflitos. Se chegarem a ter notoriedade social, serão conduzidos por uma mão invisível, que preparará os caminhos da evidência, por assim dizer, sem que eles queiram. Que se lembrem destas palavras: "Todo aquele que se elevar será rebaixado; todo aquele que se rebaixar será elevado".

O Espírito de Verdade

SOBRE AS REUNIÕES ESPÍRITAS

✦ *Entre as comunicações seguintes, algumas foram dadas na Sociedade Parisiense de Estudos Espíritas ou em sua intenção. Outras nos foram transmitidas por diversos médiuns e tratam dos obstáculos gerais sobre as reuniões, suas formações e as dificuldades que podem ser encontradas.*

16

Por que não começais vossas sessões com uma evocação geral, uma prece que disponha à concentração? É bom saberdes que, sem o devido recolhimento, tereis apenas comunicações levianas; os bons Espíritos vão apenas onde são chamados com fervor e sinceridade. Eis o que não se compreende bem; deveis, portanto, dar o exemplo; se quiserdes, podeis vos tornar uma das colunas do edifício novo. Vemos vossos trabalhos com prazer e vos ajudamos, mas é sob a condição de que nos ajudeis de vosso lado e de que vos mostreis à altura da missão que fostes chamados a cumprir. Formai um feixe e sereis fortes; os maus Espíritos nada poderão contra vós. Deus ama os simples de espírito, o que não quer dizer os simplórios, mas aqueles que fazem abnegação de si mesmos e que vão a Ele sem orgulho. Podeis vos tornar um foco de luz para a humanidade; sabei, pois, distinguir a boa semente do joio; semeai apenas o bom grão e guardai-vos de espalhar o joio, porque o joio impedirá a boa semente de brotar, e sereis responsáveis pelas más doutrinas que puderdes propagar. Lembrai-vos de que um dia o mundo pode ter o olhar sob vós; fazei com que nada ofusque a claridade das boas coisas que saírem de vosso coração; é por isso que recomendamos que peçais a Deus para vos assistir.

Santo Agostinho

Santo Agostinho, solicitado a nos ditar uma fórmula de evocação geral, respondeu:

Sabeis que não há fórmula absoluta: Deus é infinitamente grande para dar mais importância às palavras do que ao pensamento. Acontece que não basta pronunciar algumas palavras para afastar os maus Espíritos; guardai-vos, principalmente, de vos servirdes de uma dessas fórmulas banais que são recitadas para desencargo de consciência. A eficácia está na sinceridade do sentimento com que são ditas e especialmente na unanimidade de intenção, pois qualquer um que não se associar de coração delas não poderá se beneficiar nem fazê-las beneficiar os outros. Redigi uma fórmula vós mesmos e submetei-a a mim, se quiserdes; eu vos ajudarei.

✦ *A fórmula seguinte de evocação geral foi redigida com o auxílio do Espírito que a completou em diversos pontos.*

"Rogamos a Deus Todo-Poderoso nos enviar bons Espíritos para nos assistirem e afastar aqueles que poderiam nos induzir ao erro; dai-nos a luz necessária para distinguir a verdade da impostura.

"Afastai também os Espíritos malévolos que poderiam lançar a desunião entre nós, suscitando a inveja, o orgulho e o ciúme. Se alguns tentarem se introduzir aqui, em nome de Deus, nós pedimos para que se retirem.

"Bons Espíritos que presidis os nossos trabalhos dignai-vos em vir nos instruir e tornai-nos dóceis aos vossos conselhos. Fazei com que todo sentimento pessoal se apague em nós, diante do pensamento do bem geral.

"Rogamos notadamente a (...) nosso protetor especial que nos preste seu auxílio hoje."

17

Meus amigos, deixai-me dar-vos um conselho, pois caminhais sobre um terreno novo e, se seguirdes a rota que vos indicamos, não vos desviareis. Disseram-vos uma coisa bem verdadeira e que queremos vos lembrar: o Espiritismo é apenas uma moral e não deve sair dos limites da filosofia nunca, se não quiser cair no domínio da curiosidade. Deixai de lado as questões das ciências: a missão dos Espíritos não é resolvê-las, poupando-vos do trabalho de pesquisas, mas procurar tornar-vos melhores, pois será assim que realmente avançareis.

São Luís

18

Zombaram das mesas girantes, mas jamais zombarão da filosofia, da sabedoria e da caridade que brilham nas comunicações sérias. Elas foram a semente da ciência. Ao passar por elas, deve-se deixar os preconceitos como se deixa a capa. Não posso mais do que vos encorajar a fazer de vossas reuniões um centro sério. *Que em outros lugares se façam demonstrações físicas, que em outros lugares se ouça; que em vós se compreenda e se ame.* O que pensais ser aos olhos dos Espíritos superiores quando fazeis girar ou se elevar uma mesa? Simples colegiais; os sábios passam seu tempo repassando o *a, b, c* da ciência? Ao passo em que, vos vendo procurar as comunicações sérias, sereis considerados homens sérios à procura da verdade.

São Luís

Tendo perguntado a São Luís se por isso censurava as manifestações de efeitos físicos, respondeu:
Não poderia censurar essas manifestações, uma vez que, se ocorrem, têm a permissão de Deus e um objetivo útil; dizendo que elas foram a semente da ciência, eu lhes assinalo a verdadeira categoria e lhes constato a utilidade. Censuro apenas aqueles que fazem disso um objeto de divertimento e de curiosidade, sem alcançar o ensinamento, que é sua conseqüência; elas são, para a filosofia do Espiritismo, o que a gramática é para a literatura, e aquele que atingiu um certo grau numa ciência não perde mais seu tempo repassando os elementos.

19

Meus amigos e fiéis crentes, estou sempre feliz em poder vos dirigir no caminho do bem; é uma doce missão que Deus me dá e a que me dedico, porque ser útil é sempre uma recompensa. Que o Espírito de caridade vos irmane, tanto a caridade que dá quanto aquela que ama. Mostrai-vos pacientes contra as injúrias de vossos difamadores; sede firmes no bem e, principalmente, humildes perante Deus; somente a humanidade eleva; é a única grandeza que Deus reconhece. Então somente os bons Espíritos virão a vós; caso contrário, os maus se apossarão da vossa alma. Sede abençoados em nome do Criador e vos engrandecereis aos olhos dos homens, ao mesmo tempo em que aos de Deus.

São Luís

20

A união faz a força; sede unidos para ser fortes. O Espiritismo germinou, lançou raízes profundas; ele vai estender sobre a Terra seus ramos benfazejos. É preciso tornar-vos invulneráveis aos lances envenenados da calúnia e da obscura falange de Espíritos ignorantes, egoístas e hipócritas. Para atingir esse ponto, uma indulgência e uma benevolência recíprocas devem presidir às vossas relações; que vossos defeitos passem despercebidos, que apenas vossas qualidades sejam notadas; que a tocha da santa amizade reúna, ilumine e aqueça vosso coração; assim, resistireis aos ataques impotentes do mal, como o rochedo inabalável resiste à vaga* furiosa.

Vicente de Paulo

21

Meus amigos, quereis formar um grupo espírita e eu vos felicito, pois os Espíritos não podem ver com prazer os médiuns isolados. Deus não lhes deu essa sublime faculdade só para eles, mas para o bem geral. Ao se comunicarem com outros, têm mil oportunidades de se esclarecerem sobre o mérito das comunicações que recebem, enquanto sozinhos estão bem mais à mercê de Espíritos mentirosos, que se satisfazem em ver um médium sem controle. Eis aí a orientação para vós; se não estais dominados pelo orgulho, bem a compreendereis e aproveitareis. Eis agora para os outros.

---

* **Vaga:** onda grande, produzida em geral pelo vento (N.E.).

Estais bem certos do que deve ser uma reunião espírita? Não; pois, no vosso zelo, acreditais que o melhor a fazer é reunir o maior número de pessoas, a fim de convencê-las. Desiludi-vos; quanto menos fordes, mais obtereis. É, principalmente, pelo ascendente moral que exercerdes que conduzireis a vós os incrédulos, bem mais do que pelos fenômenos que obtiverdes; se atrairdes apenas pelos fenômenos, virão por mera curiosidade, e encontrareis curiosos que não vos acreditarão e que rirão de vós; encontram-se entre vós apenas pessoas dignas de estima, talvez não acreditarão em vós imediatamente, mas irão respeitar-vos, e o respeito sempre inspira a confiança. Estais convencidos de que o Espiritismo deve trazer uma reforma moral; que o vosso grupo então seja o primeiro a dar o exemplo das virtudes cristãs, pois, nesse tempo de egoísmo, é nas sociedades espíritas que a verdadeira caridade deve encontrar um refúgio. Tal deve ser, meus amigos, uma reunião de verdadeiros espíritas. Numa outra vez, eu vos darei outros conselhos.

Fénelon

22

Perguntastes se a multiplicidade dos grupos em uma mesma localidade não poderia criar rivalidades prejudiciais à Doutrina. A isso responderei que aqueles que estão imbuídos dos verdadeiros princípios dessa Doutrina vêem irmãos em todos os espíritas, e não rivais; aqueles que vissem outros grupos com olhos de ciúme provariam que há entre eles uma segunda intenção ou o sentimento de vaidade e que não são guiados pelo amor à verdade. Garanto-vos que, se essas pessoas estivessem entre vós, aí semeariam logo a perturbação e a desunião. O verdadeiro espírita tem por divisa *benevolência e caridade*; ele exclui qualquer outra rivalidade que não seja a do bem que se pode fazer; todos os grupos que se inscreverem sobre essa bandeira poderão se estender as mãos como bons vizinhos que não são menos amigos pelo fato de não habitarem a mesma casa. Aqueles que pretendem ter os melhores Espíritos como guias devem prová-lo mostrando os melhores sentimentos; que haja, portanto, entre eles disputa, mas de grandeza da alma, de abnegação, de bondade e de humildade; aquele que atirasse uma pedra no outro provaria só por isso que é inspirado por maus Espíritos. A natureza dos sentimentos que dois homens manifestam a respeito um do outro é a pedra de tropeço que faz conhecer a natureza dos Espíritos que os assistem.

Fénelon

23

O silêncio e o recolhimento são condições essenciais para todas as comunicações sérias. Nunca obtereis isso dos que em vossas reuniões são atraídos apenas pela curiosidade; convidai os curiosos para irem se divertir em outro lugar, pois sua distração seria causa de perturbação.

Não deveis tolerar nenhuma conversa quando os Espíritos são interrogados. Tendes, às vezes, comunicações que exigem contestações sérias de vossa parte e respostas não menos sérias da parte dos Espíritos evocados, que consideram muito desagradável, acreditai bem, o cochicho contínuo de certos assistentes; daí, nada de completo nem de verdadeiramente sério obtereis. O médium que escreve também é prejudicado por esses cochichos, distrações muito nocivas ao seu ministério.

São Luís

24

Falarei da necessidade de observar uma maior regularidade nas vossas sessões, ou seja, de evitar qualquer confusão, qualquer divergência nas idéias. A divergência favorece a substituição dos bons Espíritos pelos maus, e então quase sempre são eles que respondem às perguntas propostas. Além disso, numa reunião de elementos diversos e desconhecidos uns aos outros, não há como evitar as idéias contraditórias, a distração e mais ainda: uma vaga e zombeteira indiferença? Esse meio quisera eu achá-lo eficaz e certo. Talvez esteja na concentração dos fluidos espalhados ao redor dos médiuns. Só eles, mas, principalmente, aqueles que têm amor, retêm os bons Espíritos na reunião. Mas sua influência é suficiente para dissipar a falange de Espíritos levianos. O trabalho de exame das comunicações é excelente. Nunca será demais aprofundar as perguntas e, especialmente, as respostas; o erro é fácil, até mesmo para os Espíritos embuídos das melhores intenções; a lentidão da escrita, durante a qual o Espírito se desvia do assunto que esgota tão rapidamente quanto o concebeu, a inconstância e a indiferença para certas formas convencionadas, todas essas razões e muitas outras vos dão a obrigação de ter apenas uma confiança limitada e sempre subordinada ao exame, até mesmo quando se trata das mais autênticas comunicações.

Georges (Espírito familiar)

25

Com que fim, na maior parte do tempo, pedis comunicações aos Espíritos? Para ter belos trechos a fim de mostrar aos vossos conhecidos como amostras de nosso talento; vós as conservais preciosamente em vossos álbuns, mas não há lugar para elas em vosso coração. Acreditais que ficamos satisfeitos em virmos posar em vossas reuniões como em um concurso, disputar eloqüência para que possais dizer que a sessão foi bem interessante? O que pensais depois de receber uma comunicação admirável? Acreditais que viemos procurar vossos aplausos? Desenganai-vos; não gostamos de vos divertir nem de um modo nem de outro. Por vosso lado, ainda aí está a curiosidade que procurais dissimular em vão; nosso objetivo é vos tornar melhores. Acontece que, quando vemos que nossas palavras não dão frutos e que tudo se reduz de vosso lado a uma estéril aprovação, vamos procurar almas mais dóceis; deixamos então vir em nosso lugar os Espíritos que só fazem questão de falar, e estes não faltam. Espantai-vos que os deixemos tomar nosso nome; que vos importa, uma vez que isso não é mais nem menos para vós? Mas sabei bem que não o permitiríamos diante daqueles pelos quais realmente nos interessamos, ou seja, daqueles com os quais não perdemos nosso tempo; estes são nossos preferidos, e nós os preservamos da mentira. Culpei apenas a vós mesmos, se sois freqüentemente enganados; para nós, o homem sério não é aquele que se abstém de rir, mas aquele cujo coração é tocado por nossas palavras, aquele que medita sobre elas e as aproveita (Veja a questão nº 268, itens nºs 19 e 20).

Massilon

26

O Espiritismo deveria ser uma proteção contra o sentimento de discórdia e divergência; mas esse sentimento de discórdia tem, em todos os tempos, derramado desavenças sobre os humanos, porque tem inveja da felicidade que a paz e a união proporcionam. Espíritas! Esse sentimento poderá penetrar em vossas reuniões, e não duvideis disso; procurará aí semear a inimizade, mas será impotente contra aqueles guiados pela verdadeira caridade; ficai, portanto, em guarda e velai sem cessar à porta de vosso coração, assim como à de vossas reuniões, para aí não deixar entrar o inimigo. Se vossos esforços são impotentes contra os de fora, dependerá sempre de vós impedir-lhe o acesso à vossa alma.

Se divergências se estabelecem entre vós, podem ser provocadas apenas por maus Espíritos; porque os que elevam ao mais alto grau o sentimento dos deveres que a urbanidade lhes impõe, assim como o Espiritismo verdadeiro, mostram-se os mais pacientes, os mais dignos e os mais convenientes; os bons Espíritos podem, algumas vezes, permitir essas discussões para fornecer tanto aos bons quanto aos maus sentimentos uma oportunidade de se revelarem, a fim de separar o bom grão do joio, e eles sempre estarão do lado onde houver mais humildade e verdadeira caridade.

Vicente De Paulo

27

Repeli impiedosamente todos esses Espíritos que se apresentam como conselheiros exclusivos, pregando a divisão e o isolamento. São, quase sempre, Espíritos vaidosos e medíocres, que procuram se impor aos homens fracos e crédulos, concedendo-lhes louvores exagerados, a fim de fasciná-los e tê-los sob seu domínio. São geralmente Espírito ávidos de poder, déspotas públicos ou familiares quando vivos que querem ter ainda vítimas para tiranizar depois da morte. Em geral, desconfiai das comunicações que tenham caráter de misticismo e estranheza ou que prescrevam cerimônias e atos extravagantes: há sempre, nesses casos, um motivo legítimo de suspeita.

Por outro lado, lembrai-vos bem que, quando uma verdade deve ser revelada à humanidade, ela é, por assim dizer, instantaneamente comunicada em todos os grupos sérios que possuem médiuns sérios, e não a estes ou aqueles com exclusão de todos os outros. Ninguém é médium perfeito se está obsidiado, e há obsessão evidente quando um médium só recebe comunicações de um Espírito especial, por mais alto que este procure se colocar. Como conseqüência, todo médium, todo grupo que se crê privilegiado por comunicações que só ele pode receber e que, por outro lado, são submetidas a práticas que tocam a superstição está, sem dúvida alguma, sob a influência de uma das obsessões mais bem caracterizadas, principalmente quando o Espírito dominador se enfeita de um nome que todos nós, Espíritos e encarnados, devemos honrar e respeitar e não permitir ser profanado a cada passo.

É incontestável que, ao submeter ao crivo da razão e da lógica todos os dados e todas as comunicações dos Espíritos, será fácil repelir o absurdo e o erro. Um médium pode ser fascinado, um grupo, enganado; mas o controle severo dos outros grupos, a ciência adquirida, a alta autoridade moral dos dirigentes dos grupos, as comunicações dos principais médiuns que recebem um selo de lógica e de autenticidade de nossos melhores Espíritos farão rapidamente justiça a esses ditados mentirosos e astuciosos, emanados de uma falange de Espíritos enganadores ou maus.

Erasto (discípulo de São Paulo)

✦ *Um dos caracteres distintivos desses Espíritos que querem se impor e fazer aceitar idéias absurdas e sistemáticas é pretender, mesmo sozinhos em sua opinião, ter razão contra todo mundo. Sua tática é evitar a discussão e, quando se vêem combatidos vitoriosamente pelas armas irresistíveis da lógica, recusam-se desdenhosamente a responder e prescrevem aos seus médiuns para se afastarem dos centros onde suas idéias não são acolhidas. Esse isolamento é o que há de mais fatal para os médiuns, porque eles sofrem, sem contraposição, o jugo desses Espíritos obsessores, que os conduzem como cegos e os guiam, freqüentemente, por caminhos desastrosos.*

28

Os falsos profetas não estão somente entre os encarnados; eles também estão, e em maior número, entre os Espíritos orgulhosos, que, sob as falsas aparências de amor e de caridade, semeiam a desunião e retardam a obra emancipadora da humanidade, lançando ao mesmo tempo seus sistemas absurdos, que são acolhidas por médiuns vaidosos; para melhor fascinarem aqueles que querem iludir, para darem mais peso às suas teorias, enfeitam-se sem escrúpulos, com nomes que os homens só pronunciam com respeito: os de santos justamente venerados, os de Jesus, de Maria e até mesmo de Deus.

São eles que semeiam os fermentos da discórdia entre os grupos, que os induzem a se isolarem uns dos outros e a se verem com prevenção. Só isso bastaria para desmascará-los, porque, agindo assim, eles mesmos dão o mais formal desmentido ao que pretendem ser. Cegos, portanto, são os homens que se deixam prender numa armadilha tão grosseira.

Mas há outros meios de reconhecê-los. Os Espíritos da ordem à qual dizem pertencer devem ser não apenas muito bons, mas, além disso, eminentemente lógicos e racionais. Pois bem! Analisai seus sistemas pela razão e pelo bom senso e vereis o que deles restará. Concordai comigo que todas as vezes que um Espírito indica, como remédio aos males da humanidade ou como meio de atingir sua transformação, coisas utópicas e impraticáveis, medidas inúteis e ridículas, quando formula um sistema contestado pelas mais simples noções da ciência, é apenas um Espírito ignorante e mentiroso.

Por outro lado, acreditai bem que, se a verdade nem sempre é apreciada pelos indivíduos, é sempre apreciada pelo bom senso das massas, e nisso está um critério. Se dois princípios se contradizem, tereis a medida do seu próprio valor intrínseco, procurando ver qual deles encontra mais eco e simpatia. Seria ilógico, de fato, admitir que uma doutrina que vê diminuir o número de seus partidários é mais verdadeira do que outra que vê os seus partidários aumentarem. Deus, querendo que a verdade chegue a todos, não a confina a um círculo estreito e restrito: Ele a faz surgir em diferentes pontos, a fim de que, por toda parte, a luz esteja ao lado das trevas.

Erasto

✦ *A melhor garantia de que um princípio é a expressão da verdade está no fato de ser ensinado e revelado por diferentes Espíritos, por médiuns estranhos uns aos outros e em diferentes lugares; está também no fato de ser confirmado pela razão e sancionado pela adesão do maior número. Só a verdade pode dar raízes a uma doutrina; um sistema errôneo pode recrutar alguns adeptos, mas, como lhe falta a primeira condição de vitalidade, terá apenas existência efêmera, passageira; por isso, não há com que se inquietar: ele se aniquila por seus próprios erros e cairá inevitavelmente diante da arma poderosa da lógica.*

COMUNICAÇÕES APÓCRIFAS (FALSAS)

Há, freqüentemente, comunicações de tal forma absurdas, embora assinadas por nomes respeitáveis, que o mais simples bom senso lhes demonstra a falsidade. Mas há aquelas em que o erro, em meio a coisas aproveitáveis, ilude, impedindo algumas vezes, de se percebê-lo à primeira análise, mas que não resistem a um exame sério. Citaremos apenas algumas delas como exemplo.

29

A criação perpétua e incessante dos mundos é para Deus uma satisfação eterna, pois Ele vê sem cessar seus raios se tornarem cada dia mais luminosos de felicidade. Não há número para Deus, como não há tempo. Eis porque centenas ou milhares não são nem mais nem menos para Ele. É um pai, cuja felicidade é formada pela felicidade coletiva de seus filhos, e a cada segundo de criação ele vê uma nova felicidade vir se fundir na felicidade geral. Não há nem parada nem suspensão nesse movimento perpétuo, nessa grande felicidade incessante que fecunda a terra e o céu. Do mundo, conhece-se apenas uma pequena fração, e tendes irmãos que vivem sob as latitudes onde o homem ainda não conseguiu penetrar. O que significam esses calores torrificadores e esses frios mortais que detêm os esforços dos mais ousados? Acreditais simplesmente ter alcançado o limite de vosso mundo, quando não podeis avançar com os meios de que dispondes? Poderíeis medir exatamente vosso planeta? Não acrediteis nisso. Há no vosso planeta mais lugares ignorados do que lugares conhecidos. Mas, como é inútil propagar mais todas as vossas más instituições, todas as vossas más leis, ações e existências, há um limite que vos detêm aqui e ali e que vos deterá até que tenhais de transportar as boas sementes do vosso livre-arbítrio. Oh! Não conheceis este mundo que chamais de Terra. Vereis em vossa existência um grande começo de provas desta comunicação. Eis que a hora vai soar em que haverá uma outra descoberta, além da última que foi feita; eis que vai se alargar o círculo de vossa Terra conhecida, e, quando toda a imprensa cantar esse Hosana em todas as línguas, vós, pobres filhos, que amais a Deus e que procurais sua voz, sabereis antes mesmo daqueles que darão seu nome à nova Terra.

Vicente De Paulo

✦ *Sob o ponto de vista do estilo, essa comunicação não suporta a crítica; as incorreções, os pleonasmos, as aparências viciosas saltam aos olhos de qualquer um por pouco letrado que seja; mas isso não provaria nada contra o nome com a qual está assinada, visto que essas imperfeições poderiam referir-se à insuficiência do médium, assim como demonstramos. O que de fato é do Espírito é a idéia; acontece que, quando ele diz que há sobre nosso planeta mais lugares ignorados do que lugares conhecidos, que um novo continente vai ser descoberto, é, para um Espírito que se diz superior, dar prova da mais profunda ignorância. Sem dúvida, pode-se descobrir, além das regiões dos gelos, alguns cantos de terra desconhecidos, mas dizer que essas terras são povoadas e que Deus as escondeu dos homens a fim de que não lhes levassem suas más instituições é ter muita fé na confiança cega daqueles que divulgam semelhantes absurdos.*

30

Meus filhos, nosso mundo material e o mundo espiritual que tão poucos conhecem ainda formam como dois pratos da balança perpétua. Até aqui, nossas religiões, nossas leis, nossos costumes e nossas paixões fizeram de tal modo pender o prato do mal para erguer o do bem que se viu o mal reinar soberano sobre a Terra. Há séculos é a mesma queixa que se exala da boca do homem, e a conclusão fatal é a injustiça de Deus. Há os que chegam até à negação da existência de Deus. Vedes tudo aqui e nada lá; vedes o supérfluo que se choca com a necessidade, o ouro que brilha junto da lama; todos os contrastes, os mais evidentes, que deveriam vos provar a vossa dupla natureza. De onde vem isso? De quem é a culpa? Eis o que é preciso procurar com tranqüilidade e com imparcialidade; quando se deseja sinceramente encontrar um bom remédio, ele será encontrado. Pois bem! Apesar dessa dominação do mal sobre o bem, por vossa própria culpa, por que não vedes o resto ir direto pela linha traçada por Deus? Vedes as estações se descontrolarem? Os calores e os frios se chocarem inconsideradamente? A luz do Sol esquecer de iluminar a Terra? A Terra esquecer em seu seio os grãos que o homem nela depositou? Vedes a cessação de mil milagres perpétuos que se produzem sob nossos olhos, desde o nascimento da erva até o nascimento da criança, o homem futuro. Mas tudo vai bem do lado de Deus, tudo vai mal do lado do homem. Qual o remédio para isso? É bem simples: aproximar-se de Deus, amar-se, unir-se, entender-se e seguir tranqüilamente o caminho cujos marcos são vistos com os olhos da fé e da consciência.

Vicente De Paulo

✦ *Essa comunicação foi obtida no mesmo círculo; mas que diferença em relação à anterior! Não apenas pelos pensamentos, mas ainda pelo estilo. Tudo nela é justo, profundo, sensato, e certamente Vicente de Paulo não a desaprovaria, por isso podemos, sem medo, atribuí-la a ele.*

31

Vamos, filhos, cerrai vossas fileiras! Ou seja, que vossa boa união faça vossa força. Vós, que trabalhais na fundação do grande edifício, velai e trabalhai sempre para lhe consolidar a base, e então podereis elevá-lo bem alto, bem alto! O progresso é imenso por todo nosso globo;

uma quantidade inumerável de seguidores se alinham sob nossa bandeira; muitos céticos e até mesmo os mais incrédulos também se aproximam.

Ide filhos; marchai, com o coração alto, cheio de fé; o caminho que perseguis é belo; não vos retardeis; segui sempre a linha reta, servi de guias àqueles que vêm depois de vós; eles serão felizes, bem felizes!

Marchai, filhos; não tendes necessidade da força das baionetas para sustentar vossa causa; tendes necessidade apenas da fé; a crença, a fraternidade e a união, eis vossas armas; com elas, sois fortes, mais poderosos do que todos os grandes soberanos do universo reunidos, apesar de suas forças vivas, sua armada, seus canhões e suas metralhas!

Vós, que combateis pela liberdade dos povos e a regeneração da grande família humana, ide, filhos, coragem e perseverança. Deus vos ajudará. Boa noite; até logo.

Napoleão

✦ *Napoleão foi, durante sua vida, um homem grave e sério ao extremo; todas as pessoas conheciam seu estilo breve e conciso; ele teria singularmente degenerado se, após sua morte, viesse a se tornar verboso e burlesco. Essa comunicação talvez seja do Espírito de algum soldado que se chamava Napoleão.*

32

Não, não se pode mudar de religião quando não se tem uma que possa, ao mesmo tempo, satisfazer o senso comum e a inteligência que se tem e que possa, principalmente, dar ao homem consolações presentes. Não, não se muda de religião, cai-se da estagnação e da dominação na sabedoria e na liberdade. Ide, ide, nosso pequeno exército! Ide e não temais as balas inimigas; aquelas que devem vos matar ainda não foram feitas, se estais sempre do fundo do coração no caminho de Deus, ou seja, se quereis sempre combater pacificamente e vitoriosamente pelo bem-estar e pela liberdade.

Vicente De Paulo

✦ *Quem reconheceria Vicente de Paulo nessa linguagem, nesses pensamentos sem nexo e sem sentido? O que significam essas palavras: "Não, não se muda de religião, cai-se da estagnação e da dominação na sabedoria e na liberdade". Com essas "balas que não foram ainda feitas", desconfiamos muito ser esse Espírito o mesmo que assinou, acima, como Napoleão.*

33

Filhos de minha fé, cristãos de minha doutrina esquecida pelos interesses das correntes da filosofia dos materialistas, segui-me pelos caminhos da Judéia, segui a paixão de minha vida, contemplai meus inimigos agora, vede meus sofrimentos, meus tormentos e meu sangue derramado.

Filhos, espiritualistas de minha nova doutrina, ficai preparados para suportar, para desafiar as torrentes da adversidade, os sarcasmos de vossos inimigos. A fé marchará sem cessar seguindo a vossa estrela, que vos conduzirá ao caminho da felicidade eterna, tal como a estrela conduziu pela fé os magos do Oriente ao presépio. Sejam quais forem vossas adversidades, sejam quais forem vossas dores e as lágrimas que tereis derramado sobre esta esfera de exílio, tomai coragem, persuadi-vos de que a alegria que vos inundará no mundo dos Espíritos estará bem acima dos tormentos de vossa existência passageira. O vale das lágrimas é um vale que deve desaparecer para dar lugar à brilhante morada de alegria, de fraternidade e de união, onde chegareis por vossa obediência à santa revelação. O caminho, meus caros irmãos, dessa esfera terrestre, toda preparatória, pode durar apenas o tempo necessário para viver bem preparado para esta vida que jamais poderá acabar. Amai-vos, amai-vos como eu vos amei, e como ainda vos amo; irmãos, coragem, irmãos! Eu vos abençôo; no céu vos espero.

Jesus

Dessas brilhantes e luminosas regiões onde o pensamento humano pode chegar com dificuldade, o eco de vossas palavras e das minhas veio tocar o meu coração.

Oh! De que alegria me sinto inundado ao vos ver, a vós, os continuadores de minha doutrina. Não, nada se aproxima do testemunho de vossos bons pensamentos! Vós a vedes, filhos, a idéia regeneradora lançada por mim outrora no mundo, perseguida, detida um momento sob a pressão dos tiranos, vai, de hoje em diante, sem obstáculos, iluminando os caminhos para humanidade por tanto tempo mergulhada nas trevas.

Todo sacrifício, grande e desinteressado, meus filhos, cedo ou tarde dá seus frutos. Meu martírio vos tem provado isso; meu sangue derramado por minha doutrina salvará a humanidade e apagará as faltas dos grandes culpados!

Sede benditos, vós que hoje tomais lugar na família regenerada! Ide, coragem, filhos!

Jesus

✦ *Sem dúvida, não há nada de mal nessas duas comunicações; porém, o Cristo teve alguma vez essa linguagem pretensiosa, arrogante e pomposa? Se forem comparadas àquela que citamos mais acima e que leva o mesmo nome, ficará claro de qual lado está a marca da autenticidade. Todas essas comunicações foram obtidas no mesmo círculo. Nota-se, no estilo, um ar de família, rodeios de frases idênticas, as mesmas expressões freqüentemente reproduzidas, como, por exemplo, ide, ide, filhos etc., de onde se pode concluir que é o mesmo Espírito que as ditou sob nomes diferentes. Nesse círculo, entretanto, muito consciencioso, se bem que um tanto crédulo demais, não se faziam nem evocações nem perguntas; esperava-se tudo das comunicações espontâneas; se vê que isso não é, certamente, uma garantia de identidade. Com perguntas um pouco insistentes e forradas de lógica, teriam facilmente reposto esse Espírito em seu lugar, mas ele sabia que não tinha nada a temer e que se aceitava sem controle e de olhos fechados tudo o que dizia* (Veja a questão nº 269).

34

Como a natureza é bela! Como a Providência é prudente em sua previdência! Mas vossa cegueira e vossas paixões humanas impedem ter paciência na prudência e na bondade de Deus. Vós vos lamentais com a menor nuvem, com o menor atraso em vossas previsões; sabei, pois, impacientes doutores, que nada acontece sem um motivo sempre previsto, sempre premeditado para o proveito de todos. A razão do que precede é para reduzir a nada, homens de temores hipócritas, todas as vossas previsões de mau ano para vossas colheitas.

Deus freqüentemente inspira a inquietude pelo futuro aos homens para impeli-los à previdência; vede como são grandes os meios para acabar com vossos temores intencionalmente espalhados e que, mais freqüentemente, escondem pensamentos ambiciosos antes que uma idéia de cautelosa prudência, inspirada por um sentimento de humanidade a favor dos pequenos. Vede as relações de nações a nações que resultarão disso; vede quantas transações deverão se realizar; quantos meios virão concorrer para impedir vossos temores! Pois, vós o sabeis, tudo se encadeia; da mesma forma, grandes e pequenos virão à obra.

Então, não vedes já em todo esse movimento uma fonte de um certo bem-estar para a classe mais laboriosa dos Estados, classe verdadeiramente interessante que vós, os grandes, os onipotentes dessa Terra, considerais pessoas exploráveis à vontade, criadas para as vossas satisfações?

Depois, o que ocorre após todo esse vai-e-vem de um pólo ao outro? É que, uma vez bem providos, muitas vezes o tempo mudou; o Sol, obedecendo ao pensamento de seu Criador, amadureceu em alguns dias a vossa seara; Deus pôs a abundância onde a vossa cobiça meditava sobre a escassez; malgrado vosso, os pequenos poderão viver; sem suspeitardes disso, fostes, a vosso malgrado, causa de uma abundância.

Entretanto ocorre – Deus o permite algumas vezes – que os maus triunfem em seus projetos de ambição, mas então é um ensinamento que Deus quer dar a todos; é a previdência humana que quer estimular; é a ordem infinita que reina na natureza, é a coragem contra os acontecimentos que os homens devem imitar, que devem suportar com resignação.

Quanto àqueles que, calculadamente, aproveitam-se dos desastres, acreditai-o, serão punidos. Deus quer que todos os seus seres vivam; o homem não deve jogar com a necessidade nem traficar com o supérfluo. Justo em Seus benefícios, grande em Sua clemência, muito bom ante a nossa ingratidão, Deus, em seus desígnios, é impenetrável.

Bossuet, Alfred de Marignac

✦ *Essa comunicação não contém, seguramente, nada de mau; há até mesmo idéias filosóficas profundas e conselhos bastante sábios, que poderiam enganar, sobre a identidade do autor, as pessoas pouco versadas na literatura. O médium que a havia obtido a submeteu ao controle da Sociedade Espírita de Paris; houve apenas uma voz para declarar que ela não poderia ser de Bossuet. São Luís, consultado, respondeu: "Essa comunicação em si mesma é boa, mas não acrediteis que foi Bossuet quem a ditou. Um Espírito a escreveu, talvez um pouco sob sua inspiração, e colocou o nome do grande bispo embaixo para que fosse aceita mais facilmente; porém, na linguagem, deveis reconhecer a substituição. Ela é do Espírito que colocou seu nome depois do de Bossuet". Esse Espírito, interrogado sobre o motivo pelo qual havia agido assim, disse: "Eu tinha o desejo de escrever alguma coisa, a fim de ficar na memória dos homens; vendo que era fraco, quis nela colocar o prestígio de um grande nome". "Mas não havia pensado que se reconheceria que não era de Bossuet?" "Quem sabe lá ao certo? Poderíeis enganar-vos. Outros menos observadores a teriam aceitado."*

É, de fato, a facilidade com a qual certas pessoas aceitam o que vem do mundo invisível sob o aval de um grande nome que encoraja os Espíritos enganadores, mistificadores. É para desfazer a astúcia destes que é preciso aplicar toda a atenção, e não se pode a isso chegar senão com ajuda da experiência adquirida por um estudo sério. Repetimos sem cessar: estudai antes de praticar, porque é o único meio de não adquirir a experiência à vossa custa.

VOCABULÁRIO ESPÍRITA

Agênere: (do grego *a*, privativo, e *géiné*, *géinomai*, gerar; que não foi gerado). Variedade de aparição tangível; estado de certos Espíritos que podem se revestir momentaneamente das formas de uma pessoa viva, a ponto de produzir ilusão completa.

Axioma: proposição que se admite como verdadeira.

Batedor: qualidade de certos Espíritos. Os Espíritos batedores são aqueles que revelam sua presença por pancadas e ruídos de diversas naturezas.

Bicorporeidade: desdobramento.

Cataléptico: em catalepsia, que é o estado caracterizado pela rigidez dos músculos e imobilidade; pode ser provocado por afecções nervosas ou induzidas, como, por exemplo, pelo hipnotismo.

Erraticidade: estado dos Espíritos errantes, ou seja, não encarnados, durante os intervalos de suas existências corporais.

Espírita: aquele que tem relação com o Espiritismo; partidário do Espiritismo; aquele que acredita nas manifestações dos Espíritos. *Um bom, um mau espírita*; *a Doutrina Espírita*.

Espiritismo: doutrina fundada sobre a crença na existência dos Espíritos e em suas manifestações.

Espírito: no sentido especial da Doutrina Espírita, *os Espíritos são os seres inteligentes da criação, que povoam o universo fora do mundo material e que constituem o mundo invisível*. Não são seres de uma criação particular, mas as almas daqueles que viveram sobre a Terra ou em outras esferas e que deixaram seu envoltório corporal.

Espiritualismo: diz-se no sentido oposto ao do materialismo (academia); crença na existência da alma espiritual e imaterial. O *espiritualismo é a base de todas as religiões*.

Espiritualista: aquele que tem relação com o espiritualismo. Todo aquele que acredita que tudo em nós não é matéria é *espiritualista*, o que não implica de nenhum modo a crença nas manifestações dos Espíritos.

Todo *espírita* é necessariamente *espiritualista*; mas pode-se ser *espiritualista* sem ser *espírita*; o materialista não é nem um nem o outro. Diz-se: a filosofia *espiritualista*; uma obra escrita com as idéias *espiritualistas*; as manifestações *espíritas* são produzidas pela ação dos Espíritos sobre a matéria; a moral *espírita* decorre do ensinamento dado pelos Espíritos; há *espiritualistas* que ridicularizam as crenças *espíritas*. Nesses exemplos, a substituição da palavra *espiritualista* pela palavra *espírita* produziria uma confusão evidente.

Êxtase: sentimento profundo e indizível que aparenta corresponder à enorme alegria, ficando-se imobilizado como se houvesse perdido o contato com o mundo exterior.

Fogos-fátuos: luz brilhante que se desprende dos túmulos e dos pântanos; é causada pela combustão natural dos gases emanados dos corpos em decomposição.

Heterodoxo: neste caso, opiniões ou ensinamentos contrários ao Espiritismo.

Idiota, idiotia: débil mental, deficiente mental; atraso intelectual profundo.

Irisação: que produz raios de luz coloridos semelhantes aos do arco-íris.

Médium: (do latim *medium*, meio, intermediário). Pessoa que pode servir de intermediário entre os Espíritos e os homens.

Mediunato: missão providencial dos médiuns. Essa palavra foi criada pelos Espíritos (Veja o capítulo 31, "Dissertações espíritas", item nº 12).

Mediunidade: dom dos médiuns. Sinônimo de *medianimidade*. Essas duas palavras são freqüentemente empregadas indiferentemente; se se quiser fazer uma distinção, pode dizer que *mediunidade* tem um sentido mais geral, e *medianimidade*, um sentido mais restrito. Ele tem o dom da *mediunidade*. A *medianimidade mecânica*.

Misantropo: que tem aversão à sociedade, arredio, isolado. É o contrário do filantropo: amigo da sociedade, caridoso, altruísta.

Patológico: sintoma de doença. Doença neste caso: a mediunidade é uma doença?

Perispírito: (do grego *péri*, ao redor). Envoltório semimaterial do Espírito. Nos encarnados, serve de laço ou intermediário entre o Espírito e a matéria; nos Espíritos errantes, constitui seu corpo fluídico.

Pneumatofonia: (do grego *pneuma*, ar e *phoné*, som ou voz). Voz dos Espíritos; comunicação oral dos Espíritos sem o auxílio da voz humana.

Pneumatografia: (do grego *pneuma*, ar, sopro, vento, espírito, e *graphô*, escrevo). Escrita direta dos Espíritos sem o auxílio da mão de um médium.

Psicografia: escrita dos Espíritos pela mão de um médium.

Psicógrafo: (do grego *psiké*, borboleta, alma, e *graphô*, escrevo). Aquele que faz a psicografia: médium escrevente.

Puerilidade: qualidade de pueril. Ato, dito ou modos de crianças; criancice, infantilidade. Futilidade, frivolidade, banalidade; parvoíce, parvulez.

Rapé: tabaco em pó, para cheirar.

Reencarnação: retorno do Espírito à vida corporal; pluralidade das existências.

Saciado/saciedade: satisfação do apetite. Matar a fome ou a sede. Fartar-se.

Sematologia: (do grego *semâ*, sinal, e *logos*, discurso). Linguagem dos sinais. Comunicação dos Espíritos pelo movimento dos corpos inertes.

Tiptologia: linguagem por pancadas; modo de comunicação dos Espíritos. *Tiptologia alfabética*.

Tiptólogo: (do grego *tiptô*, eu bato). Variedade dos médiuns aptos à tiptologia. *Médium tiptólogo*.

Ubiqüidade: capacidade de estar em vários lugares ao mesmo tempo. É um atributo de espíritos de grande evolução.

Utopia: projeto irrealizável; quimera; fantasia.

Vaga: multidão que se espalha ou invade em desordem; turba.

Incluímos algumas palavras que não faziam parte do livro original a fim de facilitar o entendimento do texto (N.E.).

NOTA EXPLICATIVA

"Hoje crêem e sua fé é inabalável, porque assentada na evidência e na demonstração, e porque satisfaz à razão. (...). Tal é a fé dos espíritas, e a prova de sua força é que se esforçam por se tornarem melhores, domarem suas inclinações más e porem em prática as máximas do Cristo, olhando todos os homens como irmãos, sem acepção de raças, de castas, nem de seitas, perdoando aos seus inimigos, retribuindo o mal com o bem, a exemplo do divino modelo." (KARDEC, Allan. Revista Espírita *de 1868. 1ª ed. Rio de Janeiro: FEB, 2005. p. 28, janeiro de 1868.)*

A investigação rigorosamente racional e científica de fatos que revelavam a comunicação dos homens com os Espíritos, realizada por Allan Kardec, resultou na estruturação da Doutrina Espírita, sistematizada sob os aspectos científico, filosófico e religioso.

A partir de 1854 até seu falecimento, em 1869, seu trabalho foi constituído de cinco obras básicas: *O Livro dos Espíritos* (1857), *O Livro dos Médiuns* (1861), *O Evangelho Segundo o Espiritismo* (1864), *O Céu e o Inferno* (1865), *A Gênese* (1868), além da obra *O Que é o Espiritismo* (1859), de uma série de opúsculos e 136 edições da *Revista Espírita* (de janeiro de 1858 a abril de 1869). Após sua morte, foi editado o livro *Obras Póstumas* (1890).

O estudo meticuloso e isento dessas obras permite-nos extrair conclusões básicas: a) todos os seres humanos são Espíritos imortais criados por Deus em igualdade de condições, sujeitos às mesmas leis naturais de progresso que levam todos, gradativamente, à perfeição; b) o progresso ocorre através de sucessivas experiências, em inúmeras reencarnações, vivenciando necessariamente todos os segmentos sociais, única forma de o Espírito acumular o aprendizado necessário ao seu desenvolvimento; c) no período entre as reencarnações o Espírito permanece no mundo espiritual, podendo comunicar-se com os homens; d) o progresso obedece às leis morais ensinadas e vivenciadas por Jesus, nosso guia e modelo, referência para todos os homens que desejam desenvolver-se de forma consciente e voluntária.

Em diversos pontos de sua obra, o codificador se refere aos Espíritos encarnados em tribos incultas e selvagens, então existentes em algumas regiões do planeta, e que, em contato com outros pólos de civilização, vinham sofrendo inúmeras transformações, muitas com evidente benefício para os seus membros, decorrentes do progresso geral ao qual estão sujeitas todas as etnias, independentemente da coloração de sua pele.

Na época de Allan Kardec, as idéias frenológicas de Gall, e as da fisiognomonia de Lavater, eram aceitas por eminentes homens de ciência, assim como provocou enorme agitação nos meios de comunicação e junto à intelectualidade e à população em geral, a publicação, em 1859 – dois anos depois do lançamento de *O Livro dos Espíritos* – do livro sobre a Evolução das Espécies, de Charles Darwin, com as naturais incorreções e incompreensões que toda ciência nova apresenta. Ademais, a crença de que os traços da fisionomia revelam o caráter da pessoa é muito antiga, pretendendo-se haver aparentes relações entre o físico e o aspecto moral.

O codificador não concordava com diversos aspectos apresentados por essas assim chamadas ciências. Desse modo, procurou avaliar as conclusões desses eminentes pesquisadores à luz da revelação dos Espíritos, trazendo ao debate o elemento espiritual como fator decisivo no equacionamento das questões da diversidade e desigualdade humanas.

Allan Kardec encontrou, nos princípios da Doutrina Espírita, explicações que apontam para leis sábias e supremas, razão pela qual afirmou que o Espiritismo permite "resolver os milhares de problemas históricos, arqueológicos, antropológicos, teológicos, psicológicos, morais, sociais etc." (*Revista Espírita*, 1862, p. 401). De fato, as leis universais do amor, da caridade, da imortalidade da alma, da reencarnação, da evolução constituem novos parâmetros para a compreensão do desenvolvimento dos grupos humanos, nas diversas regiões do orbe.

Essa compreensão das leis divinas permite a Allan Kardec afirmar que:

"O corpo deriva do corpo, mas o Espírito não procede do Espírito. Entre os descendentes das raças apenas há consangüinidade." (O Livro dos Espíritos, item 207, p. 176.)

"(...) o Espiritismo, restituindo ao Espírito o seu verdadeiro papel na criação, constatando a superioridade da inteligência sobre a matéria, faz com que desapareçam, naturalmente, todas as distinções estabelecidas entre os homens, conforme as vantagens corporais e mundanas, sobre as quais só o orgulho fundou as castas e os estúpidos preconceitos de cor." (Revista Espírita, 1861, p. 432.)

"Os privilégios de raças têm sua origem na abstração que os homens geralmente fazem do princípio espiritual, para considerar apenas o ser material exterior. Da força ou da fraqueza constitucional de uns, de uma diferença de cor em outros, do nascimento na opulência ou na miséria, da

filiação consangüínea nobre ou plebéia, concluíram por uma superioridade ou uma inferioridade natural. Foi sobre este dado que estabeleceram sua leis sociais e os privilégios de raças. Deste ponto de vista circunscrito, são conseqüentes consigo mesmos, porquanto, não considerando senão a vida material, certas classes parecem pertencer, e realmente pertencem, a raças diferentes. Mas se se tomar seu ponto de vista do ser espiritual, do ser essencial e progressivo, numa palavra, do Espírito, preexistente e sobrevivente a tudo, cujo corpo não passa de um invólucro temporário, variando, como a roupa, de forma e de cor; se, além disso, do estudo dos seres espirituais ressalta a prova de que esses seres são de natureza e de origem idênticas, que seu destino é o mesmo, que todos partem do mesmo ponto e tendem para o mesmo objetivo; que a vida corporal não passa de um incidente, uma das fases da vida do Espírito, necessária ao seu adiantamento intelectual e moral; que em vista desse avanço o Espírito pode sucessivamente revestir envoltórios diversos, nascer em posições diferentes, chega-se à conseqüência capital da igualdade de natureza e, a partir daí, à igualdade dos direitos sociais de todas as criaturas humanas e à abolição dos privilégios de raças. Eis o que ensina o Espiritismo. Vós que negais a existência do Espírito para considerar apenas o homem corporal, a perpetuidade do ser inteligente para só encarar a vida presente, repudiais o único princípio sobre o qual é fundada, com razão, a igualdade de direitos que reclamais para vós mesmos e para os vossos semelhantes." (Revista Espírita, 1867, p. 231.)

"Com a reencarnação, desaparecem os preconceitos de raças e de castas, pois o mesmo Espírito pode tornar a nascer rico ou pobre, capitalista ou proletário, chefe ou subordinado, livre ou escravo, homem ou mulher. De todos os argumentos invocados contra a injustiça da servidão e da escravidão, contra a sujeição da mulher à lei do mais forte, nenhum há que prime, em lógica, ao fato material da reencarnação. Se, pois, a reencarnação funda numa lei da natureza o princípio da fraternidade universal, também funda na mesma lei o da igualdade dos direitos sociais e, por conseguinte, o da liberdade." (A Gênese, cap. I, item 36, p. 42-43. Vide *também* Revista Espírita, 1867, p. 373.)

Na época, Allan Kardec sabia apenas o que vários autores contavam a respeito dos selvagens africanos, sempre reduzidos ao embrutecimento quase total, quando não escravizados impiedosamente.

É baseado nesses informes "científicos" da época que o codificador repete, com outras palavras, o que os pesquisadores europeus descreviam quando de volta das viagens que faziam à África negra. Todavia, é peremptório ao abordar a questão do preconceito racial:

"Nós trabalhamos para dar a fé aos que em nada crêem; para espalhar uma crença que os torna melhores uns para os outros, que lhes ensina a perdoar aos inimigos, a se olharem como irmãos, sem distinção de raça, casta, seita, cor, opinião política ou religiosa; numa palavra, uma crença que faz nascer o verdadeiro sentimento de caridade, de fraternidade e deveres sociais." (KARDEC, Allan. Revista Espírita de 1863. 1ª ed. Rio de Janeiro: FEB, 2005. janeiro de 1863.)

"O homem de bem é bom, humano e benevolente para com todos, sem distinção de raças, nem de crenças, porque em todos os homens vê irmãos seus." (O Evangelho Segundo o Espiritismo, cap. XVII, item 3, p. 348.)

É importante compreender, também, que os textos publicados por Allan Kardec na *Revista Espírita* tinham por finalidade submeter à avaliação geral as comunicações recebidas dos Espíritos, bem como aferir a correspondência desses ensinos com teorias e sistemas de pensamento vigentes à época. Em Nota ao Capítulo XI, item 43, do livro *A Gênese*, o codificador explica essa metodologia:

"Quando, na Revista Espírita *de janeiro de 1862, publicamos um artigo sobre a 'interpretação da doutrina dos anjos decaídos', apresentamos essa teoria como simples hipótese, sem outra autoridade afora a de uma opinião pessoal controversível, porque nos faltavam então elementos bastantes para uma afirmação peremptória. Expusemo-la a título de ensaio, tendo em vista provocar o exame da questão, decidido, porém, a abandoná-la ou modificá-la, se fosse preciso. Presentemente, essa teoria já passou pela prova do controle universal. Não só foi bem aceita pela maioria dos espíritas como a mais racional e a mais concorde com a soberana justiça de Deus, mas também foi confirmada pela generalidade das instruções que os Espíritos deram sobre o assunto. O mesmo se verificou com a que concerne à origem da raça adâmica."* (A Gênese, cap. XI, item 43, Nota, p. 292.)

Por fim, urge reconhecer que o escopo principal da Doutrina Espírita reside no aperfeiçoamento moral do ser humano, motivo pelo qual as indagações e perquirições científicas e/ou filosóficas ocupam posição secundária, conquanto importantes, haja vista o seu caráter provisório decorrente do progresso e do aperfeiçoamento geral. Nesse sentido, é justa a advertência do codificador:

"É verdade que esta e outras questões se afastam do ponto de vista moral, que é a meta essencial do Espiritismo. Eis por que seria um equívoco fazê-las objeto de preocupações constantes. Sabemos, aliás, no que respeita ao princípio das coisas, que os Espíritos, por não saberem tudo, só dizem o que sabem ou o que pensam saber. Mas como há pessoas que poderiam tirar da divergência desses sistemas uma indução contra a unidade do Espiritismo, precisamente porque são formulados pelos Espíritos, é útil poder comparar as razões pró e contra, no interesse da própria doutrina, e apoiar no assentimento da maioria o julgamento que se pode fazer do valor de certas comunicações." (Revista Espírita, 1862, p. 38.)

Feitas essas considerações, é lícito concluir que na Doutrina Espírita vigora o mais absoluto respeito à diversidade humana, cabendo ao espírita o dever de cooperar para o progresso da humanidade, exercendo a caridade no seu sentido mais abrangente (*"benevolência para com todos, indulgência para as imperfeições dos outros e perdão das ofensas"*), tal como a entendia Jesus, nosso guia e modelo, sem preconceitos de nenhuma espécie: de cor, etnia, sexo, crença ou condição econômica, social ou moral.

A Editora

Allan Kardec

O Evangelho Segundo o Espiritismo

O livro espírita mais vendido agora disponível em moderna tradução: linguagem acessível a todos, leitura fácil e agradável, notas explicativas.

Disponível em três versões:
• **Brochura** (edição normal)
• **Espiral** (prático, facilita seu estudo)
• **Bolso** (fácil de carregar)

O Livro dos Espíritos

Agora, estudar o Espiritismo ficou muito mais fácil. Nova e moderna tradução, linguagem simples e atualizada, fácil leitura, notas explicativas.

Disponível em três versões:
• **Brochura** (edição normal)
• **Espiral** (prático, facilita seu estudo)
• **Bolso** (fácil de carregar)

O Livro dos Médiuns

Guia indispensável para entender os fenômenos mediúnicos, sua prática e desenvolvimento, tradução atualizada. Explicações racionais, fácil entendimento, estudo detalhado.

Disponível em duas versões:
• **Brochura** (edição normal)
• **Espiral** (prático, facilita seu estudo)

Coletânea de Preces Espíritas

Verdadeiro manual da prece. Orações para todas as ocasiões: para pedir, louvar e agradecer a Deus. Incluindo explicações e orientações espirituais.

• **Edição de Bolso**

Leia e recomende!
À venda nas boas livrarias espíritas e não espíritas.

Livros da Patrícia